JN415379

글로벌금융시장

[제4판]

강 호 상 저

法　文　社

Global Financial Markets

(4th Edition)

by

Ho-Sang Kang, Ph.D.
Sogang University

2017
Bŏbmun Sa
Paju Bookcity, Korea

제4판 머리말

Global Financial Markets

브렉시트로 촉발된 국제금융시장의 혼란은 전 세계적으로 경기회복에 대한 기대를 무산시키면서 세계경제는 한치 앞을 내다보기 어려운 상황으로 빠져 들어가고 있다. 또한 유로존 국가들의 경제상황과 미국의 금리인상 가능성 그리고 일본의 경기부양책 등에 관한 뉴스가 시시각각으로 보도됨에 따라서 국제금융시장은 크게 출렁이고 있다. 우리나라의 금융기관 및 기업들은 이러한 상황에 제대로 대처할 수 있는 능력을 확보하는 것이 글로벌경쟁에서 살아남기 위하여 필수적이라는 사실을 깊이 인식해야 할 것이다.

글로벌금융시장 제4판은 국제금융시장에 대한 독자들의 좀 더 깊이 있는 이해를 돕기 위하여 선도이자율(forward interest rate), 이뮤니제이션(immunization), 베이시스 리스크(basis risk), 듀레이션을 이용한 헤지비율 그리고 금리선물을 이용한 스프레딩전략 등에 관한 내용을 크게 보완하였다. 저자는 이 책을 통하여 보다 많은 사람들이 국제금융시장에 대한 시야의 폭을 넓힐 수 있기를 진심으로 바라마지 않는다.

이 책의 편집을 맡아주신 법문사 예상현 과장님께 감사드리며 독자 여러분들께서 많은 조언을 해주실 것을 부탁드린다.

2016년 12월 5일

저자 씀

제3판 머리말

미국의 서브프라임 모기지 사태로 촉발된 금융위기는 전 세계 금융시장을 혼란에 빠트렸고 설상가상으로 유럽 국가들의 재정위기가 심화되면서 글로벌 금융시장은 미국과 유로존 그리고 중국의 경기부양책에 관한 뉴스에 의해 일진일퇴하는 상황이 지속되고 있다. 특히 대외의존도가 높은 우리 나라의 경우에는 글로벌 금융시장의 상황 변화에 의해 엄청난 영향을 받고 있는 실정이다.

이러한 국제 여건 하에서 저자는 글로벌 금융시장(제3판)이 우리나라 대학 및 대학원에 재학 중인 학생들뿐만 아니라 기업 및 금융기관 실무자들의 글로벌 금융시장에 대한 심도있는 이해를 도울 수 있도록 많은 노력을 기울여 집필하였다. 특히 제5장(선물시장)에서 헤지비율 그리고 제8장(통화옵션)에서 통화옵션 가격결정모형과 관련하여 시계열자료를 실제로 활용하는 방법을 상세히 설명하였으며 제11장(국제금융시장의 구조) 및 제12장(국제금융시장: 주요 금융수단)을 보완하였다. 또한 각 장의 마지막 부분에 다양한 유형의 많은 연습문제들을 추가하였으며 모든 연습문제에 대한 모범답안과 풀이를 책의 끝 부분에 실어서 독자들의 편의를 도모하고자 하였다.

이 책의 편집을 맡아주신 법문사 예상현 과장님께 감사드리며 독자 여러분들께서 지속적인 조언을 해주실 것을 부탁드린다.

2012 년 8월 1일
저자 씀

제2판 머리말

글로벌금융시장이 발간된 지가 벌써 3년이 지났다. 지난 3년 동안 글로벌금융시장에서 있었던 가장 큰 변화는 유로화의 출현이라고 할 수 있다. 즉, 과거에 세계 주요 통화로 각광을 받았던 Deutsche mark, French franc 등은 이제 역사 속에 묻혀 버리고 유로화가 그 역할을 대신하게 된 것이다.

글로벌금융시장 제2판은 독자들에게 좀더 현실감 있는 책이 되고자 이러한 변화를 반영하여 내용의 상당 부분을 수정하였다. 또한 강의실에서의 경험을 바탕으로 듀레이션, 베이시스 리스크, 옵션 델타 등에 대하여 보다 직관적인 설명을 추가함으로써 독자들의 이해를 돕고자 하였다.

과거 정부의 규제와 보호 아래 낙후되었던 우리 금융시장과 금융산업이 IMF 경제위기 이후 새롭게 태어나기 위한 몸부림을 치고 있으나 우리가 아시아의 금융중심지가 되기에는 아직도 갈 길이 멀다고 할 수 있다. 저자는 이 책을 통하여 보다 많은 사람들이 글로벌금융시장에 대한 이해를 넓힐 수 있다면 우리가 가야 할 먼 길을 단축시키는 데 이 책이 기여할 수 있다고 믿는다.

이 책의 편집을 맡아주신 법문사의 이선욱 선생님께 감사를 드리며 또한 독자 여러분들께서 지속적인 조언을 해주실 것을 부탁드린다.

2003년 7월 25일

저자 씀

머리말

Global Financial Markets

21세기를 맞이하면서 우리는 금융부문의 국제경쟁력 확보가 국가 발전의 초석임을 절감하고 있다. 또한 글로벌라이제션시대를 살아가는 우리나라 기업 및 금융기관들은 글로벌금융시장에 대한 깊이있는 이해가 없이는 국제경쟁을 하기가 어렵다는 사실을 깨닫고 있다.

이 책은 외환시장, 단기금융시장, 자본시장, 선물 · 옵션 · 스왑 등의 파생금융상품시장에서 사용되는 각종 금융수단의 활용방안뿐만 아니라 이들 금융수단의 효과적 활용에 필수적인 이론적 틀을 설명하고 있다. 특히, 저자는 국제금융분야에 있어서 이론의 뒷받침이 없는 실무기법의 공부는 공허할 따름이며, 실제로 응용할 것을 전제로 하지 않는 이론의 공부는 단지 이론으로 끝나 버린다는 점을 절감하기 때문에 이론과 실무의 조화를 이루고자 노력하였다.

많은 사람들의 도움으로 이 책을 펴낼 수 있게 되었다. 저자의 스승인 Ian H. Giddy 교수가 지난 20년 동안 꾸준히 저자에게 국제금융에 대한 가르침과 학문에 대한 열정을 불어 넣어 준 데 대하여 깊은 감사를 드린다. 그리고 西江大學校의 은사 및 선배 교수님 그리고 경영대학 동료 교수들의 격려는 저자에게 西江경영학파의 일원이라는 데 대한 자부심을 느끼게 해주었고 커다란 힘이 되었다. 마지막으로 이 책이 나오기까지 큰 도움을 주신 法文社의 배효선 사장님과 편집을 맡아 주신 박광연씨께 깊은 감사를 드린다. 많은 사람들의 도움으로 이 책이 나오게 되었지만 이 책의 내용에 실수가 있다면 그것은 전적으로 저자 자신의 책임이라는 것을 밝혀둔다.

21세기 우리나라 금융부문의 발전에
이 책이 자그마한 보탬이 될 수 있기를 기대하면서
2000년 2월 4일 立春
저자 씀

차 례

Global Financial Markets

제 1 장 외환시장

제 2 장 환율의 구조 및 결정

제 3 장 이자율의 구조

제 4 장 단기금융시장

제 5 장 선물시장

제 7 장 통화선물

제 8 장 통화옵션

제 9 장 금리옵션

제 10 장 스왑금융

제 11 장 국제금융시장: 구조

제 12 장 국제금융시장: 주요 금융수단

제 1 장

외 환 시 장

제1절 환율의 기초개념

제2절 선도환거래

Chapter

Global Financial Markets

01 외 환 시 장

제 1 절 환율의 기초개념

1. 환율의 표시방법

외환시장에서의 가격 또는 환율이란 서로 다른 통화간의 상대적 가격을 의미한다. 즉, $ 1.00가 £0.6400의 가치가 있다고 하는 말은 £0.6400를 가지면 $ 1.00를 살 수 있다는 말도 되지만 동시에 £1는 $ 1.5624의 가치가 있다는 것을 의미한다. 이와 같이 환율의 표시방법은 두 가지로 나눌 수 있는데 외국통화 1단위를 얻기 위하여 지급해야 하는 자국통화의 단위수로 표시하는 방법을 방화표시법(direct quotation)이라고 하고 자국통화 1단위를 대가로 수취할 수 있는 외국통화의 단위수로 표시하는 방법을 외화표시법(indirect quotation)이라고 한다. 예를 들면, $ 1 = ₩ 1,200 또는 ₩ 1,200원/$ 1로 표시하는 것은 방화표시법이 되며, ₩ 1 = $ (1/1,200) 또는 $ (1/1,200)/₩ 1로 표시하는 것은 외화표시법이 된다.

선도환율이란 선도환거래(forward exchange transaction)에 적용되는 환율을 말하는데 선도환거래의 만기에 따라 각기 다른 선도환율이 존재한다. 선도환거래는 현물환거래(spot exchange transaction)와는 다른 개념으로 현물환거래가 외환거래의 수도결제일이 계약일로부터 2영업일(2 business days) 이내인 외국환거래를 말하는 반면에 선도환거래는 장래에 이루어질 두 통화의 교환비율(환율)을 거래액과 함께 계약일에 미리 결정해두고, 결제는 계약일로부터 일정기간이 지나서 이루어지는 외환거래를 말한다.

매도율(selling rate, asked rate)이란 특정통화를 금융기관이 매도할 때 적용하는 환율을 의미하며, 이와는 반대로 특정통화를 금융기관이 매입할 때 적용하는 환율은 매입률(buying rate, bid rate)이라고 부른다. 그리고 매도율과 매입률의 차이를 bid-asked spread라고 부른다. 이 매도율과 매입률의 차이로부터 금융기관은 이익을 취하는 것이므로 매도율은 매입률보다 높아야 한다. 은행들 간의 외환거래에 적용되는 환율을 은행간율(interbank rate)이라고 부르는데 이 은행간율은 시시각각으로 변동한다. 국제금융시장에 참여하는 대규모 은행들은 전자통신장비를 갖춘 trading room을 가지고 있으므로 직접 거래를 행할 수 있으나, 자체적으로 trading room을 갖추지 못한 개인이나 회사들은 은행을 통하여 외환거래를 하게 된다. 이때 적용되는 환율을 대고객률이라고 부른다. 은행은 고객에게 이러한 외환거래의 서비스를 제공하는 대가로 이익을 취하기 위하여 은행간율과는 다른 매도율과 매입률을 적용하므로 대고객률의 bid-asked spread는 은행간율의 bid-asked spread보다 더 크게 된다.

2. 지역간 재정 및 크로스환율 재정

외환시장에서는 여러 가지 가격관계가 존재한다고 할 수 있는데 이러한 가격관계가 붕괴되었을 경우에는 재정의 기회가 존재하게 된다. 일반적으로 재정 또는 차익거래(arbitrage)란 가격이 낮은 시장에서 상품을 매입하고 가격이 높은 시장에서 그 상품을 매도하여 이익을 취하는 것을 말하는데 외환시장에서 행할 수 있는 각종 재정(차익)거래 중에서 지역간 재정 및 크로스환율 재정에 대해서 우선 알아보기로 한다.

지역간 재정은 특정통화가 서로 다른 두 시장에서 그 가격이 서로 다른 경우에 일어날 수 있다. 예를 들어, 영국 파운드화(£)화와 미국 달러화($)간의 환율이 다음과 같이 New York과 London에서 서로 다르다고 가정하자.

상 황

New York	\$/£	1.5624
London	£/\$	0.6373

London에서의 환율은 £/\$로 표시되어 있으나 \$/£로 표시하기 위하여는 £/\$ 환율의 역수를 취하면 된다. 즉,

$$\$/£ = \frac{1}{£/\$} = \frac{1}{0.6373} = 1.5691$$

New York에서는 1단위의 £를 사기 위하여 \$1.5624를 지급해야 하지만 London에서는 \$1.5691를 지급해야 하므로 £의 가격은 London에서 더 높다고 할 수 있다. 이러한 경우의 재정거래는 New York에서 1단위의 £를 매입하고 그와 동시에 London에서 1단위의 £를 매도하는 것이 된다.

조치 및 결과

New York에서 1단위의 £ 매입
London에서 1단위의 £ 매도

매도가격	\$ 1.5691
매입가격	\$ 1.5624
재정이익	\$ 0.0067

위의 예는 재정의 기회가 존재할 때 그 기회를 포착하여 이익을 취하는 것을 보여주고 있는데 매입과 매도를 동시에 행하므로 위험부담이 없이 이익을 확보하게 된다.

또 다른 한 가지 종류의 재정은 크로스환율 재정으로서 다음의 예를 들어 설명하기로 한다. 특정 외환시장에서 A통화와 B통화간의 환율을 알고 또한 A통화와 C통화간의 환율을 알게 되면, B통화와 C통화간의 환율은 자동적으로 산출되는데 이와 같이 다른 두 가지 환율로부터 산출되는 환율을 크로스환율(cross rate)이라고 한다. 이와 같이 특정 외환시장에서

산출된 크로스환율이 다른 외환시장에서의 B통화와 C통화간의 실제환율과 차이가 있을 때는 크로스환율 재정이 가능하게 된다.

상 황

New York	$ / £	1.5624
	SF / $	1.4810
London	£ / SF	0.4365

이러한 상황하에서 New York에서의 £와 SF(Swiss franc)간의 크로스환율은 $/£환율과 SF/$환율로부터 쉽게 산출할 수 있다. 즉,

$$\frac{£}{SF} = \frac{£}{\$} \times \frac{\$}{SF}$$

$$= \frac{1}{\$/£} \times \frac{1}{SF/\$}$$

$$= \frac{1}{1.5624} \times \frac{1}{1.4810} = 0.4322$$

New York에서의 £와 SF간의 크로스환율은 0.4322인 반면 London에서의 £/SF환율은 0.4365이므로 재정의 기회가 존재하게 된다. 즉, Swiss franc은 New York에서 그 가격이 더 저렴하다는 것을 알 수 있다. 그러므로 이러한 경우의 재정거래는 SF를 상대적으로 가격이 낮은 New York에서 매입하고 상대적으로 가격이 높은 London에서 매도하는 것이 된다. 여기서 한 가지 중요한 사실은 재정거래가 £/SF환율에 대하여 행해지는 것이므로 New York에서 SF를 매입한다는 것은 £를 매도한다는 것을 의미하며 London에서 SF를 매도한다는 것은 £를 매입한다는 것을 의미한게 된다. London에서 SF를 매도하고 £를 매입할 때 적용되는 환율은 London에서의 £/SF환율인 0.4365가 되지만 New York에서 £를 매도하고 SF를 매입할 때는 2단계를 거쳐야 한다. 즉, 우선 £를 매도하고 $를 매입해야 하는데, 이 때 적용되는 환율은 New York에서의 $/£환율인

1.5624가 되며 두번째 단계로 $를 매도하고 SF를 매입할 때 적용되는 환율은 New York에서의 SF/$ 환율인 1.4810이 된다.

조치 및 결과

London에서 1단위의 SF를 매도

매도가격 : £ 0.4365

New York에서 1단위의 SF를 매입

1) £ 0.4322를 지급하고 $ 0.6752를 매입

2) $ 0.6752를 지급하고 SF 1.00을 매입

그러므로 1단위의 SF를 매입하는 매입가격 : £ 0.4322

재정이익

매도가격 : £ 0.4365

매입가격 : £ 0.4322

이　　익 : £ 0.0043

우리는 위의 예에서 환율을 표시할 때 한 가지 수치로만 표시하였다. 그러나 실제에 있어서는 환율이 한 가지 수치로만 표시되지 않고 매도율과 매입률의 두 가지 수치로 표시된다. 즉, 고객의 입장에서가 아니라 dealer(은행)의 입장에서 특정통화를 팔 때 적용하는 매도율과 살 때 적용하는 매입률을 동시에 표시하는 것이 관례로 되어 있다. 이제 다음과 같은 상황을 예로 들어 매도율과 매입률이 동시에 표시되어 있는 경우에 크로스환율을 산출하는 방법을 살펴보기로 하자.

상　황

	매입률	매도율
$/£	1.5624	1.5629
SF/$	1.4810	1.4816

여기서 \$/£환율에 있어서의 매입률은 dealer가 £를 고객으로부터 매입할 때 적용하는 환율이고, 매도율은 dealer가 £를 고객에게 매도할 때 적용하는 환율이다. 여기서 주의해야 할 점은 매도율이 매입률보다 더 높다는 점이다. 즉, dealer는 £를 고객에게 팔 때는 높은 가격을 받고, £를 고객으로부터 살 때는 낮은 가격을 지불함으로써 이익을 취한다는 점이다. SF/\$환율에 있어서도 마찬가지로 매도율이 매입률보다 높음을 위의 예는 보여주고 있다. 이러한 상황하에서 고객의 입장에서 £를 매도하고 SF를 매입하는 경우에 있어서의 £와 SF간의 크로스환율을 산출하는 방법을 살펴보고자 한다.

우선 £를 매도하고 SF를 매입하는 과정은 2단계를 거쳐야 한다는 것을 우리는 쉽게 알 수 있다. 첫째로, £를 매도하고 \$를 매입할 때 적용되는 환율은 \$/£환율에 있어서의 매입률이 되는데 그 이유는 고객의 입장에서 £를 매도한다는 것은 dealer의 입장에서 £를 매입한다는 것과 같기 때문이다. 그러므로 £ 1단위를 매도하고 그 대가로 얻을 수 있는 \$금액은 \$1.5624가 된다. 둘째로, \$를 매도하고 SF를 매입할 때 적용되는 환율은 SF/\$환율에 있어서의 매입률이 되는데, 그 이유는 고객의 입장에서 \$를 매도한다는 것은 dealer의 입장에서 \$를 매입한다는 것과 같기 때문이다. 그러므로 \$1.5624를 매도하고 그 대가로 얻을 수 있는 SF금액은 1.5624 × 1.4810 = SF 2.3139를 얻게 되므로 이 경우에 있어서의 크로스환율은 £ 1 = SF 2.3139 또는 SF 1 = £ 0.4322가 된다.

조치 및 결과

£를 매도하고 SF를 매입하는 경우

1) £를 매도하고 \$를 매입(고객)
   = £를 매입하고 \$를 매도(dealer)
   £ 1단위를 매도하고 그 대가로
   £ 1 × (\$ 1.5624/ £) = \$ 1.5624를 얻음
   ↓
   (매입률)

2) $를 매도하고 SF를 매입(고객)

= $를 매입하고 SF를 매도(dealer)

$ 1.5624를 매도하고 그 대가로

$ 1.5624 × (SF 1.4810/$) = SF 2.3139를 얻음

↓

(매입률)

그러므로 £와 SF 간의 크로스환율은

£ 1 = SF 2.3139

위의 예에서 우리는 dealer(은행)와 고객을 구분하여 매입률 또는 매도율은 dealer의 입장에서 본 환율이라는 것을 강조하였다. 그러나 여기서 고객이라고 하여 반드시 은행이 아닌 기업이나 개인만을 의미하는 것은 아니다. 예를 들어 어느 은행이 다른 은행으로부터 SF를 매입하고자 할 때, SF를 매입하고자 하는 은행은 고객이 되며 이러한 요구에 응하여 SF를 매도하는 은행은 dealer의 역할을 하게 되는 것이다. 그러므로 이러한 거래에 적용되는 SF와 다른 통화간의 환율은 매도율이 된다.

제 2 절 선도환거래

선도환거래(forward exchange transaction)란 장래에 이루어질 두 통화의 교환비율(환율)을 거래액과 함께 계약일에 미리 결정해두고, 결제는 계약일로부터 일정기간이 지나서 이루어지는 외환거래를 말한다. 그리고 이러한 선도환거래에 적용되는 환율을 선도환율(forward exchange rate)이라고 부르는데 일반적으로 선도환율은 현물환율(spot exchange rate)과 같지 않으며 선도환계약(forward exchange contract)의 만기(maturity)에 따라 각기 다른 선도환율이 존재한다.

선도환거래에서의 수도결제일을 value date라고 부르는데 선도환계약의 value date는 spot date로부터 1개월, 2개월, 3개월, 6개월 및 12개월

째 되는 날이 일반적이다. 그러나 때로는 1년 이상의 기간이 경과한 후가 value date가 되기도 한다. 여기서 spot date란 외환매매계약의 계약일로부터 2영업일(2 business days) 후가 되는 날을 말하는데 우리가 보통 현물환거래(spot exchange transaction)라고 할 때는 계약일로부터 2영업일 후가 되는 spot date에 수도결제가 이루어짐을 뜻한다. 그러므로 선도환거래에서 예를 들어 3월 18일에 2개월 만기의 선도환계약을 체결하였다면 spot date는 3월 20일이 되고 value date는 spot date로부터 2개월 째 되는 날인 5월 20일이 되므로 선도환계약의 수도결제는 5월 20일에 이루어지게 된다.

대부분의 선도환계약은 특정일을 결제일(value date)로 정하고 있으나 특정기간 중의 아무날이라도 결제일이 될 수 있는 경우가 있는데 이러한 선도환계약을 선도옵션계약(forward option contract)이라고 부르며 예를 들어, 기업이 특정외국통화로 표시된 자금을 언제 받게 될지 그 정확한 날짜를 모를 때 유용한 계약이라고 할 수 있다.

지금까지 설명한 선도환거래는 forward outright 거래라고 하며 은행간의 선도환거래의 대부분을 차지하는 스왑거래(swap transaction)와는 구별된다. 스왑거래란 일정금액의 특정통화를 동시에 사고 팔고 하는 것을 의미하는데, 이 때 매입과 매도가 같은 은행을 상대로 행해지지만 각각의 수도결제일(value date)은 서로 다르게 된다. 흔히 볼 수 있는 스왑거래의 예로서 'spot against forward'를 들 수 있는데 가령 어떤 dealer가 특정통화를 현물환시장(spot exchange market)에서 매입함과 동시에 같은 금액을 선도환시장(forward exchange market)에서 매도하는 경우가 그것이다. 이러한 경우 현물환율과 선도환율과의 차이는 계약일에 고정되므로 예상치 못한 환위험(foreign exchange risk)에 노출되지 않게 된다.

좀더 발전한 스왑거래의 유형으로서 'forward-forward' 스왑을 들 수 있다. 예를 들어, 어떤 dealer가 £ 2,000,000를 매도하는($를 대가로 받고) 2개월 선도환계약을 $ 1.5870/£의 환율로 체결하고 동시에 £ 2,000,000를 매입하는 3개월 선도환계약을 $ 1.5820/£의 환율로 체결하는 경우가 그것이다. 즉, 이것은 $자금을 지금부터 2개월 후에 차입하고 3개월 후에 상환하는 데 있어서 1개월간의 차입기간 동안 £ 2,000,000를 담보로 잡히는 조건으로 하는 것이다.

1. 현물환율과 선도환율과의 관계

우리는 앞에서 환율을 표시하는 방법을 두 가지로 나눌 수 있다는 것을 알았다. 즉, 방화표시법(direct quotation)은 외국통화 1단위를 얻기 위하여 지급하여야 하는 자국통화의 단위수로 표시하는 것이며, 외화표시법(indirect quotation)은 자국통화 1단위를 대가로 수취할 수 있는 외국통화의 단위수로 표시하는 것이라고 하였다. 은행간거래의 대부분에 있어서는 소위 European terms라고 불리우는 환율표시방법이 채택되고 있다. European terms는 환율을 미국 달러화 1단위에 대하여 다른 외국통화로 얼마인가를 표시하는 방법인데 이 European terms가 미국 달러화의 다른 통화표시가격을 의미하므로 미국 이외의 지역에서는 방화표시환율이 되고 미국내에서는 외화표시환율이 된다고 할 수 있다. 반면에 American terms는 환율을 특정통화 1단위에 대하여 미국 달러화로 얼마인가를 표시하는 방법인데 영국 · 오스트레일리아 · 뉴질랜드 및 아일랜드의 통화에 대하여 환율을 표시할 때 사용된다. 이와 같이 은행간거래에서는 몇몇 통화를 제외하고는 대부분 European terms가 사용되고 있지만 대고객률에 있어서는 American terms가 많이 사용되고 있으며 Chicago의 통화선물시장과 Philadelphia의 통화옵션시장 등에서는 American terms가 사용된다.

실제로 환율이 호가될 때 매입률(bid)과 매도율(offered 또는 asked)로 구분하여 표시된다는 것은 이미 앞에서 밝힌 바 있다. 예를 들어, SF/$ 환율이 1.6110 to 1.6130으로 호가된다면 이것은 dealer가 $ 1를 SF 1.6110/$의 환율로 매입할 용의가 있으며 SF 1.6130/$의 환율로 매도할 용의가 있음을 의미한다. 일반적으로 매입률이 매도율보다 먼저 호가되며, 매도율과 매입률의 차이를 dealer의 스프레드(spread)라고 하고 이것이 dealer의 이익이 된다.

국제금융시장에서의 환율은 보통 소수점 이하 4자리까지 표시한다. 예를 들어, 스위스프랑화와 미국의 달러화 간의 환율에 있어서 매입률이 SF 1.6110/$이고 매도율이 SF 1.6130/$인 경우, 매입률은 1.6110이라고 전체가 다 표시되지만 매도율은 매입률과 차이가 나는 부분만 표시된다. 그러므로 비디오 화면을 통하여 호가가 될 경우에는 1.6110/30으로 표시되고 전화를 통하여 호가가 될 경우에는 1.6110 (쉬고) 30 또는 1.6110 to 30으로 전달된다.

선도환율은 현물환율에 비하여 더 비싸냐 또는 싸냐에 따라 프리미엄(premium) 또는 디스카운트(discount)에 있다고 부른다. 그리고 만약 선도환율이 현물환율과 같은 수준에 있다면 선도환율이 플랫(flat)하다고 표현한다. 예를 들어, 6개월 선도환계약에 적용되는 선도환율의 매도율이 SF 1.6369/$이고 현물환율의 매도율이 SF 1.6130/$이라고 하자. 미국 달러화의 가치가 현물환시장에서보다 선도환시장에서 더 높으므로 미국 달러화는 선도환시장에서 premium에 있다고 부른다. 바꾸어 말하면, 스위스 프랑화는 현물환시장에서보다 선도환시장에서 그 가치가 더 낮으므로(즉, 선도환율 SF 1.6369/$는 $ 0.6109/SF를 의미하고 현물환율 SF 1.6130/$는 $ 0.6200/SF를 의미하므로), 스위스프랑화는 선도환시장에서 discount에 있다고 부른다.

선도환율의 표시방법은 크게 세 가지로 구분할 수 있다. 첫 번째 방법이 forward outright rate로 선도환율을 표시하는 것인데 위에서 이미 본 바와 같이 선도환율을 그대로 표시하는 것이다. 즉, SF와 $ 간의 선도환율을 SF 1.6369/$이라고 표시하는 것이 forward outright rate로 표시하는 방법이며 신문지상에 선도환율이 표기될 때나 은행들이 고객을 상대로 선도환율을 표기할 때 사용된다.

선도환율을 표시하는 또 한 가지 방법은 선도환율과 현물환율의 차이(forward differential)로써 표현하는 것이다. 이와 같이 선도환율과 현물환율의 차이로써 선도환율을 표시하는 방법을 point quotation method라고 부르며 forward differential은 swap rate라고도 부른다. 여기서 point란 환율을 표시할 때의 맨 마지막 자리를 의미하는데 일반적으로 환율을 소수점 이하 4자리까지 표시하는 경우가 많기 때문에 1 point는 0.0001이 되는 경우가 많다. 다음의 예를 통하여 선도환율을 forward outright rate와 forward differential(또는 swap rate)로 각각 표시하는 방법을 살펴보기로 한다.

상 황

SF/$	매입률	매도율
Spot rate	1.6110	1.6130
Forward differential(6 months)	213	239
Forward outright rate(6 months)	1.6323	1.6369

위의 경우에는 미국 달러화의 가치가 현물환시장에서보다 선도환시장에서 더 높으므로 달러화는 스위스프랑화에 대하여 선도환시장에서 premium에 있음을 알 수 있고 forward outright rate로 표시된 선도환율을 얻기 위하여는 현물환율에 forward differential을 가산해주어야 한다. 이와 같은 경우에 dealer는 6개월 선도 $는 '213 to 239 points' premium에 있다고 표현할 수도 있지만 대개의 경우에는 discount인지 premium인지를 밝히지 않는다. 매입률과 매도율의 forward differential이 point로 표시되어 있으나 discount인지 premium인지가 밝혀져 있지 않은 경우에는 다음과 같은 법칙을 따르면 된다. 즉, 포인트로 표시된 매입률의 forward differential이 매도율의 forward differential보다 그 값이 큰 경우에는 현물환율에서 forward differential을 공제해주어야 하며 반대로 매입률의 forward differential이 매도율의 forward differential보다 그 값이 작은 경우에는 현물환율에 forward differential을 가산해주어야 한다. 선도환율이 현물환율로부터 discount에 있는지 premium에 있는지를 알 수 있는 또 한 가지 방법은 두 통화간의 이자율 차이를 이용하는 것이다. 즉, 이자율이 상대적으로 높은 통화는 이자율이 상대적으로 낮은 통화에 대하여 선도환시장에서 discount에 있게 된다.

선도환율과 현물환율의 차이인 forward differential은 swap rate라고도 부른다. 은행간 선도환거래의 대부분은 일정금액의 특정통화를 동시에 사고 파는 스왑거래가 차지하고 있는데, 이 때 매입과 매도가 같은 은행을 상대로 행해지지만 각각의 수도결제일이 서로 다르게 된다. 스왑거래를 통하여 은행은 특정통화를 일정기간 동안 차입하는 대신 같은 기간 동안 다른 통화를 담보로 잡히는 것이다. 그러므로 스왑거래를 행하는 두 은행은 서로 자기가 차입하는 통화에 대하여 상대방 은행에게 이자를 지급할 수도 있을 것이다. 그러나 보다 간단한 방법은 이자율이 상대적으로 높은 통화를 차입하는 은행이 이자율이 상대적으로 낮은 통화를 차입하는 은행에 대하여 두 통화간의 이자율 차이를 지급하는 것이다. 이것은 이자율이 상대적으로 높은 통화를 차입하는 은행으로 하여금 상환시점에 가서 차입시점보다 불리한 두 통화간의 교환비율로 자금상환을 하도록 하는 것을 의미한다. 즉, 이자율이 상대적으로 높은 통화가 차입시점에 비하여 상환시점에 discount에 있도록 하는 것을 의미한다. 그러므로 swap rate (forward differential)란 스왑거래에서 이자율이 상대적으로 높은 통화를 차입하는 은행이 상대방 은행에 대하여 지급하는 두 통화간의 이자율 차이를 퍼센트로 나타내지 않고 point로 나타낸 것이라고 할 수 있다.

선도환율을 표시하는 세 번째 방법은 swap rate(forward differential)를 연율표시방법으로 표현하는 것이다. 연율표시방법으로 선도환율을 표현하게 되면 선도환시장에서의 premium 또는 discount를 두 통화간의 이자율 차이와 직접 비교할 수 있는 이점이 있다. 방화표시환율을 사용하는 경우 swap rate를 연율로 표시하기 위하여는 다음의 공식을 이용하면 된다.

$$\begin{matrix}\text{forward premium}\\ \text{또는 discount}\\ \text{(연율표시)}\end{matrix} = \frac{\text{선도환율} - \text{현물환율}}{\text{현물환율}} \times \frac{12}{n} \times 100$$

여기서 n은 선도환계약의 개월수를 나타낸다. 앞에서 예로 든 SF/$ 환율의 매도율을 사용하여 연율표시의 swap rate를 산출하면, 현물환율은 SF 1.6130/$ 이고 6개월 선도환율은 SF 1.6369/$ 이므로

$$\begin{matrix}\text{forward premium}\\ \text{또는 discount}\\ \text{(연율표시)}\end{matrix} = \frac{1.6369 - 1.6130}{1.6130} \times \frac{12}{6} \times 100$$

$$= 2.963\ \%$$

가 된다. 이 때 환율의 단위 SF/$는 SF의 입장에서 본 방화표시환율로서 외국통화인 $의 가치를 자국통화 SF의 단위수로 표현한 것이다. 그러므로

위의 계산으로부터 얻은 2.963%란 외국통화인 $가 선도환시장에서 2.963%만큼 premium에 있다는 것을 의미한다. 즉, 계산결과 + 값을 얻게 되면 forward premium, − 값을 얻게 되면 forward discount를 의미하며 위의 경우에는 환율이 외국통화인 $의 가치를 나타내므로 $의 가치가 현물환시장에 비하여 선도환시장에서 더 높다는 것을 뜻한다.

2. 선도환시장을 이용한 헤징

국제거래에 따르는 환율의 불확실성, 즉 환리스크를 제거하기 위해 행하는 외국환거래를 외환시장에서의 헤징(hedging)이라고 한다. 이제 구체적인 예를 들어 설명하기로 한다.

상 황

지금 우리 나라의 computer 수출업자가 미국에 $ X의 상품을 수출하기로 계약하고 그 대금은 n개월 후에 지급받기로 하였다고 하자. 이 경우에 다른 거래가 없다면 이 수출업자는 $ X의 외화표시 순자산을 갖게 되어 환리스크에 노출된다. 즉, 현재의 환율이 $ 1 = ₩ 1,200 이라고 할 때 만약 n개월 후에 환율이 $ 1 = ₩ 1,150으로 내리면 손해를 보게 된다. 이 때 수출업자는 환리스크를 피하기 위해 어떻게 하여야 하겠는가?

1) 아무런 조치도 취하지 않은 경우

수출업자는 n개월 후에 $X \cdot \widetilde{S}_{t+n}$ 만큼의 ₩화를 갖게 되리라고 예상할 수 있다. 여기서

$\widetilde{S}_{t+n}$은 t시점(현재)에서 예상되는 $t+n$ 시점(미래)에서의 환율에 대한 기대치를 나타낸다.

2) 선도환시장을 이용하는 경우

지금 선도환시장에서 n개월 선도 $에 대한 환율(선도환율)이 $ 1 = ₩ 1,170이라고 하면, 수출업자는 수출계약과 동시에 n개월 후에 $ X를 팔기로 하는 선도환계약을 행해둔다. 그러면 수출업자는 n개월 후에 상품대금으로 지급받는 $ X를 선도환계약 상대은행에게 지급하고 $X \cdot F_{t+n}$만큼의 ₩화를 수취하게 된다. 여기서

> F_{t+n}은 t시점에서 계약할 수 있는 n개월 선도환계약에 적용되는 선도환율을 나타낸다.

이 경우 선도환율 F_{t+n}은 $ 1 = ₩ 1,170이고 현물환율은 $ 1 = ₩ 1,200이므로 수출업자에게는 선도환율이 현물환율보다 불리한 조건이다. 그러나 이러한 선도환계약을 체결함으로써 수출업자는 n개월 후에 실제환율이 어떻게 변하느냐에 따라서 생길 수 있는 불확실한 환차손을 미리 제거할 수 있다. 즉, 선도환율과 현물환율의 차이는 불확실한 환차손을 제거하기 위하여 수출업자가 불가피하게 치러야 하는 대가라고 할 수 있다.

3. 금융시장을 이용한 헤징

앞의 예에서 본 바와 같이 수출업자가 $ X의 외화표시 순자산을 가지고 있는 경우, 금융시장을 통한 헤징을 하려고 할 때는 이 수출업자가 달러화 금융시장에서 $ X만큼의 부채를 창출하면 된다. 즉, 달러화 금융시장에서 달러화를 빌리면서 n개월 후에 $ X를 갚겠다고 약속한다. 만기일에 $ X를 갚기로 약속한 경우, 오늘 현재 빌릴 수 있는 금액은 $ X를 할인하여 얻는 현재가치(present value)가 될 것이다. 즉, $\left(\frac{\$\,X}{1 + i^* / (12/n)}\right)$만큼의 달러화 자금을 오늘 현재 빌릴 수 있게 될 것이다. 여기서 i^*는 달러화 금융시장에서의 연간이자율을 나타낸다.

이제 이 달러화 자금을 현물환시장에서 원화로 바꾸면 현물환율이 S_t(방화표시)라고 할 때, 수출업자는 $\left(\frac{X}{1 + i^* / (12/n)}\right) \cdot S_t$만큼의 원화 자금을 확보하게 된다. 이제, 이 원화 자금을 한국내 금융시장에 투자하게 되면

n개월 후의 원리금 합계는 원화로 $(\frac{X}{1 + i^* / (12/n)}) \cdot S_t \cdot \{1 + i / (12/n)\}$ 가 될 것이다. 여기서 i 는 국내금융시장에서의 연간이자율을 나타낸다. 그러므로 이제 위의 표현을 정리하면 다음을 얻을 수 있다.

$$X \cdot S_t \cdot (\frac{1 + i / (12/n)}{1 + i^* / (12/n)})$$

여기서 사용되는 X, S_t, i, i^*, n 등은 모두 오늘 현재 그 값을 확실히 알 수 있는 것들이다. 그러므로 이와 같이 얻은 원화로 표시된 n개월 후의 원리금 합계는 그 값이 오늘 현재 확정되며, 불확실성은 존재하지 않는다. 즉, 수출업자는 원화 및 달러화 금융시장을 통한 헤징을 함으로써 환율의 변화에서 올 수 있는 불확실성(환리스크)을 제거할 수 있게 된다. n개월 후 수출업자는 상품대금으로 받는 \$ X를 달러화 자금을 빌린 은행에게 지급함으로써 달러화 금융시장에서의 부채를 청산하고 한국내 금융시장에 투자한 원화 자금의 원리금 합계로 $X \cdot S_t \cdot (\frac{1 + i / (12/n)}{1 + i^* / (12/n)})$만큼의 원화를 확보하게 된다.

우리가 이 수출업자의 원래의 목적을 돌이켜볼 때, 금융시장을 통한 헤징으로써 그 목적을 달성하였다고 볼 수 있다. 즉, 이 수출업자는 외화표시의 순자산(\$ X)을 갖고 있고, 이것을 n개월 후에 원화로 바꾸고자 할 때 생기는 환리스크를 제거하는 것이 그 목적이었다. 위에서 설명한 바와 같이 금융시장을 통한 헤징을 함으로써 이 수출업자는 확실한 액수의 원화를 n개월 후에 확보하게 된다.

그러면 이제 금융시장을 이용한 헤징(money market hedging)의 기본 원리가 무엇인지를 살펴보기로 하자. 우선 외화표시 순자산을 가지고 있는 경우 만약 외화의 가치가 하락하게 되면 환차손을 보게 된다. 이러한 상황하에서 외화표시 부채를 창출해두면 외화의 가치가 하락하게 될 때 환차익을 얻게 되므로 이 환차익이 위의 환차손을 상쇄시켜주게 된다. 한편 외화표시 순부채를 가지고 있는 경우에 만약 외화의 가치가 상승하게 되면 환차손을 보게 된다. 이러한 상황하에서는 외화표시 자산을 창출해두면 외화의 가치가 상승할 때 환차익을 얻게 되므로 이것이 위의 환차손을 상쇄시켜주게 된다. 그러므로 외화표시 순자산을 가지고 있는 경우에는 외화표시 부채를 창출하고 외화표시 순부채를 가지고 있는 경우에는 외화표시 자산을 창출하여 환율의 변화에 따라서 생길 수 있는 환차손을 제거하고자 하는 방법이 금융시장을 이용한 헤징이다.

다음의 [그림 1-1]은 금융시장을 이용한 헤징(money market hedging)과 선도환시장을 이용한 헤징(forward exchange market hedging)을 비교하여 보여주고 있다. 앞의 예에서 수출업자가 현재로부터 n개월 후, 즉 $(t+n)$시점에서 \$ X를 지급받기로 되어 있으므로 문제의 근원은 $(t+n)$시점에서 \$ X를 가지게 되는 것이라고 볼 수 있다. 그런데 이 수출업자의 목적은 $(t+n)$시점에서 확실한 원화 금액을 확보하는 것이므로 [그림 1-1]은 수출업자가 그 목적을 달성하는 데 두 가지 방법을 사용할 수 있음을 보여준다. 즉, 문제의 근원으로부터 목적지에 도달하는 데 직접경로를 택하는 것이 선도환시장을 이용한 헤징이고, 간접경로를 택하는 것이 금융시장을 이용한 헤징이라고 할 수 있다.

[그림 1-1]에서 (1) + (2) + (3) = 금융시장을 이용한 헤징이고, (4) = 선도환시장을 이용한 헤징을 나타낸다. 이제 다음의 예제를 통하여 선도환시장을 이용한 헤징과 금융시장을 이용한 헤징을 비교하기로 하자.

그림 1-1 외화표시 순자산을 가지고 있는 경우의 헤징방법의 비교

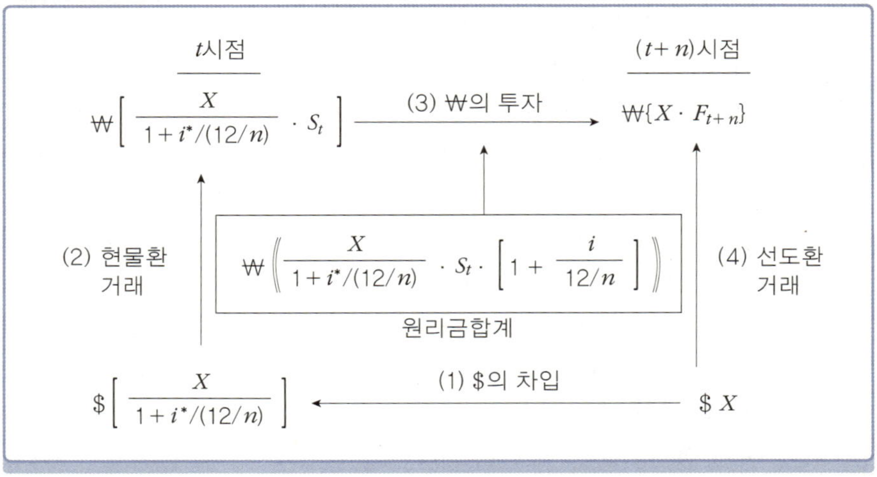

예 제

어떤 미국계 다국적기업의 재무관리자는 A$ 10,000,000 상당의 기계를 주문하고 그 대금을 3개월 후에 Australian dollar로 지급하기로 하였다. 달러와 A$ 사이의 환율이 변화하게 되면 3개월 후에 지급해야 하는 대금의 달러액도 변하게 되므로 이 재무관리자는 이러한 환리스크를 헤징하고자 한다. 가능한 헤징방법을 설명하고 그 중 어느 것을 택해야 하는지 그 이유를 밝히도록 하라. 다음과 같은 상황을 가정하라.

현물환율 : US$ 1 = A$ 1.90
3개월 선도환율 : US$ 1 = A$ 1.88
달러화 금융시장에서의 이자율 : 12%(연간)
A$화 금융시장에서의 이자율 : 10%(연간)

위의 예에서는 미국계 다국적기업이 외화(A$)표시 순부채를 가지고 있으므로 환율의 변화에 따라서 환차손이 발생할 수 있다. 금융시장을 이용한 헤징을 할 경우에는 이러한 환리스크를 제거하기 위하여 외화표시 자산을 창출하면 된다. 즉, 미국계 다국적기업의 입장에서 볼 때 A$화 금융시장에 투자하여 3개월 후의 원리금 합계가 A$ 10,000,000이 되도록 하면 된다. 따라서 현재 투자해야 하는 금액은 $\left(\frac{\text{A\$ } 10{,}000{,}000}{1 + 0.10/(12/3)}\right)$ = A$ 9,756,098임을 알 수 있다. 그러면 이만큼 A$화 금액을 확보하기 위하여 필요한 달러화 금액을 산출하기 위하여는 현물환율을 이용하면 된다. 위의 예에서는 환율이 달러화의 입장에서 볼 때 외화표시환율(indirect quotation)로 표시되어 있으므로 방화표시환율(direct quotation)로 바꾸어 표시하면 현물환율은 $\frac{\$\ 1}{\text{A\$ } 1.90} = \frac{\$\ 0.5263}{\text{A\$}}$이 된다. 그러므로 A$ 9,756,098을 확보하기 위하여 필요한 달러화금액은 (A$ 9,756,098) · $\left(\frac{\$\ 0.5263}{\text{A\$}}\right)$ = $5,134,634가 된다. 이제 달러화 금융시장에서 오늘 현재 $ 5,134,634를 빌리게 되면 3개월 후에 갚아야 하는 원리금 합계는 ($ 5,134,634) · {1 + 0.12/(12/3)} = $ 5,288,673가 됨을 알 수 있다. 3개월 후에 가서 미국계 다국적기업의 재무관리자는 A$화 자금시장에 투자해놓은 자금의 원리금 합계 A$ 10,000,000을 회수하여 기계대금을 지급하면 된다. 이와 같이 금융시장을 이용한 헤징을 하는 경우 3개월 후에 지급할 기계대금 A$ 10,000,000을 확보하는 데 드는 달러화 비용은 3개월 후에 갚아야 하는 달

그림 1-2 외화표시 순부채를 가지고 있는 경우의 헤징방법의 비교

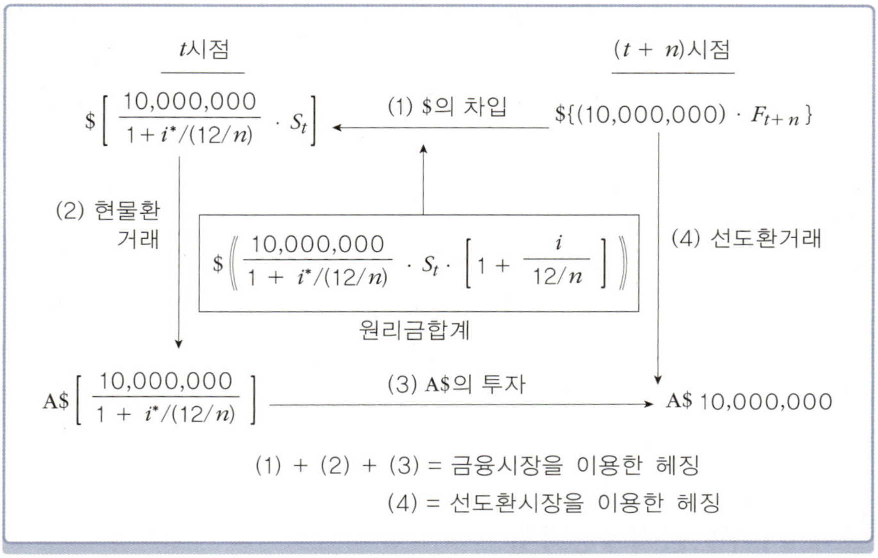

러화 차입금의 원리금 합계 $ 5,288,673임을 알 수 있다.

이와 같이 달러화 금융시장에서의 차입, A$화로의 전환 및 A$화 금융시장에서의 투자로 이어지는 금융시장을 이용한 헤징에 비하여 선도환시장을 이용한 헤징은 매우 간단한 방법이라고 할 수 있다. 즉, 3개월 후에 기계대금의 지급을 위해 A$ 10,000,000이 필요하므로 오늘 현재 선도환계약을 체결하여 3개월 후에 가서 A$ 10,000,000를 수취하기로 하면 된다. 위의 예에서 주어진 선도환율을 달러화의 입장에서 본 방화표시환율로 바꾸어 표시하면 $\frac{\$1}{A\$1.88}=\frac{\$0.5319}{A\$}$ 가 되므로 오늘 현재 3개월 선도환계약을 체결하는 경우 3개월 후에 A$10,000,000를 수취하는 대가로 지급해야 할 달러화 금액은 (A$ 10,000,000) $\left(\frac{\$0.5319}{A\$}\right)$ = $ 5,319,000가 된다. 즉, 3개월 후에 지급할 기계대금 A$ 10,000,000를 확보하는 데 드는 달러화 비용은 선도환시장을 이용한 헤징을 택할 경우 $ 5,319,000가 됨을 알 수 있다.

미국계 다국적기업의 재무관리자가 3개월 후에 지급할 기계대금 A$ 10,000,000를 확보하는 데 있어서 달러화와 A$화 간의 환율변동에 관계없이 확실한 금액의 달러화 비용을 알고자 하는 것이 목적이므로 이러한 목적을 달성하기 위하여 사용할 수 있는 두 가지 방법을 비교해보았다. 즉, 금

융시장을 이용한 헤징을 할 경우에 드는 비용은 $ 5,288,673이고 선도환시장을 이용할 경우에 드는 비용은 $ 5,319,000이므로 비용이 더 적게 드는 금융시장을 이용한 헤징을 택하는 것이 같은 목적을 달성하는 데 있어서 더 유리하다고 할 수 있다. [그림 1-2]는 이 두 가지 방법을 비교하여 보여주고 있다.

금융시장을 이용한 헤징에 비하여 선도환시장을 이용한 헤징이 보다 간단한 방법이지만 선도환시장이 별로 발달하지 않은 통화의 경우에는 금융시장을 이용한 헤징방법만이 가능하게 될 것이다. 그리고 두 가지 방법이 모두 가능한 경우에는 위의 예에서와 같이 두 가지 방법을 서로 비교하여 더 유리한 쪽을 택하면 된다.

4. 커버된 금리재정거래

커버된 금리재정거래(covered interest arbitrage)를 설명하기 위하여 앞의 예제에서와 같은 환율 및 이자율을 가정하기로 한다.

상 황

현물환율 : A$ 1 = $ 0.5263
3개월 선도환율 : A$ 1 = $ 0.5319
달러화 금융시장에서의 이자율 : 12%(연간)
A$화 금융시장에서의 이자율 : 10%(연간)

- 오늘 현재

(1) 달러화 금융시장에서 $ 5,134,634를 차입하고 3개월 후에 원리금 합계인 ($ 5,134,634) · $(1 + \frac{0.12}{12/3})$ = $ 5,288,673를 갚기로 약속한다.

(2) 차입한 $ 5,134,634를 현물환시장에서 A$화로 바꾼다. 현물환율이 $ 0.5263/A$이라고 하였으므로 현물환시장에서($ 5,134, 634)/($ 0.5263/A$) = A$ 9,756,097을 수취하게 된다.

(3) 현물환시장에서 수취한 A$ 9,756,097을 A$화 금융시장에서 3개월 동안 투자를 하게 되면 3개월 후의 원리금 합계는 (A$ 9,756,097) $\cdot$ $(1 + \frac{0.10}{12/3})$ = A$ 10,000,000이 된다.

(4) 3개월 후에 확보될 원리금 합계 A$ 10,000,000을 팔기로 하는 3개월 선도환계약을 체결한다. 선도환율이 $ 0.5319/A$이라고 하였으므로 3개월 후에 가서는 (A$ 10,000,000) · ($ 0.5319/A$) = $ 5,319,000를 수취하게 된다.

- 3개월 후

(5) A$화 금융시장에 투자한 자금의 원리금 합계 A$ 10,000,000를 수취한다. (3)을 볼 것.

(6) 선도환계약대로 수도결제를 행하면 A$ 10,000,000을 지급하고 $ 5,319,000를 수취한다. (4)를 볼 것.

(7) 달러화 금융시장에서 차입한 자금의 원리금 합계 $ 5,288,673를 지급한다.

(8) 이와 같은 일련의 거래들로부터의 이익은 $ 5,319,000 − $ 5,288,673 = $ 30,327가 된다.

그림 1-3 커버된 금리재정거래

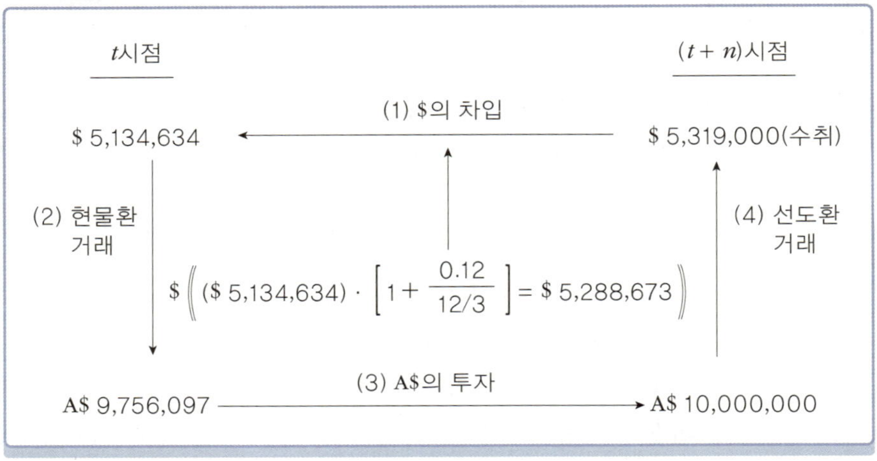

이와 같이 커버된 금리재정거래를 행할 경우 재정거래이익이 $ 30,327가 발생하는 데 거래자는 자금을 빌려서 재정거래를 시작하며 현물환시장과 선도환시장에서 동시에 반대매매를 행하여 환리스크에 노출되지 않으므로 $ 30,327는 확실하게 보장된 이익금이 된다.

[그림 1-3]은 (1) + (2) + (3) + (4) = 커버된 금리재정거래를 보여주고 있는데 이 그림은 앞에서 살펴본 금융시장 및 선도환시장을 이용한 헤징을 나타내는 그림과 유사하다는 것을 쉽게 알 수 있다. [그림 1-4]에서는 커버된 금리재정거래와 금융시장 및 선도환시장을 이용한 헤징을 비교하여 보여주고 있다.

[그림 1-4]로부터 금융시장 및 선도환시장을 이용한 헤징의 경우에는 출발지 [$(t+n)$시점의 $]와 도착지 [$(t+n)$시점의 A$]가 서로 다르다는 것을 알 수 있는데 이것은 $(t+n)$시점에 가서 A$화를 확보하는 데 드는 $화 비용을 고정시키고자 하는 것이 금융시장 및 선도환시장을 이용한 헤징의 목적이라는 것을 의미한다. 그리고 이러한 목적을 달성하기 위하여 출발지 [$(t+n)$시점의 $]로부터 도착지 [$(t+n)$시점의 A$]에 도달하는 데 직접경로를 택하는 것이 선도환시장을 이용한 헤징이고 간접경로를 택하는 것이 금융시장을 이용한 헤징이라는 것을 앞에서 이미 밝힌 바 있다.

그러나 [그림 1-4]로부터 커버된 금리재정거래의 경우에는 출발지와 도착지가 모두 $(t+n)$시점의 $이므로 서로 같다는 것을 알 수 있다. 즉, $화의 차입, 현물환거래, A$화의 투자 및 선도환거래로 이어지는 일련의 거래는 거래자로 하여금 다시 출발지로 돌아오게 하는 것이다. 이러한 경우에 우리는 거래자가 open position을 가지고 있지 않다고 하는데 이것은 거래자가 환위험에 노출되어 있지 않은 것을 의미한다. 다시 말하자면, 커버된 금리재정거래란 금융시장에서의 자금의 차입 및 투자와 외환시장에서의 거래를 결합하는 것으로서 이때 거래자는 현물환시장과 선도환시장에서 특정통화에 대한 반대매매를 행하기 때문에 환율의 변동에 따르는 위험부담을 하지 않게 된다. 이에 반하여 위에서 살펴본 금융시장 및 선도환시장을 이용한 헤징은 미래에 $화를 대가로 A$화를 확보하여야 할 경우 환율이 변동함에 따라 같은 액수의 A$화를 확보하는 데 드는 $화 비용이 변동하게 되는 환위험이 존재하게 되는데 이러한 환위험을 제거하

그림 1-4 커버된 금리재정거래와 금융시장 및 선도환시장을 이용한 헤징의 비교

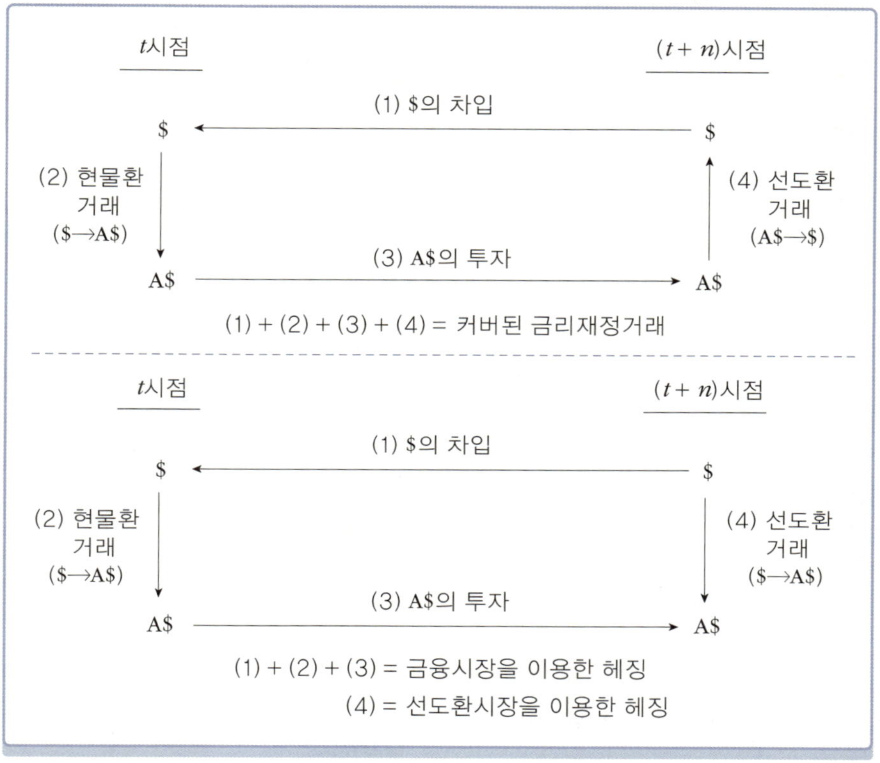

여 $화 비용을 고정시키고자 행하는 거래라고 할 수 있다.

커버된 금리재정거래를 통하여 재정거래이익이 발생하는 경우에는 두 통화간의 이자율 차이가 현물환율과 선도환율의 차이(forward differential)에 의하여 완전히 상쇄되지 않음을 의미한다. 그러나 이러한 재정거래이익의 기회가 존재한다는 것이 포착되어 많은 수의 거래자들이 커버된 금리재정거래를 행하게 되면 이러한 이익기회는 사라지게 될 것이다. 즉, 외환시장과 금융시장이 균형상태에 있게 되면 두 통화간의 이자율 차이가 현물환율과 선도환율의 차이에 의하여 완전히 상쇄되고 커버된 금리재정거래를 통한 재정거래이익은 영(零)이 된다. 좀더 구체적으로 말하자면 두 통화간의 이자율 차이가 연율로 표시한 forward differential (swap rate)과 같게 되면 시장은 균형상태에 있게 되는데 이러한 경우에

그림 1-5 이자율평가

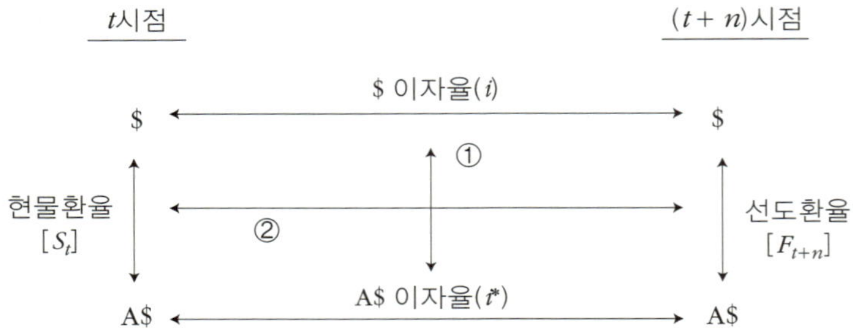

① 양통화간의 이자율 차이 : $(i - i^*)$

② 현물환율과 선도환율의 차이(연율표시) :

$$\frac{F_{t+n} - S_t}{S_t} \times \frac{12}{n} \times 100$$

이자율평가(interest rate parity) : ① = ②

즉, $i - i^* = \frac{F_{t+n} - S_t}{S_t} \times \frac{12}{n} \times 100$

우리는 이자율평가(interest rate parity)가 성립한다고 한다. [그림 1-5]는 이자율평가가 의미하는 바가 무엇인지를 보여주고 있다.

5. 선도환시장을 이용한 스프레딩

두 통화간의 이자율 차이(interest differential)가 확대 또는 축소될 것으로 예상될 때 우리는 이러한 예상을 근거로 선도환시장을 이용하는 투기적 전략(speculative strategy)을 구사할 수 있다. 즉, 선도환시장에서 해당통화를 동시에 매입/매도하는 데 해당통화를 매입하는 선도환계약의 만기와 매도하는 선도환계약의 만기가 서로 다르도록 하면 된다. 다음의 경우를 예로 들어 이 투기적 전략을 자세히 살펴보기로 한다.

상 황

British pound와 U.S. dollar 간의 이자율 차이가 다음 달까지는 1%만큼 축소되리라고 예상된다. 다음과 같은 가정하에서 이러한 예상을 근거로 어떻게 선도환시장을 이용할 수 있는가를 밝히라.

• 1월 현재 상황

이자율 (6개월까지의 만기)		환 율
British pound	7%(연율)	Spot rate: $ 2.4000/£
U.S. dollar	4%(연율)	(£는 $에 대하여 3%(연율) discount에 있음)
		1개월 swap rate : $ 0.0060/£
		6개월 swap rate : $ 0.0360/£

• 2월의 상황에 대한 예상

이자율 (6개월까지의 만기)		환 율
British pound	6%(연율)	Spot rate : $ 2.3000/£
U.S. dollar	4%(연율)	(£는 $에 대하여 2%(연율) discount에 있음)
		5개월 swap rate : $ 0.0192/£

1월 현재 영국 파운드화의 이자율이 미국 달러화의 이자율보다 3%만큼 높으므로 선도환시장에서 £는 $에 대하여 3%(연율) discount에 있게 될 것이다. 이것은 1월 현재 £와 $ 간의 환율이 $ 2.40/£라고 할 때 3%(연율) discount에 해당하는 크기는 (2.40) · (0.03) = 0.072, 즉 $ 0.072/£가 되고 그 중 1개월분의 discount는 (0.072) · (1/12) = 0.006, 즉 $ 0.006/£가 됨을 의미한다. 그러므로 1개월 swap rate 또는 forward differential은 $ 0.0060/£가 되고 6개월 swap rate는 (0.0060) · (6) = 0.0360, 즉 $ 0.0360/£가 됨을 알 수 있다. 따라서 £와 $ 간의 1개월 및 6개월 선도환율을 outright rate로 표시하면 다음과 같다.

	1개월	6개월
Spot rate	2.4000	2.4000
Swap rate(Forward differential)	0.0060	0.0360
Forward outright rate	2.3940	2.3640

한편 1월 현재 2월에 가서는 £의 이자율이 $의 이자율보다 6% − 4% = 2%만큼 높게 되리라고 예상되며 £와 $ 간의 환율은 $2.30/£가 되리라고 예상된다고 하자. 이러한 경우에 £는 $에 대하여 2%(연율) discount에 있을 것으로 예상되므로 5개월분의 discount는 (2.30) · (0.02) · (5/12) = 0.0192, 즉 $ 0.0192/£가 된다. 따라서 2월에 가서의 £와 $ 간의 5개월 선도환율을 outright rate로 표시하면 다음과 같다.

Spot rate	2.3000
Swap rate(Forward differential)	0.0192
Forward outright rate(5 months)	2.2808

조치 및 결과(I)

- 1월에 취하는 조치

파운드를 매도하기로 1개월 선도환계약 체결
(선도환율 : $ 2.3940/£)

파운드를 매입하기로 6개월 선도환계약 체결
(선도환율 : $ 2.3640/£)

- 2월에 취하는 조치

현물환시장에서 파운드를 매입
(현물환율 : $ 2.3000/£)

파운드를 매도하기로 5개월 선도환계약 체결
(선도환율 : $ 2.2808/£)

- 결 과

2월	7월
2.3940(매도가격)	2.2808(매도가격)
2.3000(매입가격)	2.3640(매입가격)
0.0940(이익)	0.0832(손실)

> 순이익 = $ 0.0940/£ − $ 0.0832/£ = $ 0.0108/£
> 즉, £1에 대하여 $ 0.0108의 순이익이 발생한다.

다음의 [그림 1-6]은 1월과 2월에 있어서의 spot rate와 forward rate를 보여주고 있다.

그림 1-6 1월과 2월에 있어서의 spot rate와 forward rate

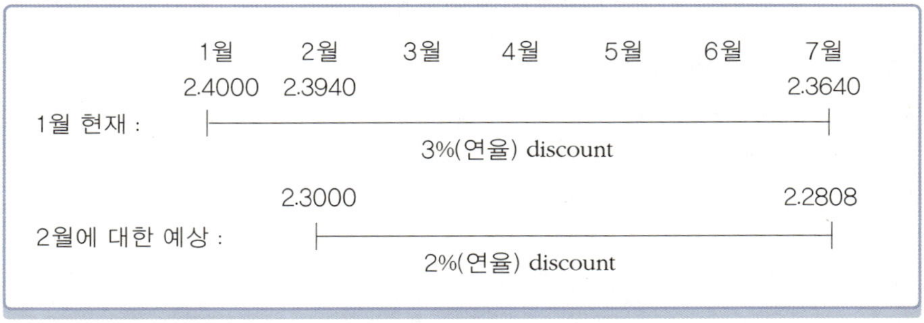

위의 예에서 우리는 1월 현재의 2월 상황에 대한 예상이 적중하여 2월에 가서의 현물환율이 1월에 예상했던 대로 $ 2.3000/£가 된다고 가정하였다. 그러나 2월에 가서의 현물환율이 1월의 예상치와 일치하지 않는 경우에도 이와 같은 스프레딩 전략은 순이익을 확보하게 해준다. 다음에서는 2월의 현물환율이 1월의 현물환율 $ 2.4000/£보다 더 높은 수준, 즉 예를 들어 $ 2.5000/£가 된다고 가정한다. 그렇다고 할지라도 £의 이자율이 $의 이자율보다 2%만큼만 높다면 선도환시장에서 £는 $에 대하여 2%(연율) discount에 있게 된다. 그러므로 2월의 현물환율 $ 2.5000/£의 2%(연율)에 해당하는 크기는 (2.5000) · (0.02) = 0.0500, 즉 $ 0.0500/£가 되고 5개월분의 discount는 (2.5000) · (0.02) · (5/12) = 0.0208, 즉 $ 0.0208/£가 된다. 따라서 2월에 가서의 £와 $ 간의 5개월 선도환율을 outright rate로 표시하면 다음과 같다.

Spot rate	2.5000
Swap rate(Forward differential)	0.0208
Forward outright rate(5 months)	2.4792

조치 및 결과(Ⅱ)

• 1월에 취하는 조치

파운드를 매도하기로 1개월 선도환계약 체결 (선도환율 : $ 2.3940/£)

파운드를 매입하기로 6개월 선도환계약 체결 (선도환율 : $ 2.3640/£)

• 2월에 취하는 조치

현물환시장에서 파운드를 매입 (현물환율 : $ 2.5000/£)

파운드를 매도하기로 5개월 선도환계약 체결 (선도환율 : $ 2.4792/£)

• 결 과

2월	7월
2.3940(매도가격)	2.4792(매도가격)
2.5000(매입가격)	2.3640(매입가격)
0.1060(손실)	0.1152(이익)

순이익 = $ 0.1152/£ − $ 0.1060/£ = $ 0.0092/£

즉, £1에 대하여 $ 0.0092의 순이익이 발생한다.

이와 같이 2월에 가서의 현물환율이 1월의 예상치와 일치하지 않는 경우에도 순이익을 확보할 수 있는데, 그 이유는 1월 현재 7월만기 선도환율은 2월만기 선도환율에 대하여 3%(연율) discount에 있지만 2월에 가서는 7월만기 선도환율이 2월의 현물환율에 대하여 2%(연율) discount에 있게 된다는 점이 앞의 경우, 즉 2월에 가서의 현물환율이 1월의 예상치와 일치하는 경우와 마찬가지이기 때문이다. 선도환시장을 이용하는 투기적 전략으로서의 스프레딩(spreading)은 두 통화간의 이자율 차이가 확대 또는 축소될 것이라는 예상을 근거로 행하는 전략이며 미래의 환율수준이 현재의 환율수준보다 높아지느냐 또는 낮아지느냐 하는 사실은 스프레딩 전략의 결과에는 별로 영향을 미치지 못한다. 그리고 두 통화간의 이자율 차이가 변화할 것이라는 예상은 현물환율과 선도환율의 차이가 변화할 것이라고 예상한다는 것을 의미한다. 즉, 위의 경우에서 1월 현재는 두 통화간의 이자율 차이가 3%이지만 2월에 가서 두 통화간의 이자율 차이가 2%가 된다는 것은 1월 현재는 7월만기 선도환율이 현물환율 또는 2월만기 선도환율에 대하여 3%(연율) discount에 있지만 2월에 가서는 7월만기 선도환율이 2월의 현물환율에 대하여 2%(연율) discount에 있게 된다는 것을 의미한다. 다음의 그림들은 2월만기 선도환율(또는 2월의 현물환율)과 7월만기 선도환율의 차이가 1월의 3%(연율)로부터 2월의 2%(연율)로 변화하는 경우를 보여주고 있다. [그림 1-7]은 2월의 현물환율이 1월의 현물환율보다 더 낮아지는 경우이고 [그림 1-8]은 2월의 현물환율이 1월의 현물환율보다 더 높아지는 경우이다.

만약 위에서와 같이 두 통화간의 이자율 차이가 장차 축소되리라고 예상하지 않고 확대되리라고 예상하는 경우, 즉 예를 들어 두 통화간의 이자율차이가 1월 현재 3%(연율)이지만 2월에 가서는 4%(연율)로 될 것

그림 1-7 선도환시장을 이용한 스프레딩(Ⅰ)

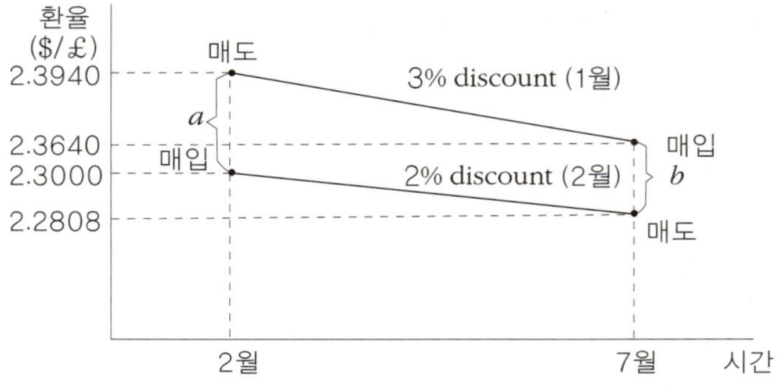

$a = 2.3940 - 2.3000 = 0.0940$(이익)

$b = 2.3640 - 2.2808 = 0.0832$(손실)

$a - b = 0.0940 - 0.0832 = 0.0108$(순이익)

이 그림에서 $a > b$라는 사실이 중요함.

그림 1-8 선도환시장을 이용한 스프레딩(Ⅱ)

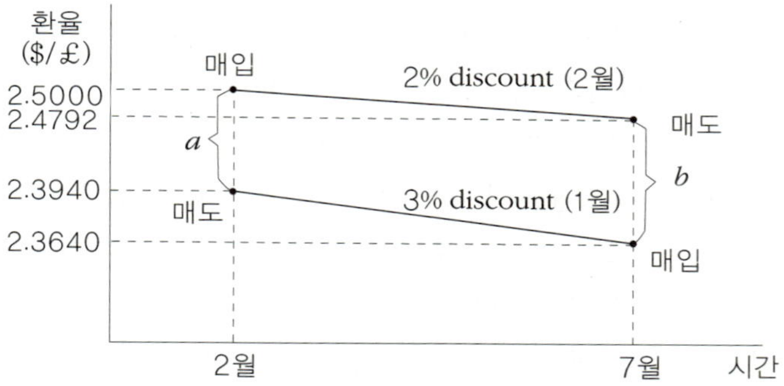

a = 2.5000 − 2.3940 = 0.1060(손실)

b = 2.4792 − 2.3640 = 0.1152(이익)

$b - a$ = 0.1152 − 0.1060 = 0.0092(순이익)

이 그림에서 $b > a$라는 사실이 중요함.

이라고 예상하는 경우에는 위의 경우와는 정반대의 거래를 행하면 된다. 즉, 1월에는 파운드를 매입하기로 1개월 선도환계약을 체결함과 동시에 파운드를 매도하기로 6개월 선도환계약을 체결한다. 그리고 2월에 가서는 현물환시장에서 파운드를 매도함과 동시에 파운드를 매입하기로 5개월 선도환계약을 체결하면 된다.

연습 문제

EXERCISES

〈문제 1번부터 3번까지는 다음의 상황을 읽고 답하시오〉

상 황

	매입률	매도율
Spot Rate	SF 1.6110/$	SF 1.6130/$
Forward differential(3 months)	213	239
Forward outright rate(3 months)	SF 1.6323/$	SF 1.6369/$

01 위의 SF/$ 환율에 대한 호가표로부터 알 수 있는 것은?

1) SF은 $에 대하여 forward premium에 있다.
2) $는 SF에 대하여 forward discount에 있다.
3) 스위스 이자율이 미국 이자율보다 낮다.
4) 스위스 이자율이 미국 이자율보다 높다.

02 위의 호가표로부터 매도율을 사용하여 forward premium 또는 discount를 연율로 표시하면?

03 "위의 호가표와 같은 환율표시방법을 American terms라고 부른다." 타당한가?

〈문제 4번부터 6번까지는 다음의 상황을 읽고 답하시오〉

상 황

미국의 어느 기업은 일본 기업과 라이슨싱계약을 체결하고 3개월 후에 1억yen의 로얄티를 지급받기로 하였다. 환율이 변화하게 되면 3개월 후에 수취하는 로얄티의 달러금액도 변하게 되므로 환리스크에 노출된다. 다음과 같은 상황을 가정하기로 한다.

현물환율: $0.008705/yen
선도환율(3개월): $0.008826/yen
yen화 이자율(연율): 1.375%
달러화 이자율(연율): 6.25%

04 이 미국 기업은 선도환계약을 체결함으로써 3개월 후에 수취하는 라이슨싱 로얄티의 달러 상당액을 미리 확정시킬 수가 있을 것이다. 이때 선도환율을 연율표시방법(percent per annum)으로 나타낸다면?

05 이 미국 기업은 환리스크를 제거하기 위하여 선도환계약을 체결하는 대신 단기금융시장과 현물환시장을 이용하는 방법을 택할 수 있을 것이다. 즉, yen화 금융시장에서 3개월 후에 1억yen을 상환하기로 약속하고 오늘 당장 yen화 자금을 차입한 후 이 차입한 yen화 금액을 현물환시장에서 달러화로 바꾸고 다시 이 달러화 금액을 달러화 금융시장에서 3개월간 투자를 하면 3개월 후의 달러화 원리금합계는 얼마가 되는가?

06 위의 상황과 같은 환율 및 금리조건하에서 이 미국 기업이 hedging을 하는 대신 커버된 금리재정거래(covered interest arbitrage)를 하기로 한다고 가정한다. 즉, yen화 금융시장에서는 3개월 후에 원리금합계가 1억yen이 되도록 오늘 당장 yen화 자금을 투자한 후 3개월 후에 확보하게 될 1억yen을 달러화로 바꾸는 선도환계약을 오늘 미리 체결해 둔다. 한편, 오늘 당장 투자해야 하는 yen화 자금을 확보하기 위하여 달러화 금융시장에서 3개월 후에 상환하기로 하고 달러화 자금을 차입한 후 현물환시장에서 yen화로 바꾸는 방법을 택한다. 이 경우 재정거래이익(arbitrage profit)은 얼마인가?

〈문제 7번부터 9번까지는 다음의 상황을 읽고 답하시오〉

상 황

현물환율: SF 0.0159/YEN
3개월 선도환율: SF 0.0161/YEN
SF화 금융시장에서의 이자율: 4.75%(연간)
YEN화 금융시장에서의 이자율: 0.50%(연간)

07 위의 경우 선도환율을 연율표시방법(percent per annum)으로 나타낸다면?

1) SF화가 2.52% forward discount
2) SF화가 2.52% forward premium
3) YEN화가 5.03% forward discount
4) YEN화가 5.03% forward premium

08 위와 같은 상황하에서 어느 스위스 기업이 수입대금 YEN 100,000,000을 3개월 후에 지급하기로 하였다고 가정한다. 이 스위스 기업은 환리스크를 제거하기 위하여 금융시장을 이용한 헤징을 하기로 한다. 즉, SF화 금융시장에서 3개월 후에 상환하기로 약속하고 오늘 당장 SF화 자금을 차입한 후 이 차입한 SF화 금액을 현물환 시장에서 YEN화로 바꾸고 다시 이 YEN화 금액을 YEN화 금융시장에서 3개월 간 투자를 하면 된다. 이 경우 3개월 후에 지급할 수입대금 YEN 100,000,000을 확보하는데 드는 SF화비용은 3개월 후에 SF화 금융시장에서 상환해야 할 금액이라고 할 수 있다. 그 비용은 얼마인가?

1) SF 1,588,015 2) SF 1,606,873 3) SF 1,610,000 4) SF 1,875,156

09 위와 같은 상황에서 커버된 금리재정거래(covered interest arbitrage)를 행하기로 한다고 가정한다. 즉, YEN화 금융시장에서 3개월 후에 원리금합계가 YEN 100,000,000이 되도록 오늘 당장 YEN화 자금을 투자한 후 3개월 후에 확보하게 될 YEN 100,000,000을 스위스프랑(SF)화로 바꾸는 선도환계약을 오늘 미리 체결해 둔다. 한편, 오늘 당장 투자해야 하는 YEN화 자금을 확보하기 위하여 SF화 금융시장에서 3개월 후에 상환하기로 하고 SF화 자금을 차입한 후 현물환시장에서 YEN화로 바꾸는 방법을 택한다.
3개월 후에 상환해야 하는 SF화 차입금의 원리금합계와 선도환계약을 통하여 3개월 후에 확보하게 될 SF화 금액을 비교한다면 재정거래이익(arbitrage profit)은 얼마인가?

1) SF 1,588,015 2) SF 1,606,873 3) SF 3,127 4) SF 6,254

〈문제 10번부터 11번까지는 다음의 상황을 읽고 답하시오〉

상 황

현물환율: \$1.5640/£	선도환율(3개월): \$1.5540/£
영국 이자율(연율): 10.00%	미국 이자율(연율): 7.00%

10 미국의 수출업체인 프레이저사는 오늘 현재 영국의 후커사에게 £ 1,000,000어치의 상품을 수출하기로 계약하고 수출대금은 3개월 후에 받기로 하였다. 프레이저사는 Forward Market Hedging과 Money Market Hedging 중 어느 것을 택해야 하는가를 설명하라.

11 위와 같은 상황하에서 어느 은행은 Covered Interest Arbitrage를 하기로 하였다. 즉, 파운드화 금융시장에서 3개월 후에 원리금합계가 £1,000,000가 되도록 오늘 당장 파운드화 자금을 투자한 후 3개월 후에 확보하게 될 £1,000,000를 선도환시장에서 매도하는 선도환계약을 오늘 미리 체결해 둔다. 한편, 오늘 당장 투자해야 하는 파운드화 자금을 확보하기 위하여 달러화 금융시장에서 3개월 후에 상환하기로 하고 달러화 자금을 차입한 후 현물환시장에서 파운드화로 바꾸는 방법을 택한다. 이 경우 재정거래이익은 얼마가 되는가를 설명하라.

12 "이자율평가(interest rate parity)가 성립하는 경우 커버된 금리재정거래(covered interest arbitrage)를 행하면 이익을 얻을 수 있다." 타당한가?

(1) O (2) X

제 2 장

환율의 구조 및 결정

제1절 환율, 이자율 및 물가상승률의 상호관계

제2절 환율결정모형

Chapter 02

Global Financial Markets

환율의 구조 및 결정

제 1 절 환율, 이자율 및 물가상승률의 상호관계

1. 구매력평가설

1) 일물일가의 법칙

일물일가의 법칙(law of one price)은 동일한 상품은 어떤 시장에서든지 그 가격이 같아야 한다는 주장이다. 따라서 일물일가의 법칙은 다음과 같이 표현된다.

$$P = S \cdot P^*$$

S: 현재환율(방화표시, 즉 외국통화 1단위를 얻기 위하여 지급해야 하는 자국통화의 단위수로 표시)

P: 특정상품의 국내가격

P^*: 그 특정상품의 외국에서의 외국통화 표시가격

일물일가의 법칙은 자유롭고 완전한 국제적 상품재정거래를 통하여 이루어진다. 국제적 상품재정거래란 두 나라간에 있어서 특정상품의 가격차이가 운송비 및 기타 거래비용의 합계보다 더 클 때 가격이 낮은 나라에서 그 특정상품을 매입하고 가격이 높은 나라에서 매도하여 이익을 취하는 것을 말한다. 만약, 운송비 및 기타 거래비용이 무시할 수 있을 정

도로 적다면 국제적 상품재정거래는 일물일가의 법칙이 성립할 때까지 계속될 것이다. 예를 들면, 운송비 및 기타 거래비용이 무시할 수 있을 정도로 적은 경우에 서울에서의 사과 1개의 값이 도쿄에서의 사과 1개의 값과 크게 차이가 나지 않게 된다는 것이다.

실제환율이 일물일가의 법칙으로부터 괴리되는 현상은 다음과 같은 경우에 주로 발생한다. 첫째, 운송비를 포함한 거래비용이 높은 경우, 둘째, 관세 등의 무역장벽이 높은 경우, 셋째, 제품차별화(product differentiation)의 정도가 높은 경우 그리고 상품이 비교역재(nontradable)인 경우 등을 들 수 있다.

2) 절대적 구매력평가설

절대적 구매력평가설(purchasing power parity theory–absolute version)은 일물일가의 법칙을 하나의 상품가격뿐만 아니라, 전체적인 물가수준에 적용시킨 것이다.

$$P = S \cdot P^*$$

S : 현재환율(방화표시)
P : 국내물가수준
P^*: 해외물가수준

물가지수를 특정경제의 대표적 재화들 가격의 가중평균으로 산출한다면, 절대적 구매력평가설이 뜻하는 바는 국내의 대표재화바스켓(representative basket of commodities)의 가격이 해외의 대표재화바스켓의 가격과 크게 차이가 나지 않는다는 것이다.

실제환율이 절대적 구매력평가 수준으로부터 괴리되는 현상은 다음과 같은 경우에 주로 발생한다. 첫째, 거래비용이 높은 경우, 둘째, 무역장벽이 높은 경우, 셋째, 제품차별화의 정도가 높은 경우, 넷째, 대표재화바스켓을 구성하고 있는 재화 중에 비교역재가 많이 있는 경우 그리고 국내와 해외의 대표재화바스켓의 구성 재화가 서로 다르거나 각 구성재화에 부여된 가중치가 서로 다른 경우 등을 들 수 있다.

3) 상대적 구매력평가설

상대적 구매력평가설(purchasing power parity theory–relative version)은 환율의 상대적 변화율은 국내와 해외의 물가상승률의 차이와 같게 된다는 주장이다.

$$\frac{\dot{S}}{S} = \frac{\dot{P}}{P} - \frac{\dot{P}^*}{P^*}$$

S: 현재환율(방화표시)
P: 국내물가수준
P^*: 해외물가수준
(·)는 기준시점과 비교시점 간의 변화율을 나타낸다.[1)]

즉,

$$\dot{P}_t = \frac{d}{dt}(P_t) \approx \frac{\varDelta P_t}{\varDelta t} = \frac{P_{t+1} - P_t}{\varDelta t}$$

위의 상대적 구매력평가설 표현의 양변에 100을 곱해주면 다음을 얻는다.

$$\frac{\dot{S}}{S} \times 100 = \frac{\dot{P}}{P} \times 100 - \frac{\dot{P}^*}{P^*} \times 100$$

$$\hat{S} = \pi - \pi^*$$

$\hat{S}$: 환율의 상대적 변화율(%로 표시)
π: 국내물가상승률(%로 표시)
π^*: 해외물가상승률(%로 표시)

---

1) $P_t = 100$, $P_{t+1} = 120$이며, 여기에서 t시점은 현재를 나타내고 $(t+1)$시점은 지금으로부터 1년 후를 나타낸다고 가정하자.

$$\varDelta P_t = P_{t+1} - P_t = 120 - 100 = 20$$
$$\varDelta t = 1\text{년}$$
$$\dot{P}_t = \frac{\varDelta P_t}{\varDelta t} = \frac{20}{1\text{년}} \rightarrow \text{물가수준의 변화율(연간 20)}$$
$$\frac{\dot{P}_t}{P_t} = \frac{\varDelta P_t / \varDelta t}{P_t} = \frac{20/1\text{년}}{100} = 0.2/1\text{년}$$

이 때에 우리는 물가수준의 상대적 변화율이 1년에 0.2라고 하거나 또는 물가상승률(rate of inflation)이 연간 20%라고 한다.

위의 표현을 환율의 상대적 변화율에 대한 예상과 국내 및 해외의 물가상승률에 대한 예상과의 관계로 나타내면 다음과 같다.

$$\frac{E(S_{t+n}) - S_t}{S_t} \times \frac{12}{n} \times 100 = \pi - \pi^*$$

S_t : t시점에서의 현물환율(방화표시)
$E(S_{t+n})$: t시점에서 예상하는 $(t+n)$시점에서의 환율에 대한 기대치
π : 국내예상물가상승률(%로 표시)
π^*: 해외예상물가상승률(%로 표시)
n : 해당기간의 개월수

예 제

향후 1년 동안 멕시코의 물가상승률은 42.6%, 영국의 물가상승률은 4.8%가 되리라고 예상된다. 현재 멕시코의 통화인 Peso와 영국의 통화인 Sterling pound 간의 환율이 £1 = 17.942 Pesos라고 할 때 1년 후의 Peso와 £ 간의 환율수준은 어떻게 되리라고 예상하는가?

우선 Peso를 자국통화 그리고 £를 외국통화로 가정하면, 방화표시환율의 단위는 외국통화인 £ 1단위의 가치를 자국통화인 Peso의 단위수로 나타내는 Peso/£가 될 것이다. 그리고 1년 후의 환율수준에 대한 예상을 묻고 있으므로 해당기간의 개월수를 나타내는 n의 값은 12가 되어야 한다.

$$\frac{E(S_{t+n}) - S_t}{S_t} \times \frac{12}{n} \times 100 = \pi - \pi^*$$

위의 식에 $\pi = 42.6$, $\pi^* = 4.8$ 및 $n = 12$를 각각 대입하면

$$\frac{E(S_{t+12}) - S_t}{S_t} \times \frac{12}{12} \times 100 = 42.6 - 4.8 = 37.8$$

$$\frac{E(S_{t+12}) - S_t}{S_t} = 0.378$$

$$E(S_{t+12}) = (1.378)(S_t)$$

여기에 S_t = 17.942 Pesos/£를 대입하면

$$E(S_{t+12}) = (1.378)(17.942\ \text{Pesos}/£)$$
$$= 24.724\ \text{Pesos}/£$$

따라서 1년 후의 Peso와 £ 간의 환율수준은 24.724 Pesos/£가 되리라고 예상된다.

상대적 구매력평가가 성립하지 않게 되는 이유로는 경제의 구조적 요인을 들 수 있다. 예를 들어, 수입품에 대한 수요의 변화, 외국자본의 국내투자율의 변화 그리고 국내에서의 갑작스러운 석유의 발견 등이 그것이다. 이러한 경우에 있어서 국내와 해외의 물가수준의 관계에 아무런 변동이 없다고 할지라도 경제의 구조적 요인에 의해 국내 거주자의 외국통화에 대한 수요 또는 외국거주자의 자국통화에 대한 수요가 변할 수 있으므로 상대적 구매력평가로부터의 괴리가 발생할 수 있다.

2. 피셔효과

피셔효과(the Fisher effect)는 명목이자율이 실질이자율과 예상물가상승률의 합과 같다는 주장이다.

$$i = r + \pi$$

i : 명목이자율
r : 실질이자율
π : 예상물가상승률

예를 들어, 투자자들이 물가상승률이 연간 5%가 될 것이라고 예상할 때 명목이자율이 실질이자율보다 연간 5%가 더 높아야 한다는 주장이다.

한편, 외국에 있어서의 명목이자율, 실질이자율 및 예상물가상승률 간의 관계도 또한 피셔효과로써 표현할 수 있다.

$$i^* = r^* + \pi^*$$

(*)는 해외변수를 표시한다.

이제 처음 식에서 나중 식을 빼면 다음을 얻는다.

$$
\begin{array}{rl}
 & i = r + \pi \\
-) & i^* = r^* + \pi^* \\
\hline
 & i - i^* = (r - r^*) + (\pi - \pi^*)
\end{array}
$$

이것은 국내와 해외의 명목이자율의 차이는 국내와 해외의 실질이자율의 차이와 예상물가상승률의 차이를 합한 것과 같다는 것을 말해준다. 그런데 장기에 있어서는 국내와 해외의 실질이자율이 서로 같아지는, 즉 $r - r^* = 0$ 이 되는 경향이 있으므로 국내와 해외의 명목이자율의 차이가 국내와 해외의 예상물가상승률의 차이와 같게 된다고 할 수 있다. 즉, 장기에 있어서는

$$i - i^* = \pi - \pi^*$$

가 성립한다고 볼 수 있다.

3. 국제피셔효과

국제피셔효과(the international Fisher effect)는 환율변화율에 대한 예상은 서로 다른 통화간에 존재하는 이자율의 차이와 밀접한 관계가 있다는 주장이다. 다시 말하면, 서로 다른 통화로 표시된 동일한 종류의 증권에 투자하는 경우, 투자자들이 가치하락이 예상되는 통화로 표시된 증권에 투자하기 위해서는 그 통화가치 하락에 따른 손실을 상쇄시킬 수 있을 만큼 명목이자율이 충분히 높아야 한다는 것이다. 예를 들어, 투자자들이 자국통화의 가치가 연간 5% 하락할 것이라고 예상하는 경우에 국내명목이자율은 해외명목이자율보다 연간 5%가 더 높아야 한다는 것이다.

$$\frac{E(S_{t+n}) - S_t}{S_t} \times \frac{12}{n} \times 100 = i - i^*$$

S_t : t시점에서의 환율(방화표시)
$E(S_{t+n})$: t시점에서 예상되는 $(t+n)$시점에서의 환율에 대한 기대치
i : 국내명목이자율(%로 표시)
i^*: 해외명목이자율(%로 표시)
n : 해당기간의 개월수

그러므로 국제피셔효과는 환율의 상대적 변화율에 대한 예상은 국내와 해외의 명목이자율의 차이와 같아야 한다는 것을 말해주고 있다.

우리는 앞에서 상대적 구매력평가설에 관하여 살펴볼 때 환율의 상대적 변화율을 $\hat{S}$로 나타내었다. 즉,

$$\hat{S} = \frac{\dot{S}}{S} \times 100 = \frac{\varDelta S/\varDelta t}{S} \times 100$$

여기서 $\varDelta S$가 t시점의 환율과 그로부터 n개월 후의 환율과의 차이를 나타낸다면, 즉 $\varDelta S = S_{t+n} - S_t$ 이라면 $\varDelta t = (t+n) - t = n$개월 또는 $(n/12)$년이 되므로 위의 $\hat{S}$에 관해서는 다음과 같이 표현할 수 있다.

$$\hat{S} = \frac{S_{t+n} - S_t}{S_t} \times \frac{12}{n} \times 100$$

따라서 환율의 상대적 변화율은 국내와 해외의 물가상승률의 차이와 같다고 주장하는 상대적 구매력평가설은 다음과 같이 표현할 수도 있다.

$$\frac{S_{t+n} - S_t}{S_t} \times \frac{12}{n} \times 100 = \pi - \pi^*$$

한편 이 상대적 구매력평가설에 대한 표현을 $(t+n)$시점에서의 환율에 대한 기대치 및 t시점부터 $(t+n)$시점까지의 기간 동안에 대한 국내와 해외의 예상물가상승률을 사용하여 기대치에 대한 표현으로 바꾸면 다음을 얻는다.

$$\frac{E(S_{t+n}) - S_t}{S_t} \times \frac{12}{n} \times 100 = \pi - \pi^*$$

$E(S_{t+n})$: t시점에서 예상하는 $(t+n)$시점에서의 환율에 대한 기대치
π : 국내예상물가상승률(%로 표시)
π^*: 해외예상물가상승률(%로 표시)

그런데 피셔효과에 의하면 장기에 있어서는 $i - i^* = \pi - \pi^*$ 가 성립한다고 하였으므로 환율의 상대적 변화율에 대한 예상이 장기에 있어서는 국내와 해외의 명목이자율의 차이와 같게 된다고 할 수 있다. 즉,

$$\frac{E(S_{t+n}) - S_t}{S_t} \times \frac{12}{n} \times 100 = i - i^*$$

그러므로 우리는 상대적 구매력평가설에 관한 표현을 장기에 있어서의 기대치로 바꾸어 표현하면 국제피셔효과와 동일한 표현이 됨을 알 수 있다. 그러나 단기에 있어서는 $i - i^* = \pi - \pi^*$ 의 관계가 성립하지 않으므로 국제피셔효과와 상대적 구매력평가설은 그 주장하는 내용이 서로 다르다고 할 수 있다.

예 제

1년만기의 정부발행 채권의 수익률이 미국과 캐나다에서 각각 2.075% 및 5.391%라고 할 때 미국의 US$와 캐나다의 C$ 간의 현재환율이 C$ 1 = US$ 0.96이라면 1년 후의 US$와 C$ 간의 환율수준은 어떻게 되리라고 예상하는가?

우선 US$를 자국통화 그리고 C$를 외국통화로 가정하면 방화표시환율의 단위는 외국통화인 C$ 1단위의 가치를 자국통화인 US$의 단위수로 나타내는 US$/C$가 될 것이다. 그리고 1년 후의 환율수준에 대한 예상을 묻고 있으므로 해당기간의 개월수를 나타내는 n의 값은 12가 되어야 한다.

$$\frac{E(S_{t+n}) - S_t}{S_t} \times \frac{12}{n} \times 100 = i - i^*$$

위의 식에 $i = 2.075$, $i^* = 5.391$, $n = 12$ 및 S_t = US$ 0.96/C$ 를 각각 대입하면

$$\frac{E(S_{t+12}) - 0.96}{0.96} \times \frac{12}{12} \times 100 = 2.075 - 5.391 = -3.316$$

위의 식을 풀면 $E(S_{t+12})$ = US$ 0.928/C$를 얻는다. 따라서 1년 후의 US$와 C$ 간의 환율수준은 US$ 0.928/C$가 되리라고 예상된다.

4. 이자율평가설

예를 들어, $ 1의 자금을 보유하고 있는 미국의 투자자가 미국내에서 투자를 할 경우 미국금융시장에서의 이자율이 i 라고 할 때 1년 후에 받는 원리금의 합계는 $ $(1 + i)$가 될 것이다. 한편 이 자금($ 1)을 미국내에 투자하지 않고 현물환시장에서 현물환율 S($/£)로 Sterling pound(£)로 바꾸면 £(1/S)이 될 것이고, 이것을 영국의 금융시장에서 투자하면 영국금융시장에서의 이자율을 i^*라고 할 때 1년 후에 받는 원리금의 합계는 £ $\frac{1}{S}(1 + i^*)$가 된다. 이제 남은 일은 투자만기일에 £를 $로 바꾸는 것이다. 그러나 1년 후 투자만기일의 현물환율(future spot exchange rate)이 최초의 시점에서의 현물환율(current spot exchange rate)인 S와 동일하게 되리라는 보장은 없다. 이러한 국제투자에 따르는 환리스크를 회피하기 위하여 최초의 시점에서 투자만기일에 £를 $로 교환하는 선도환계약(forward exchange contract)을 체결해두면 된다. 그러면 투자만기일의 실제환율이 어떤 값이 되든지 간에 계약된 선도환율(forward exchange rate)로 £를 $로 교환할 수 있게 된다. 따라서 영국의 금융시장을 이용하는 경우의 원리금의 합계는 최초의 시점에서 계약할 수 있는 선도환계약에 적용되는 선도환율을 F($/£)라고 할 때 다음과 같이 나타내어질 수 있다.

$$\$\frac{1}{S}(1 + i^*) \cdot F \quad \text{또는} \quad \$\frac{F}{S}(1 + i^*)$$

그러므로 $ 1를 가지고 있는 미국의 투자자가 미국내 투자를 하는 경우에는 1년 후 만기일의 원리금 합계가 $$(1 + i)$가 될 것이고, 영국의 금융

시장을 이용하는 경우에는 만기일의 원리금 합계는 $\$ \frac{F}{S}(1+i^*)$가 될 것이다. 즉,

미국내 투자	국제 투자
$\$ (1+i)$	$\$ \frac{F}{S}(1+i^*)$

이제 우리는 잠시 국제 투자의 원리금 합계가 미국내 투자의 원리금 합계보다 더 크다고 가정하자. 이러한 경우 비단 위에서 말한 한 사람의 미국 투자자뿐만 아니라 많은 수의 투자자들이 국제 투자 쪽을 택하게 될 것이다. 따라서 자금은 미국에서 영국으로 이동하게 될 것이며, 그 결과 현물환시장에서 £에 대한 수요가 증가하게 되어 £는 그 가치가 상승하게 되고($S\uparrow$), 선도환시장에서 £의 공급이 증가하게 되어 £는 그 가치가 하락하게 된다($F\downarrow$). 또한, 영국의 금융시장에서는 자금이 풍부해져서 이자율이 하락하고($i^*\downarrow$), 미국의 금융시장에서는 자금이 부족해져서 이자율이 상승하게 된다($i\uparrow$).

미국내 투자		국제 투자
$\$ (1+i\uparrow)$	$<$ (가정)	$\$ \frac{F\downarrow}{S\uparrow}(1+i^*\downarrow)$

그러므로 시간이 경과하게 되면 미국내 투자와 국제 투자는 그 만기일의 원리금 합계가 서로 같아지게 될 것이다.

$$\$(1+i) = \$\frac{F}{S}(1+i^*)$$

윗 식의 양변을 $(1+i^*)$로 나누면,

$$\frac{(1+i)}{(1+i^*)} = \frac{F}{S}$$

윗 식의 양변에서 1을 빼면,

$$\frac{(1+i)}{(1+i^*)} - 1 = \frac{F}{S} - 1$$

$$\frac{(1+i)-(1+i^*)}{(1+i^*)} = \frac{F-S}{S}$$

$$\frac{(i-i^*)}{(1+i^*)} \approx i - i^* = \frac{F-S}{S}$$

즉,

$$\frac{F-S}{S} = i - i^*$$

위에서 우리는 투자의 만기가 1년이라고 가정하였으나, 보다 일반적인 경우를 생각하여 투자의 만기가 n개월이라고 한다면 위의 표현은 다음과 같이 바뀌어져야 한다.

$$\frac{F_{t+n} - S_t}{S_t} \times \frac{12}{n} \times 100 = i - i^*$$

F_{t+n}: t시점(현재)에서 계약할 수 있는 n개월 선도환계약에 적용되는 선도환율(방화표시)
S_t: t시점에서의 현물환율(방화표시)
i : 국내명목이자율(%로 표시)
i^*: 해외명목이자율(%로 표시)
n : 선도환계약의 계약기간

예 제

US$와 £ 간의 현물환율이 \$2.40/£이고 3개월 선도환율이 \$2.47/£라면 연율로 표시된 프리미엄 또는 디스카운트는 얼마인가?

	\$/£
spot rate	2.4000
forward differential (3 months)	0.0700
forward outright rate (3 months)	2.4700

선도환율을 \$ 2.4700/£와 같이 표시하는 것을 forward outright rate라고 하며 현물환율과 선도환율의 차 \$ 0.0700/£를 forward differential 또는 swap rate라고 부른다. 이 swap rate를 연율표시방법으로 표현하기 위하여는 다음의 공식을 이용하면 된다.

$$\text{forward premium 또는 discount (연율표시)} = \frac{F_{t+n} - S_t}{S_t} \times \frac{12}{n} \times 100$$

$$= \frac{2.4700 - 2.4000}{2.4000} \times \frac{12}{3} \times 100$$

$$= 11.67\ \%$$

여기서 환율의 단위 \$/£는 \$의 입장에서 본 방화표시환율로서 외국통화인 £의 가치를 자국통화 \$의 단위수로 표현한 것이다. 그러므로 위의 계산으로 얻은 값 11.67%란 외국통화인 £가 선도환시장에서 11.67% 만큼 premium에 있다는 것을 의미한다. 즉, 계산결과 (+)값을 얻게 되면 forward premium, (–)값을 얻게 되면 forward discount를 의미하며 위의 경우에는 환율이 외국통화인 £의 가치를 나타내므로 £의 가치는 현물환시장에 비하여 선도환시장에서 더 높다는 것을 뜻한다.

이자율평가설에 의하면 연율표시방법으로 선도환율을 표시할 때 그것이 두 나라 사이에 존재하는 이자율의 차와 같다는 것이다. 즉, 위의 경우에서 외국통화인 £가 \$에 대하여 선도환시장에서 11.67%만큼 premium에 있으므로 외국통화인 £의 이자율이 자국통화인 \$의 이자율보다 11.67%만큼 낮아야 한다는 것이다. 따라서 이자율평가설이란 선도환시장에서 premium에 있는 통화의 이자율은 상대방통화의 이자율보다 낮아야 한다는 주장이라고 할 수 있다. 한편 이자율평가설과 앞에서 살펴본 국제피셔효과의 차이점은 이자율평가설에서는 선도환율을 사용하고 국제피셔효과에서는 미래환율에 대한 기대치를 사용한다는 점이다. 그러므로 국제피셔효과는 커버되지 않은 이자율평가조건(uncovered interest rate parity condition)이라고도 불리운다.

우리는 이자율, 환율 및 물가상승률의 상호관계를 살펴보는 데 있어서 구매력평가설, 피셔효과, 국제피셔효과 및 이자율평가설 등이 주장하는 바를 살펴보았다. 그러나 이러한 이론들이 주장하는 바가 외환 및 국제금융시장에서 실제로 성립하는가 하는 것은 별개의 문제이며 시장에서의 실제 성립 여부는 실증적 연구를 통하여 규명되어야 할 것이다.

제 2 절 환율결정모형

1. 자산시장 접근방법

1970년대 중반 이후 환율결정에 있어서의 금융자산시장(financial asset market)의 역할을 강조하는 연구들이 많이 진행되어 왔다. 환율결정에 관한 자산시장 접근방법(the asset market approach to the exchange rate)의 가장 큰 특징은 국가간의 자본이동에 대한 제약이 존재하지 않는다는 이른바 자본의 완전이동성(perfect capital mobility)을 가정하고 있다는 점이다. 이 자본의 완전이동성하에서는 국가들의 금융자산(financial asset)에 대한 국제적 수요가 균형을 이루도록 환율이 즉시 조정되어야 한다. 이것은 국가들의 재화의 플로우(flow)에 대한 국제적 수요가 균형을 이루도록 환율이 조정된다고 보는 전통적 환율결정이론과는 크게 대조를 이룬다. 즉, 상품의 수출과 수입, 따라서 무역수지 또는 경상수지가 균형을 이루도록 환율이 조정된다고 보는 이전의 환율결정이론과는 커다란 차이를 보인다.

환율결정에 관한 자산시장 접근방법에 의한 모형들은 그 모형이 국내채권과 해외채권을 자산보유자들의 포트폴리오(portfolio) 내에서 서로 완전대체재(perfect substitute)라고 가정하느냐 또는 아니냐에 따라 크게 두 가지로 분류할 수 있다. 여기서 자본의 이동성(capital mobility)과 채권의 대체성(substitutablity of bonds)의 차이를 분명히 정리하는 것이 중요하다고 생각된다. 국가간의 자본의 완전이동성이란 금융자산보유자들의 실제 포트폴리오 구성이 그들이 원하는 포트폴리오 구성대로 즉시 조정됨을 의미한다. 그리고 이 자본의 완전이동성하에서는 커버된 이자율평가(covered interest rate parity)가 성립하여야 한다. 즉, 국내채권의 이자율은 유사한 해외채권의 이자율과 외국통화의 선도환시장에서의 프리미엄(forward premium on foreign exchange)을 합한 것과 같아야 한다. 왜냐하면, 자본이동에 대한 제약이 존재하지 않으므로 커버된 금리재정거래가 활발하게 이루어질 것이기 때문이다. 한편 국내와 해외채권의 완전대체성(perfect substitutability)은 보다 강한 가정으로서 국내와 해외채권의 예상수익률을 동일통화로 표시할 경우에 서로 같다면 자산보유자들이 그들의 포트폴리오 구성에 대하여는 무관심하다는 것을 뜻한다. 그리고 이 채권의 완전대체성은 커버되지 않은 이자율평가(uncovered interest rate parity), 즉 국내채권의 이자율은 해외채권의 이자율과 외국통화의 예상가치상승률(expected rate of appreciation of foreign currency)을 합한 값과 같아야 한다는 것을 의미한다.[2)]

자산시장 접근방법에 의한 모형들 중의 한 가지 부류는 국내채권과 해외채권이 서로 완전대체재라고 가정한다. 이 접근방법에서는 금융자산보유자들이 국내와 해외채권의 동일통화로 표시한 예상수익률이 서로 같은 한 그들의 포트폴리오 내에서 국내채권과 해외채권이 차지하는 비율 즉, 포트폴리오 구성에 대하여는 무관심하므로 포트폴리오 균형에 관한 고려는 하지 않아도 되며 환율결정을 위하여는 화폐시장의 균형만으로 충분하다고 본다. 이 접근방법은 화폐적 접근방법(the monetary approach)

2) 커버되지 않은 이자율평가(uncovered interest rate parity)와 국제피셔효과(international Fisher effect)는 같은 뜻을 나타낸다. 여기서 채권의 완전대체성이 자본의 완전이동성보다 강한 가정이라고 하는 이유는 자본의 완전이동성을 가정한다고 하더라도 국내채권이 해외채권과 서로 완전대체성을 보일 수도 있고 그렇지 않을 수도 있기 때문이다. 국내와 해외채권의 완전대체성을 가정하는 경우에는 국제피셔효과가 성립하게 되고 국내채권과 해외채권이 서로 불완전대체재라고 가정하는 경우에는 국제피셔효과가 성립하지 않게 된다.

이라고 불리우는데 그 이유는 환율결정에 있어서 관심의 초점이 화폐시장 즉, 화폐에 대한 수요와 공급에 모아지기 때문이다.

자산시장 접근방법에 의한 모형들 중의 다른 한 가지 부류는 국내채권과 해외채권이 서로 불완전대체재(imperfect substitute)라고 가정한다. 이것을 포트폴리오 균형 접근방법(the portfolio–balance approach)이라고 하는데 이 접근방법에서는 금융자산보유자들이 그들의 포트폴리오 구성을 결정할 때 포트폴리오 내의 각 항목의 예상수익률을 고려하여 그 몫을 할당한다고 본다. 이 포트폴리오 균형 접근방법의 예로는 Kouri(1976), Branson, Halttunen과 Masson(1977), Dooley와 Isard(1979) 등을 들 수 있다.

2. 화폐적 접근방법

우리는 앞에서 자산시장 접근방법(the asset market approach)의 가장 큰 특징은 국가간의 자본이동에 대한 제약이 존재하지 않는다는 이른바 자본의 완전이동성(perfect capital mobility)을 가정하고 있다는 점이라고 하였다. 이 자본의 완전이동성하에서는 각국의 금융자산의 스톡(stock)에

그림 2-1 환율결정에 관한 자산시장 접근방법

The Asset Market Approach
(자본의 완전이동성)

The Monetary Approach
(채권의 완전대체성)

화폐시장의 균형에 초점

화폐의 공급 : 통화량
화폐에 대한 수요 :
실질소득
명목이자율(= 실질이자율 + 예상물가상승률)

The Portfolio–Balance Approach
(채권의 불완전대체성)

포트폴리오 균형에 초점

경상수지

대한 국제적 수요가 균형을 이루도록 환율이 즉시 조정되어야 한다. 이것은 각국의 재화의 플로우(flow)에 대한 국제적 수요가 균형을 이루도록 환율이 조정된다고 보는 전통적 환율결정이론과는 크게 대조를 이룬다. 그리고 우리는 화폐적 접근방법(monetary approach)을 정의함에 있어서 자국채권과 외국채권이 서로 완전대체재(perfect substitute)임을 가정하고 환율결정에 있어서 관심의 초점을 화폐시장에 집중한다고 하였다.

그런데 화폐적 접근방법의 신축가격모형(the flexible–price monetary model)은 위의 가정에 추가하여 국가간의 재화이동에 대한 제약이 존재하지 않는다는 재화의 완전이동성과 자국과 외국재화 간의 완전대체성을 가정한다. 이와 같은 재화의 완전이동성 및 완전대체성의 가정은 활발한 국제적 상품재정거래가 이루어질 수 있음을 의미하며, 가격의 완전신축성이라는 가정이 추가될 때 구매력평가(purchasing power parity)가 항상 성립함을 의미한다.

그러므로 화폐적 접근방법의 신축가격모형은 구매력평가조건과 자국 및 외국화폐시장의 균형조건을 그 기본골격으로 하고 있다. 이제 화폐적 접근방법의 신축가격모형을 살펴보면 다음과 같다.

1) 구매력평가 (PPP)

$$P = S \cdot P^* \quad \cdots\cdots\cdots\cdots \quad (1)$$

P : 국내물가수준
P^* : 해외물가수준
S : 현재환율(방화표시)

2) 화폐시장의 균형조건

$$M_d = P \cdot Y^k \cdot e^{-\beta i}$$

M_d : 명목화폐에 대한 수요
Y : 실질소득(산출량)
i : 명목이자율
k : 화폐수요의 소득탄력성
β : 화폐수요의 이자율탄력성

화폐의 공급량, 즉 통화량을 M_s로 나타내면 화폐시장의 균형조건은 다음과 같이 표시된다.

$$M_s = M_d = P \cdot Y^k \cdot e^{-\beta i}$$

표현을 간편화하기 위하여 M_s를 M으로 나타내면,

$$M = P \cdot Y^k \cdot e^{-\beta i} \quad \cdots\cdots\cdots\cdots\cdots\cdots \quad (2)$$

이 된다. 외국에 대하여도 유사한 화폐시장 균형조건을 얻을 수 있다.

$$M^* = P^* \cdot Y^{*k} \cdot e^{-\beta i*} \quad \cdots\cdots\cdots\cdots\cdots\cdots \quad (3)$$

여기서 *는 해외변수를 나타내며, 분석의 편의를 위하여 k와 β는 국내와 해외의 경우에 그 값이 서로 같다고 가정한다.

이제 위에서 얻은 식(1), (2) 및 (3)의 양변에 각각 자연 log(natural logarithm)를 취하면 아래와 같다.

$$\ln P = \ln S + \ln P^*$$

또는

$$\ln S = \ln P - \ln P^* \quad \cdots\cdots\cdots\cdots\cdots\cdots \quad (1)'$$

그리고

$$\ln M = \ln P + k \cdot \ln Y - \beta i \quad \cdots\cdots\cdots\cdots\cdots \quad (2)'$$

$$\ln M^* = \ln P^* + k \cdot \ln Y^* - \beta i^* \quad \cdots\cdots\cdots\cdots \quad (3)'$$

식(2)′에서 식(3)′를 빼면,

$$\ln M - \ln M^* = (\ln P - \ln P^*) + k(\ln Y - \ln Y^*) - \beta(i - i^*)$$

위의 식을 $(\ln P - \ln P^*)$에 대하여 표현하면,

$$\ln P - \ln P^* = (\ln M - \ln M^*) - k(\ln Y - \ln Y^*) + \beta(i - i^*) \qquad (4)$$

이제, 식(1)′을 식(4)에 대입하면,

$$\ln S = (\ln M - \ln M^*) - k(\ln Y - \ln Y^*) + \beta(i - i^*) \quad \cdot\cdot\cdot\cdot \quad (5)$$

식(5)는 화폐적 접근방법의 신축가격모형에 의한 환율결정방정식으로서 다음과 같은 점들을 나타내고 있다. 우선, 자국의 통화량증대($M\uparrow$)는 자국통화의 가치하락, 즉 방화표시 환율의 상승을 초래한다. 이것은 환율을 두 통화의 상대가격으로 볼 때 당연한 결과라고 할 수 있다. 다시 말하자면, 자국의 통화량증대는 자국통화의 공급량증대를 의미하므로 자국통화에 대한 수요의 변화가 없다면 자국통화의 가치는 하락하게 되며 방화표시 환율은 상승하게 된다.

둘째, 자국의 이자율상승($i\uparrow$)은 자국통화의 가치하락, 즉 환율의 상승을 초래한다. 자국에서의 이자율상승은 화폐보유에 따르는 기회비용의 증가를 의미하므로 화폐에 대한 수요가 감소하게 된다. 화폐의 공급이 일정한 경우 화폐에 대한 수요감소는 자국통화의 가치하락을 초래한다. 그러므로 자국의 이자율상승은 자국통화의 가치하락을 초래한다.

이와 같은 이자율의 변동과 환율의 변동과의 관계는 전통적인 케인지안(Keynesian)적 환율결정이론과는 정반대라고 할 수 있다. 케인지안적 환율결정이론에서는 자국이자율의 상승은 해외로부터의 자본유입을 유도하며 이는 외환시장에서의 자국통화의 가치상승, 즉 환율의 하락을 초래한다고 본다.

셋째, 자국에서의 실질소득의 증대($Y\uparrow$)는 자국통화의 가치상승, 즉 환율의 하락을 초래한다. 자국에서의 실질소득의 증대는 화폐에 대한 수요를 증가시키게 되고, 이러한 화폐수요의 증가는 화폐공급이 일정한 경우 자국통화의 가치상승을 초래하게 된다.

이와 같은 실질소득의 변동과 환율의 변동과의 관계도 역시 케인지안적 환율결정이론과는 정반대라고 할 수 있다. 케인지안적 환율결정이론에서는 소득이 증가할 경우 수입품에 대한 수요 역시 증가하며 수입의 증가는 외환시장에서 외국통화에 대한 수요를 증가시키고 동시에 자국통화의 공급을 증가시켜서 자국통화의 가치하락과 방화표시 환율의 상승을 초래한다고 본다.

화폐적 접근방법의 신축가격모형은 1970년대 후반의 대표적 환율결정이론으로 등장하였지만 이 이론은 몇 가지 심각한 문제점을 가지고 있다. 그 중에서도 이 이론의 기본가정 중의 하나인 구매력평가가 항상 성립한다는 가정은 현실적으로 타당하지 못하다는 비판이 많이 제기된다. 즉, Dornbusch와 Krugman(1976) 및 Frenkel(1981) 등의 실증적 연구결과에 의하면 구매력평가는 성립하지 않는 경우가 매우 흔하며 특히 단기에 있어서는 구매력평가가 성립하지 않는 경우가 대부분이다. 그러므로 구매력평가가 항상 성립한다는 가정은 너무 지나치다고 할 수 있다.

화폐적 접근방법의 신축가격모형이 환율결정에 대한 장기적 설명을 해준다는 데 대하여는 별로 이견이 없으나 단기에 있어서 구매력평가가 성립하지 않는다는 사실은 화폐적 접근방법의 신축가격모형이 환율결정이론으로서 부적합함을 의미하는데 그 이유는 구매력평가가 항상 성립한다는 가정이 신축가격모형에 있어서 가장 기본적인 가정이기 때문이다.

Dornbusch(1976)는 화폐적 접근방법의 신축가격모형의 가정인 자국재화와 외국재화 간의 완전대체성 및 가격의 완전신축성을 완화시킴으로써 구매력평가로부터의 괴리를 허용하였다. Dornbusch모형은 가격은 순간적으로 변화하지 않고 시간이 지남에 따라 점차적으로 조정된다고 가정한다. 그러므로 그의 모형에서는 가격의 경직성으로 인하여 명목통화량의 변화는 곧 실질통화량의 변화로서 나타나며 그렇기 때문에 유동성효과(liquidity effect)가 발생하게 된다. 예를 들어, 자국의 명목통화량이 갑작스럽게 감소하는 경우 가격이 경직적이라면 실질통화량 역시 감소하게 되므로 이러한 유동성의 감소는 명목이자율의 상승을 초래하게 된다는 것이다.

앞에서 본 화폐적 접근방법의 신축가격모형에서는 명목이자율이 환율과 정(正)의 상관관계(즉, 자국의 명목이자율상승은 자국통화의 가치하락, 즉 환율의 상승을 초래함)를 가지나 Dornbusch의 경직가격모형에서는 명목이자율이 환율과 부(負)의 상관관계를 가지게 된다. 즉, 신축가격모형에서와는 달리 경직가격모형에서는 외국명목이자율에 대한 자국명목이자율의 상대적 상승은 외국으로부터 자국으로의 자본의 유입을 촉진시키고 따라서 자국통화의 가치상승(환율의 감소)을 초래한다고 본다.

Dornbusch의 경직가격모형은 장기적 예상물가상승률이 영(零)인 경우 즉, 인플레이션이 없는 상황에 적합하다고 볼 수 있으나 지속적인 물가상승이 존재하는 경우의 환율결정이론으로는 부적합하다고 할 수 있다. 이와는 대조적으로 신축가격모형은 물가상승률이 매우 높은 경우의 환율결정이론으로 적합하다고 할 수 있다. Frenkel(1976)은 실증연구를 통하여 독일에 있어서 엄청나게 물가상승률이 높았던 1920년 2월부터 1923년 11월까지의 기간 중에는 물가상승에 대한 기대효과가 큰 효력을 발휘함을 발견하였다. 그러므로 이러한 경우에는 명목이자율의 상승이 주로 예상물가상승률의 증가에 기인한다고 볼 수 있다. 따라서 국내명목이자율이 해외명목이자율에 비하여 상대적으로 상승할 때 자국통화는 물가상승을 통하여 그 가치가 하락하리라고 기대되며 이 때 자국통화에 대한 수요가 감소하고 자국통화는 그 가치가 즉시 하락(환율의 증가)하게 된다. 이것은 명목이자율이 환율과 정의 상관관계를 가짐을 의미한다.

이러한 환율과 이자율과의 상관관계에 대한 상충적인 견해는 1970년대에 많은 논란을 불러 일으키게 되었으며 가격은 단기에 있어서 경직적이나 지속적인 물가상승도 역시 존재하는 경우의 환율결정이론을 필요로 하게 되었다. 이러한 배경하에 Frankel(1979)은 Dornbusch모형의 가정인 가격의 경직성과 신축가격모형의 가정인 지속적 물가상승의 존재를 융합시키려는 시도를 하였다.

Frankel의 실질이자율차모형은 명목이자율이 실질이자율과 예상물가상승률의 합이라는 점을 인식하는 데서 출발한다. 그리고 환율과 이자율과의 상관관계에 대하여 상충적인 견해가 있게 된 이유는 명목이자율의 변화가 어디로부터 기인하는가에 대하여 신축가격모형과 경직가격모형이 서로 다른 설명을 하고 있기 때문이라는 점을 강조한다. 경직가격모형은 명목이자율의 상승이 통화공급의 감소에 기인한다고 즉, 유동성효과라고 보는 데 반하여 신축가격모형은 명목이자율의 상승이 예상물가상승률의 증가에 기인한다고 보기 때문이라는 것이다. 그러므로 환율과 이자율과의 관계를 파악함에 있어서는 명목이자율의 변화가 나타낼 수 있는 금융정책적 측면 즉, 통화팽창 또는 긴축 측면과 예상물가상승률의 변화 측면을 서로 분리하여 고려하는 것이 바람직하다는 것이다. 따라서 Frankel의 실질이자율차모형은 환율의 결정요인으로 자국과 외국의 통화량 및 실질소득수준 그리고 두 나라간의 명목이자율 차이(환율과 부의 상관관계를 가정) 및 예상물가상승률 차이(환율과 정의 상관관계를 가정)를 강조한다. 여기서 명목이자율과 예상물가상승률의 차가 실질이자율이므로 Frankel의 모형은 실질이자율이 환율결정에 있어서 중요한 역할을 한다는 것을 보여준다.

3. 포트폴리오 균형 접근방법

화폐적 접근방법과 달리 포트폴리오 균형 접근방법(the portfolio–balance approach)은 자국채권과 외국채권이 서로 불완전대체재(imperfect substitute)라고 가정한다. 화폐적 접근방법에서는 자국채권과 외국채권이 서로 완전대체재(perfect substitute)라고 가정하므로 관심의 초점이 화폐시장에 모아지지만 포트폴리오 균형 접근방법에서는 자산보유자들의 자국통화표시채권과 외국통화표시채권 간의 선택에 관한 문제를 강조한다.

포트폴리오 균형 접근방법에서는 자산보유자들이 그들의 부(wealth)를 자국화폐, 자국통화표시채권 및 외국통화표시채권 간에 배분한다고 본다. 즉,

$$M = a(i, i^*) \cdot W \quad \cdots\cdots (1)$$

$$B = b(i, i^*) \cdot W \quad \cdots\cdots (2)$$

$$SF = c(i, i^*) \cdot W \quad \cdots\cdots (3)$$

$$W = M + B + SF \quad \cdots\cdots (4)$$

여기서 M은 자국통화량, B는 자국통화표시채권의 공급, F는 외국통화표시채권의 보유량, S는 방화표시의 현재환율, W는 당초의 부(富) 그리고 i 및 i^*는 각각 자국 및 외국의 명목이자율을 나타낸다. 그리고 a, b 및

c는 각각 자산보유자들이 그들의 부(富) 중 자국화폐, 자국통화표시채권 및 외국통화표시채권 형태로 보유하고자 하는 비율을 말하므로 $a+b+c=1$이 되어야 한다. 또한 F는 자국이 순채권국 또는 순채무국이냐에 따라 정 또는 부의 값을 갖는다.

일반적으로 자국화폐에 대한 수요는 자국 또는 외국이자율이 상승할 때 감소하는 반면, 자국통화표시채권에 대한 수요는 자국이자율이 상승할 때 그리고 외국이자율이 하락할 때 증가한다고 가정한다. 이러한 가정은 외국통화표시채권에 대한 수요가 외국이자율이 상승할 때 그리고 자국이자율이 하락할 때 증가한다는 것을 충분히 보장해준다.

예를 들어, 수입품에 대한 수요가 외생적으로 감소하는 경우를 생각하기로 한다. 이 경우에 경상수지는 흑자가 발생하고 이는 다시 자본의 유출, 즉 자국 내에서의 외국통화표시채권의 보유량증가를 의미한다. 그리고 외국통화표시채권의 보유량증가는 자산보유자들의 총부(總富)의 증가를 초래하여 자국화폐 및 자국통화표시채권에 대한 수요가 증가하게 된다. 한편 총부의 증가로 인하여 외국통화표시채권에 대한 수요도 증가하지만 이 수요의 증가폭은 경상수지 흑자에 의한 외국통화표시채권의 보유량증가폭에 미치지 못하므로 외국통화표시채권은 초과공급이 발생하게 된다. 이러한 경우에 자산보유자들은 그들이 원하는 포트폴리오 균형을 회복하기 위하여 외국통화표시채권 보유량의 일부를 매각하고 자국화폐 및 자국통화표시채권의 보유량을 늘리려고 하게 된다. 그러므로 외국통화표시자산의 자국통화표시자산에 대한 상대가치는 하락하고 이는 환율의 하락(자국통화의 가치상승)으로 나타난다. 여기에서 우리는 경상수지 흑자가 자산보유자들의 자산보유량에 영향을 주고 자산보유자들은 즉시 그들의 포트폴리오가 균형을 회복하도록 조정함으로써 자국통화의 가치가 상승함을 알 수 있다.

포트폴리오 균형 접근방법에서는 자산보유자들이 그들의 부의 구성에 변화가 생길 때 어떠한 반응을 보이느냐 하는 것을 특히 강조한다. 환율은 자산보유자들이 실제의 자국 및 외국통화표시자산들의 스톡을 부담없이 보유할 수 있도록 조정된다.

이제 당초의 포트폴리오 균형상태에서 자국통화량 및 외국명목이자율 등의 변수가 변화할 때 어떠한 변화가 발생하는가를 살피기로 한다. 우선 자국통화량이 증가하는 경우 자국화폐의 초과공급이 발생하며 총부의 증가로 인한 자국 및 외국통화표시채권에 대한 초과수요가 발생하게 된다. 외국통화표시채권에 대한 초과수요 및 자국화폐의 초과공급은 환율의 증가(자국통화의 가치하락)를 초래하며 환율의 증가는 총부의 증가를 통하여 자국화폐에 대한 수요를 증가시켜 포트폴리오 균형을 회복시킨다.

한편 외국명목이자율이 증가하면 외국통화표시채권에 대한 초과수요가 발생하고 자국화폐 및 자국통화표시채권의 초과공급이 발생하게 된다. 왜냐하면 외국명목이자율의 증가에 따라 외국통화표시채권에 대한 선호도가 높아지므로 자산보유자들은 그들이 보유하고 있던 자국화폐 및 자국통화표시채권의 일부를 처분하려고 하기 때문이다. 이러한 외국통화표시채권에 대한 초과수요는 환율의 증가(자국통화의 가치하락)를 초래하게 된다.

4. 화폐적 접근방법과 포트폴리오 균형 접근방법의 종합모형

1970년대말에 경상수지 적자국통화의 가치가 하락하는 현상이 지속되자 환율결정이론은 화폐적 접근방법에 환율결정요인으로서 경상수지를 첨가하려는 방향으로 발전되기 시작하여 화폐적 접근방법과 포트폴리오 균형 접근방법의 결합이 시도되었다. 이러한 시도는 Frankel(1983), Hooper와 Morton(1982), 그리고 Isard(1980, 1983) 등에 의하여 진행되었는데 이들 종합모형은 다음과 같이 표현될 수 있다.

$$\ln S = a_1(\ln M - \ln M^*) + a_2(\ln Y - \ln Y^*) + a_3(i - i^*) + a_4(\pi - \pi^*) + a_5(Cu - Cu^*)$$

S: 현재환율(방화표시)
M: 국내통화량
Y: 국내실질소득
i: 국내명목이자율
π: 국내예상물가상승률
Cu: 자국경상수지
(*) : 해외변수를 나타낸다.

위의 식에서 계수 a_1, a_2, a_3, a_4, a_5는 각각 다음과 같은 부호를 가질 것으로 기대된다. 즉,

$$a_1 > 0, \quad a_2 < 0, \quad a_3 < 0, \quad a_4 > 0, \quad a_5 < 0$$

그리고 이것은 해외변수의 값이 일정하다고 가정하는 경우 국내변수의 값이 변화함에 따라 자국통화의 가치는 다음과 같이 변화한다는 것을 의미한다.

환율결정 요인	통화량 증가	실질소득 증가	명목이자율 상승	예상물가 상승률 증가	경상수지 개선
통화가치	하 락	상 승	상 승	하 락	상 승

연습 문제

EXERCISES

01 1년만기 정부발행 채권의 수익률이 미국과 캐나다에서 각각 6.68% 및 6.08%라고 할 때 미국의 US$와 캐나다의 C$간의 현재환율이 C$ 1 = US $0.7680이라면 1년 후의 US$와 C$간의 환율수준은 어떻게 되리라고 예상하는가?

02 향후 1년 동안 멕시코의 물가상승률은 15%, 캐나다의 물가상승률은 5%가 되리라고 예상된다. 현재 멕시코 통화인 Peso와 캐나다의 통화인 Canadian dollar간의 환율이 C$1 = 6.2130 Pesos 라고 할 때 6개월 후의 Peso와 C$간의 환율수준은 어떻게 되리라고 예상하는가?

03 "환율결정에 관한 자산시장 접근방법(Asset Market Approach)은 국가간의 자본이동에 관한 제약이 존재하지 않는다는 이른바 자본의 완전이동성을 가정하는 환율결정이론을 말한다." 타당한가?

04 다음 중 환율결정이론으로서 화폐적 접근방법(Monetary Approach)에서 도출되는 주요 환율결정요인이 아닌 것은?

1) 통화량 2) 실질소득 3) 명목이자율 4) 경상수지

05 "환율결정에 관한 포트폴리오 균형 접근방법(Portfolio-Balance Approach)은 자국채권과 외국채권간의 완전한 대체성(perfect substitutability)을 가정하는 환율결정이론을 말한다." 타당한가?

06 다음 중 환율결정에 관한 포트폴리오 균형 접근방법에서 강조하는 환율결정요인은?

1) 경상수지 2) 정부지출 3) 실질소득 4) 조세

〈문제 7번부터 9번까지는 다음을 읽고 답하라〉

환율결정에 관한 자산시장 접근방법(the asset market approach)의 가장 큰 특징은 국가간의 자본이동과 관련하여 이른바 (A)을 가정하고 있다는 점이다. 이러한 (A)하에서는 국가들의 금융자산에 대한 국제적 수요가 균형을 이루도록 환율이 즉시 조정되어야 한다.

자산시장 접근방법에 의한 모형들 중의 한 가지 부류는 (B)을 가정한다. 화폐적 접근방법(the monetary approach)이라고 불리우는 이 접근방법에서는 금융자산보유자들이 국내와 해외채권의 동일통화로 표시한 예상수익율이 서로 같은 한 그들의 포트폴리오내에서 국내채권과 해외채권이 차지하는 비율 즉, 포트폴리오 구성에 대하여는 무관심하므로 포트폴리오 균형에 관한 고려는 하지 않아도 되며 환율결정을 위하여는 화폐시장의 균형만으로 충분하다고 본다. 다른 한 가지 부류는 (C)을 가정하는데 이 접근방법에서는 금융자산보유자들이 그들의 포트폴리오 구성을 결정할 때 포트폴리오 내의 각 항목의 예상수익율을 고려하여 그 몫을 할당한다고 보며 이것을 포트폴리오 균형 접근방법이라고 부른다.

07 위의 (A)에 들어갈 내용은?

1) 자본의 불완전 이동성
2) 채권의 불완전 대체성
3) 채권의 완전 대체성
4) 자본의 완전 이동성

08 위의 (B)에 들어갈 내용은?

1) 자본의 불완전 이동성
2) 채권의 불완전 대체성
3) 채권의 완전 대체성
4) 자본의 완전 이동성

09 위의 (C)에 들어갈 내용은?

1) 자본의 불완전 이동성
2) 채권의 불완전 대체성
3) 채권의 완전 대체성
4) 자본의 완전 이동성

10 "환율결정에 관한 화폐적 접근방법(Monetary Approach)에 따르면 통화량의 증가는 자국통화의 가치하락을 초래한다." 타당한가?

1) O
2) X

11 "환율결정에 관한 화폐적 접근방법(Monetary Approach)에 따르면 실질소득의 증가는 자국 통화의 가치하락을 초래한다." 타당한가?

1) O 2) X

12 "환율결정에 관한 포트폴리오 균형 접근방법(Portfolio-Balance Approach)에 따르면 경상수지의 흑자는 자국 통화의 가치하락을 초래한다." 타당한가?

1) O 2) X

13 "양통화간의 이자율 차이(interest differential)와 현물환율과 선도환율의 차이(forward differential)가 서로 같으면 시장은 균형상태가 된다고 주장하는 이론을 무엇이라고 하는가?

1) 상대적 구매력평가설
2) 국제피셔효과
3) 이자율평가설
4) 피셔효과

14 명목이자율은 실질이자율과 예상물가상승률의 합계와 같아야 한다는 주장을 무엇이라고 하는가?

1) 상대적 구매력평가설
2) 국제피셔효과
3) 이자율평가설
4) 피셔효과

15 상대적구매력평가설, 국제피셔효과 그리고 이자율평가정리를 상호비교 설명하라.

16 향후 1년 동안 일본의 물가상승률은 1%, 미국의 물가상승률은 5%가 되리라고 예상된다. 현재 일본 엔화와 미국 달러화간의 환율이 1 Yen = $ 0.008615라고 할 때 6개월 후의 엔화와 달러화간의 환율수준은 어떻게 되리라고 예상하는가?

17 1년 만기 정부발행 채권의 수익률이 미국과 스위스에서 각각 3% 및 1.5%라고 할 때 미국의 US$와 스위스의 SF간의 현재환율이 SF 1 = $ 0.9757 이라면 3개월 후의 US$와 SF 간의 환율수준은 어떻게 되리라고 예상하는가?

〈문제 18번부터 19번까지는 다음을 읽고 답하라.〉

> 2016년 1월 현재 아르헨티나의 Peso화와 미국 달러화 간의 환율수준은 Peso 1 = $ 1 이었지만 2017년 1월에 이르러 환율은 Peso 3.20 = $ 1 수준으로 변하였다. 이 기간 중에 아르헨티나의 인플레이션율은 20% 미국의 인플레이션율은 2.20%이었다.

18 상대적 구매력평가설이 성립한다고 가정할 때의 2017년 1월 환율을 구한다면?

1) 1.153 Peso/$ 2) 1.162 Peso/$ 3) 1.178 Peso/$ 4) 1.185 Peso/$
5) 1.192 Peso/$ 6) 1.198 Peso/$ 7) 1.203 Peso/$

19 위 예문에서 2017년 1월의 미국 달러화에 대한 Peso화의 실제 가치는 상대적 구매력평가설이 성립한다고 가정할 때의 가치에 비하여 더 높게 평가되어 있는가 아니면 더 낮게 평가되어 있는가?

제 3 장

이자율의 구조

제1절 채권가격과 만기수익률

제2절 이자율의 기간구조

제3절 듀레이션

제4절 이자율의 위험구조

Chapter

Global Financial Markets

03 이자율의 구조

제 1 절 채권가격과 만기수익률

채권가격을 결정하는 두 가지 요인은 지급받기로 되어 있는 현금흐름과 할인율이라고 할 수 있는데 다음의 채권가격결정방정식이 이것을 말해주고 있다.

$$P_0 = \sum_{t=1}^{n} \frac{C_t}{(1+r)^t} \quad \cdots\cdots\cdots\cdots \quad (1)$$

P_0 : 채권의 현재시장가격
C_t : t시점에서의 현금흐름(이자 혹은 원리금 지급액)
n : 채권의 만기까지의 기간
r : 할인율(시장수익률)

식(1)은 0시점에서의 채권가격은 지급받기로 되어 있는 모든 현금흐름을 할인한 총현재가치와 같다는 것을 말해주고 있다. 여기서 할인율 r의 의미를 살펴보기 위하여 간단한 예를 들기로 한다. 즉, 오늘 현재 $ 1,000를 지급하고 채권을 구입하여 1년 후에 그 원리금으로 $ 1,100를 지급받는다고 하자. 이것을 식(1)을 사용하여 표현하면 다음이 된다.

$$1,000 = \frac{1,100}{(1+r)}$$

그러므로 $r = 0.10$, 즉 10%가 됨을 알 수 있다. 이것은 오늘 현재 $ 1,000를 채권에 투자할 경우 앞으로 1년 동안 투자수익률이 10%가 됨을 의미한다. 그러므로 r은 만기수익률(yield to maturity)이라고도 부른다.

이제 액면금액(face value)이 $ 1,000이고 표면이자율(coupon rate)이 12%인 3년만기의 채권의 현재시장가격이 $ 1,000라고 가정하자. 여기서 표면이자율이 12%라는 것은 이 채권의 액면금액 $ 1,000의 12%에 해당하는 $ 120가 매년 이자로 지급된다는 것을 의미한다. 만약 이 채권의 이자가 6개월마다 한 번씩(semiannually) 지급된다면 위의 채권가격결정방정식을 이용하여 다음을 얻는다.

$$1{,}000 = \frac{60}{(1+r)} + \frac{60}{(1+r)^2} + \frac{60}{(1+r)^3} + \frac{60}{(1+r)^4} + \frac{60}{(1+r)^5} + \frac{1060}{(1+r)^6}$$

위의 식은 3년 동안 6번의 이자지급(매번 $ 60씩의)이 있게 되며 만기에 가서 원금 $ 1,000를 받게 되는 채권의 현재시장가격이 그 액면금액과 동일한 $ 1,000임을 나타내고 있다. 이 식을 풀어서 r값을 구하면 $r = 0.06$, 즉 6%를 얻게 된다. 그러나 이것은 6개월에 해당하는 만기수익률이므로 연율로 표시한 만기수익률은 12%가 된다. 그러므로 우리는 채권의 현재시장가격이 액면금액과 동일한 경우에는 만기수익률이 표면이자율과 같게 됨을 알 수 있다.

한편 채권의 시장가격이 액면금액과 같지 않은 경우의 만기수익률과 표면이자율과의 관계를 살펴보기 위하여 다음의 경우를 예로 들기로 한다. 즉, 액면금액이 $ 1,000이고 표면이자율이 5%인 20년만기의 채권의 현재시장가격이 $ 1,032라고 가정하자. 만약 이 채권의 이자가 6개월마다 한 번씩 지급된다면 위의 채권가격결정방정식을 이용하여 다음을 얻는다.

$$1{,}032 = \frac{25}{(1+r)} + \frac{25}{(1+r)^2} + \frac{25}{(1+r)^3}$$

$$+ \cdots\cdots + \frac{25}{(1+r)^{39}} + \frac{1{,}025}{(1+r)^{40}}$$

위의 식을 풀어서 r값을 구하면 $r = 0.02375$, 즉 2.375%를 얻게 된다. 그러므로 연율로 표시한 만기수익률은 4.75%가 된다. 따라서 우리는 채권의 현재시장가격이 액면금액보다 높은 경우, 즉 채권이 프리미엄(premium)으로 거래되는 경우에는 만기수익률이 표면이자율보다 낮게 됨을 알 수 있다. 그리고 우리는 같은 방법을 사용하여 채권의 현재시장가격이 액면금액보다 낮은 경우, 즉 채권이 디스카운트(discount)로 거래되는 경우에는 만기수익률이 표면이자율보다 높게 됨을 쉽게 보여줄 수 있다. 다음의 〈표 3–1〉은 채권의 시장가격과 만기수익률과의 관계를 요약하여 보여주고 있다.

지금까지는 채권을 보유함에 따르는 수익이 중간에 지급받는 이자(coupon payments)와 만기에 지급받는 원리금으로 구성되어 있는 경우만을 살펴보았다. 대부분의 채권은 이러한 부류에 속하지만 두 가지 특수한 형태의 채권에 대하여 살펴보기로 한다. 그 중 한 가지는 영구채(perpetual bond 또는 consol)로서 중간에 지급받는 이자가 영구히 계속되는 채권이다. 예를 들어, 액면금액이 $ 1,000이고 표면이자율이 6.25%인 채권이 매년(annually) $ 62.5의 이자를 지급하는 경우 이러한 영구채의 현재시장가격은 할인율이 10.5%라고 할 때 다음과 같이 구할 수 있다.

$$\frac{62.5}{0.105} = 595.2$$

즉, 이 영구채의 현재시장가격은 $ 595.2가 된다. 따라서 채권가격결정방정식은 영구채의 경우 다음과 같이 간단하게 표현됨을 알 수 있다.

표 3–1 채권의 시장가격과 만기수익률과의 관계

시장가격 = 액면금액	만기수익률 = 표면이자율
시장가격 > 액면금액	만기수익률 < 표면이자율
시장가격 < 액면금액	만기수익률 > 표면이자율

$$P_0 = \frac{C}{r}$$

P_0 : 채권의 현재시장가격
C : 영구히 계속되는 매년 이자지급액
r : 할인율(시장수익률)

다른 한 가지는 순수할인채(pure discount bond)로서 영구채와는 정반대의 성격을 갖는 채권이라고 할 수 있다. 즉, 영구채는 중간에 지급받는 이자가 영구히 계속되는 채권인 반면 순수할인채는 중간에는 전혀 이자가 지급되지 않고 만기일에 가서 액면금액이 지급되는 채권이다. 순수할인채의 경우에는 채권가격결정방정식(1)에서 $\sum$기호를 제거시키면 되는데 그 이유는 중간에 지급받는 이자가 없고 만기일에 액면금액만 지급되기 때문이다. 따라서 순수할인채의 경우 채권가격결정방정식은 다음과 같이 표현된다.

$$P_0 = \frac{C_n}{(1+r)^n}$$

P_0 : 채권의 현재시장가격
C_n : 만기에 지급되는 액면금액
n : 채권의 만기까지의 기간
r : 할인율(시장수익률)

한편 중간에 지급받는 이자(coupon payments)를 재투자할 때의 이자율수준이 어떠하냐에 따라서 채권의 만기까지의 기간 동안 실현된 수익률은 영향을 받게 된다. 이제 실현만기수익률(realized yield to maturity: RYTM)을 다음과 같이 정의하기로 한다.

$$RYTM = \left(\frac{FV}{P_0}\right)^{1/n} - 1$$

P_0 : 채권의 현재시장가격
FV : 중간에 지급받는 이자를 모두 재투자하였을 때 만기에 받게 되는 총현금흐름
n : 채권의 만기까지의 기간
$RYTM$: 실현만기수익률

예를 들어, 액면금액이 $ 1,000이고 표면이자율이 8%인 2년만기 채권의 만기수익률이 12%라고 하자. 이 채권의 이자가 1년마다 한 번씩 지급된다고 할 때 현재시장가격은 다음과 같이 구할 수 있다.

$$932.40 = \frac{80}{1.12} + \frac{1,080}{(1.12)^2}$$

만약 채권 구입시점으로부터 1년 후에 지급받는 이자 $ 80를 만기수익률과 같은 12%의 수익률로 즉시 재투자한다면 만기에 받게 되는 총현금흐름은 $ 1,169.60(= 80 × 1.12 + 1,080)가 된다. 그러므로

$$RYTM = \left(\frac{1169.60}{932.40}\right)^{1/2} - 1$$

$$= 0.12$$

이것은 재투자수익률(reinvestment rate)이 만기수익률과 동일한 경우에는 실현만기수익률이 만기수익률과 같게 됨을 보여주고 있다. 그리고 우리는 재투자수익률이 만기수익률보다 높은 경우에는 실현만기수익률이 만기수익률보다 높게 되며 반대로 재투자수익률이 만기수익률보다 낮은 경우에는 실현만기수익률이 만기수익률보다 낮게 됨을 쉽게 알 수 있다. 특히 투자기간이 장기인 경우에는 성공적인 채권투자를 위하여 재투자수익률이 매우 중요한 역할을 하게 된다.

제 2 절 이자율의 기간구조

1. 서로 다른 만기의 이자율간에 존재하는 기본 균형조건

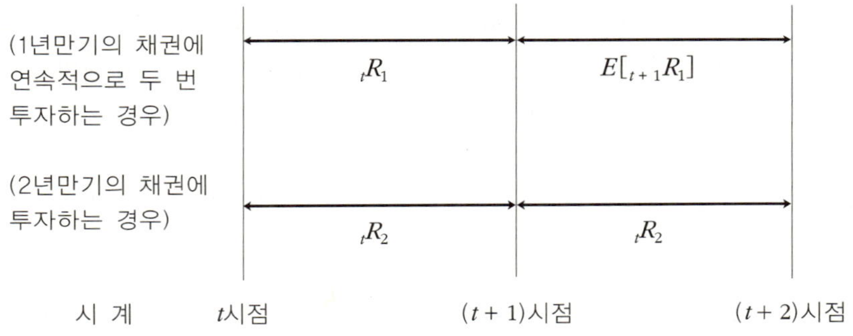

여기서 $_tR_n$은 t시점에서 n년만기 채권에 적용되는 실제(연간)이자율이며, $E[_{t+1}R_1]$은 $(t+1)$시점에서 1년만기 채권에 적용될 것으로 기대되는 예상이자율이다. 이 때 투자자들은 위의 두 가지 방법 중에서 2년 동안의 투자기간 동안 더 높은 수익률이 예상되는 쪽을 선택하게 될 것이다. 그러므로 모든 채권들이 만기를 제외하고는 동일한 특성을 지닌다고 할 때, 위의 두 가지 경우가 서로 같은 수익률을 가져올 것으로 예상될 때 시장은 균형을 이루게 될 것이다. 즉,

$$\{1 + {_tR_2}\}^2 = \{1 + {_tR_1}\}\{1 + E[_{t+1}R_1]\} \quad \cdots\cdots\cdots\cdots \quad (1)$$

그러나 이와 같이 표현되는 시장균형조건은 소위 불편기대이론(unbiased expectations theory)을 따를 경우에만 성립하는데, 불편기대이론을 정확하게 이해하기 위하여는 우선 선도이자율(forward interest rate)의 개념을 분명하게 이해하여야 한다. 위에서와 같이 $_tR_2$와 $_tR_1$이 주어져 있는 경우, 장기채권에 투자하는 경우와 단기채권에 연속적으로 투자하는 경우의 수익률을 서로 같게 해주는 재투자수익률을 선도이자율이라고 하며 다음과 같이 정의된다.

$$\{1 + {}_tR_2\}^2 = \{1 + {}_tR_1\}\{1 + {}_{t+1}r_{1t}\} \quad \cdots\cdots\cdots\cdots \quad (2)$$

여기서 ${}_{t+1}r_{1t}$는 t시점에서의 이자율의 기간구조로부터 얻을 수 있는 (t+1)시점으로부터 1년에 걸쳐 지배하게 될 선도(연간)이자율을 나타낸다.

이와 같이 정의되는 선도이자율은 단순히 위의 식을 만족시키는 수학적인 항이라고 할 수 있는데. 이 선도이자율에 경제적 의미를 부여하는 것이 불편기대이론이다. 이 이론은 이자율의 기간구조로부터 얻을 수 있는 선도이자율이 시장에서 투자자들이 예상하는 미래이자율에 대한 기대치와 동일하다는 것이다. 즉,

$${}_{t+1}r_{1t} = E[{}_{t+1}R_1] \quad \cdots\cdots\cdots\cdots\cdots\cdots \quad (3)$$

따라서 식(3)을 식(2)에 대입하면 식(1)을 얻게 되는데 이것은 불편기대이론을 따를 경우에는 식(1)이 시장균형조건이 된다는 것을 의미한다.

예 제

다음을 이용하여 3개월 후에 가서 3개월만기 채권에 적용될 것으로 기대되는 예상이자율과 6개월 후에 가서 6개월만기 채권에 적용될 것으로 기대되는 예상이자율을 구하라.

만기	채권이자율(현재)
30일	6%
60일	6.55%
90일	6.75%
6개월	7.00%
12개월	6.80%

- 3개월 후로부터 3개월에 걸쳐 지배하게 될 선도이자율

$$(1 + {}_tR_6)^{6/12} = (1 + {}_tR_3)^{3/12}\,(1 + {}_{t+3}r_{3t})^{3/12}$$

$$(1 + 0.07)^{6/12} = (1 + 0.0675)^{3/12}\,(1 + {}_{t+3}r_{3t})^{3/12}$$

$$(1 + {}_{t+3}r_{3t})^{3/12} = \frac{(1 + 0.07)^{6/12}}{(1 + 0.0675)^{3/12}}$$

$$ {}_{t+3}r_{3t} = \left(\frac{(1+0.07)^{6/12}}{(1+0.0675)^{3/12}} \right)^{12/3} - 1 $$

$$ = \frac{(1+0.07)^{2}}{(1+0.0675)} - 1 = 0.0725(7.25\%) $$

- 6개월 후로부터 6개월에 걸쳐 지배하게 될 선도이자율

$$ (1 + {}_{r}R_{12})^{12/12} = (1 + {}_{t}R_{6})^{6/12}\,(1 + {}_{t+6}r_{6t})^{6/12} $$

$$ (1 + 0.068) = (1 + 0.07)^{6/12}\,(1 + {}_{t+6}r_{6t})^{6/12} $$

$$ {}_{t+6}r_{6t} = \left(\frac{(1+0.068)}{(1+0.07)^{6/12}} \right)^{12/6} - 1 $$

$$ = \frac{(1+0.068)^{2}}{(1+0.07)} - 1 = 0.066(6.6\%) $$

그러므로 3개월 후로부터 3개월에 걸쳐 지배하게 될 선도이자율 및 6개월 후로부터 6개월에 걸쳐 지배하게 될 선도이자율은 연율로 각각 7.25% 및 6.6%가 됨을 알 수 있다. 그리고 만약 불편기대이론을 따른다면 이들 선도이자율과 시장에서 투자자들이 예상하는 미래이자율에 대한 기대치가 동일하게 된다.

2. 선도이자율

일반적으로 n년만기 채권에 투자하는 경우를 1년만기 채권에 연속적으로 n번 투자하는 경우와 비교할 수 있다. 위에서 우리는 장기채권에 투자하는 경우와 단기채권에 연속적으로 투자하는 경우의 수익률을 서로 같게 해주는 재투자수익률을 선도이자율(forward interest rate)이라고 정의하였으므로, 일반적인 경우에 있어서 선도이자율을 다음과 같이 정의할 수 있다. 즉,

$$ (1 + {}_{t}R_{n})^{n} = (1 + {}_{t}R_{1})(1 + {}_{t+1}r_{1t})(1 + {}_{t+2}r_{1t}) \cdots\cdots\cdots (1 + {}_{t+n-1}r_{1t}) $$

여기서 ${}_{t}R_{n}$은 t시점에서 n년만기 채권에 적용되는 실제(연간)이자율을 나타내며 ${}_{t+1}r_{1t}$와 ${}_{t+n-1}r_{1t}$는 각각 t시점에서의 이자율의 기간구조로부

터 얻을 수 있는 $(t+1)$시점과 $(t+n-1)$시점으로부터 1년에 걸쳐 지배하게 될 선도(연간)이자율을 나타낸다. 그러므로 t시점에서의 이자율의 기간구조로부터 얻을 수 있는 $(t+n)$시점으로부터 1년에 걸쳐 지배하게 될 선도이자율을 구하는 공식은 다음과 같다. 즉,

$$(1+{}_{t+n}r_{1t}) = \frac{(1+{}_tR_1)(1+{}_{t+1}r_{1t})\cdots\cdots\cdots(1+{}_{t+n-1}r_{1t})(1+{}_{t+n}r_{1t})}{(1+{}_tR_1)(1+{}_{t+1}r_{1t})\cdots\cdots\cdots(1+{}_{t+n-1}r_{1t})}$$

$$= \frac{(1+{}_tR_{n+1})^{n+1}}{(1+{}_tR_n)^n}$$

또는,

$${}_{t+n}r_{1t} = \frac{(1+{}_tR_{n+1})^{n+1}}{(1+{}_tR_n)^n} - 1$$

일반적으로 t시점에서의 이자율의 기간구조로부터 얻을 수 있는 $(t+n)$시점으로부터 k년에 걸쳐 지배하게 될 선도이자율을 구하는 공식은 다음과 같다. 즉,

$$(1+{}_{t+n}r_{kt})^k = \frac{(1+{}_tR_{n+k})^{n+k}}{(1+{}_tR_n)^n}$$

또는,

$${}_{t+n}r_{kt} = \left(\frac{(1+{}_tR_{n+k})^{n+k}}{(1+{}_tR_n)^n}\right)^{1/k} - 1$$

위에서 우리는 장기채권에 투자하는 경우와 단기채권에 연속적으로 투자하는 경우의 수익률을 서로 같게 해주는 재투자수익률을 선도이자율이라고 정의하였다. 그러나 선도이자율이 단지 이러한 추상적인 개념만은 아니다. 어떤 투자자라도 t시점으로부터 n기간 동안 ${}_tR_n$의 이자율로 자금을 차입하고 이 자금을 같은 t시점에서 $(n+k)$기간 동안 ${}_tR_{n+k}$의 이자율로 투자를 하게 되면 $(t+n)$시점으로부터 k기간에 걸쳐 지배하게 될 선도

이자율 $_{t+n}r_{kt}$를 고정(lock in)시킬 수 있다.

다음에서는 t시점으로부터 한 기간 동안 $_tR_1$의 이자율로 자금(1원)을 차입하고 이 자금을 같은 시점에서 두 기간 동안 $_tR_2$의 이자율로 투자를 하는 경우를 예로 들기로 한다. 우선 t시점에서의 현금의 흐름을 살펴보면 차입과 동시에 투자를 행하므로 순현금의 흐름은 영(零)이 된다. $(t+1)$시점에서는 차입자금(1원)의 원리금 상환이 이루어져야 하므로 $(1+{_tR_1})$만큼의 현금유출이 있게 된다. 그리고 $(t+2)$시점에서는 투자자금(1원)의 원리금 회수가 이루어지므로 $(1+{_tR_2})^2$만큼의 현금유입이 있게 된다. 이것은 투자자가 t시점에서 $(t+1)$시점까지 자금을 차입하고 그와 동시에 $(t+2)$시점까지 자금을 투자함으로써 $(t+1)$시점에서 $(1+{_tR_1})$만큼의 현금유출과 $(t+2)$시점에서 $(1+{_tR_2})^2$ 만큼의 현금유입이 발생하도록 미리 고정시킨 것이라고 볼 수 있다. 그런데 이것은 $(t+1)$시점에서 (1 +

〈예〉 $n=1$, $k=1$

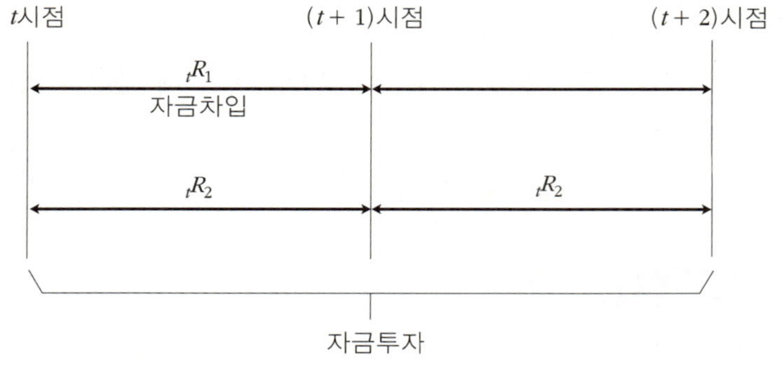

현금의 흐름

t시점	$(t+1)$시점	$(t+2)$시점
차입과 동시에 투자 (순현금흐름은 영이 된다)	차입자금의 상환(원리금) (현금의 유출) $(1+{_tR_1})$	투자자금의 회수(원리금) (현금의 유입) $(1+{_tR_2})^2$

$$\frac{(1+{_tR_2})^2}{(1+{_tR_1})} = 1 + \underbrace{{_{t+1}r_{1t}}}_{\text{고정된 선도이자율}}$$

${}_tR_1$) 만큼을 투자하여 $(t+2)$시점에서 $(1+{}_tR_2)^2$ 만큼을 회수하는 것이라고 볼 수 있으므로 이 투자자는 t시점에서 $(t+1)$시점으로부터 $(t+2)$시점까지의 투자수익률을 미리 고정시킨 것이 된다. 즉, 이 투자자는 t시점에서 $(t+1)$시점으로부터 1년에 걸쳐 지배하게 될 선도이자율을 고정시킨 것이 된다.

위의 예에서 우리는 t시점으로부터 1기간 동안 ${}_tR_1$의 이자율로 자금을 차입하고 이 자금을 같은 시점에서 2기간 동안 ${}_tR_2$의 이자율로 투자를 하게 되면, $(t+1)$시점으로부터 1기간에 걸쳐 지배하게 될 선도이자율 ${}_{t+1}r_{1t}$를 확정시켜 그 기간 동안의 투자수익률을 t시점에서 보장받게 됨을 알 수 있다. 이와 같이 미래의 이자율을 확정시킬 수 있는 또 다른 방법으로서 우리는 금리선물시장에서 금리선물계약을 이용할 수도 있으나 선물계약에 관하여 자세한 것은 나중에 다루기로 한다.

3. 이자율의 기간구조

이자율의 기간구조(the term structure of interest rates)는 만기 이외의 모든 요인들이 동일한 채권에 대하여 만기에 따라 수익률이 어떻게 변하는가를 나타내주는 채권수익률곡선(yield curve)으로 정의된다. 이자율의 기간구조는 그래프상에 수평축은 만기까지의 기간(term to maturity), 수

그림 3-1 이자율의 기간구조

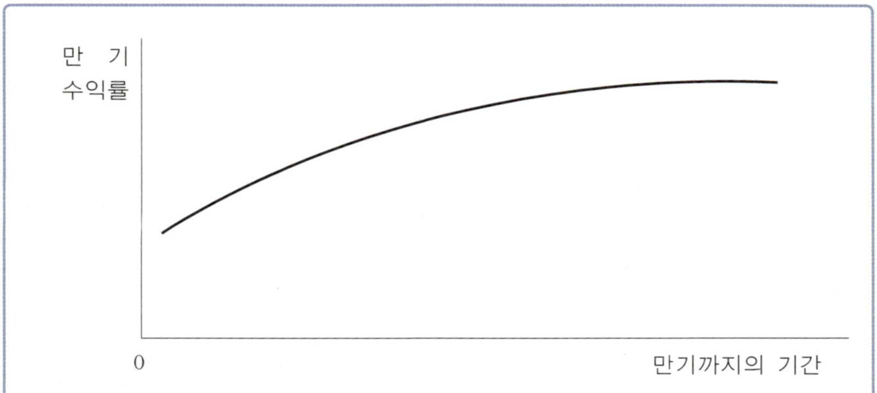

직축은 만기수익률(yield to maturity)을 대응시킴으로써 그려질 수 있다.

예를 들어, 투자자들이 미래의 이자율이 상승할 것이라고 예상하는 경우에는 [그림 3-1]과 같은 상승형(ascending) 수익률곡선이 그려지게 될 것이다.

4. 불확실성과 유동성프리미엄

일반적으로 채권의 만기가 길수록 채권가격의 변동위험은 더 크다고 볼 수 있다. 이제 액면금액이 $ 1,000이고 표면이자율(coupon rate)이 10%인 두 개의 채권을 비교하기로 한다. 첫 번째 채권의 만기는 2년이고 두 번째 채권의 만기는 5년이라고 하고 이자는 매년(annually) 지급된다고 하자. 만약 현재의 시장수익률이 12%라고 하면 할인율을 12%로 하여 이 두 채권의 현재시장가격을 산출하면 각각 다음과 같다.

- 2년만기 채권

$$966.20 = \frac{100}{1.12} + \frac{1,100}{(1.12)^2}$$

- 5년만기 채권

$$927.91 = \frac{100}{1.12} + \frac{100}{(1.12)^2} + \frac{100}{(1.12)^3} + \frac{100}{(1.12)^4} + \frac{1,100}{(1.12)^5}$$

이제 시장수익률이 갑자기 16%로 변동한다면 이 두 채권의 새로운 시장가격은 각각 다음과 같이 된다.

- 2년만기 채권

$$903.69 = \frac{100}{1.16} + \frac{1,100}{(1.16)^2}$$

• 5년만기 채권

$$803.63 = \frac{100}{1.16} + \frac{100}{(1.16)^2} + \frac{100}{(1.16)^3} + \frac{100}{(1.16)^4} + \frac{1,100}{(1.16)^5}$$

따라서 시장수익률이 12%로부터 16%로 변할 경우에 있어서의 이 두 채권의 가격변동은 다음과 같이 구할 수 있다.

• 2년만기 채권

$$\frac{903.69 - 966.20}{966.20} = -0.0647(\text{즉}, -6.47\%)$$

• 5년만기 채권

$$\frac{803.63 - 927.91}{927.91} = -0.1339(\text{즉}, -13.39\%)$$

즉, 2년만기 채권의 가격은 6.47%만큼 하락하고 5년만기 채권의 가격은 13.39%만큼 하락함을 알 수 있다.

그러므로 만기 이외의 모든 요인들이 동일한 채권들에 있어서 이자율 변동에 따르는 채권가격의 변동위험은 채권의 만기가 길수록 더 크다고 할 수 있다. 이러한 이유 때문에 투자자들은 장기채권보다는 유동성이 큰 단기채권을 선호하게 된다. 따라서 투자자들이 장기채권을 매입하도록 유인하기 위하여는 채권가격의 변동위험이 더 큰 데 대한 보상으로 유동성프리미엄을 지불하여야 한다. 다시 말하자면 투자자들이 단기채권이 제공하는 유동성을 포기하고 장기채권을 매입하는 데 대한 대가로 유동성프리미엄을 지불하여야 한다.

유동성선호이론(liquidity preference theory)에 의하면 선도이자율은 미래이자율에 대한 기대치와 유동성프리미엄(liquidity premium: LP)의 합이라는 것이다. 즉,

$${}_{t+n}r_{1t} = E[{}_{t+n}R_1] + {}_{t+n}LP_{1t}$$

${}_{t+n}r_{1t}$: t시점에서의 이자율의 기간구조로부터 얻을 수 있는 $(t+n)$시점으로부터 1년에 걸쳐 지배하게 될 선도이자율

$E[{}_{t+n}R_1]$: 같은 기간에 대해 투자자들이 예상하는 미래이자율에 대한 기대치

${}_{t+n}LP_{1t}$: 위의 선도이자율에 포함된 유동성프리미엄

예를 들어, 금융시장에서 미래의 단기이자율이 현재의 단기이자율과 같은 수준에 머무를 것이라고 예상될 때 불편기대이론(unbiased expectations theory)에만 따른다면 채권수익률곡선은 수평형(flat)이 될 것이다. 그러나 유동성선호이론에 따라 선도이자율이 유동성프리미엄을 포함하게 될 경우에는 다음의 [그림 3-2]에서 보는 바와 같이 채권수익률곡선은 상승형(ascending)이 될 것이다.

이제 이것을 설명하기 위하여 선도이자율의 정의로부터 출발하기로 한다.

$$(1 + {}_tR_2)^2 = (1 + {}_tR_1)(1 + {}_{t+1}r_{1t})$$

만약 금융시장에서 미래의 단기이자율이 현재의 단기이자율과 같은

그림 3-2 불편기대이론 및 유동성선호이론에 따른 채권수익률곡선

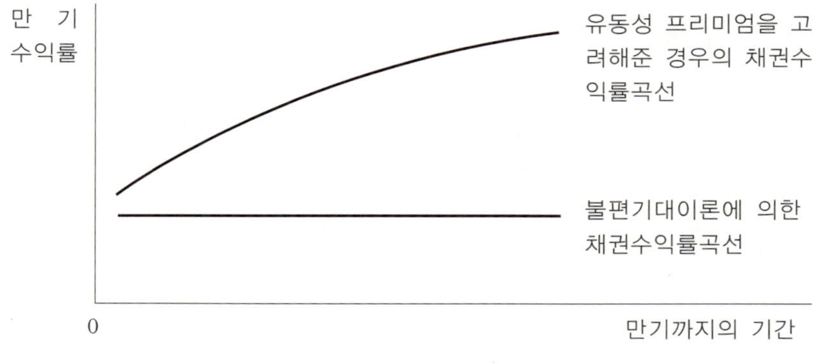

(미래의 이자율이 현재의 이자율과 같은 수준에 머무를 것으로 예상되는 경우)

수준에 머무를 것이라고 예상된다면, 즉

$$E({}_{t+1}R_1) = {}_tR_1$$

이라면 불편기대이론을 따르는 경우

$${}_{t+1}r_{1t} = E({}_{t+1}R_1)$$

이므로 ${}_{t+1}r_{1t} = {}_tR_1$이 된다. 따라서 선도이자율의 정의로부터

$$\begin{aligned}(1 + {}_tR_2)^2 &= (1 + {}_tR_1)(1 + {}_{t+1}r_{1t}) \\ &= (1 + {}_tR_1)(1 + {}_tR_1) \\ &= (1 + {}_tR_1)^2\end{aligned}$$

이 되며 이것은 ${}_tR_2 = {}_tR_1$이 됨을 의미한다. 즉, t시점에서 2년만기 채권에 적용되는 (연간)이자율이 1년만기 채권에 적용되는 (연간)이자율과 같음을 의미한다. 그러므로 이 경우에는 채권수익률곡선이 수평형이 될 것이다.

한편 금융시장에서 미래의 단기이자율이 현재의 단기이자율과 같은 수준에 머무를 것이라고 예상된다면, 즉

$$E({}_{t+1}R_1) = {}_tR_1$$

이라고 할지라도 유동성선호이론을 따라서 선도이자율이 유동성프리미엄을 포함하게 될 경우에는

$${}_{t+1}r_{1t} = E({}_{t+1}R_1) + {}_{t+1}LP_{1t}$$

이므로

$${}_{t+1}r_{1t} = {}_tR_1 + {}_{t+1}LP_{1t}$$

가 된다. 따라서 선도이자율의 정의로부터

$$(1 + {}_tR_2)^2 = (1 + {}_tR_1)(1 + {}_{t+1}r_{1t})$$

$$= (1 + {}_tR_1)(1 + {}_tR_1 + {}_{t+1}LP_{1t})$$

가 되며 따라서 ${}_tR_2 > {}_tR_1$이 됨을 알 수 있다. 즉, t시점에서 2년만기 채권에 적용되는 (연간)이자율이 1년만기 채권에 적용되는 (연간)이자율보다 높음을 의미한다. 그러므로 이 경우에는 채권수익률곡선이 상승형이 될 것이다.

만약 금융시장에서 미래의 단기이자율이 현재의 단기이자율보다 높아질 것이라고 예상된다면 다음의 [그림 3-3]에서 보는 바와 같이 유동성선호이론에 따른 채권수익률곡선은 불편기대이론에 따른 채권수익률곡선보다 훨씬 더 가파른 기울기를 나타내게 될 것이다. 즉, 이 [그림 3-3]에서 유동성선호이론에 따른 채권수익률곡선이 훨씬 더 가파른 상승형이 되는 이유는 미래의 단기이자율이 현재의 단기이자율보다 높아질 것이라고 예상될 뿐만 아니라 선도이자율이 유동성프리미엄을 포함한다고 보기 때문이다.

그림 3-3 불편기대이론 및 유동성선호이론에 따른 채권수익률곡선

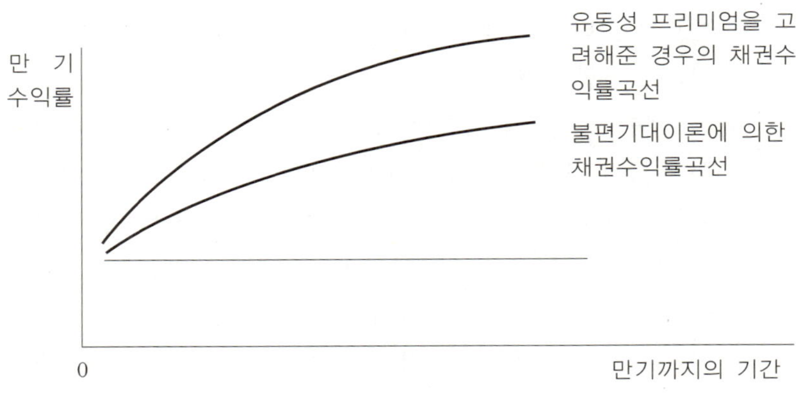

(미래의 이자율이 상승할 것으로 예상되는 경우)

제 3 절 듀레이션

1. 쿠폰수준이 채권가격의 이자율변동에 대한 민감도에 미치는 영향

일반적으로 채권의 만기가 길수록 이자율변동에 따르는 채권가격의 변동위험은 더 크다는 것을 위에서 이미 살펴보았다. 그러나 채권가격의 이자율변동에 대한 민감도(sensitivity)는 채권의 만기뿐만 아니라 중간에 지급받는 이자(coupon payments)의 수준에 따라서도 변한다. 이와 같은 현상을 우리는 쿠폰효과(coupon effect)라고 부른다.

한편 만기는 현금흐름의 최종 지급시기만을 말해줄 뿐, 만기 이전에 발생하는 이자지급에 관하여는 전혀 고려를 하고 있지 않으므로 금융자산의 기간의 척도로는 문제점이 있다고 할 수 있다. 예를 들어, 쿠폰수준이 낮은 경우, 즉 총현금흐름 중 중간에 지급받는 이자가 만기일에 지급받는 원리금에 비하여 상대적으로 그 비율이 작은 경우에는 현금흐름의 분포가 현재로부터 더 멀리 떨어진 미래기간쪽으로 치우쳐 있다고 볼 수 있으므로 이러한 채권의 실질만기는 쿠폰수준이 높은 채권에 비하여 더 길다고 말할 수 있다.

채권가격은 각 기간의 현금흐름을 이자율로 할인하여 얻은 현재가치의 총합과 같다는 것을 앞에서 이미 언급한 바 있다. 그리고 할인율의 변화는 현재로부터 더 멀리 떨어진 미래기간에서의 현금흐름의 현재가치에 더 많은 영향을 주게 되는데, 이것은 할인율변동에 따르는 채권가격의 변동위험이 채권의 만기가 길수록 더 크다는 사실로부터도 입증된다고 할 수 있다. 그러므로 위의 경우와 같이 쿠폰수준이 낮고 총현금흐름 중 만기일에 지급받는 원리금의 비율이 상대적으로 더 큰 경우, 이자율(할인율)의 변동이 있는 경우 현금흐름의 총현재가치는 쿠폰수준이 높은 경우에 비하여 더 큰 변동을 보이게 된다.

〈표 3-2〉는 채권가격의 이자율변동에 대한 민감도는 채권의 만기뿐만 아니라 중간에 지급받는 이자(coupon payments)의 수준에 따라서도

표 3-2 여러 가지 다른 쿠폰수준에 있어서의 이자율의 변화가 채권가격에 미치는 영향

할인율이 7.11%로부터 9.48%로(즉, 1/3만큼) 상승하는 경우		
표면이자율	가격하락(20년만기 채권)	가격하락(30년만기 채권)
8%	−20.64%	−23.09%
7	−21.14	−23.50
6	−21.76	−24.03
5	−22.54	−24.73
4	−23.58	−25.72
3	−25.00	−27.20
2	−27.07	−29.69
1	−30.40	−34.61
0	−36.57	−49.48

할인율이 9.48%로부터 7.11%로(즉, 1/4만큼) 하락하는 경우		
표면이자율	가격상승(20년만기 채권)	가격상승(30년만기 채권)
8%	26.01%	30.02%
7	26.80	30.71
6	27.81	31.62
5	29.10	32.86
4	30.85	34.62
3	33.33	37.36
2	37.13	42.19
1	43.67	52.93
0	57.64	97.92

자료: Sidney Homer and Martin L. Leibowitz, *Inside the Yield Book*(Englewood Cliffs, N.J.: Prentice-Hall, Inc., 1972), Ch. 3.

변한다는 것을 보여주고 있다. 이자율이 상승하거나 또는 하락하거나를 막론하고 20년만기 채권보다는 30년만기 채권의 가격변동률이 더 크고 쿠폰수준이 높은 채권보다는 쿠폰수준이 낮은 채권의 가격변동률이 더 크다는 것을 알 수 있다.

2. 듀레이션

금융자산의 기간에 관한 척도로서 만기(maturity)의 문제점을 보완하기 위하여 듀레이션개념이 사용된다. 듀레이션(duration) D는 다음과 같이 표시된다.

$$D = \frac{\sum_{t=1}^{n} \frac{C_t \cdot t}{(1+r)^t}}{\sum_{t=1}^{n} \frac{C_t}{(1+r)^t}}$$

C_t : 기간 t에서의 이자 혹은 원리금 지급액
t : 이자 혹은 원리금 지급시점까지의 기간
n : 만기까지의 기간
r : 만기수익률(yield to maturity) 또는 시장수익률(market yield)

듀레이션 공식의 분모는 채권의 모든 이자 및 원리금의 흐름을 수익률로 할인한 총현재가치, 즉 채권의 현재시장가격이며, 분자는 채권의 모든 이자 및 원리금의 흐름에 그 지급시점까지의 기간을 곱한 값의 총현재가치를 나타낸다.

예 제

다음을 이용하여 이자율변동에 따른 채권가격 변동위험이 채권의 쿠폰수준(표면이자율), 만기 및 듀레이션에 따라 어떻게 다른가를 보여라.

	A	B	C
액면금액	$ 1,000	$ 1,000	$ 1,000
표면이자율	5%	10%	5%
만　　기	3년	3년	5년
만기수익률	10%	10%	10%

듀레이션을 구하는 공식에서 분모는 채권의 현재시장가격이 된다고 하였으므로 A, B 및 C 세 가지 채권에 대하여 듀레이션을 산출할 때 이들

채권의 현재시장가격도 얻을 수 있다.

- A채권

$$D = \frac{\dfrac{(50)(1)}{(1.10)} + \dfrac{(50)(2)}{(1.10)^2} + \dfrac{(1050)(3)}{(1.10)^3}}{\dfrac{50}{(1.10)} + \dfrac{50}{(1.10)^2} + \dfrac{1050}{(1.10)^3}} = 2.85$$

그리고 위의 식의 분모는 A채권의 현재시장가격이 되므로

$$P_0 = 875.65$$

- B채권

$$D = \frac{\dfrac{(100)(1)}{(1.10)} + \dfrac{(100)(2)}{(1.10)^2} + \dfrac{(1100)(3)}{(1.10)^3}}{\dfrac{100}{(1.10)} + \dfrac{100}{(1.10)^2} + \dfrac{1100}{(1.10)^3}} = 2.74$$

$$P_0 = 1,000$$

- C채권

$$D = \frac{\dfrac{(50)(1)}{(1.10)} + \dfrac{(50)(2)}{(1.10)^2} + \dfrac{(50)(3)}{(1.10)^3} + \dfrac{(50)(4)}{(1.10)^4} + \dfrac{(1050)(5)}{(1.10)^5}}{\dfrac{50}{(1.10)} + \dfrac{50}{(1.10)^2} + \dfrac{50}{(1.10)^3} + \dfrac{50}{(1.10)^4} + \dfrac{1050}{(1.10)^5}}$$

$$= 4.49$$

$$P_0 = 810.46$$

따라서 이들 세 가지 채권의 만기, 중간에 지급받는 이자 및 듀레이션을 다음과 같이 정리할 수 있다.

채권	만기	coupon payments	duration
A	3년	$ 50	2.85
B	3년	$ 100	2.74
C	5년	$ 50	4.49

이제 시장수익률(만기수익률)이 10%로부터 11%로 갑자기 증가하는 경우 이들 채권의 새로운 시장가격을 구하면 다음과 같다.

- A채권

$$P_0^* = \frac{50}{(1.11)} + \frac{50}{(1.11)^2} + \frac{1050}{(1.11)^3} = 853.38$$

$$\text{채권가격의 변동률} = \frac{P_0^* - P_0}{P_0}$$

$$= \frac{853.38 - 875.65}{875.65} = -0.0254(-2.54\%)$$

즉, 시장수익률이 10%로부터 11%로 증가할 때 A채권의 시장가격은 2.54%만큼 하락한다.

- B채권

$$P_0^* = \frac{100}{(1.11)} + \frac{100}{(1.11)^2} + \frac{1100}{(1.11)^3} = 975.56$$

$$\text{채권가격의 변동률} = \frac{975.56 - 1{,}000}{1{,}000} = -0.0244(-2.44\%)$$

즉, B채권의 시장가격은 2.44%만큼 하락한다.

- C채권

$$P_0^* = \frac{50}{(1.11)} + \frac{50}{(1.11)^2} + \frac{50}{(1.11)^3} + \frac{50}{(1.11)^4}$$

$$+ \frac{1050}{(1.11)^5} = 778.25$$

$$\text{채권가격의 변동률} = \frac{778.25 - 810.46}{810.46} = -0.0397(-3.97\%)$$

즉, C채권의 시장가격은 3.97%만큼 하락한다.

이제 A채권과 C채권을 비교하면 쿠폰수준은 서로 같은 반면 만기가 서로 다름을 알 수 있다. 이 경우 시장수익률이 10%로부터 11%로 증가할 때 A채권(3년만기)의 시장가격은 2.54%만큼 하락하지만 C채권(5년만기)의 시장가격은 3.97%만큼 하락함을 알 수 있다. 즉, 채권의 만기가 길수록 이자율변동에 따르는 채권가격의 변동위험은 더 크다는 사실을 확인할 수 있다. 한편 A채권과 B채권을 비교하면 만기는 서로 같은 반면 쿠폰수준이 서로 다름을 알 수 있다. 이 경우 시장수익률이 10%로부터 11%로 증가할 때 A채권(5% 표면이자율)의 시장가격은 2.54%만큼 하락하지만 B채권(10% 표면이자율)의 시장가격은 2.44%만큼 하락함을 알 수 있다. 즉, 쿠폰수준이 낮은 A채권이 쿠폰수준이 높은 B채권에 비하여 이자율변동에 따르는 채권가격의 변동위험이 더 크다는 사실을 확인할 수 있다. 그리고 A채권의 듀레이션은 2.85인 반면 B채권의 듀레이션은 2.74이므로 듀레이션이 더 긴 A채권의 경우가 이자율변동에 따르는 채권가격의 변동위험이 더 크다는 것을 알 수 있다. 따라서 만기보다는 중간에 지급받는 이자(coupon payments)의 수준까지도 고려하는 듀레이션이 금융자산의 실질만기를 나타내는 척도로서 더 낫다고 볼 수 있다.

예 제

B채권의 듀레이션이 A채권의 듀레이션보다 더 길고 B채권의 만기수익률이 A채권의 만기수익률보다 더 낮다고 할 때 투자자는 어떠한 상황하에서 A채권보다 B채권을 더 선호하겠는가?

이 경우에 B채권의 듀레이션이 A채권의 듀레이션보다 더 길다고 하였으므로 이자율변동에 따르는 채권가격의 변동위험은 B채권이 더 크다고 할 수 있다. 그러므로 일반적인 상황하에서는 A채권에 비하여 채권가격의 변동위험이 더 크다고 볼 수 있는 B채권의 만기수익률이 더 높아야 할 것이다. 그러나 여기에서는 B채권의 만기수익률이 A채권의 만기수익률보다 더 낮다고 하였으므로 투자자는 채권가격의 변동위험은 더 크고 만기수익률은 더 낮은 B채권보다는 A채권을 선호하게 될 것이다.

그러나 만약 투자자가 앞으로 이자율(시장수익률)이 하락하리라고 확신한다면 이러한 확신을 근거로 투기적 전략(speculative strategy)을 구사할 수가 있다. 즉, 이자율이 하락하게 되면 채권가격은 상승하므로(채권가격결정방정식에서 이자율과 채권가격과는 역의 관계가 있음을 상기할 것) 채권가격의 상승폭이 큰 경우에 높은 매매차익을 실현시킬 수 있을 것이다. 따라서 듀레이션이 더 긴 B채권이 A채권에 비하여 이자율이 하락할 경우 그 가격상승폭이 더 클 것이므로 투자자는 B채권에 투자함으로써 보다 높은 매매차익을 실현시킬 수 있으리라고 기대할 것이다.

듀레이션은 시장수익률(할인율)의 변화에 대한 채권가격의 탄력성을 나타내는 척도이므로 다음과 같이 나타낼 수도 있다.

$$D = -\frac{\dfrac{\Delta P}{P}}{\dfrac{\Delta(1+r)}{(1+r)}}$$

P : 채권의 시장가격
r : 시장수익률 또는 만기수익률
Δ : 기준시점과 비교시점 간의 변화량을 나타낸다.

위의 식을 변형하면 다음과 같은 표현을 쉽게 얻을 수 있다.

$$\Delta P = -D \cdot \frac{\Delta(1+r)}{(1+r)} \cdot \mathrm{P}$$

이 식은 채권가격 변화의 크기는 듀레이션과 $(1+r)$의 상대적 변화량을 곱한 값에 원래의 채권가격을 곱한 후 다시 -1을 곱해주면 얻을 수 있다는 것을 보여주고 있다. 앞의 예제에서 본 A채권의 경우를 예로 들면 원래의 시장가격은 \$875.65이고 듀레이션은 2.85 그리고 시장수익률이 10%로부터 11%로 변동한다고 하였으므로 위의 식을 이용하여 채권가격

변화의 크기를 구하면 다음과 같다.

$$\varDelta P = (-2.85) \cdot \frac{0.01}{1.10} \cdot (\$\,875.65)$$

$$= -\,\$\,22.69$$

따라서 A채권의 새로운 시장가격은 $ 852.96(=$ 875.65 − $ 22.69)가 된다. 앞의 예제에서 구한 A채권의 새로운 시장가격은 $ 853.38이었으므로 위의 공식을 이용하여 구한 값 $ 852.96와는 약간의 차이가 생기는 것을 알 수 있다. 그 이유는 시장수익률의 변화에 대한 채권가격의 탄력성을 나타내는 듀레이션은 미분의 개념이므로 엄격한 의미에서는 시장수익률 r의 아주 미소한 변화량에 대하여만 위의 식이 성립하기 때문이다. 따라서 위의 경우와 같이 시장수익률 r이 10%로부터 11%로 변동하는 경우에는 위의 공식을 이용하여 얻는 채권가격의 변화량 $\varDelta P$의 값은 근사치가 된다.

한편 채권시장의 투자자들은 시장수익률의 변화에 따른 채권가격 변화의 크기를 구하기 위하여 듀레이션 공식을 변형한 수정듀레이션(modified duration)을 사용하기도 한다. 즉, 수정듀레이션을 MD로 표현하면 다음과 같다.

$$MD = \frac{D}{(1 + r)}$$

따라서

$$\frac{\varDelta P}{P} = -MD \cdot \varDelta(1 + r)$$

또는

$$\varDelta P = -MD \cdot \varDelta(1 + r) \cdot P$$

수정듀레이션의 편리한 점은 (1 + r)의 상대적 변화량을 사용하는 대신 시장수익률의 변화량, $\Delta(1+r)$을 직접 사용할 수가 있다는 점이다. 즉, 시장수익률의 변화량에 수정듀레이션을 곱하면 채권가격의 상대적 변화량을 얻게 된다.

듀레이션은 채권포트폴리오의 관리자들이 그들의 포트폴리오 위험을 관리하는 데 있어서 매우 유용한 개념이라고 할 수 있다. 채권포트폴리오 관리자들이 앞으로 이자율(시장수익률)이 하락하리라고 예상하는 경우에는 채권가격의 상승폭이 작은 듀레이션이 짧은 채권을 처분하고 채권가격의 상승폭이 큰 듀레이션이 긴 채권을 구입함으로써 채권포트폴리오 전체의 듀레이션을 더 길게 만들면 된다. 그렇게 함으로써 이자율이 하락할 경우 채권가격의 상승에 따른 매매차익을 극대화시킬 수 있게 된다. 한편 채권포트폴리오 관리자들이 앞으로 이자율이 상승하리라고 예상하는 경우에는 이자율의 상승에 따른 채권포트폴리오의 가치하락을 최소한으로 줄이기 위하여 채권포트폴리오 전체의 듀레이션을 더 짧게 만들면 된다. 즉, 이자율이 상승할 것으로 예상되는 경우에 채권가격의 하락폭이 큰 듀레이션이 긴 채권을 처분하고 채권가격의 하락폭이 작은 듀레이션이 짧은 채권을 구입함으로써 채권포트폴리오 전체의 듀레이션을 더 짧게 만들면 된다.

채권포트폴리오의 듀레이션 구조는 크게 두 가지로 나눌 수 있는데 만기분산형 포트폴리오(laddered portfolio) 및 아령형 포트폴리오(dumbbell portfolio)가 그것이다. 만기분산형 포트폴리오는 다음의 [그림 3-4]에서 보는 바와 같이 단기, 중기 및 장기채권에 골고루 분산투자하는 경우로서 포트폴리오의 관리가 비교적 용이하다는 이점이 있다. 반면에 아령형 포트폴리오는 [그림 3-5]에서 보는 바와 같이 단기채권과 장기채권에 집중투자하는 경우로서 적극적인 포트폴리오 관리를 보다 쉽게 행할 수 있게 해준다. 즉, 예상되는 이자율변동을 이용하여 매매차익을 극대화시키거나 손실을 극소화시키기 위하여 채권포트폴리오 전체의 듀레이션을 변화시키고자 할 때 듀레이션이 짧은(또는 긴) 채권들을 처분하고 듀레이션이 긴(또는 짧은) 채권들을 구입함으로써 쉽게 그 목적을 달성할 수가 있다. 아령형 포트폴리오의 경우에는 단기채권과 장기채권에 집중투자되어 있으므로 예를 들어, 단기채권을 하나 처분하고 장기채권을 하

그림 3-4 만기분산형 포트폴리오

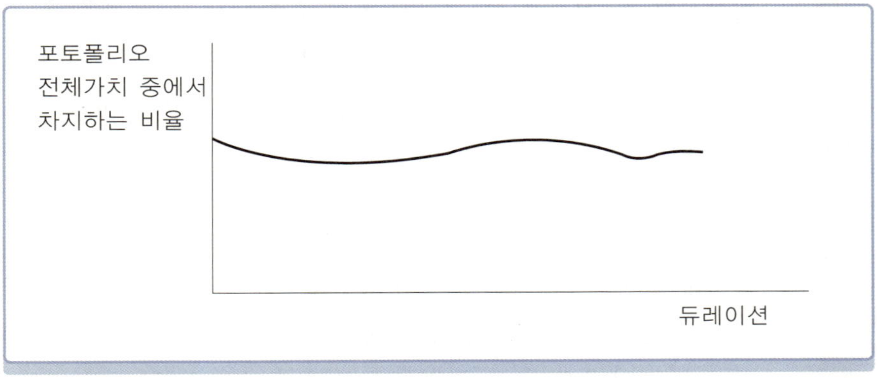

나 구입할 때 이 두 채권의 듀레이션의 차이가 매우 크기 때문에 채권포트폴리오 전체의 듀레이션에 비교적 큰 변화를 초래하게 된다. 따라서 채권포트폴리오 전체의 듀레이션을 일정한 크기만큼 변화시키고자 할 때 아령형 포트폴리오의 경우에는 비교적 적은 수의 채권들을 처분하고 또한 구입함으로써 그 목적을 달성할 수가 있다.

이제 우리는 예상되는 이자율변동을 이용하는 적극적인 포트폴리오 관리를 위하여 듀레이션이 매우 유용한 개념임을 알았다. 그러나 때로는 채권포트폴리오의 관리자들이 이자율변동을 예상하고는 있지만 그 변동의 방향에 대하여는 확신을 가지지 못하는 경우가 많이 있다. 따라서 이

그림 3-5 아령형 포트폴리오

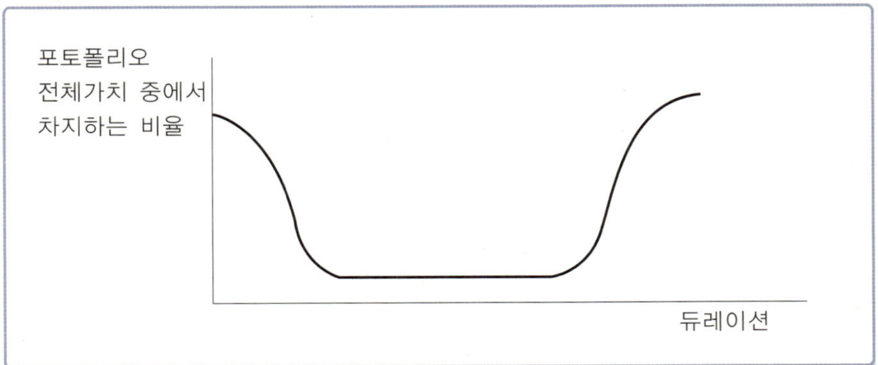

러한 경우에는 이자율변동에 따른 채권포트폴리오의 가치변동위험을 제거하기 위한 시도를 하는 것이 현명하다고 볼 수 있다. 듀레이션개념을 이용하여 채권포트폴리오의 가치가 이자율변동에 따라 변동하지 않도록 채권포트폴리오를 면역시키는 기법을 이뮤니제이션(immunization)이라고 한다.

일반적으로 은행의 대차대조표에서 부채포트폴리오의 듀레이션은 자산포트폴리오의 듀레이션보다 더 짧다고 할 수 있는데 그 이유는 부채포트폴리오에는 요구불예금 등의 단기성부채가 포함되기 때문이다. 그러므로 부채포트폴리오보다 자산포트폴리오의 가치가 이자율변동에 더 민감한 반응을 보이게 된다. 예를 들어, 이자율이 상승하는 경우 자산포트폴리오의 가치하락은 부채포트폴리오의 가치하락보다 더 크게 되며 따라서 자기자본은 감소하게 된다. 이러한 경우 자산포트폴리오와 부채포트폴리오의 이자율변동에 대한 민감도를 같게 해주면 이자율의 상승에 의한 자산포트폴리오의 가치하락이 부채포트폴리오의 가치하락에 의하여 상쇄되어 자기자본은 변동이 없게 된다. 즉, 이러한 경우에 자산포트폴리오와 부채포트폴리오의 듀레이션을 같게 해줌으로써 전체포트폴리오는 이자율변동에 대하여 면역된다고 할 수 있다.

부록 듀레이션(Duration)

아래 그림은 5년 만기 채권의 이자 및 원리금 지급의 현금흐름을 보여주고 있다. 5개의 캔들은 매년 지급되는 현금흐름의 크기를 나타내고 있으며 각 캔 속의 색칠한 부분만큼 물이 담겨 있음을 보여주고 있는데 이것은 현금흐름의 현재가치를 나타낸다. 이 그림은 물이 담겨있는 5개의 캔들을 시소 위에 일렬로 올려놓고 무게중심을 찾는 것을 보여주고 있는데 이러한 무게중심이 바로 듀레이션이라고 할 수 있다.

그림 3-6 5년 만기 채권의 이자 및 원리금 현금흐름

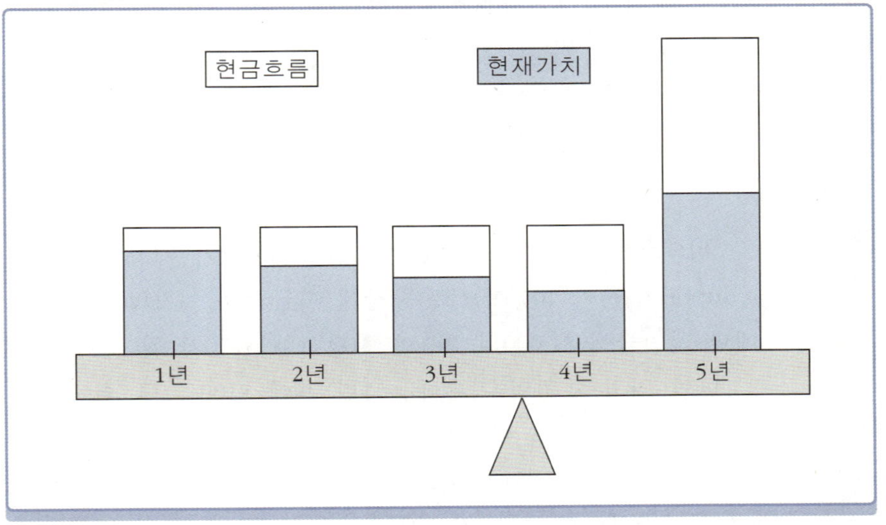

부록 이뮤니제이션(Immunization)

우리는 앞에서 은행의 경우 대차대조표의 자산포트폴리오와 부채포트폴리오의 듀레이션을 같게 해줌으로써 전체포트폴리오의 가치가 이자율변동에 따라 변동하지 않도록 면역시키는 기법으로서 이뮤니제이션(immunization)을 이미 살펴본 바 있다.

여기에서는 또 다른 의미의 이뮤니제이션 기법을 살펴보고자 다음과 같은 상황을 가정하기로 한다. 즉, 현재 시장수익률이 10%인 상황에서 어느 투자자가 채권을 보유하고자 하는 기간(intended holding period)은 2년이지만 만기(maturity)가 2.1년인 다음과 같은 채권에 투자한다고 가정한다.

액 면 금 액 : $1,000
만 기: 2.1년
표면이자율: 10%
시장수익률: 10%

위의 채권의 경우 액면금액(face value)이 $1,000이고 표면이자율(coupon rate)이 10%이므로 중간에 지급받는 이자(coupon payments)는 매년 액면금액 $1,000의 10%에 해당하는 $100가 될 것이다. 즉, 만기가 2.1년인 위의 채권의 경우에는 1년 후에 $100, 2년 후에 $100, 그리고 2.1년 후에는 $10의 이자가 지급될 것이다.

현재 시장수익률이 10%이지만 만약 1년 후에 가서 시장수익률이 8%로 하락한다면 그 시점에서 받는 이자(coupon payments) $100는 8%의 낮은 수익률로 재투자하게 된다. 그러나 시장수익률이 하락하게 되면 채권의 가격은 상승하게 되므로 시장수익률 변화가 재투자수익률에 미치는 영향과 채권가격에 미치는 영향은 서로 반대 방향이 됨을 알 수 있다.

위의 예로부터 우리는 다음과 같은 사실을 알 수 있다. 즉, 표면이자율에 따라 중간에 지급받는 이자(coupon payments)가 지급되는 채권의 경우 금리변동에 따른 두 가지의 리스크가 존재하게 된다. 첫째, 금리가 상승(하락)할 때 중간에 지급받는 이자의 재투자수익률이 상승(하락)하는 재투자수익률변동위험(coupon reinvestment risk)이 존재하며 둘째, 금리가 상승(하락)할 때 채권가격이 하락(상승)하는 채권가격변동위험(price risk)이 존재한다. 그리고 이 두 가지 위험은 서로 반대 방향으로 작용한다.

그런데 만약 채권의 듀레이션(duration)이 채권을 보유하고자 하는 기간(intended holding period)과 동일한 경우에는 이 두 가지 리스크가 서로 완전히 상쇄되어 금리가 변동하더라도 아무런 영향을 받지 않게 되는데 이 경우 우리는 채권투자가 면역(immunize)되어 있다고 한다.

채권의 듀레이션이 채권을 보유하고자 하는 기간과 동일한 경우에는 금리가 변동하더라도 아무런 영향을 받지 않게 된다는 사실을 증명하기 위하여 다음과 같은 경우를 생각하기로 한다.

첫째, 채권의 만기가 채권을 보유하고자 하는 기간과 동일한 경우에는 만기에 가서 확정금액을 수취하게 되므로 금리변동에 따른 채권가격변동위험은 염려할 필요가 없게 된다. 둘째, 중간에 이자가 지급되지 않는 순수할인채(pure discount bond)의 경우에는 이자의 재투자수익률변동위험이 존재하지 않을 뿐만 아니라 듀레이션이 만기와 동일하게 된다.

중간에 이자가 지급되지 않는 순수할인채(pure discount bond)의 경우에는 듀레이션이 만기와 동일하게 된다는 사실은 다음의 예로부터 쉽게 알 수 있다. 즉, 액면금액 $1,000, 만기 4년, 표면이자율 0%인 순수할인채의 경우 시장수익률이 7.5%라고 가정하면 현재 시점의 채권가격은 $748.8가 되고 듀레이션은 만기와 동일한 4년이 된다.

〈순수할인채〉
액 면 금 액 : $1,000
만　　　기 : 4년
표면이자율 : 0%
시장수익률 : 7.5%

$$P_0 = \frac{\$1{,}000}{(1+0.075)^4} = 748.8$$

$$D = \frac{\displaystyle\sum_{t=1}^{n} \frac{C_t \cdot t}{(1+r)^t}}{\displaystyle\sum_{t=1}^{n} \frac{C_t}{(1+r)^t}} = \frac{\dfrac{\$1{,}000 \cdot (4)}{(1+0.075)^4}}{\dfrac{\$1{,}000}{(1+0.075)^4}} = 4$$

그러므로 우리는 채권을 보유하고자 하는 기간(intended holding period)과 동일한 만기(maturity)를 갖는 순수할인채에 투자하는 경우는 채권을 보유하고자 하는 기간과 만기 그리고 듀레이션이 모두 동일하게 되며 두 가지 리스크 즉, 채권가격변동위험과 재투자수익률변동위험이 모두 존재하지 않음을 알 수 있다.

제 4 절 이자율의 위험구조

1. 채무불이행위험

대출자의 입장에서 차입자들의 채무불이행에 따른 위험은 이항분포(binomial distribution)에 의해 설명될 수 있다. n개의 융자로 구성된 융자포트폴리오에 있어서 각 융자건에 대한 평균적인 채무불이행확률을 p, 채무이행확률을 q, 융자건수를 n이라 하면, n개의 융자건 중 x개가 부실채권이 될 확률은 이항분포의 밀도함수(density function)에 의하여 아래와 같이 표시된다.

$$f(x) = {}_nC_x \cdot p^x \cdot q^{n-x}$$

$$p + q = 1$$

$${}_nC_x = \frac{n!}{x!(n-x)!}$$

이와 같은 이항분포의 경우

$$\bar{x} = np$$

$$\sigma_x = \sqrt{npq} \text{ (표준편차)}$$

로 계산된다. 예를 들어, 100개의 융자로 구성된 융자포트폴리오에 있어서 각 융자건에 대한 평균적인 채무불이행확률을 0.1이라고 할 때, 100개의 융자건 중 부실화될 융자건의 평균치는 $\bar{x} = np = (100)(0.1) = 10$이 된다.

한편 이러한 채무불이행위험에 대하여 대출자는 그로부터 발생하는 손실을 대출이자율 결정시 감안해야 할 것이다. 이제 융자에 있어서 기대수익률과 대출이자율과의 관계를 설명하기 위해서 다음의 확률분포를 이용하기로 한다.

〈1원을 융자하는 경우 원리금 합계의 확률분포〉

원리금 합계	확 률
$1+R$	$1-p$
0	p

R : 대출이자율　　p : 융자의 채무불이행확률

위와 같은 경우 원리금 합계의 기대치는

$$(1 + R)(1 - p) + (0)(p) = (1 + R)(1 - p)$$

가 되며, 여기에서 융자금액(원금)을 빼고 다시 융자금액으로 나누면 기대수익률을 얻는다. 즉,

$$E(R_i) = \frac{(1 + R)(1 - p) - 1}{1}$$
$$= R - p - Rp \approx R - p$$

$E(R_i)$: i 융자의 기대수익률

위의 식은 기대수익률 $E(R_i)$가 대출이자율과 융자의 채무불이행확률의 차이로 표시될 수 있다는 것을 보여주고 있다.

이제 n개의 융자로 구성된 융자포트폴리오 전체의 원리금 합계에 대한 기대치는 대출건당 융자금액, 대출이자율 및 채무불이행확률이 동일하다고 가정할 때 다음과 같이 얻을 수 있다.

$$E(V_p) = [(1 + R)(1 - p) + (0)(p)](A)(n)$$
$$= (1 + R)(1 - p)(A)(n)$$

$E(V_p)$: 융자포트폴리오 전체의 원리금 합계에 대한 기대치
A : 대출건당 융자금액이 동일하다고 가정할 때의 개별융자금액

이 융자포트폴리오 전체의 원리금 합계에 대한 기대치에서 포트폴리오 전체의 융자금액(원금)을 빼고 다시 전체 융자금액으로 나누면 융자포트폴리오 전체의 기대수익률을 얻는다. 즉,

$$E(R_p) = \frac{(1+R)(1-p)(A)(n) - (A)(n)}{(A)(n)}$$
$$= (1+R)(1-p) - 1 = R - p - Rp \approx R - p$$

여기서 $E(R_p)$는 융자포트폴리오 전체의 기대수익률을 나타내는데, 우리는 이것이 개별융자의 기대수익률과 같은 값을 가짐을 알 수 있다. 일반적으로, 융자포트폴리오 전체의 기대수익률은 개별융자별 기대수익률의 가중평균치(weighted average value)가 되는데 만약 대출건당 융자금액, 대출이자율 및 채무불이행확률이 동일하다고 가정한다면 융자포트폴리오 전체의 기대수익률은 개별융자의 기대수익률과 같게 됨을 다음과 같이 보여줄 수 있다. 즉,

$$E(R_p) = W_1 \cdot E(R_1) + W_2 \cdot E(R_2) + \cdots\cdots + W_n \cdot E(R_n)$$

여기서 만약 대출건당 융자금액이 동일하다면

$$E(R_p) = \frac{1}{n} \cdot E(R_1) + \frac{1}{n} \cdot E(R_2) + \cdots\cdots + \frac{1}{n} \cdot E(R_n)$$

또한 모든 융자에 있어서 대출이자율 및 채무불이행확률이 동일하다면

$$E(R_1) = E(R_2) = \cdots\cdots = E(R_i) = \cdots\cdots = E(R_n) = R - p$$

가 되므로

$$E(R_p) = \frac{1}{n} \cdot E(R_i) + \frac{1}{n} \cdot E(R_i) + \cdots\cdots + \frac{1}{n} \cdot E(R_i)$$
$$= \frac{n}{n} \cdot E(R_i)$$
$$= E(R_i)$$

예 제

500개의 융자로 구성된 융자포트폴리오에 있어서 각 융자건에 대한 평균적인 채무불이행확률을 0.06, 대출건당 평균융자금액 및 평균만기를 각각 $ 20,000 및 12개월이라고 할 때 500개의 융자건 중 13개가 부실채권이 될 확률은 얼마인가?

n개의 융자건 중 x개가 부실채권이 될 확률은 이항분포의 밀도함수에 의하여 구할 수 있다.

$$
\begin{aligned}
f(13) &= {}_{500}C_{13} \cdot (0.06)^{13}(0.94)^{487} \\
&= \frac{500!}{(13!)(487!)} \cdot (0.06)^{13}(0.94)^{487} \\
&= (1.67 \times 10^{25})(1.3 \times 10^{-16})(8.19 \times 10^{-14}) \\
&= 0.00018
\end{aligned}
$$

예 제

위 예에서 각 융자건에 대한 평균적인 대출이자율은 최소한 얼마로 책정하여야 하겠는가? 정부발행채권의 무위험수익률이 6개월만기 채권의 경우에는 5%이고 12개월만기 채권의 경우에는 6%라고 가정하라.

우리는 앞에서 개별융자의 기대수익률은 대출이자율과 융자의 채무불이행확률의 차이로 표시된다는 것을 알았다. 즉,

$$E(R_i) = R - p$$

지금 융자를 하는 대신 12개월만기 정부채권에 투자하는 경우 6%의 수익률을 확실하게 기대할 수 있으므로 융자를 할 경우의 기대수익률도 6%가 되어야 할 것이다. 따라서 융자의 채무불이행확률 0.06을 감안한다면 대출이자율을 12%로 책정하여야 그 기대수익률이 6%가 될 것이다. 즉,

$$R = E(R_i) + p = 0.06 + 0.06 = 0.12$$

예 제

위의 예에서 각 융자건에 대한 평균적인 대출이자율을 12%로 설정할 경우 12개월 후에 가서의 이 융자포트폴리오 전체의 원리금 합계에 대한 기대치는 얼마가 되는가?

n개의 융자로 구성된 융자포트폴리오 전체의 원리금 합계에 대한 기대치는 대출건당 융자금액, 대출이자율 및 채무불이행확률이 동일하다고 가정할 때 다음과 같이 표현된다. 즉,

$$\begin{aligned} E(V_p) &= (1 + R)(1 - p)(A)(n) \\ &= (1 + 0.12)(1 - 0.06)(\$\ 20{,}000)(500) \\ &= \$\ 10{,}528{,}000 \end{aligned}$$

2. 이자율의 위험구조

우리는 채권의 만기수익률(yield to maturity)을 산출함에 있어서 지급받기로 되어 있는 현금흐름이 모두 그대로 실현된다고 가정하였다. 그러나 만약 지급받기로 되어 있는 현금흐름 중의 일부가 그대로 실현되지 않는다면 실제의 만기수익률은 당초에 산출된 만기수익률보다 낮아지게 될 것이다. 이와 같이 실제의 만기수익률이 당초에 산출된 만기수익률보다 낮아질 수 있는 가능성이 있는 경우 채권보유자는 위험을 부담하게 되므로 이러한 위험 부담에 대한 보상을 필요로 하게 된다. 따라서 채무불이행위험이 전혀 없는 채권에 비하여 채무불이행위험이 있는 채권은 그 약정된 수익률이 더 높아야 할 것이다. 즉, 채무불이행위험을 고려한 만기수익률이 적어도 무위험채권의 수익률과 같은 수준이 될 수 있을 만큼 채무불이행위험이 있는 채권의 약정수익률이 더 높아야 한다.

우리는 앞에서 융자(또는 채권에 투자하는 경우)에 있어서 기대수익

률은 대출이자율(또는 채권의 약정수익률)과 융자(또는 채권)의 채무불이행확률의 차이로 표시될 수 있음을 알았다. 즉,

$$E(R_i) = R - p$$

$E(R_i)$: i융자의 기대수익률
R : 대출이자율
p : 채무불이행확률

예를 들어, 채무불이행위험이 있는 채권의 채무불이행확률이 6%이고 무위험채권의 수익률이 6%라면 채무불이행위험이 있는 채권의 약정수익률을 12%로 책정하여야만 그 기대수익률이 무위험채권의 수익률과 같은 수준인 6%가 될 것이다. 그러나 만약 투자자들이 위험회피형(risk-averse)이라면 기대수익률이 6%인 채무불이행위험이 있는 채권보다는 6%의 확실한 수익률을 가지는 무위험채권을 더 선호할 것이다. 따라서 투자자들이 채무불이행위험이 있는 채권을 보유하도록 유인할 수 있기에 충분할 만큼 그 기대수익률이 무위험이자율을 능가할 수 있도록 약정수익률을 책정해야 할 것이다.

이자율의 위험구조(the risk structure of interest rates)란 채무불이행위험을 제외한 다른 모든 요인들(즉, 만기, 쿠폰수준 등)이 동일한 채권들의 약정수익률이 어떠한 차이를 나타내는가를 말한다. 예를 들어, 회사채는 정부발행채권보다 채무불이행위험이 더 높다고 볼 수 있으므로 투자자들이 그러한 위험을 부담하는 데에 대한 보상으로 회사채에 대하여는 정부발행채권보다 더 높은 약정수익률이 책정되어야 할 것이다.

채권들의 채무불이행위험에 관한 척도로서 전문적인 신용평가기관들이 제공하는 채권평가등급이 주로 이용된다. 미국의 경우에는 대표적인 신용평가기관으로서 Standard and Poor's 및 Moody's 등을 들 수 있다. 1929년부터 1932년까지의 대공황기간 중 많은 기업들이 지급불능상태에 빠져 도산을 하게 되자 채권에 투자하는 경우 원리금 상환의 확실성을 중요하게 생각하게 되었고, 이 때 채권의 평가등급과 지급불능발생률과의 상관관계가 높게 나타나게 되자 투자자들은 평가등급을 신뢰하게 되었다.

〈표 3-3〉은 Standard and Poor's가 제공하는 회사채 평가등급을 보여

표 3-3 Standard and Poor's의 회사채 평가등급

등급	내용
AAA	원리금 지급능력이 최고수준임.
AA	원리금 지급능력이 매우 높지만 AAA등급과 비교하여 약간의 차이가 있음.
A	원리금 지급능력이 높으며 투자대상으로서 상당한 강점을 보유하고 있음.
BBB	원리금 지급능력이 양호하지만 장래의 환경변화에 따라 원리금 지급능력이 저하될 가능성을 내포하고 있음. 일반은행의 투자대상으로는 가장 낮은 등급임.
BB	원리금 지급능력이 당장은 문제가 되지 않으나 장래의 안정성면에서는 투기적 요소가 내포되어 있음.
B	투기적이며 경제여건이 악화될 경우 이자지급이 확실하지 않음.
CCC	매우 투기적이며 경제여건이 악화될 경우 과연 이자지급이 계속될 수 있을 지가 의문시됨.
CC	CCC 등급에 비하여 더욱 불안요소가 큼.
C	전혀 이자지급이 되지 않고 있음.
DDD DD D	채무불이행상태에 있으며 상대적 잔존가치(salvage value)에 따라 다시 등급을 나눈 것임.

자료 : Standard and Poor's Bond Guide.

주고 있다. 원리금 지급능력이 최상급(AAA)에 속하는 회사채들은 채무불이행위험이 극히 낮다고 볼 수 있으므로 그 약정수익률은 만기 및 쿠폰수준이 유사한 정부발행채권의 약정수익률보다 약간 높은 정도가 된다. 즉, 어느 시점에 있어서의 정부발행채권과 특정채권과의 약정수익률의 차이는 그 특정채권에 투자할 경우에 부담하게 되는 채무불이행위험에 대한 보상을 나타낸다고 볼 수 있다.

연습 문제

EXERCISES

01 장기채권에 한번 투자하는 경우와 단기채권에 연속적으로 두 번 투자하는 경우가 최종적인 원리금합계가 서로 같아지기 위해서 요구되는, 단기채권에 두 번째 투자할 때의 재투자수익률을 무엇이라고 부르는가?

02 선도이자율은 시장참여자들의 미래이자율에 대한 예상치뿐만 아니라 유동성프리미엄을 포함한다고 주장하는 이론을 무엇이라고 하는가?

03 "금리변동에 따른 채권가격변동위험은 채권의 표면금리가 높을수록 더 크다." 이 말은 타당한가? (O, X 표시할 것)

04 은행의 경우 대차대조표의 일반적인 특징에 의하여 금리변동에 따라 손실이 발생할 가능성이 크다고 할 수 있다. 듀레이션의 개념을 활용하여 금리변동이 은행에 미치는 영향을 차단시키는 것을 무엇이라고 하는가?

1) speculation 2) arbitrage 3) spreading 4) immunization

05 A채권의 듀레이션은 짧고 B채권의 듀레이션은 길다고 하자. 향후 금리가 상승할 것으로 예상된다면 어느 채권을 보유하는 것이 좋은가?

06 "어느 채권포트폴리오 관리자가 주로 단기채권과 장기채권을 집중적으로 보유하고 있다면 향후 금리변동을 예측하여 상당히 적극적인 투자전략을 구사하려고 한다고 볼 수 있다." 타당한가? (O, X 표시할 것)

07 만기별 채권이자율이 다음과 같다고 가정하라. 만약 채권시장에서 투자자들이 6개월 후에 가서 6개월 동안 투자하는데 대하여 0.18%의 유동성프리미엄을 요구한다면 지금부터 6개월 후에 6개월만기 채권에 적용될 것으로 기대되는 예상이자율은 얼마라고 할 수 있는가?

만기	채권이자율
90일	5.50%
180일	5.75%
1년	6.00%

08 다음 중 그 내용이 틀린 것은?

1) 유동성선호이론(Liquidity Preference Theory)은 선도이자율이 시장참여자들의 미래 금리에 대한 예상치와 일치하지 않는다고 주장한다.
2) 선도이자율은 단기 이자율과 장기 이자율로부터 구할 수 있는 수학적 항이라고 할 수 있다.
3) 우상향(upward sloping)의 채권수익률 곡선은 반드시 시장참여자들이 금리가 장차 상승하리라고 예상하고 있다는 것을 의미한다.
4) 우하향(downward sloping)의 채권수익률 곡선은 반드시 시장참여자들이 금리가 장차 하락하리라고 예상하고 있다는 것을 의미한다.

09 액면금액 $1,000, 표면금리 6%, 만기 3년, 만기수익률 10%인 채권의 듀레이션을 산출하면 (　　　　)이 된다.

10 어느 채권의 시장가격은 $810.46이고 Duration은 4.49이라고 하자. 시장수익률이 10%로부터 11%로 변동한다면 이 채권의 새로운 시장가격은 얼마가 되겠는가?

11 다음 채권가격에 대한 설명 중 옳지 않은 것은?

1) 채권가격과 수익률은 서로 반대 관계를 가진다.
2) 일반적으로 장기채권이 단기채권보다 가격 변동성이 적다.
3) 표면이자율이 낮을수록 수익률 변동에 따른 채권가격 변동위험이 더 크다.
4) 듀레이션이 길수록 수익률 변동에 따른 채권가격 변동위험이 더 크다.

12 다음 중 듀레이션에 관한 설명 중 옳지 못한 것은?

1) 금리변동에 따른 채권가격변동위험을 정확하게 나타낸다.
2) 듀레이션은 현금흐름의 무게중심이라고 할 수 있다.

3) 듀레이션은 금리변동에 따른 채권가격의 탄력성을 나타낸다.

4) 듀레이션이 짧은 채권에 비하여 긴 채권이 금리변동에 따른 가격변동위험이 더 작다.

〈문제 13번은 다음을 읽고 답하라〉

> 일반적으로 채권의 만기가 길수록 이자율변동에 따르는 채권가격의 변동위험은 더 (A)고 할 수 있다. 그러나 채권의 가격변동위험은 만기뿐만 아니라 채권의 (B)의 수준과 그에 따라 지급받게 되는 이자(coupon payment)의 수준에 따라서도 다르다고 할 수 있다. 따라서 채권가격변동위험을 나타내는 척도로서 만기와 (B) 등을 종합적으로 고려한 (C)이 사용된다.
> 채권에 투자하는 경우 만약 투자자가 향후에 이자율이 하락할 것으로 예상한다면 채권가격은(도) (D)할 것으로 예상한다는 것을 의미하므로 (C)이 (E) 채권보다는 (F) 채권을 선호할 것이다.
> 한편 은행의 경우 일반적으로 대차대조표의 특성상 자산과 부채의 (C)의 크기가 서로 다르다고 볼 수 있다. 이것은 이자율이 변동하는 경우 자산과 부채의 가치변동이 서로 완전히 상쇄가 되지 않는다는 것을 의미한다. 자산과 부채의 (C)의 크기를 조정하여 금리변동에 따르는 위험에 대처하는 기법을 (G)기법이라고 부르며 이러한 (G)기법을 활용하기 위하여 평소에 은행의 자산과 부채의 (C)을 정확하게 파악하고 관리하는 행위를 (H)이라고 한다.

13 위의 내용 중 (A), (B), (C), (D), (E), (F)에 순서대로 들어가야 할 말들은?

14 금리의 위험구조란 무엇인지를 약정수익률, 채무불이행확률, 기대수익률 간의 상호관계를 중심으로 설명하라.

15 어느 기업이 발행한 회사채의 채무불이행확률이 23%이라고 하자. 정부발행채권의 수익률이 6%이라고 할 때 이 회사채의 약정수익률은 얼마가 되어야 하는가? 투자자들은 위험회피형(risk-averse)이라고 가정할 것.

1) 17%보다 작아야 한다. 2) 17%보다 커야 한다.

3) 29%보다 작아야 한다. 4) 29%보다 커야 한다.

16 현재 1년만기, 2년만기, 3년만기 채권의 수익률(연간)이 각각 4%, 5%, 6%이라고 가정하자.

가) 지금부터 1년후, 2년후로부터 각각 1년동안 지배하게 될 선도이자율을 구하라. 단, 복리 계산은 1년에 한번 하는 것으로 가정할 것.

나) 1년만기 채권에 2번 투자를 하여 2년 동안 투자를 하는 경우의 예상투자수익률(연율 표시)을 구하라. 단, 불편기대이론이 성립한다고 가정할 것.

다) 만기 3년의 액면금액 $100의 순수할인채권(pure discount bond)을 구입하는 경우 채권의 지금 현재 시장가격은 얼마가 되어야 하는가?

라) 위의 순수할인채권을 어느 투자자가 지금부터 2년 후에 매입하여 만기까지 1년 동안 보유할 때 그 투자수익률이 가)에서 구한 선도이자율과 같기 위해서는 지금부터 2년후 시점에 채권의 시장가격이 얼마가 되어야 하는가?

마) 위의 다)에서 구한 채권의 현재 시장가격과 라)에서 구한 지금부터 2년후 시점의 채권가격을 활용하여 오늘 현재 만기 3년의 채권을 구입하여 2년후에 매각하는 경우의 예상투자수익률(연율표시)을 구하라.

17 다음 채권들의 듀레이션을 산출하라.

가) 액면금액 $1,000, 표면금리 4%, 만기 4년, 만기수익률 10%인 채권

나) 액면금액 $1,000, 표면금리 0%, 만기 4년, 만기수익률 10%인 채권

제 4 장

단기금융시장

Chapter

Global Financial Markets

04 단기금융시장

제 1 절 금융시장의 구조

1. 발행시장과 유통시장

1) 발행시장

새로이 발행된 증권이 발행자로부터 최종적으로 투자자들에게 흘러 들어가는 시장을 발행시장(primary market)이라 한다. 새로이 발행된 증권이 발행자로부터 중개기관을 통하지 않고 직접 최종구매자에게 이전될 수도 있으나 대부분의 경우 새로 발행된 증권은 투자은행(investment bank)이나 상업은행(commercial bank) 등 중개기관을 통하여 인수되어 판매된다.

2) 유통시장

이미 발행된 증권의 거래가 이루어지는 곳이 유통시장(secondary market)이며 뉴욕의 NYSE(New York Stock Exchange)가 그 대표적인 예이다.

2. 자본시장과 단기금융시장

1) 자본시장(capital market)

만기일이 1년 이상인 금융자산이 거래되는 시장이다.

2) 단기금융시장(money market)

만기일이 1년 이하인 단기금융자산이 거래되는 시장이다.

3. 증권거래소와 장외시장

1) 증권거래소

조직화된 거래소인 증권거래소(exchange)에서는 증권거래소의 회원인 dealer나 broker들에 의해 거래가 성립된다. 증권거래소의 주요 목적은 거래의 편의를 도모하는 것이며 이를 위해 거래장(trading floor)을 제공하고 회원 상호간의 정산을 위한 시설을 갖추고 있다.

2) 장외시장

조직화된 거래소 밖에서 일어나는 거래를 장외거래라 하고, 이러한 시장을 장외시장(over-the-counter market; OTC market)이라 한다. 주식이나 채권에 대한 발행시장은 장외시장의 대표적인 예이다. 이 시장의 중개인은 broker나 dealer들이며, 많은 broker나 dealer들은 거래소의 회원을 겸하고 있다. 이러한 장외시장은 비상장증권의 시장성을 확보해주며 전체 증권의 유동성을 제고시킨다.

4. Dealer와 Broker

1) Dealer

자기거래를 전문으로 하는 증권업자로서 증권을 직접 소유 및 매매함으로써 그 매매가격의 차로부터 이익을 취한다. 단기금융시장에서 중개인으로 주로 활동한다.

2) Broker

다른 사람들의 거래를 용이하게 해주는 위탁거래를 전문으로 하는 증권업자로서 그 대가로 수수료(fee 또는 commission)를 받을 뿐 증권을 직접 소유하거나 매매하지는 않는다. 주로 자본시장에서 중개인으로 활동한다. 은행이나 대형증권회사 등의 중개기관은 대부분 broker와 dealer의 기능을 함께 수행하고 있다.

제 2 절 단기금융시장의 주요 금융자산

1. 재정증권

각국 정부는 국가재정자산을 조달하기 위하여 여러 종류의 단 · 장기 국 · 공채를 발행한다. 미국정부가 발행하는 재정증권은 Treasury Bill, Treasury Note 및 Treasury Bond 등이 있는데, 이 중에서 T-Note와 T-Bond는 이자가 지급되는 만기가 1년보다 긴 증권이고 T-Bill은 만기가 1년 이하인 할인증권으로서 정부는 이 증권을 보유하고 있는 사람에게 만기에 약정금액(액면가격)을 지급할 의무를 진다.

T-Bill은 투자자들에게 다음과 같은 투자상의 이점을 제공한다. 첫째, T-Bill은 대규모의 유통시장에서 활발히 거래되므로 유동성(liquidity)이 매우 높다. 따라서 투자자들이 현금을 필요로 할 경우에는 적은 비용으로 손쉽게 현금으로 전환시킬 수 있다. 둘째, T-Bill은 미국재무성이 발행한 증권이기 때문에 채무불이행위험이 전혀 없다. 즉, T-Bill은 무위험금융자산(risk free financial asset)이므로 경제여건이 불확실한 상황하에서는 안전한 투자대상으로 선호된다. 셋째, 다른 단기금융자산과는 달리 T-

Bill에서 얻어지는 소득에 대하여는 지방정부의 소득세가 면제되기 때문에 높은 세율(high tax bracket)의 적용을 받는 투자자에게는 특히 유리한 투자대상이 된다.

정부발행증권 특히 T-Bill은 통화정책을 실시하는 주요 수단이 된다. 매일 매일의 통화량은 주로 연방준비은행(Federal Reserve Bank)의 공개시장조작(open market operation)을 통하여 조절되는데 공개시장조작은 정부증권(주로 T-Bill)의 매입 또는 매각활동을 의미한다. 즉, 연방준비은행이 T-Bill을 매입할 경우에는 통화공급의 증가를 가져오며, 매각할 경우에는 통화공급의 감소를 가져오게 된다.

2. 신종기업어음

신종기업어음(commercial paper; CP)이란 대기업과 소비자금융회사(finance company)가 발행하는 만기 270일 이내의 무담보약속어음(unsecured promissory note)으로서 일반적으로 신용상태가 양호한 대기업들에 의하여 지배되어 왔다. CP의 경우에도 유통시장이 존재하지만 T-Bill의 경우보다는 활발하지 못하다. 그 이유는 CP의 만기가 T-Bill보다 비교적 더 짧아서(만기 30일 이내의 초단기 CP도 많이 발행된다) 최초의 매입자가 만기까지 보유하는 경우가 대부분이기 때문이다. CP는 잘 알려진 대기업이나 금융기관이 그 명성과 신용을 바탕으로 발행하는 것이므로 어느 정도 채무불이행위험을 갖고 있고 T-Bill의 경우보다 높은 수익률을 나타내고 있다. 일반적으로 CP발행기업들은 그들이 발행한 CP에 대하여 그 중 많은 부분을 은행과의 대출한도(line of credit)계약을 통하여 뒷받침하고 있다. 그리고 CP는 T-Bill과 마찬가지로 할인형식으로 발행된다. 즉, CP는 발행인이 만기에 액면가격을 지급하기로 한 채무증서로서 액면가격에서 일정 할인금액을 차감한 것이 실제가격이 된다.

3. 은행인수어음

은행인수어음(bankers' acceptance; BA)은 수입업자를 지불인으로 하여 수출업자가 발행하는 환어음이 은행에 의하여 보증된 후 매매되는 보증어음으로 은행이 만기일에 대금지급에 대한 책임을 맡게 된다. BA는 할인판매되는 증권이며 대부분의 BA는 선적서류에 의하여 보증되고 이들 선적서류는 인수은행(accepting bank)이 보유한다. 인수은행은 수출업자가 발행한 기한부환어음을 인수한다(accept)는 날인을 함으로써 대금지급을 보장하므로 BA의 만기가 도래했을 경우 액면금액을 지급할 1차적인 의무가 인수은행에 있고 이것이 여의치 못할 경우에는 어음발행인에게도 그 지급의무가 있다. CP가 무담보약속어음인데 반하여 BA는 인수은행의 지급보증 이외에도 선적서류에 의하여 뒷받침되므로 채무불이행위험이 CP의 경우보다 더 낮고 따라서 BA의 수익률이 CP의 수익률보다 더 낮다. BA는 T-Bill만큼 유동성을 갖지는 못하지만 은행에 의하여 보증된 증권이기 때문에 상당한 유동성을 갖는다. BA의 만기는 보통 30~270일이지만 90일만기 어음이 가장 일반적이며, 거래단위는 주로 1~5백만달러이다.

4. 환매조건부증권

환매조건부증권(repurchase agreement; Repo, RP)은 일정 기간이 경과한 후에 재매입(repurchase)하는 조건으로 증권을 매각함으로써 자금의 수요자가 단기자금을 조달할 수 있는 금융수단을 말한다. 여기서 증권의 재매입 또는 환매가격은 당초의 증권매각가격에 환매시점까지의 자금이용에 대한 이자를 가산한 가격으로 결정한다. RP거래에 있어서 중요한 점은 형식적으로는 자금의 공급자와 수요자 간에 유가증권의 매매가 이루어진다고 할 수 있으나 실질적으로는 증권이 단순히 대출에 대한 담보로서의 기능을 한다는 것이다.

RP는 하루 정도의 만기를 갖는 것이 대부분이지만 보다 긴 만기를 갖는 term RP도 드물지 않다. 그리고 은행의 경우에는 일반적으로 미정부채 또는 미연방정부기관(Federal agencies)채를 담보물로 활용하지만 비은행 dealer의 경우에는 이 이외에도 BA, CP 및 CD(negotiable certificate of deposit) 등을 담보물로 사용하고 있다.

한편 정부채 dealer들은 특정증권의 보유포지션이 일시 부족한 경우에 재고보충을 위하여 역RP계약을 체결한다. 역RP계약(reverse repurchase agreement; reverse RP)이란 일정 기간이 경과한 후에 다시 매각하는 조건으로 증권을 매입하는 것을 말한다. 즉, 증권을 차입하고 자금을 대출하는 경우를 의미한다.

5. 연방준비자금

일반은행으로서 초과지불준비금(excess reserve)을 갖는 은행이 준비금이 부족한 은행에 일시적으로 대출해주는 자금을 콜자금(call loan 또는 Federal funds)이라 하는데, 미국의 은행간 콜자금은 대부분 1일만기(overnight loan)의 초단기 형태를 취하지만 초과준비금을 갖는 은행에게는 이를 하루라도 운용하여 이자수익을 얻는 것이 유리한 자산운용일 것이고 지불준비금이 부족한 차입은행(borrowing bank)의 입장에서도 콜자금시장을 이용함으로써 시장성 있는 유가증권을 매각하거나 대출신청을 거절하는 바람직하지 못한 현상을 피할 수 있다는 이점이 있다. 콜자금시장의 중개인들은 일시적인 여유자금을 갖는 은행과 자금을 필요로 하는 은행으로부터 일정한 수수료를 받고 전화를 통해 거래쌍방으로부터 매도가격과 매수가격을 수집한 다음 이러한 거래를 쌍방에 통지한다. 이 때 대출은행은 연방준비은행의 자기계정에 차기하고 이 자금을 차입은행에 대출하도록 통지한다. 그리고 다음날에는 역거래가 이루어지고 이자가 지급된다. 당초의 Federal funds거래는 지불준비금 조정수단으로 사용되었으나 최근에는 일반은행상호간(interbank)에 적극적인 자금조달수단으로 확대 사용되고 있다. 이와 같이 Federal funds를 적극 활용하는 이유는 Federal funds거래는 자금의 대차거래로 분류되어 예금거래에서와 같은 지불준비금부담 및 예금보험료부담이 없으므로 CD(negotiable certificate of deposit)발행보다 싸게 소요자금을 적시에 조달할 수 있기 때문이다. Federal funds의 거래기간은 대부분 하루(overnight) 동안이지만, 최근에는 보다 장기간(1주일~6개월)에 걸치는 소위 term Federal funds의 거래가 성행하고 있다. Federal funds의 이자율은 시중자금사정을 가늠할 수 있는 일종의 지표와 같은 이자율로서 여타 단기금융시장상품의 이자율에 즉시 영향을 미친다. Federal funds는 즉시가용자금(immediately available funds)으로 결제된다는 점에서 환매조건부증권(RP)과 밀접한 관련을 가지나 Federal funds는 무담보거래인 반면 RP는 담보부대출이라는 점에서 서로 구분된다.

6. 양도성정기예금증서

은행이 기업자금을 끌어들이기 위하여 새로운 은행부채로서 개발한 양도성정기예금증서(negotiable certificate of deposit: CD)는 특정의 이자율과 만기가 명시되어 있는 은행예금에 대한 증서인데, CD가 단기금융시장에서 중요한 금융자산이 된 데에는 예금을 양도가능한 형태로 전환시킬 수 있다는 점과 유통시장에서 활발한 거래가 이루어진다는 점을 들 수 있다. 유통시장에서 거래될 수 있는 최소액면금액은 $ 1,000,000이며, 30일에서 12개월까지의 만기를 갖는 것이 보통이고 특히 3개월과 6개월 만기의 CD가 가장 일반적이고 시장성이 크다. CD는 T-Bill이나 CP와는 달리 만기에 이자가 지급되는 이자부증권(interest-bearing security)이다. 또한 CD는 T-Bill에 비하여 높은 신용위험(credit risk)을 가지므로 T-Bill 수익률보다 높은 수익률로 발행 · 유통된다. 그리고 CD를 발행하는 은행의 질이 중요한 문제가 되므로 지방은행(regional bank)과 외국은행(foreign bank) 발행 CD 수익률은 일류은행 발행 CD(prime name CD) 수익률보다 높은 경향을 보인다.

7. 유로달러

유로달러(Eurodollars)는 미국 이외의 지역에 있는 은행들이 소유하는 U.S. 달러표시 예금부채(일정 만기를 갖는 저축성예금)이며 거래의 대부분은 6개월만기 이내에서 이루어지는데, 특히 1일, 3개월, 6개월만기 거래가 주종을 이룬다. 대부분의 예금거래는 broker를 통하여 이루어지는데 브로커경유 예금거래의 최소단위는 $ 1,000,000이다. 그러나 일반적으로

$ 1,000,000보다 큰 금액이 거래된다. 유로달러시장에서의 이자율을 살펴보면 일반적으로 bid rate(예금을 수입하는 이자율)는 미국내 예수금리보다 높으며 offered rate(예금을 예치하는 이자율)는 미국내 대출금리보다 낮다. 유로달러시장에 있는 은행들은 미국내 은행들에게 적용되는 지불준비금의 적립 및 예금보험부보 등의 금융규제를 피할 수 있으므로 유로달러예금에 대하여 미국내 예수금리보다 높은 금리를 지급할 수 있다. 또한 유로달러예금은 미국내 예금보다 더 위험하다고 볼 수 있으므로(예를 들면, 예금의 원리금 상환에 대한 국가의 간섭 혹은 국제간의 관할권에 관한 법률적인 분쟁발생의 가능성) 예금자의 입장에서 볼 때 유로달러예금에 대하여 더 높은 금리를 요구하게 될 것이다.

한편 유로달러의 offered rate(예금을 예치하는 이자율 혹은 대출금리)는 미국내 대출금리보다 낮아야만 유로달러에 대한 대출수요를 유발할 수 있을 것이다. 즉, 차입자의 입장에서 볼 때 유로시장에서의 차입금리가 미국내 자금조달금리보다 낮아야만 유로시장에서의 차입을 기피하지 않을 것이다. 유로달러시장에서의 금리수준을 나타내는 대표적인 지표로서 LIBOR(London Interbank Offered Rate)가 사용된다. LIBOR는 런던 소재 일류은행이 고시하는 유로달러예금의 offered rate를 뜻한다.

유로달러CD(Eurodollar CD)는 미국 이외의 지역에서 발행되는 달러표시 양도성예금증서인데 1966년 First National City Bank of New York(현, Citibank)의 런던 지점에 의해 처음 발행되었다. 유로달러 CD는 만기 1개월부터 5년까지 다양하게 있으며 최근들어 유로달러 CD시장은 급속도로 발전하였다. 이처럼 많은 미국은행들이 해외에서 CD를 발행하게 된 동기는 미국내 단기금융시장에서의 자금조달능력을 제한하는 Regulation Q(은행의 예수금에 대한 지급이자의 상한을 정한 규정) 때문이었다.

8. 단기금융시장 상호기금

단기금융시장 상호기금(money market mutual funds; MMF)이란 영세 규모의 단기유휴자금을 예금과 비슷한 형태로 받아들여 자금을 형성한

다음 이를 단기금융시장상품에 투자하여 얻어지는 투자수익을 기금참가자에게 배당하는 개방형투자기금(open-end investment funds)이다. 이 기금에 대한 지분은 수익증권으로 표시된다. 1970년대 미국에서 MMF가 급속히 성장 · 발전하게 된 이유는 다음과 같다.

첫째, 단기금융시장에서의 최소매입단위요건은 영세투자자들의 접근을 불가능하게 만들었는데 MMF는 이들 영세투자자들에게 이러한 장애를 극복하고 간접적으로 단기금융시장에 참가할 수 있는 기회를 제공한다. 둘째, 많은 투자자들의 자금을 집중관리함으로써, 자금의 관리 및 운영비용이 절감될 수 있다. 따라서 MMF는 단기금융시장에 개별적으로 투자하는 것보다 더 높은 수익률을 투자자들에게 제공할 수 있게 된다. 셋째, MMF의 지분인 수익증권은 언제든지 현금화할 수 있고, 최초의 최소투자요건 — 보통 $ 1,000~$ 5,000 — 을 충족시킨 후에는 추가투자 및 일부인출이 가능하므로, 단기금융시장에 직접 참가할 경우에는 불가능한 투자의 분할가능성(divisibility)을 가질 수 있다. 넷째, MMF는 다양한 종류의 증권에 투자함으로써 포트폴리오의 위험분산이 가능하게 된다. 그러므로 MMF에의 투자자들은 자금을 직접 단기금융시장에 투자하는 경우보다 투자위험을 낮출 수 있다. 즉, MMF는 비교적 높은 수익률, 저렴한 거래비용, 높은 유동성 및 분할가능성, 낮은 위험수준, 소액투자가능성 등의 이점 때문에 일반저축자들 사이에 인기 있는 단기금융자산으로 발전하여 왔다.

제 3 절 각종 수익률의 개념 및 상호관계

1. 할 인 율

Treasury Bill의 경우 액면금액은 최소 $ 10,000에서 최대 $ 1,000,000까지 있으며 만기 역시 다양하다. 91일, 182일, 364일의 만기를 갖는 T-Bill은 규칙적으로 발행되나 기타의 만기를 갖는 증권들은 필요에 따라 발행된다. T-Bill은 이자가 지급되지 않고 발행당시 할인된 가격으로 매각하고 만기에 가서 액면금액(face value)을 지급함으로써 투자자들에게 일정한 수익을 보장하게 된다. T–Bill의 할인금액(amount of discount)은 시장여건에 따라 경매(auction)에 의해 결정되며 T–Bill의 실제수익률(actual interest rate)은 할인금액의 크기에 따라 달라진다. 예를 들어, 91일만기의 T–Bill의 발행가격이 액면금액 $ 1,000,000당 $ 970,000라고 하면 할인율(discount rate)은 다음과 같이 계산된다.

$$\frac{\$\,1{,}000{,}000 - \$\,970{,}000}{\$\,1{,}000{,}000} \times \frac{360}{91} = 0.11868(11.868\%)$$

즉, 우리는 다음과 같은 관계식을 구할 수 있다.

$$D = d \cdot F \cdot \frac{t_{sm}}{360} \quad \cdots\cdots (1)$$

D : 할인금액(amount of discount)
F : 액면금액(face value)
d : 할인율(discount rate)
t_{sm} : 결제일(거래일)로부터 만기일까지의 기간(days from settlement to maturity)

위의 식을 d에 관하여 표현하면

$$d = \frac{D}{F} \cdot \frac{360}{t_{sm}} \quad \cdots\cdots (2)$$

한편, 우리는 다음의 관계를 쉽게 얻을 수 있다.

$$D = F - P \quad \cdots\cdots (3)$$

여기서 P는 거래가격 또는 발행가격을 나타낸다. 이제 식(2)와 (3)으로부터 다음을 얻을 수 있다.

$$d = \left(\frac{F - P}{F}\right) \cdot \frac{360}{t_{sm}} \quad \cdots\cdots (4)$$

예 제

어느 투자자가 액면금액 $1,000,000의 6개월만기 T-Bill을 8%의 할인율로 매입한다고 할 때 이 투자자가 T-Bill에 대하여 지급하는 매입가격을 산출하라.

이러한 경우 우선 할인금액을 산출하면,

$$\text{할인금액} = (\$\ 1{,}000{,}000) \cdot (0.08) \cdot \frac{182}{360} = \$\ 40{,}444$$

그러므로 매입가격은 다음과 같다. 즉,

$$\text{매입가격} = \$\ 1{,}000{,}000 - \$\ 40{,}444 = \$\ 959{,}556$$

여기서 한 가지 유의해야 할 점은 할인율은 1년을 360일 기준으로 하여 산출된다는 점이다.

예 제

다음에 주어진 것들을 이용하여 어느 증권의 할인율을 구하라.

액면금액	= $ 225,000
거래가격	= $ 224,150
결제일로부터 만기일까지의 기간	= 30일

이와 같은 경우에는 위에서 구한 식(4)를 이용하면 된다. 즉,

$$\text{할인율} = \left(\frac{\$\ 225{,}000 - \$\ 224{,}150}{\$\ 225{,}000}\right) \cdot \frac{360}{30}$$

$$= 0.0453(4.53\%)$$

2. 단순수익률과 복리수익률

1) i를 단순수익률(simple interest rate)이라고 할 때

$$i = \left(\frac{F-P}{P}\right) \cdot \frac{365}{t_{sm}} \quad \cdots\cdots (5)$$

$$= \left(\frac{D}{F-D}\right) \cdot \frac{365}{t_{sm}} \quad \cdots\cdots (6)$$

앞에서 얻은 식(1)을 식(6)에 대입하면 다음을 얻을 수 있다.

$$i = \left(\frac{d \cdot F \cdot \frac{t_{sm}}{360}}{F - d \cdot F \cdot \frac{t_{sm}}{360}}\right) \cdot \frac{365}{t_{sm}}$$

$$= \frac{d \cdot \frac{365}{360}}{1 - d \cdot \frac{t_{sm}}{360}}$$

$$= \frac{365d}{360 - d \cdot t_{sm}} \quad \cdots\cdots (7)$$

예 제

어느 투자자가 액면금액 $ 1,000,000의 3개월만기 T-Bill을 9%의 할인율로 매입한다고 할 때 단순수익률을 구하라.

이 경우 3개월을 편의상 90일로 가정하고 할인금액과 매입가격을 구하면 각각 다음과 같다. 즉,

$$\text{할인금액} = (\$\ 1{,}000{,}000) \cdot (0.09) \cdot \frac{90}{360}$$

$$= \$\ 22{,}500$$

$$\text{매입가격} = \$\ 1{,}000{,}000 - \$\ 22{,}500$$

$$= \$\ 977{,}500$$

이제 식(5) 또는 (6)을 이용하여 단순수익률을 구하면

$$\text{단순수익률} = \left(\frac{\$\ 22{,}500}{\$\ 977{,}500}\right) \cdot \frac{365}{90}$$

$$= 0.09335(9.335\%)$$

여기서 한 가지 주의해야 할 점은 할인율의 경우에는 1년을 360일 기준으로 하지만, 단순수익률의 경우에는 1년을 365일 기준으로 한다는 점이다. 할인율을 단순수익률로 직접 전환시키기 위해서는 위에서 구한 식(7)을 이용하면 된다. 즉,

$$\text{단순수익률} = \frac{(365)(0.09)}{360 - (0.09)(90)} = 0.09335(9.335\%)$$

---

2) i*를 복리수익률(effective return when compounding occurs) 이라고 할 때

$$i^* = \left(1 + \frac{i}{n}\right)^n - 1 \quad \cdots\cdots (8)$$

여기서 i는 단순수익률이고 n은 복리계산의 단위기간이 1년 이하인 경우 연간이자계산횟수(compounding periods during one year)를 나타낸다. 복리계산의 단위기간이 1년보다 짧은 경우에는 이자의 재투자횟수가 빈번하여 이자의 증식현상이 증가하기 때문에 복리수익률은 단순수익률보다 높게 된다. 즉, 복리수익률을 구하기 위하여는 단순수익률을 연간이자계산횟수로 나누어 기간당 이자율을 구하고 이 이자율로 연간이자계산횟수만큼 복리계산을 해주면 된다.

예 제

위의 예제에서 구한 바와 같이 단순수익률이 9.335%인 경우 복리수익률을 구하라.

식(8)을 이용하여 단순수익률로부터 복리수익률을 쉽게 구할 수 있다. 즉,

$$\text{복리수익률} = \left(1 + \frac{0.09335}{365/90}\right)^{365/90} - 1$$

$$= 0.09668(9.668\%)$$

여기서 주어진 단순수익률의 값이 3개월만기 T-Bill을 매입하는 경우의 값이므로 복리계산의 단위기간은 3개월, 즉 90일이 되며 연간이자계산횟수는 365/90이 된다. 그러므로 복리수익률을 구하기 위하여 단순수익률(0.09335)을 연간이자계산횟수(365/90)로 나누어 기간당 이자율을 구하고 이 이자율로 연간이자계산횟수(365/90)만큼 복리계산을 해주면 된다.

위와 같이 복리수익률을 산출하는 경우는 투자기간(days in the investment period)이 적어도 1년은 되는 경우이지만 이러한 일반적인 경우와는 달리 투자기간이 1년 미만인 경우에는 복리수익률의 산출방법이 달라지게 된다. 즉, 투자기간이 1년 미만인 경우에는 우선 투자기간에 대한 복리계산을 해주고 그 다음에 연율로 표시해주면 된다. 즉,

$$i^* = \left[\left(1 + \frac{i}{n}\right)^{n'} - 1\right] \cdot \frac{365}{t} \quad \cdots\cdots\cdots\cdots \quad (9)$$

i : 단순수익률
i^* : 복리수익률
n : 연간이자계산횟수
n' : 투자기간 동안의 이자계산횟수(compounding periods during the investment period)
t : 투자기간

만약 투자기간이 1년이라면 $t = 365$이고 $n = n'$이 되므로 식(9)는 결국 식(8)과 같아짐을 알 수 있다.

예 제

위의 예제에서와 같이 단순수익률은 9.335%이지만, 투자자가 180일 후에 세금을 내어야 하기 때문에 여유자금의 투자기간이 단지 180일 뿐인 경우의 복리수익률을 구하라.

$$\text{복리수익률} = \left[\left(1 + \frac{0.09335}{365/90}\right)^{180/90} - 1\right] \cdot \frac{365}{180}$$

$$= 0.0944(9.44\%)$$

3. 채권동등수익률

할인증권의 투자수익률을 다른 쿠폰부 금융자산의 수익률과 비교하기 위하여는 할인증권의 할인율을 채권동등수익률(bond equivalent yield)로 전환해야 한다. 채권동등수익률은 위에서 설명한 단순수익률(simple interest rate)과 대부분의 경우 같게 되므로 위의 식(5)와 식(7)을 사용하면 된다. 즉, d_b를 채권동등수익률(bond equivalent yield)이라고 할 때,

$$d_b = i = \frac{F - P}{P} \cdot \frac{365}{t_{sm}} \quad \cdots\cdots\cdots \quad (5)$$

$$d_b = i = \frac{365d}{360 - d \cdot t_{sm}} \quad \cdots\cdots\cdots \quad (7)$$

4. 단기금융시장수익률

채권동등수익률은 365일 기준으로 산출하지만, CD 또는 다른 이자지

급형 단기금융자산들의 투자수익률과 비교하기 위하여 할인증권의 할인율을 360일 기준의 단순수익률로 전환시키기도 하는데 이것을 단기금융시장수익률(money market yield)이라고 한다. 즉, 위에서 본 채권동등수익률을 구하는 공식에서 365 대신 360을 사용하면 360일 기준의 단순수익률인 money market yield를 구하는 공식이 된다.

$$\text{money market yield} = \frac{360d}{360 - d \cdot t_{sm}} \quad \cdots\cdots\cdots\cdots \quad (10)$$

제 4 절 수익률 및 실수령액 산출방법: 할인증권

1. Tail의 경우 수익률 및 실수령액 산출방법

단기금융시장의 투자자들은 때때로 증권을 매입할 때 매입자금을 환매조건부증권(RP)시장을 통하여 조달하는 경우가 많다. 예를 들면, 투자자가 3개월만기의 T-Bill을 매입하면서 이 T-Bill을 담보로 30일간 RP계약(repurchase agreement)을 맺음으로써 매입자금을 조달하는 경우가 곧 그것이다. RP계약이란 일정기간이 경과한 후에 다시 매입하는 조건으로 증권을 매각하는 것을 말한다. 즉, 증권을 담보로 하여 자금을 차입하는 것을 말한다. 그런데 여기에서는 90일만기의 증권을 매입하고 처음 30일동안은 RP계약에 의하여 자금조달을 하기 때문에 60일만기의 미래증권을 자금조달을 하지 않은 상태에서 매입한 것이라고 볼 수 있다. 이러한 60일만기의 미래증권을 90일만기의 원래 증권의 미자금조달부분(unfinanced tail)이라고 부르며, 투자자들은 이 unfinanced tail을 30일 후에 다시 매각하면 이익을 볼 수 있으리라고 예상할 때 이러한 미래증권을 창조한다.

만약 90일만기 T-Bill을 매입할 때 할인율이 (6과 3/4)%이고 처음 30일 동안의 RP계약에 있어서의 이자율이 (6과 1/2)%라면 이것은 90일 동안 자금의 투자수익률은 (6과 3/4)%인 반면 처음 30일 동안의 자금차입비용은 (6과 1/2)%가 됨을 의미한다. 그러므로 이 경우 우리는 자금조달을 하지 않은 상태에서 매입한 것이라고 볼 수 있는 60일만기의 미래증권(unfinanced tail)에 대하여 적용될 수 있는 선도이자율(forward interest rate)을 다음과 같이 구할 수 있다.

상 황

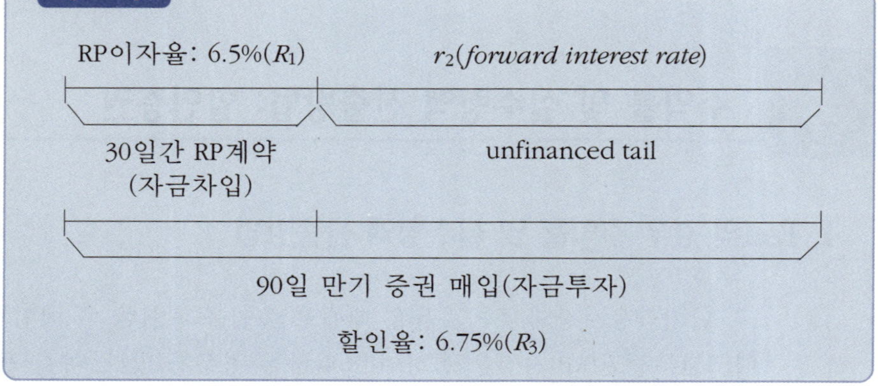

$$(1 + R_1)^{1/12} \times (1 + r_2)^{2/12} = (1 + R_3)^{3/12}$$

$$(1 + 0.065)^{1/12} \times (1 + r_2)^{2/12} = (1 + 0.0675)^{3/12}$$

$$(1 + 0.065)^{1} \times (1 + r_2)^{2} = (1 + 0.0675)^{3}$$

$$(1 + r_2)^2 = (1 + 0.0675)^3 \div (1 + 0.065)^1 = 1.21647 \div 1.065 = 1.14223$$

$$(1 + r_2)^2 = 1.14223$$

$$1 + r_2 = \sqrt{1.14223} = 1.06875 \qquad r_2 = 0.06875(6.875\%)$$

이와 같이 구한 선도이자율이 6.875%라는 것은 창조된 60일 만기 미래증권(unfinanced tail)의 투자수익률이 6.875%라는 것을 의미하므로 이러한 unfinanced tail을 30일 후에 6.875%의 수익률로 매각하면 이익도 손실도 보지 않게(break-even) 된다.

창조된 미래증권의 실효수익률을 얻기 위하여 위에서 사용한 방법을 approximation방법이라고 하는데 정확한 실효수익률을 얻기 위해서는 다음과 같은 현금유출입법(dollar flowing방법)을 사용해야 한다. 위의 예에서 90일만기의 T-Bill을 매입할 때 액면금액이 \$ 1,000,000라고 하면 할인율이 (6과 3/4%)이므로 할인금액은 \$ 16,875가 된다. 즉,

$$\text{할인금액} = (\$\ 1{,}000{,}000)(0.0675) \cdot \frac{90}{360} = \$\ 16{,}875$$

따라서 90일만기 T-Bill을 매입할 때의 매입가격은 \$ 983,125 (= \$ 1,000,000 − \$ 16,875)가 됨을 쉽게 알 수 있다. 이 T-Bill 매입에 필요한 자금을 조달하기 위하여 30일간 RP계약을 맺을 때 그 이자율이 (6과 1/2%)이므로 RP계약을 통한 자금조달시 이자비용은 \$ 5,325가 된다. 즉,

$$\text{RP이자비용} = (\$\ 983{,}125)(0.065) \cdot \frac{30}{360} = \$\ 5{,}325$$

따라서

$$\begin{aligned}
&\text{30일째 되는 날의 현금유출액} \\
&\quad = \text{RP 원금상환액} + \text{RP 이자상환액} \\
&\quad = \$\ 983{,}125 + \$\ 5{,}325 \\
&\quad = \$\ 988{,}450
\end{aligned}$$

그러므로 30일째 되는 날 순현금유출액이 영(零), 즉 break-even이 되기 위하여는 창조된 60일만기 증권을 \$ 988,450를 받고 매각하여야 한다. 다시 말하자면 30일째 되는 날 창조된 60일만기 증권을 매각할 때의 할인금액은 \$ 11,550 (= \$ 1,000,000 − \$ 988,450)가 되어야 하며 할인율은 6.93%가 되어야 한다. 즉,

$$\begin{aligned}
\text{할인율} &= \left(\frac{\$\ 11{,}550}{\$\ 1{,}000{,}000}\right) \cdot \frac{360}{60} \\
&= 0.0693(6.93\%)
\end{aligned}$$

우리는 이미 앞에서 approximation방법을 사용할 때 창조된 60일만기 미래증권의 실효수익률이 6.875%이므로 30일째 되는 날 이 60일만기 증권을 6.875%의 할인율로 매각하게 되면 이익도 손실도 보지 않게 된다는 것을 알았다. 그러나 현금유출입법을 사용할 경우 30일째 되는 날 60일만기 증권을 매각할 때의 할인율은 6.93%가 되어야 break-even이 된다는 것을 위의 계산에서 볼 수 있으므로 approximation방법을 사용할 경우와 현금유출입법을 사용할 경우의 break-even 할인율이 서로 다름을 알 수 있다. 현금유출입법을 사용하여 얻는 할인율이 정확한 값인데 반하여 approximation방법을 사용해서는 근사치만을 구할 수 있다. 그 이유는 90일만기 T-Bill을 매입할 때의 수익률은 할인율로 표시되지만 RP계약에 있어서의 이자율은 단기금융시장수익률(money market yield)로 표시되므로 이 두 수익률의 차를 구하거나 직접 비교하는 것은 정확한 계산법이 되지 못하기 때문이다.

지금까지는 이익도 손실도 보지 않기 위하여는 창조된 60일만기 미래증권을 30일째 되는 날 어떠한 할인율로 매각하여야 하는가에 대하여 살펴 보았다. 그러나 실제로 투자자들은 창조된 미래증권을 다시 매각하여 이익을 볼 수 있으리라고 예상할 때 이러한 미래증권을 창조하게 된다. 위의 예에서 투자자가 창조된 60일만기 미래증권을 30일째 되는 날 (6과 3/8%)의 할인율로 매각할 수 있으리라고 예상할 때의 예상이익을 구해보기로 하자. 우선, 30일째 되는 날 창조된 60일만기 증권을 (6과 3/8%)의 할인율로 매각할 때의 할인금액 및 매각가격은 각각 다음과 같음을 알 수 있다.

$$\text{할인금액} = (\$\ 1{,}000{,}000)(0.06375) \cdot \frac{60}{360}$$
$$= \$\ 10{,}625$$
$$\text{매각가격} = \$\ 1{,}000{,}000 - \$\ 10{,}625$$
$$= \$\ 989{,}375$$

이제 30일째 되는 날의 현금유입액과 현금유출액의 차이로부터 이익

을 구할 수 있다. 즉,

이익 = 현금유입액	− 현금유출액
= $ 989,375	− $ 988,450
(60일만기 증권의 매각가격)	(RP 원리금 상환액)
= $ 925	

그러므로 투자자의 예상이익은 $ 925가 된다. 투자자가 30일째 되는 날 창조된 60일만기 증권을 매각할 수 있을 것으로 예상하는 (6과 3/8%)의 할인율은 break-even 할인율인 6.93%보다 낮으므로 창조된 60일만기 미래증권의 예상 매각가격은 break-even 매각가격보다 높고(할인율과 거래가격은 역관계가 있으므로) 따라서 break-even이 되는 경우에 비하여 현금유입액이 더 많을 것이므로 이익이 예상된다고 볼 수 있다.

2. Shorting의 경우 수익률 및 실수령액 산출방법

자기가 소유하고 있지 않은 증권을 매각하는 것을 공매(shorting)라고 한다. dealer가 자기가 소유하고 있지 않은 증권을 매각할 때 매입자에게 인도할 증권을 확보하기 위하여 역RP계약을 체결한다. 역RP계약(reverse repurchase agreement)이란 일정기간이 경과한 후에 다시 매각하는 조건으로 증권을 매입하는 것을 말한다. 즉, 증권을 차입하고 자금을 대출하는 경우를 의미한다. 이렇게 역RP계약을 체결하여 shorting하는 경우에는 negative tail을 형성하게 된다.

투자자가 90일만기 증권을 (5와 3/4%)의 할인율로 shorting을 하고 매입자에게 인도할 증권을 확보하기 위하여 (5와 1/2%)의 이자율로 30일간 역RP계약을 체결하는 경우를 생각하자. 이 투자자는 역RP계약을 통하여 90일만기 증권을 차입하고 동시에 자금을 대출하게 되는데 역RP계약이 종료되는 30일째 되는 날에는 차입한 증권을 반환해야 한다. 그러나 역RP계약 체결 당시 차입한 증권은 이미 shorting해버렸으므로 30일째 되는 날 시장에서 60일만기 증권을 매입하여 역RP계약 상대자에게 인도하면 된다. 이 때 break-even이 되기 위하여는 60일만기 증권을 얼마의 할인율로 매입해야 하는가를 다음과 같은 단계를 밟아 설명하기로 한다.

상 황

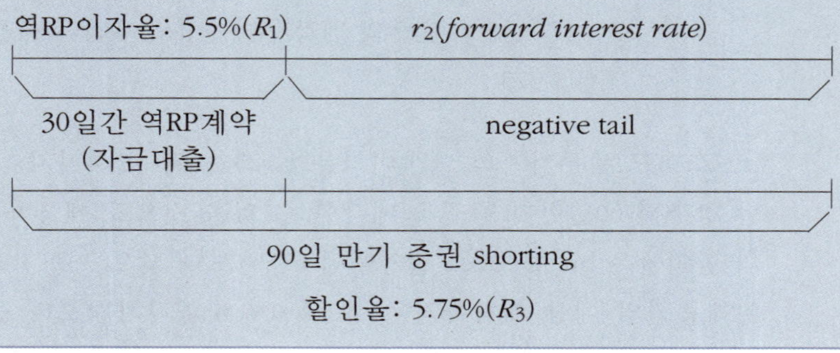

우선 90일만기 증권을 shorting할 때의 할인금액 및 매각가격은 다음과 같다. 즉,

$$\text{할인금액} = (\$\ 1{,}000{,}000)(0.0575) \cdot \frac{90}{360} = \$\ 14{,}375$$

$$\begin{aligned}\text{매각가격} &= \$\ 1{,}000{,}000 - \$\ 14{,}375 \\ &= \$\ 985{,}625\end{aligned}$$

그런데 역RP계약에서의 대출이자율이 (5와 1/2%)이므로

$$\text{이자수익} = (\$\ 985{,}625)(0.055) \cdot \frac{30}{360} = \$\ 4{,}517$$

가 되며, 따라서 30일째 되는 날의 현금유입액은 $ 990,142가 된다. 즉,

$$\begin{aligned}&\text{30일째 되는 날의 현금유입액} \\ &\quad = \text{역RP계약원금} + \text{역RP계약이자} \\ &\quad = \$\ 985{,}625 + \$\ 4{,}517 \\ &\quad = \$\ 990{,}142\end{aligned}$$

그러므로 break-even이 되기 위하여는 역RP계약이 종료되는 30일째 되는 날에 60일만기 증권을 시장에서 $ 990,142를 지급하고 매입하여 역RP 계약 상대자에게 인도해야 한다. 이 경우의 할인금액 및 할인율은 다음과 같다. 즉,

$$\text{할인금액} = \$\ 1{,}000{,}000 - \$\ 990{,}142 = \$\ 9{,}858$$

$$\text{할인율} = \left(\frac{\$\ 9{,}858}{\$\ 1{,}000{,}000}\right) \cdot \frac{360}{60} = 0.059148(5.91\%)$$

위에서 구한 60일만기 증권을 매입할 때의 break-even 할인율의 값은 현금유출입법에 의하여 구한 것이지만 approximation방법을 이용하여 구할 수도 있다. 일반적으로 유가증권의 매각은 자금조달을 위하여 행해진다고 볼 수 있으므로 90일만기 증권을 shorting할 때 할인율 (5와 3/4)%는 자금차입비용으로 생각할 수 있다. 한편 역RP계약이란 증권을 담보로 한 자금대출이라고 볼 수 있으므로 처음 30일 동안의 역RP계약 이자율 (5와 1/2)%는 자금대출수익을 의미한다. 따라서 90일 동안 자금차입비용은 (5와 3/4)%인 반면 처음 30일 동안의 자금대출수익은 (5와 1/2)%가 된다. 앞에서는 RP계약을 체결하면서 유가증권을 매입함으로써 tail을 형성하는 기법을 살펴보았지만 여기에서는 역RP계약을 체결하면서 유가증권을 매각(shorting)하는 상황이므로 이 경우에는 negative tail을 형성하게 된다. 이 경우 창조된 60일만기의 negative tail에 대하여 적용될 수 있는 선도이자율(forward interest rate)을 다음과 같이 구할 수 있다.

$$(1 + R_1)^{1/12} \times (1 + r_2)^{2/12} = (1 + R_3)^{3/12}$$

$$(1 + 0.055)^{1/12} \times (1 + r_2)^{2/12} = (1 + 0.0575)^{3/12}$$

$$(1 + 0.055)^{1} \times (1 + r_2)^{2} = (1 + 0.0575)^{3}$$

$$(1 + r_2)^2 = (1 + 0.0575)^3 \div (1 + 0.055)^1 = 1.1826 \div 1.055 = 1.12095$$

$$(1 + r_2)^2 = 1.12095$$

$$1 + r_2 = \sqrt{1.12095} = 1.05875 \qquad r_2 = 0.05875(5.875\%)$$

이와 같이 구한 선도이자율이 5.875%라는 것은 창조된 60일만기 negative tail의 자금차입비용이 5.875%라는 것을 의미하므로 30일 후에 60일만기 증권을 5.875%의 수익률로 매입하면 break-even이 된다. 즉, 유가증권의 매입은 자금의 투자를 의미하므로 이러한 자금투자수익이 negative tail의 자금차입비용과 일치할 때 투자자는 이익도 손실도 보지 않게 된다.

3. 보유기간수익률

증권의 만기일 전에 증권을 매각할 경우 투자자가 증권보유기간동안의 수익률을 산출하려고 할 때 사용되는 것이 보유기간수익률(holding period yield)이며 다음과 같이 산출할 수 있다.

$$i = \left(\frac{P_2 - P_1}{P_1}\right) \cdot \frac{365(\text{또는 } 360)}{t_1 - t_2}$$

P_1 : 보유기간 시작일의 거래가격
P_2 : 보유기간 말일의 거래가격
t_1 : 보유기간 시작일로부터 만기일까지의 기간
t_2 : 보유기간 말일로부터 만기일까지의 기간

예 제

투자자가 90일만기 증권을 9.30%의 할인율로 매입한 후 15일 후에 9.15%의 할인율로 매각하는 경우의 보유기간수익률은 얼마인가?

- 제 1 일

$$\text{할인금액} = (\$\ 1{,}000{,}000)(0.093) \cdot \frac{90}{360}$$
$$= \$\ 23{,}250$$
$$\text{매입가격} = \$\ 1{,}000{,}000 - \$\ 23{,}250$$
$$= \$\ 976{,}750$$

• 제 16 일

$$할인금액 = (\$\ 1,000,000)(0.0915) \cdot \frac{75}{360}$$

$$= \$\ 19,062$$

$$매각가격 = \$\ 1,000,000 - \$\ 19,062$$

$$= \$\ 980,938$$

$$보유기간수익률 = \left(\frac{\$\ 980,938 - \$\ 976,750}{\$\ 976,750}\right) \cdot \frac{365}{15}$$

$$= 0.1043(10.43\%)$$

4. 수익률과 채권가격과의 관계

일반적으로 채권의 만기가 길수록 이자율변동에 따르는 채권가격의 변동위험은 더 크다고 할 수 있다. 즉, 만기 이외의 모든 요인들이 동일한 채권에 있어서 같은 크기의 수익률 변동이 있는 경우 단기채권보다는 장기채권의 가격변동이 더 크다고 할 수 있다. 다음의 예를 통하여 이러한 수익률과 채권가격과의 관계를 다시 한 번 살펴보고자 한다.

예 제

현재 3개월만기 T-Bill의 할인율이 8%이며 이자율의 기간구조는 수평형(flat)의 채권수익률곡선(yield curve)으로 나타나고 있다. 한 달 후에 이 T-Bill의 시장가격이 5% 하락한다면 수익률은 얼마가 되겠는가? 6개월만기 T-Bill의 경우에는 한 달 후에 시장가격이 5% 하락할 때 수익률이 어떠한 변화를 보이겠는가?

- 3개월만기 T-Bill

$$할인금액 = (\$\ 1{,}000{,}000)(0.08) \cdot \frac{90}{360} = \$\ 20{,}000$$

$$거래가격 = \$\ 1{,}000{,}000 - \$\ 20{,}000 = \$\ 980{,}000$$

$$한\ 달\ 후의\ 가격 = \$\ 980{,}000(1 - 0.05) = \$\ 931{,}000$$

새로운 수익률(할인율)

$$= \left(\frac{\$\ 1{,}000{,}000 - \$\ 931{,}000}{\$\ 1{,}000{,}000}\right) \cdot \frac{360}{60} = 0.414(41.4\%)$$

- 6개월만기 T-Bill

채권수익률곡선이 수평형이므로 6개월만기 T-Bill의 수익률은 3개월만기 T-Bill의 수익률과 마찬가지로 8%라고 볼 수 있다.

$$할인금액 = (\$\ 1{,}000{,}000)(0.08) \cdot \frac{180}{360} = \$\ 40{,}000$$

$$거래가격 = \$\ 1{,}000{,}000 - \$\ 40{,}000 = \$\ 960{,}000$$

$$한\ 달\ 후의\ 가격 = \$\ 960{,}000(1 - 0.05) = \$\ 912{,}000$$

새로운 수익률(할인율)

$$= \left(\frac{\$\ 1{,}000{,}000 - \$\ 912{,}000}{\$\ 1{,}000{,}000}\right) \cdot \frac{360}{150} = 0.2112(21.12\%)$$

이상을 정리하면 다음과 같다.

$$가격변동(5\%) \longrightarrow 수익률변동 \begin{cases} 3개월만기\ \text{T-Bill}(8\% \rightarrow 41.4\%) \\ 6개월만기\ \text{T-Bill}(8\% \rightarrow 21.12\%) \end{cases}$$

즉, 같은 크기의 가격변동이 있는 경우 장기채권에 비하여 단기채권의 수익률변동이 더 크다는 것을 알 수 있다. 그러므로 같은 크기의 수익률변동이 있는 경우에는 단기채권보다는 장기채권의 가격변동이 더 크리라고 짐작할 수 있다.

제 5 절 수익률 및 실수령액 산출방법: 이자부증권

1. CD의 경우 액면금액, 만기금액 및 거래가격 간의 상호관계

양도성정기예금증서(negotiable certificate of deposit: CD)는 Treasury Bill 등의 할인증권과는 달리 액면금액으로 발행되며 만기에 이자가 지급된다. 대부분의 CD는 만기가 1년 이내이며 이자는 360일을 기준으로 한 단순수익률, 즉 money market yield를 사용하여 계산된다. CD의 경우 이자지급액은 표면이자율(coupon rate)에 의하여 결정되며 유통시장에서 거래될 수 있는 최소액면금액은 $ 1,000,000이지만 다음에서는 계산상의 편의를 위해 액면금액을 $ 1로 가정하기로 한다. 우선, 액면금액 $ 1당 만기금액은 다음과 같이 표시할 수 있다.

$$\text{액면금액 \$ 1당 만기금액} = 1 + c \cdot \frac{t_{im}}{360}$$

t_{im} : 발행일로부터 만기일까지의 기간(days from issue to maturity)
c : 표면이자율

그리고 만기금액과 거래가격과의 관계는 다음의 식으로 나타낼 수 있다.

$$\text{만기금액} = \text{거래가격}\left(1 + y \cdot \frac{t_{sm}}{360}\right)$$

t_{sm} : 결제일(거래일)로부터 만기일까지의 기간(days from settlement to maturity)
y : 수익률

예 제

어느 투자자는 발행 당시 90일만기의 CD를 만기일까지 60일 남아 있는 오늘 현재 매입하고자 한다. 이 CD의 표면이자율이 10%라고 할 때 9.5%의 수익률로 이 CD를 매입한다면 액면금액 $ 1당 얼마의 가격으로 매입한다는 것을 의미하는가?

위에서 본 만기금액과 거래가격과의 관계를 나타내는 식을 거래가격에 대하여 표현하면

$$\text{거래가격} = \frac{\text{만기금액}}{1 + y \cdot \dfrac{t_{sm}}{360}}$$

이 되는데 액면금액 $ 1당 만기금액을 나타내는 표현을 위의 식에 대입하면 다음을 얻는다.

$$\text{거래가격} = \frac{1 + c \cdot \dfrac{t_{im}}{360}}{1 + y \cdot \dfrac{t_{sm}}{360}}$$

여기에 $c = 0.10$, $y = 0.095$, $t_{im} = 90$ 및 $t_{sm} = 60$을 대입하면

$$\text{거래가격} = \frac{1 + (0.10) \cdot \dfrac{90}{360}}{1 + (0.095) \cdot \dfrac{60}{360}} = 1.009$$

이 되므로 이것은 액면금액 $ 1당 $ 1.009의 가격으로 이 CD를 매입한다는 것을 의미한다.

예 제

다음을 이용하여 CD의 수익률을 구하라.

발행일로부터 만기일까지의 기간 = 90일
결제일(거래일)로부터 만기일까지의 기간 = 60일
표면이자율 = 8%
거래가격 = $ 1.009 (액면금액 $ 1당)

앞에서 본 두 개의 식을 결합하여 다음과 같은 표현을 쉽게 얻을 수 있다. 즉,

$$1 + y \cdot \frac{t_{sm}}{360} = \frac{\text{만기금액}}{\text{거래가격}}$$

$$= \frac{1 + c \cdot \frac{t_{im}}{360}}{\text{거래가격}}$$

따라서

$$y = \left(\frac{1 + c \cdot \frac{t_{im}}{360}}{\text{거래가격}} - 1 \right) \cdot \frac{360}{t_{sm}}$$

$$= \left(\frac{1 + (0.08) \cdot \frac{90}{360}}{1.009} - 1 \right) \cdot \frac{360}{60} = 0.0654(6.54\%)$$

이와 같은 경우 CD의 수익률은 6.54%가 됨을 알 수 있다.

2. Tail의 경우 수익률 및 실수령액 산출방법

예 제

어느 투자자는 표면이자율이 9%인 90일만기 CD를 발행시점에서 매입하면서 이 CD를 담보로 30일간 7%의 이자율로 RP계약(repurchase agreement)을 맺음으로써 매입자금을 조달하였다. 자금조달이 되지 않은 상태에서 매입한 것이라고 볼 수 있는 60일만기 미래증권, 즉 90일만기 원래증권의 unfinanced tail을 30일 후에 얼마의 수익률로 매각하여야 break-even이 되겠는가?

90일만기 CD를 발행시점에서 매입할 때의 매입가격은 액면금액이 되므로 CD발행일의 매입가격은 $ 1라고 할 수 있다. 이 CD매입에 필요한 $ 1를 조달하기 위하여 30일간 RP계약을 맺을 때 그 이자율이 7%이므로 RP계약을 통한 자금조달시 이자비용은 ($ 1)(0.07)(30/360)이 된다. 따라서 CD 발행일로부터 30일째 되는 날의 현금유출액은 (RP원금상환액 + RP이자상환액)이 되므로

$$\$\,1 + (\$\,1)(0.07)\cdot\frac{30}{360}$$

이 된다. 그러므로 30일째 되는 날 순현금유출액이 영, 즉 break-even이 되기 위하여는 창조된 CD tail을 매각할 때의 매각가격 P가 RP원금 및 이자상환에 따른 현금유출액과 같아야 한다. 즉,

$$P = 1 + (0.07)\cdot\frac{30}{360}$$

이 되어야 한다.

한편 CD의 발행일로부터 30일째 되는 날의 CD tail의 매각가격 P와 만기금액을 알면 CD tail을 매각할 때 얼마의 수익률로 매각하는가를 알 수 있다. 즉, 앞에서 본 CD의 만기금액과 거래가격과의 관계를 나타내는 식을 이용한다.

$$\text{만기금액} = \text{거래가격}\left(1 + y \cdot \frac{t_{sm}}{360}\right)$$

또는

$$1 + y \cdot \frac{t_{sm}}{360} = \frac{\text{만기금액}}{\text{거래가격}}$$

여기서 t_{sm}은 CD tail의 매각일로부터 만기일까지의 기간을 나타낸다. 그런데 이 CD는 표면이자율이 9%인 90일만기 CD이므로 만기금액은 1 + (0.09)(90/360)이 된다. 그리고 위에서 CD tail을 매각할 때의 매각가격(거래가격)이 RP 원금 및 이자상환에 따른 현금유출액 1 + (0.07)(30/360)과 같아야 된다고 하였으므로 윗 식의 만기금액 및 거래가격에 이들을 각각 대입하면

$$1 + y \cdot \frac{t_{sm}}{360} = \frac{1 + (0.09) \cdot \frac{90}{360}}{1 + (0.07) \cdot \frac{30}{360}}$$

이 되며 이 CD tail의 매각 당시 만기일까지는 60일이 남아 있으므로 $t_{sm} = 60$이 된다. 그러므로 이 식을 y에 대하여 풀면

$$y = \left(\frac{1 + (0.09) \cdot \frac{90}{360}}{1 + (0.07) \cdot \frac{30}{360}} - 1\right) \cdot \frac{360}{60}$$

$$= 0.0994(9.94\%)$$

를 얻는다. 따라서 90일만기 원래 증권의 unfinanced tail을 30일 후에 9.94%의 수익률로 매각하여야 break-even이 됨을 알 수 있다.

예 제

표면이자율이 (10과 1/8%)인 182일만기의 CD가 9월 30일에 발행되었다. 어느 투자자는 이 CD를 발행일로부터 20일이 경과한 10월 20일에 11.75%의 수익률로 유통시장(secondary market)에서 매입하였다. 그리고는 매입한 CD를 담보로 30일간(즉, 11월 19일까지) 11%의 이자율로 RP계약을 맺음으로써 매입자금을 조달하였다. 이 경우에 자금조달이 되지 않은 상태에서 매입한 것이라고 볼 수 있는 132일만기의 미래증권, 즉 unfinanced tail을 RP계약이 종료되는 시점인 11월 19일에 얼마의 수익률로 매각하여야 break-even이 되겠는가?

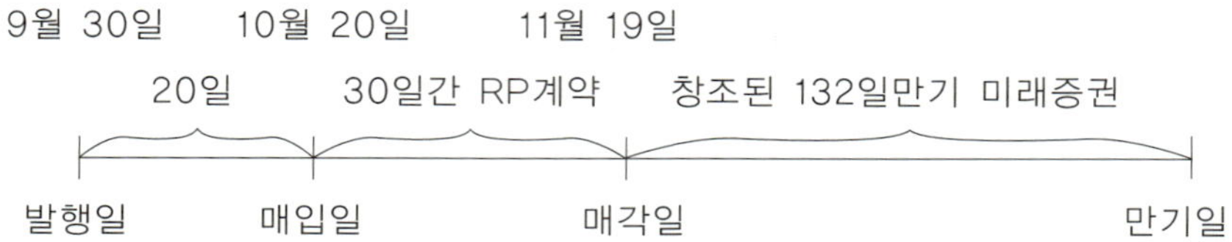

이 투자자는 10월 20일에 11.75%의 수익률로 만기일까지 162일 남아 있는 CD를 매입한다고 하였으므로 앞에서 본 만기금액과 거래가격과의 관계를 나타내는 식을 이용하여 10월 20일의 CD 매입가격을 다음과 같이 표현할 수 있다.

$$\text{매입가격} = \frac{\text{만기금액}}{1 + (0.1175)\cdot\dfrac{162}{360}}$$

한편 이 매입가격에 해당하는 금액만큼 RP계약을 통해서 자금조달을 한다고 하였으므로 RP계약의 기간을 30일, RP이자율을 11%라고 하면 RP계약의 종료시점인 11월 19일에 있어서의 현금유출액은 RP계약의 원금 및 이자상환액이 된다. 즉,

$$\underset{(11\text{월 }19\text{일})}{\text{현금유출액}} = \underset{(10\text{월 }20\text{일})}{\text{매입가격}} \times \left(1 + (0.11)\cdot\frac{30}{360}\right)$$

$$= \frac{\text{만기금액}}{1 + (0.1175) \cdot \dfrac{162}{360}} \times \left(1 + (0.11) \cdot \frac{30}{360}\right)$$

그러므로 11월 19일의 순현금유출액이 영, 즉 break-even이 되기 위하여는 창조된 132일만기의 unfinanced tail을 매각할 때의 매각가격이 현금유출액과 같아야 한다. 즉,

$$\text{CD tail의 매각가격} = \text{현금유출액}$$

$$= \frac{\text{만기금액}}{1 + (0.1175) \cdot \dfrac{162}{360}} \times \left(1 + (0.11) \cdot \frac{30}{360}\right)$$

한편 앞에서 본 만기금액과 거래가격과의 관계를 나타내는 식을 이용하여 11월 19일의 CD tail 매각가격을 만기금액 및 수익률을 사용하여 표현하면 만기일까지는 132일이 남아 있으므로

$$\frac{\text{만기금액}}{1 + y \cdot \dfrac{132}{360}} = \frac{\text{만기금액}}{1 + (0.1175) \cdot \dfrac{162}{360}} \times \left(1 + (0.11) \cdot \frac{30}{360}\right)$$

이 성립함을 알 수 있다. 이제 이 식을 y에 대하여 풀면

$$y = \left(\frac{1 + (0.1175) \cdot \dfrac{162}{360}}{1 + (0.11) \cdot \dfrac{30}{360}} - 1\right) \cdot \frac{360}{132} = 0.11812(11.81\%)$$

를 얻는다. 즉, break-even이 되기 위하여는 11월 19일에 CD tail을 11.81%의 수익률로 매각하여야 한다.

3. 보유기간수익률

우리는 앞에서 할인증권(discount security)의 보유기간수익률(holding period yield)을 구하는 공식을 살펴본 바 있는데 이자부증권(interest-bearing security)에 대하여도 같은 공식을 사용하면 된다. 즉,

$$i = \left(\frac{P_2 - P_1}{P_1}\right) \cdot \frac{360}{t_1 - t_2}$$

P_1 : 보유기간 시작일의 거래가격
P_2 : 보유기간 말일의 거래가격
t_1 : 보유기간 시작일로부터 만기일까지의 기간
t_2 : 보유기간 말일로부터 만기일까지의 기간

예 제

3개월 동안 투자할 수 있는 자금을 가지고 있는 어느 투자자는 표면이자율이 11%인 6개월만기 CD와 표면이자율이 10.5%인 3개월만기 CD 중 어느 것에 투자해야 할 지를 정하고자 한다. 만약 이 투자자가 6개월만기 CD를 발행시점에서 매입하고 3개월 후에 가서 매각한다면 얼마의 수익률로 매각하여야 이 6개월만기 CD를 3개월 동안 보유하는 데 있어서의 보유기간수익률이 3개월만기 CD의 표면이자율인 10.5%와 같게 되겠는가?

보유기간수익률을 구하는 공식을 이 문제에 적용하여 보면 다음과 같다. 즉,

$$i = \left(\frac{\text{매각가격} - \text{매입가격}}{\text{매입가격}}\right) \cdot \frac{360}{\text{보유기간}}$$

여기에서 새로 발행되는 CD를 매입하는 경우는 그 매입가격이 액면금액과 같은 \$ 1라고 볼 수 있으므로

$$i = (\text{매각가격} - 1) \cdot \frac{360}{t_{is}}$$

이 되며 t_{is}는 발행일로부터 결제일(거래일)까지의 기간, 즉 6개월만기 CD를 발행일로부터 3개월 동안 보유하는 경우의 보유기간을 나타낸다. 한편 만기금액과 거래가격과의 관계를 나타내는 식을 이용하여 6개월만기 CD의 3개월 후에 가서의 매각가격을 만기금액 및 수익률을 사용하여 표현하면 위의 식은

$$i = \left(\frac{\text{만기금액}}{1 + y \cdot \frac{t_{sm}}{360}} - 1 \right) \cdot \frac{360}{t_{is}}$$

이 됨을 알 수 있다. 그리고 앞에서 본 액면금액 $ 1당 만기금액에 관한 표현을 위의 식에 대입하면

$$i = \left(\frac{1 + c \cdot \frac{t_{im}}{360}}{1 + y \cdot \frac{t_{sm}}{360}} - 1 \right) \cdot \frac{360}{t_{is}}$$

을 얻는다. 이 식을 변형하여 y에 대하여 풀면

$$\frac{1 + c \cdot \frac{t_{im}}{360}}{1 + y \cdot \frac{t_{sm}}{360}} = 1 + i \cdot \frac{t_{is}}{360}$$

$$1 + y \cdot \frac{t_{sm}}{360} = \frac{1 + c \cdot \frac{t_{im}}{360}}{1 + i \cdot \frac{t_{is}}{360}}$$

$$y = \left(\frac{1 + c \cdot \frac{t_{im}}{360}}{1 + i \cdot \frac{t_{is}}{360}} - 1 \right) \cdot \frac{360}{t_{sm}}$$

을 얻는다. 여기에 c (6개월만기 CD의 표면이자율) = 11%, i (보유기간수익

률로서 3개월만기 CD의 표면이자율과 같아야 한다고 하였으므로) = 10.5%, t_{im} (6개월만기 CD의 발행일로부터 만기일까지의 기간) = 180일, t_{is} (6개월만기 CD의 발행일로부터 거래일(매각일)까지의 기간, 즉 보유기간) = 90일 및 t_{sm} (6개월만기 CD의 거래일(매각일)로부터 만기일까지의 기간) = 90일을 대입하면

$$y = \left(\frac{1 + (0.110) \cdot \frac{180}{360}}{1 + (0.105) \cdot \frac{90}{360}} - 1 \right) \cdot \frac{360}{90}$$
$$= 0.11206(11.21\%)$$

을 얻는다. 즉, 6개월만기 CD를 3개월 동안 보유한 후 매각할 때 11.21%의 수익률로 매각하게 되면 보유기간수익률이 3개월만기 CD의 표면이자율인 10.5%와 같게 됨을 알 수 있다.

4. 지불준비금

은행이 CD를 발행하여 자금을 조달할 때 드는 총비용은 발행한 CD의 만기일에 지급해야 하는 이자비용 이외에도 연방준비은행(Federal Reserve Bank)에 지불준비금(reserves)을 보유해야 하는데 따르는 비용도 포함된다. 즉, CD를 발행하여 자금을 조달할 때 드는 총비용은 다음과 같이 표현할 수 있다.

$$c' = \frac{c}{1 - r_{(F)}}$$

c : CD의 표면이자율(coupon rate)
c' : CD로 자금조달할 때의 총비용, 즉 c + reserve cost
$r_{(F)}$: 연방준비제도에 의하여 부과된 지준율

예 제

CD에 적용되는 지불준비율이 7.5%인 경우에 CD를 발행하여 자금을 조달할 때 드는 총비용이 8.75%가 되기 위하여는 CD의 표면이자율을 얼마로 책정하여야 하겠는가?

위의 공식을 이용하면

$$0.0875 = \frac{c}{1 - 0.075}$$

$$c = (0.0875)(1 - 0.075) = 0.0809(8.09\%)$$

따라서 CD의 표면이자율이 8.09%가 되어야만 지불준비금을 보유해야 하는데 따르는 비용도 포함한 총자금조달비용이 8.75%가 된다.

5. T-Note 및 T-Bond의 경우 수익률 및 거래가격 산출방법

이자부증권(interest-bearing security)의 또 한 가지 부류는 미국재무성(U.S. Treasury)이 발행하는 만기 2~10년의 Treasury Note와 만기 10년 이상의 Treasury Bond라고 할 수 있는데 이들 T-Note 및 T-Bond는 CD와는 달리 반년마다(semiannually) 이자를 지급하며 이자지급액의 산출에 있어서 1년을 365일 기준으로 하고 있다. 즉, 매 6개월마다 도래하는 이자지급일에 액면금액에 표면이자율(coupon rate)을 곱한 값의 반에 해당하는 금액이 이자로 지급된다. 그리고 한 이자지급일로부터 다음 이자지급일까지의 기간, 즉 쿠폰기간(coupon period) 동안에 이자는 매일 발생한다고 보므로 쿠폰기간 동안의 일수를 B로 표시할 경우 액면금액 $ 1당 매일 발생하는 이자의 액수는 다음과 같이 표시할 수 있다.

$$\text{액면금액 \$ 1당 매일 발생하는 이자} = \frac{c}{2B}$$

c : 표면이자율

B : 한 이자지급일로부터 다음 이자지급일까지의 기간(days in the coupon period)

위에서 한 이자지급일부터 6개월 후의 같은 날, 즉 예를 들어 5월 15일이 이자지급일인 경우 11월 15일이 다음 이자지급일이 되므로 쿠폰기간이 항상 365일/2 = 182.5일이 되지는 않는다. 그러므로 B의 값은 쿠폰기간마다 약간씩 다르게 되고 따라서 매일 발생하는 이자도 쿠폰기간에 따라 약간씩 다르게 된다.

T-Note 및 T-Bond가 거래될 때에는 매입자는 시장에서 호가되는 가격에 추가하여 가장 최근의 이자지급일 이후 거래일(결제일)까지 발생한 기경과이자(accrued interest)를 매도자에게 지급하여야 한다. 기경과이자를 산출하는 공식은 다음과 같다.

$$ai = \frac{c}{2B} \cdot t_{is}$$

c : 표면이자율

B : 쿠폰기간의 일수

ai : 액면금액 $1당 기경과이자

t_{is} : 발행일 또는 가장 최근의 이자지급일로부터 결제일(거래일)까지의 기간(days from issue or last coupon to settlement)

마지막 쿠폰기간(last coupon period)에 있어서의 T-Note 및 T-Bond의 만기수익률(yield to maturity)은 단순수익률(simple interest rate)로서 구하여진다. 즉,

$$y = \left(\frac{\left(1 + \frac{c}{2}\right) - (P + ai)}{P + ai} \right) \cdot \frac{2B}{t_{sm}}$$

c : 표면이자율

B : 쿠폰기간의 일수

ai : 액면금액 $1당 기경과이자

P : 액면금액 $1당 거래가격(단, 기경과이자는 포함되지 않음)

t_{sm} : 결제일(거래일)로부터 만기일까지의 기간(days from settlement to maturity)

y : 만기수익률

한편 위의 식은 다음과 같이 표현될 수도 있다. 즉,

$$y = \left(\frac{1 + \frac{c}{2}}{P + ai} - 1 \right) \cdot \frac{2B}{t_{sm}}$$

만약 T-Note 및 T-Bond의 수익률이 주어져 있는 경우에 거래가격을 구하기 원한다면 위의 식을 P에 관하여 풀면 된다. 즉, 액면금액 $ 1당 거래가격(단, 기경과이자는 포함되지 않음)을 P라고 할 때 P는 다음과 같이 표현될 수 있다.

$$P = \left(\frac{1 + \frac{c}{2}}{1 + y \cdot \frac{t_{sm}}{2B}} \right) - ai$$

예 제

2017년 4월 9일 현재 다음과 같이 호가되는 T-Note에 대하여 그 수익률을 구하라.

N $6\frac{1}{8}$ 6/30/17 99.4

여기에서 맨 앞의 N은 T-Note임을 나타내는데 T-Bond의 경우에는 N 대신 B를 사용한다. 두 번째 나와 있는 $6\frac{1}{8}$은 T-Note의 표면이자율을 나타내며 그 다음의 6/30/17은 만기일을 나타낸다. 마지막에 나와 있는 숫자 99.4가 이 T-Note의 시장가격을 나타내는데 액면금액의 (99와 4/32)%임을 의미한다. 즉, 소숫점 이하의 숫자들은 1/32을 기준으로 하여 표시되어 있다. 지금 이 T-Note의 만기일이 2017년 6월 30일이라고 하였으므로 가장 최근의 이자지급일은 2016년 12월 31일이 된다. 즉, T-Note 및 T-Bond의 경우 이자지급일은 일반적으로 15일 또는 말일이 되는데 이 경우에는 매

년 6월 30일과 12월 31일에 각각 이자가 지급된다고 볼 수 있다. 그러므로 2017년 4월 9일 현재 이 T-Note를 매입한다면 거래일(결제일)은 가장 최근의 이자지급일(2016년 12월 31일)로부터 99일 후가 되며 거래일로부터 만기일(2017년 6월 30일)까지는 82일이 남게 된다. 따라서 이 T-Note의 마지막 쿠폰기간(last coupon period)의 일수는 181일이 된다.

우선 가장 최근의 이자지급일 이후 거래일까지 발생한 기경과이자를 구하기 위하여 앞에서 본 공식을 이용하기로 한다. 즉,

$$ai = \frac{c}{2B} \cdot t_{is}$$

위의 식에 $c = 0.06125$(6과 1/8%), $B = 181$ 및 $t_{is} = 99$를 대입하면

$$ai = \frac{0.06125}{2(181)} \cdot (99) = 0.01675$$

를 얻는데 이것은 액면금액 $1당 기경과이자가 $0.01675가 발생함을 의미한다.

이제 위에서 본 만기수익률을 구하는 공식을 이용하기로 한다. 즉,

$$y = \left(\frac{1 + \frac{c}{2}}{P + ai} - 1 \right) \cdot \frac{2B}{t_{sm}}$$

위의 식에 $c = 0.06125$, $B = 181$, $ai = 0.01675$, P(액면금액 $1 당 거래가격) = 0.99125(액면금액 $1의 (99와 4/32)%) 및 t_{sm}(거래일로부터 만기일까지의 기간) = 82를 대입하면

$$y = \left(\frac{1 + (0.06125/2)}{0.99125 + 0.01675} - 1 \right) \cdot \frac{2(181)}{82}$$
$$= 0.0991(9.91\%)$$

을 얻는다. 즉, 2017년 4월 9일에 이 T-Note를 액면금액 $1당 호가된 가격 $0.99125 및 기경과이자 $0.01675를 지급하고 매입하여 만기일까지 보유하여 만기일에 마지막 쿠폰기간의 이자 $0.030625 및 액면금액 $1를 수취

할 경우 만기수익률은 9.91%가 됨을 의미한다.

6. T-Note 및 T-Bond의 경우 보유기간수익률

매입한 T-Note 또는 T-Bond를 만기일 이전에 매각하는 경우의 보유기간수익률(holding period yield)은 다음과 같이 구할 수 있다.

$$i = \left(\frac{(P_2 + ai_2) - (P_1 + ai_1)}{P_1 + ai_1} \right) \cdot \frac{365}{t_1 - t_2}$$

P_1 : 보유기간 시작일의 거래가격
P_2 : 보유기간 말일의 거래가격
ai_1 : 보유기간 시작일의 기경과이자
ai_2 : 보유기간 말일의 기경과이자
t_1 : 보유기간 시작일로부터 만기일까지의 기간
t_2 : 보유기간 말일로부터 만기일까지의 기간
i : 보유기간수익률

한편 우리는 앞에서 만기수익률이 주어져 있는 경우 거래가격을 구하는 공식을 이미 얻은 바 있다. 즉,

$$P = \left(\frac{1 + \frac{c}{2}}{1 + y \cdot \frac{t_{sm}}{2B}} \right) - ai$$

그리고 위의 식을 변형하면 다음을 얻는다. 즉,

$$P + ai = \frac{1 + \frac{c}{2}}{1 + y \cdot \frac{t_{sm}}{2B}}$$

위의 식을 이용하여 $P_1 + ai_1$을 y_1의 함수로 그리고 $P_2 + ai_2$를 y_2의

함수로 표현한 다음 이들을 보유기간수익률 i를 구하는 공식에 각각 대입하면 다음을 얻는다.

$$i = \left(\frac{1 + y_1 \cdot \frac{t_1}{2B}}{1 + y_2 \cdot \frac{t_2}{2B}} - 1 \right) \cdot \frac{365}{t_1 - t_2}$$

예 제

어느 투자자는 만기일까지 90일이 남아 있는 T-Note를 9%의 수익률로 매입하고 45일 후에 8%의 수익률로 매각하였다. 이 T-Note의 마지막 쿠폰기간의 일수를 181일이라고 할 때 보유기간수익률은 얼마가 되겠는가?

$$i = \left(\frac{1 + y_1 \cdot \frac{t_1}{2B}}{1 + y_2 \cdot \frac{t_2}{2B}} - 1 \right) \cdot \frac{365}{t_1 - t_2}$$

위의 식에 $y_1 = 0.09$, $y_2 = 0.08$, $t_1 = 90$, $t_2 = 45$ 및 $B = 181$을 대입하면

$$i = \left(\frac{1 + (0.09) \cdot \frac{90}{2(181)}}{1 + (0.08) \cdot \frac{45}{2(181)}} - 1 \right) \cdot \frac{365}{90 - 45}$$

$$= 0.0998(9.98\%)$$

즉, 보유기간수익률은 9.98%가 된다.

지금까지 우리는 마지막 쿠폰기간에 있어서의 T-Note 및 T-Bond의 만기수익률과 거래가격 그리고 보유기간수익률을 산출하는 방법들을 살펴보았다. 그러나 보다 일반적인 경우는 T-Note 또는 T-Bond의 거래시

점이 마지막 쿠폰기간에 속하지 않는 경우라고 할 수 있다. 이러한 경우에 있어서의 T-Note 및 T-Bond의 수익률과 거래가격을 구하는 공식들도 얻을 수 있으나 너무 복잡하므로 여기에서는 생략하기로 한다.

연습 문제

EXERCISES

01 다음의 설명 중 맞으면 (O) 틀리면 (X)로 답하라.

1) T-Bill의 수익률보다 CD의 수익률이 더 높다.( )

2) T-Bill의 만기보다 CP의 만기가 일반적으로 더 짧다.( )

3) BA의 수익률은 CP의 수익률보다 더 높다.( )

4) LIBOR는 런던 소재 일류은행이 고시하는 유로달러예금의 bid rate를 뜻한다.( )

5) T-Bill에 비하여 CP는 유통시장에서의 거래가 덜 활발하다.( )

6) Federal Funds는 무담보거래이다.( )

02 2016년 4월 9일 현재 다음과 같이 호가되는 T-Note의 만기수익률은 얼마인가?

N 6과1/8 6/30/2016 98.4

1) 9.91% 2) 10.21% 3) 12.43% 4) 14.48%

03 3개월 동안 투자할 수 있는 자금을 가지고 있는 어느 투자자는 표면이자율이 6%인 6개월 만기 CD와 표면이자율이 5.5%인 3개월 만기 CD 중 어느 것에 투자해야 할지를 정하고자 한다. 만약 이 투자자가 6개월 만기 CD를 발행시점에서 매입하고 3개월 후에 가서 매각한다면 얼마의 수익률로 매각하여야 이 6개월 만기 CD를 3개월 동안 보유하는데 있어서의 보유기간수익률이 3개월 만기 CD의 표면이자율인 5.5%와 같게 되겠는가? 여기서 보유기간수익률을 구할 때 1년을 360일 기준으로 할 것.

1) 5.91% 2) 6.41% 3) 6.97% 4) 7.63%

04 어느 투자자가 액면금액이 $1,000,000인 3개월 만기 T-Bill을 매입하면서 이 T-Bill을 담보로 30일간 RP계약을 맺음으로써 매입자금을 조달하였다. 여기서 T-Bill의 할인율은 (3과 3/4)%이고 RP이자율은 (3과1/2)%이라고 하자. 이 투자자가 창조된 60일 만기 미래증권을 30일째 되는 날 (3과3/8)%의 할인율로 매각할 수 있으리라고 예상할 때 예상이익은 얼마인가?

1) $861 2) $783 3) $729 4) $817

제 5 장

선 물 시 장

Chapter

Global Financial Markets

05 선물시장[1]

제 1 절 선도시장과 선물시장의 비교

선도계약(forward contract)이란 계약체결 후 일정기간이 지나서 그 계약조건에 따라 결제가 이루어지는 경우를 말한다. 즉, 계약일에 가격을 미리 정해두고 실제의 수도결제는 일정기간 경과 후에 행해지는 경우가 된다. 선도계약을 이와 같이 정의할 때 대부분의 사람들은 자기 자신이 어떤 형태로든지 선도계약을 체결해본 경험이 있음을 발견하게 될 것이다.

미래의 수도결제시에 적용될 가격을 미리 정하므로 미래의 불확실성으로부터 오는 위험을 피할 수 있게 해주며, 또한 그 계약 자체가 단순하다는 점을 고려해볼 때 선도계약이 매우 오랜 역사를 가지고 있다는 것은 그다지 놀라운 일이 아니다. 선도계약의 기원은 명확하게 알려져 있지 않지만 로마제국의 왕들이 이집트에서 산출되는 곡물을 일반대중에게 공급해주기 위하여 선도계약을 이용하였었다는 증거가 있으며 어떤 학자들은 선도계약의 기원을 인도로까지 더듬어 올라가기도 한다.

선도계약의 기원이 그다지 명확하게 알려져 있지 않은 반면 조직화된 거래소를 통한 선물계약(futures contract)은 1840년대에 설립된 Chicago Board of Trade에서 1860대년부터 거래되기 시작하였다. 선물계약이 선도

1) 이 부분은 Robert W. Kolb, *Understanding Futures Markets* (Glenview, Illinois: Scott, Foresman and Company, 1985)를 참고하였음.

계약과 어떻게 다른가를 이해하는 것은 매우 중요하므로 선물계약과 선도계약의 차이를 다음의 네 가지 사항들을 중심으로 살펴보기로 한다.

1. 조직화된 거래소

선물계약(futures contract)은 반드시 조직화된 거래소(organized exchange)를 통하여 거래된다. 미국내에서 가장 오래되고 가장 큰 규모의 거래소인 Chicago Board of Trade(CBT)를 예로 들어 거래소의 제도적 특징에 관하여 알아보기로 한다. 거래소는 회원들로 구성된 자발적, 비영리 단체이다. 회원자격은 개인에 한정되고 있으며 회원권은 매매가 가능하다. 회원은 거래소에서 거래를 행할 수 있는 권리가 있으며 거래소의 운영에 관하여 간섭할 수 있다. 거래는 거래소 내의 지정된 거래장(pit)에서 공식적인 거래시간 동안에만 행해질 수 있으며 선물계약은 공개호가방식(open outcry)에 의하여 거래가 이루어진다. 공개호가방식이란 지정된 거래장에 있는 모든 거래자들에게 매입 또는 매도 의사를 육성 또는 독특한 수신호를 사용하여 밝히는 방식을 말하는데 이 방식의 큰 이점은 매도자에게는 다수의 경쟁적인 매입자가 있다는 것이 보장되며 매입자에게는 다수의 경쟁적인 매도자가 있다는 것이 보장된다는 점이다.

거래소 내에서 거래를 행하는 회원들은 그들의 활동으로 보아 두 가지로 분류할 수 있다. 즉, 자기 자신을 위하여 거래를 행하는 회원과 타인의 주문에 따라 중개거래를 하는 자로 나눌 수 있다. 이 중 전자를 장내거래자(floor trader), 후자를 장내브로커(floor broker)라고 하는데 장내브로커는 대부분이 선물중개업자(futures commission merchant)에 의하여 고용되어 있다. 선물중개업자는 일반고객의 주문을 받아 장내브로커에게 연결시켜주는 기능을 하고 있으며, 장내브로커는 거래소에서 일반고객의 주문을 처리하는 동시에 자기 자신을 위하여도 거래를 행한다.

이와 같이 선물계약은 조직화된 거래소를 통하여 거래되는 데 반하여 선도계약은 조직화된 거래소 없이 거래가 이루어진다. 선도시장에서 가장 발달한 것이 선도환시장(foreign exchange forward market)이라고 볼 수 있는데 선도환시장은 주로 은행 및 브로커들로 구성된 전세계적인 조직으로서 이 시장의 참여자들은 조직화된 거래소를 통하지 않고 전자통신장비를 이용하여 거래를 행한다.

2. 표준화된 계약

선물계약은 그 계약이 거래소에 따라 표준화가 되어 있다는 점이 선도계약과는 크게 다르다고 할 수 있다. 선도계약에 있어서는 계약단위 및 수도결제일 등을 계약당사자들의 합의에 따라서 정할 수 있으나 선물계약에 있어서는 거래소에서 정한 표준화된 계약만을 거래할 수 있다. 가령 Chicago Board of Trade에서 거래되는 소맥(wheat) 선물계약을 예로 든다면 이 선물계약은 결제일에 5,000bushels의 소맥을 인도하겠다는 약정이다. 소맥의 인도는 3월, 5월, 7월, 9월 및 12월로 지정되어 있는 수도결제월(한월) 중의 어느 한 달에 이루어져야 하며 No.2 Soft Red, No.2 Hard Red Winter, No.2 Dark Northern Spring 및 No.1 Northern Spring 등 특정 품질의 소맥만을 인도해야 한다. Chicago Board of Trade는 선물계약의 가격등락 최소단위를 bushel당 1/4cent로 규정하고 있으므로 소맥 선물계약의 경우에는 선물계약 1단위당 가격등락 최소단위는 $ 12.50(=$ 0.0025 × 5,000bushels)가 된다. 또한 1일 가격변동 허용폭이 제한되어 있는데 이 허용폭의 크기는 자주 바뀐다. 그리고 선물계약의 수도결제일에 소맥을 인도하는 절차도 자세히 규정되어 있다. 소맥의 인도는 Chicago Board of Trade가 승인한 창고에 소맥 현물이 인도되고 창고는 수취증(창고증권)을 발행해줌으로써 완료된다. 이 창고들은 Chicago 또는 Ohio주 Toledo에 있는 창고들이어야 하는데 만약에 Toledo로 인도되는 경우에는 인도가격이 선물계약가격보다 bushel당 2센트만큼 더 낮게 된다. 이와 같이 거래되는 선물계약이 표준화가 되어 있으므로 선물시장에 참여하는 사람들은 특정 선물계약이 어떠한 상품을 대상으로 하고 있으며 그 계약의 조건들이 무엇인가를 명확하게 알 수가 있다.

3. 청산기관

이러한 선물계약의 거래가 원활히 이루어지는 것을 보장하기 위하여 각 선물거래소는 청산기관(clearing house)을 운영하고 있다. 청산기관의 가장 중요한 목적은 선물시장의 모든 참여자들에게 계약이행을 보장하는 것이다. 그러기 위하여 청산기관은 모든 매입자에 대해서는 매도자로, 모든 매도자에 대해서는 매입자로서의 역할을 수행하게 된다. 이것은 선물시장에서의 거래당사자들은 청산기관에 대해서만 계약이행의무를 지게 되며 또한 청산기관이 계약을 제대로 이행해줄 것이라고 기대한다는 것을 의미한다. 그러므로 선물계약의 매입자와 매도자는 상대방의 신용상태에 대하여는 염려할 필요가 없으며 단지 청산기관의 신용상태에 대해서만 신경을 쓰면 된다. 그런데 청산기관은 선물거래소에서의 모든 거래의 당사자들 사이에 끼어들어 선물계약의 매입자에게는 수도결제일에 현물을 인도할 의무를 지는 반면 매도자에게는 수도결제일에 현물을 인수할 의무를 지기 때문에 순포지션(net position)은 영이 된다. 이와 같이 청산기관은 선물시장에서 포지션을 갖지 않게 되므로 위험에 노출되어 있지 않고 따라서 청산기관이 계약을 제대로 이행하지 못하게 될 가능성은 극히 적다. 한편 청산기관은 매입자와 매도자의 중간에서 이들에 대하여 거래상대방의 역할을 떠맡게 되는 위험을 안고 있으므로 선물거래소의 회원들 중에서 재정적으로 건실한 회원에 한해서만 청산회원(clearing member) 자격을 부여하고 있다. 즉, 청산회원은 청산기관과 직접거래가 가능한 회원으로서 자기자신 및 고객을 위한 자금의 결제는 물론 비청산회원(non-clearing member) 및 그 고객을 위한 자금의 결제를 대행한다.

4. 매일 결제방법

선물계약의 매매를 하고자 할 때는 브로커에게 증거금을 납부하여야 하는데 이와 같이 최초에 납부하는 증거금을 개시증거금(initial margin)이라고 하며, 미국의 경우에는 현금, 재정증권 또는 은행신용장 등이 증거금 납부수단으로 이용된다. 개시증거금의 액수는 대략 매매하고자 하는 선물계약의 1일 가격변동 허용폭과 그 크기가 비슷한데 이것은 선물계약의 대상이 되는 상품의 가격과 비교할 때는 매우 적은 금액이라고 할 수 있다. 이와 같이 개시증거금의 액수가 작아도 되는 이유는 선물시장에서 손실이 발생할 경우 그 손실액은 당일로 결제되어야 하기 때문이다.

예를 들어, 어떤 거래자가 5월 1일에 9월을 수도결제월(한월)로 하는 귀리(oat) 선물계약 1단위를 bushel당 171센트로 매입하였다고 하자. 만약 이 선물계약의 5월 2일의 종가가 bushel당 168센트가 되었다면 이 거래자는 bushel당 3센트의 손실을 보게 된다. 귀리 선물계약 1단위는 5,000bushels에 해당하므로 이것은 $ 150의 손실을 의미한다. 이 금액은 이 거래자가 브로커에게 이미 납부한 개시증거금으로부터 차감되는데 만약 요구되는 개시증거금이 $ 1,400이고 이 거래자가 $ 1,400만큼만 최초에 납입하였다면 이 거래자의 증거금계정의 잔고는 이제 $ 1,250가 된다. 그 다음날 다시 bushel당 4센트만큼 선물계약가격이 하락한다면 이것은 $ 200의 손실에 해당하며 이 거래자의 증거금계정의 잔고는 $ 1,050가 된다. 이 때 유지증거금(maintenance margin)이 $ 1,100라면 이 거래자의 증거금계정 잔고는 유지증거금 수준 이하로 떨어지게 된다. 여기서 유지증거금이란 선물계약 거래자가 계속해서 유지해야 하는 최소한도의 증거금계정 잔고를 말한다. 그러므로 이와 같은 경우 선물계약 거래자의 브로커는 이 거래자에게 추가로 증거금을 납입하여 증거금계정 잔고를 개시증거금 수준인 $ 1,400로 회복시킬 것을 지시하는데 이것을 'margin call' 이라고 한다. 이 margin call에 대한 추가증거금의 납입은 반드시 현금으로 하여야 하며 만약 추가증거금 납입을 제대로 이행하지 못하게 되면 거래자의 브로커는 거래자의 포지션을 청산하게 된다. 즉, 위의 예에서와 같이 거래자가 개시증거금 $ 1,400를 납입한 후 2일 동안 $ 350의 손실을 입게 되어 거래자의 증거금계정 잔고가 유지증거금 수준인 $ 1,100 이하로 떨어졌으나 거래자가 margin call에 대해서 추가증거금 납입을 하지 못하는 경우에는 거래자의 브로커는 거래자의 포지션을 청산하여 거래자가 최초에 납입한 개시증거금 $ 1,400에서 $ 350의 선물거래손실 및 수수료를 차감한 후 그 잔액을 거래자에게 돌려준다.

우리는 위의 예에서 개시증거금의 액수가 작아도 되는 이유를 알게 되었다. 즉, 개시증거금의 액수는 대략 매매하고자 하는 선물계약의 1일 가격변동 허용폭의 크기와 같으면 되는데, 그 이유는 거래자가 손실을 입게 되어 증거금계정 잔고가 유지증거금 수준 이하로 떨어지게 되면 거래자는 추가증거금을 즉시 납입하여야 하며 만일 그렇지 못할 때는 거래자의 포지션이 청산될 수 있기 때문이다.

위의 예에서 거래자의 브로커는 거래자가 5월 3일의 margin call에 대하여 추가증거금 납입을 제대로 이행하지 못하게 되면 거래자의 포지션을 청산할 수 있다는 말이 이상하게 들릴는지 모른다. 그러나 선물거래에 있어서는 계약상의 의무를 두 가지 방법으로 완수할 수 있다. 즉, 실제로 수도결제월(한월)에 가서 현물로 수도결제를 하거나 또는 반대매매(reversing trade)를 통하여 포지션을 청산할 수 있다. 반대매매란 특정 선물계약에 대한 거래자의 순포지션이 다시 영이 되도록 해주는 거래를 말한다. 위의 예를 다시 이용한다면 5월 1일에 귀리 선물계약을 매입한 거래자는 청산기관에 대하여 수도결제월(한월)인 9월에 가서 귀리 5,000bushels을 인수하고 동시에 귀리대금으로 bushels당 171센트를 지급해야 하는 의무를 갖게 된다. 만약 5월 10일에 이르러 거래자가 9월에 귀리를 인수하기를 원치 않게 되었다면 거래자는 5월 1일에 매입한 것과 똑같은 선물계약을 매도하면 된다. 즉, 9월을 수도결제월(한월)로 하는 귀리 선물계약 1단위를 매도하면 된다. 만약 5월 10일 현재 9월한월의 귀리 선물계약의 가격이 bushel당 180센트라면 거래자는 선물계약의 보유기간 동안 bushel당 9센트의 이익을 얻게 되며 이것은 선물계약 1단위에 대하여 $ 450의 이익을 얻게 되는 것을 의미한다. 거래자는 9월한월의 귀리 선물계약 1단위를 5월 1일에 매입한 후 5월 10일에 가서 똑같은 선물계약 1단위를 매도하였으므로 거래자의 순포지션은 다시 영이 되며 청산기관에 대한 의무로부터 완전히 벗어나게 된다.

제 2 절 선물시장에서의 가격결정

1. 베이시스

베이시스(basis)란 해당 상품의 어느 특정지역에서의 현물시장가격과 선물시장가격과의 차이를 말한다. 일반적으로 베이시스에 관하여 언급할 때는 현물시장가격과 가장 가까운 수도결제월의 선물계약가격과의 차이를 의미하지만 선물시장에는 동일 상품에 대하여 여러 가지 수도결제월의 선물계약이 거래되므로 각 수도결제월별로 서로 다른 베이시스가 존재하게 된다. 예를 들어, 12월 10일 현재 New York에서의 금 시세가 현물시장에서 ounce당 $ 440라고 하고 Chicago의 금 선물시장에서 12월, 다음해 3월, 6월 및 9월을 수도결제월로 하는 금 선물계약가격이 각각 $ 441, $ 449, $ 459 및 $ 469라고 하면 이 때의 수도결제월별 베이시스는 각각 − $ 1, − $ 9, − $ 19 및 − $ 29 가 된다. 여기서 한 가지 중요한 사실은 12월한월의 금 선물계약가격은 12월 10일 현재의 금 현물가격과 큰 차이가 나지 않는다는 점인데 그 이유는 12월한월의 금 선물계약의 수도결제일이 12월 10일로부터 그다지 멀지 않기 때문이다. 실제로 수도결제일에 가서는 운송비 및 기타 거래비용을 제외하고는 12월한월의 금 선물계약가격은 금 현물가격과 같아야 한다. 즉, 운송비 및 기타 거래비용에 따른 차이를 제외하고는 베이시스가 영이 되어야 한다. 이와 같이 수도결제일에 접근함에 따라 베이시스가 좁아져서 결국 수도결제일에는 베이시스가 영이 되는 현상을 수렴(convergence)이라고 하며 다음의 [그림 5-1]은 선물가격이 현물가격보다 낮은 경우를 보여주고 있다. 이 그림의 아래 부분은 베이시스 자체를 보여주고 있는데 처음에는 베이시스가 양(+)의 값을 가지나 선물계약의 수도결제일(만기일)에 접근함에 따라 영에 수렴함을 볼 수 있다.

베이시스에 관하여 알아두어야 할 또 한 가지 중요한 점은 현물가격 또는 선물가격 자체의 변동폭보다는 베이시스의 변동폭이 훨씬 작다는

그림 5-1 현물가격과 선물가격의 수렴

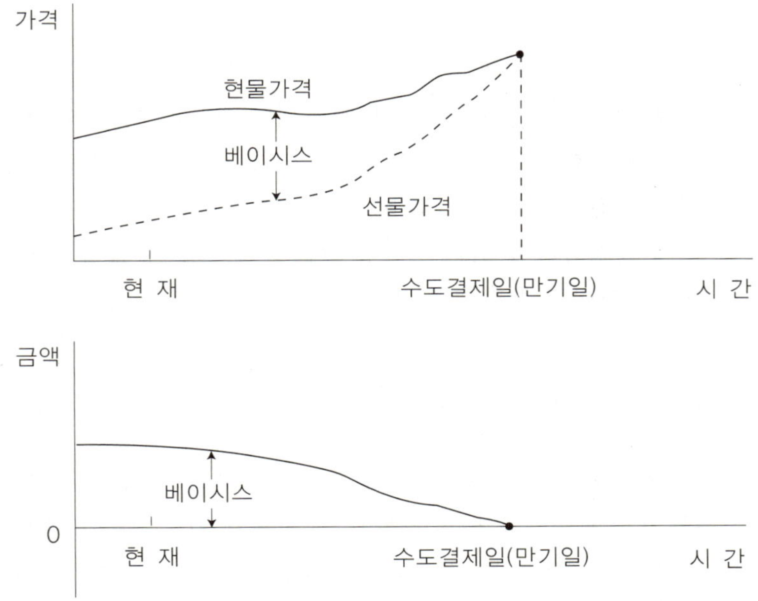

것이다. 현물가격과 선물가격이 각각 극심한 변동을 나타내는 경우에도 두 가격 간의 차이인 베이시스는 비교적 일정한 경우가 일반적이다. 베이시스의 변동폭이 비교적 작다는 점은 나중에 배우게 될 헤징(hedging)에 있어서 매우 중요한 역할을 하게 된다.

2. 스프레드

같은 상품에 대하여 수도결제월(한월)을 달리하는 두 선물계약 간의 가격차이를 스프레드(spread)라고 한다. 스프레드는 투기자(speculator)에게 매우 중요한 것으로서 투기자가 투기를 행할 때는 흔히 스프레드 포지션을 갖게 된다. 즉, 투기자가 두 가지 이상의 관련된 선물계약을 보유하게 된다. 그러므로 투기자가 선물시장에서의 투기를 통한 이익을 얻고자 할 때는 선물계약들 간의 스프레드에 관한 이해가 필수적이라고 할 수 있다.

수도결제월(한월)을 달리하는 선물계약들의 가격 및 그 선물계약들 간의 스프레드는 해당 상품의 예상되는 미래시점에서의 현물가격에 관한 정보를 제공한다. 현재로부터 더 멀리 떨어진 시점을 한월로 하는 선물계약가격이 현재로부터 가까운 시점을 한월로 하는 선물계약가격보다 높은 경우에는 시장참여자들이 미래에 해당 상품의 현물가격이 점차적으로 오르리라고 예상하고 있다고 할 수 있다. 그와는 반대로 현재로부터 더 멀리 떨어진 시점을 한월로 하는 선물계약 가격이 가까운 시점을 한월로 하는 선물계약가격보다 낮은 경우에는 시장참여자들이 미래에 해당 상품의 현물가격이 점차적으로 내릴 것이라고 예상하고 있다고 할 수 있다.

3. 선물가격과 예상미래현물가격

선물가격과 예상미래현물가격과의 관계에 대한 이론들 중에서 가장 단순한 것은 선물가격과 예상미래현물가격이 서로 일치한다는 견해이다. 예를 들어, 수도결제월이 6개월 후인 소맥 선물의 가격이 bushel당 $ 5.25라고 할 때 위의 견해에 의하면 시장참여자들이 6개월 후에는 소맥의 현물가격이 $ 5.25가 될 것이라고 예상한다는 것이다. 시장에서의 거래비용이 그다지 많이 들지 않고 각종 정보에 쉽게 접할 수 있는 선물시장의 경우에 선물가격이 시장참여자들의 미래현물가격에 대한 예상치와 일치할 것이라는 견해는 상당히 합리적으로 보여질 수 있을 것이다. 그러나 이러한 단순한 견해는 많은 도전을 받고 있는데 선물가격과 예상미래현물가격과의 관계를 좀더 명확히 규명하고자 하는 이론적인 시도들을 다음의 세 가지로 나누어 살펴볼 수 있다. 첫째, 선물가격과 예상미래현물가격이 서로 다를 경우에만 투기자(speculator)들이 선물시장에서 위험부담을 하게 될 것이라는 견해가 있다. 둘째, 선물시장에서의 매일결제방법(daily resettlement)은 특정상황하에서 선물가격과 예상미래현물가격이 서로 일치하지 않게 한다는 견해가 있다. 셋째, 선물가격결정을 재고유지비용(carrying charge)이란 개념을 이용하여 설명하려는 시도가 있다. 여기서 재고유지비용이란 어느 한 시점으로부터 다른 시점까지 상품을 보관 및 유지하는 데 소요되는 비용을 말한다. 이제 선물가격과 예상미래현물가격과의 관계를 좀더 명확히 규명하고자 하는 이러한 시도들을 차례로 살펴보기로 한다.

1) 가격과 위험회피

선물시장에서의 거래자들은 크게 두 가지 부류로 구분할 수 있는데, 이미 가지게 된 위험을 제거하고자 거래를 행하는 헤져(hedger)와 이익을 목적으로 위험을 무릅쓰고 거래를 행하는 투기자(speculator)가 곧 그것이다. 만약 투기자들이 위험회피형(risk-averse)이라면 이들은 자기들이 위험에 노출되는 것에 대한 충분한 보상이 될 만큼 이익이 예상될 때에만 투기거래를 행하게 될 것이다. 즉, 투기자들의 입장에서 볼 때 만약 선물가격이 그 선물계약 만기일(수도결제일)의 현물가격과 같을 것이라고 예상된다면 선물시장에서 투기거래를 행해야 할 이유가 없다고 할 수 있다. 반면에 헤져들은 자기들의 사업활동에 있어서 당면하게 되는 위험을 제거하기 위하여 선물시장에서 선물계약을 매입(long)하거나 매도(short)하게 된다. 만약 전체적으로 볼 때 헤져들이 순매도(net short)포지션을 갖게 된다면 이것은 투기자들이 전체적으로 순매입(net long)포지션을 가져야 한다는 것을 의미한다.

이제 선물계약의 매입을 고려하고 있는 특정 투기자의 경우를 생각하기로 하자. 이 투기자의 입장에서는 선물계약 만기일의 현물가격이 선물가격보다 높을 것이라고 예상될 때에만 그 선물계약을 매입하는 것이 옳을 것이다. 만약 그렇지 않은 경우에는 이 투기자는 전혀 이익을 기대할 수가 없게 된다. 또한 사업활동에서 처하게 된 위험을 제거하기 위하여 선물계약을 매도하고자 하는 특정 헤져의 경우를 생각해보자. 이 헤져는 예상되는 미래현물가격보다 낮은 수준의 가격으로 선물계약을 매도하는 것을 각오해야 한다. 왜냐하면, 그렇지 않고는 자기가 매도하고자 하는 선물계약의 상대방이 되는 투기자로 하여금 그 선물계약을 매입하도록 유인할 수가 없기 때문이다. 이러한 관점에서 볼 때 헤져는 그가 회피하고자 하는 위험을 투기자에게 전가시키고 투기자가 그 위험을 대신 감당하는 데 대한 대가를 지불하는 형태의 일종의 보험을 든다고 할 수 있다. 여기서 투기자에게 지불하는 대가는 선물가격과 예상되는 미래현물가격과의 차이가 된다고 볼 수 있다. 그렇다고 할지라도 투기자는 확실한 금액의 대가를 지급받는 것은 아니며 위험을 대신 감당하는 대가로 얻게 되는 이익은 그 선물계약의 만기일까지 기다려서 예상미래현물가격이 그대로 적중할 경우에 실현되는 것이다.

아래의 [그림 5-2]는 특정상품에 대한 선물시장에서의 헤져집단과 투기자집단 각각의 순포지션을 나타내고 있다. 이 그림에서는 헤져집단이 순매도포지션을 가진다고 가정하고 있다. 즉, 어떠한 선물가격하에서도 헤져들은 전체적으로 볼 때 매입포지션을 가지기를 원치 않는다고 가정하고 있는데, 이것은 헤져들이 자기들이 사업상 처하게 되는 위험을 감소시키고자 선물계약을 매매하기를 원한다는 앞에서의 가정과 부합된다고 할 수 있다. 여러 가지 선물가격하에서 헤져들이 원하는 선물시장에서의 포지션을 *HH*곡선이 나타내주고 있다. 우하향의 *HH*곡선은 선물가격이 높을수록 헤져들이 더 많은 선물계약을 매도하기를 원한다는 것을 보여준다.

그와는 대조적으로 투기자들은 시장여건에 따라 매입 또는 매도포지션을 택하기를 주저하지 않는다. [그림 5-2]의 *E*점은 선물가격이 예상미래현물가격과 같음을 나타내고 있는데 이 경우 투기자집단의 선물시장에서의 순포지션은 영이 될 것이다. 만약 선물가격이 예상미래현물가격보

그림 5-2 헤져집단과 투기자집단의 가상적 순포지션

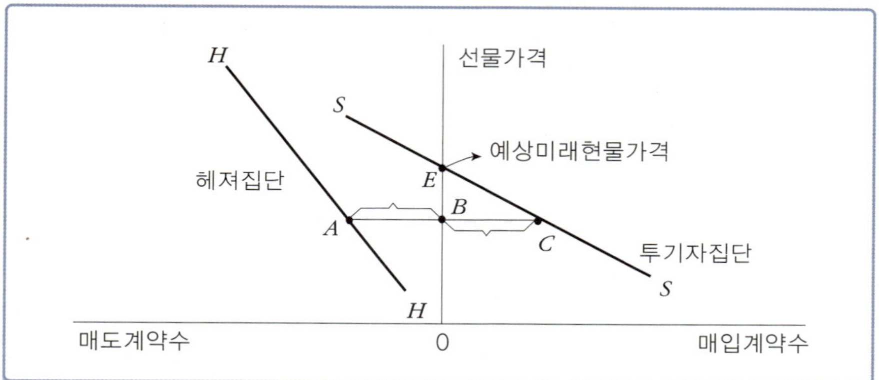

다 높게 되면 투기자집단은 순매도포지션을 가지기를 원할 것이고 그 반대로 선물가격이 예상미래현물가격보다 낮게 되면 순매입포지션을 가지기를 원할 것이다. [그림 5-2]의 *SS*곡선이 여러 가지 선물가격하에서 투기자들이 원하는 선물시장에서의 포지션을 나타내주고 있다.

선물시장에서의 총매도계약수는 항상 총매입계약수와 같아야 하므로 그래프상에 있는 모든 포지션이 실제로 가능하지는 않다. [그림 5-2]에서 헤져들과 투기자들을 모두 만족시킬 수 있는 경우는 선물가격이 *B*점의 수준에 있는 경우뿐이다. 선물가격이 *B*점의 수준에 있는 경우에는 헤져집단이 원하는 순매도포지션이 투기자집단이 원하는 순매입포지션에 의해서 정확하게 상쇄된다. 그림에서 *AB*의 길이가 *BC*의 길이와 동일하다는 사실로 이것을 알 수 있다. 그러므로 [그림 5-2]는 선물가격이 *B*점의 수준에 있을 때 선물시장이 균형에 도달하게 되며 이러한 경우 선물가격은 예상미래현물가격보다 낮게 된다는 것을 보여주고 있다.

이것은 선물가격이 예상미래현물가격과 차이가 나는 것이 어떻게 가능한가를 설명해주고 있다. 마찬가지로 헤져집단이 순매입포지션을 가지기를 원할 때는 투기자집단은 순매도포지션을 가지게 된다. 투기자집단이 순매도포지션을 가지는 경우에는 선물가격이 예상미래현물가격보다 높아야만 위험을 부담하는 데 대한 대가로 이익을 기대할 수 있다. 즉, 선물가격과 예상미래현물가격과의 관계는 헤져집단이 순매도포지션을 취해야 할 필요가 있는가 아니면 순매입포지션을 취해야 할 필요가 있는가에 의하여 결정된다고 할 수 있다.

우리는 앞에서 베이시스(basis)에 관하여 언급할 때 선물계약의 수도결제일에 접근해감에 따라 베이시스의 값은 영(零)에 수렴한다고 하였다. 즉, 선물계약의 수도결제일이 가까와짐에 따라 선물가격과 현물가격이 서로 접근하게 되어 수도결제일에 가서는 선물가격과 현물가격이 서로 같게 된다고 하였다. 그런데 헤져집단이 순매도포지션을 취해야 할 경우에는 선물가격이 예상미래현물가격보다 낮게 되므로 이러한 경우에 만약 미래현물가격에 대한 예상이 정확하다면 선물가격은 선물계약기간 동안 점차로 상승하게 될 것이다. 이와 같은 선물가격의 변화과정을 normal backwardation이라고 부른다. 반면에 만약 헤져집단이 순매입포지션을 취해야 할 경우에는 선물가격이 예상미래현물가격보다 높게 되므로 선물가격은 선물계약기간 동안 점차로 하락하게 될 것이다. 이와 같이 선물가격이 점차 하락하는 패턴을 contango라고 부른다.

[그림 5-3]은 여러 가지 상황하에서의 선물가격의 패턴들을 보여주고 있다. 여기서 우리는 선물시장 참여자들의 미래의 현물가격에 대한 예상이 정확하므로 [그림 5-3]의 예상미래현물가격이 바로 선물계약 만기일(수도결제일)의 실제현물가격과 일치한다고 가정한다. 만약 선물가격이 예상미래현물가격과 같은 수준에 있다면 선물가격은 [그림 5-3]의 점선상에 위치하게 될 것이다. 미래의 현물가격에 대한 처음의 예상이 정확하고 그러한 예상을 변경시킬 수 있는 새로운 정보가 없다면 선물가격은 선물계약기간 동안 변동하지 않고 일정한 수준을 유지하게 될 것이다.

위에서 이미 살펴본 두 가지 경우도 [그림 5-3]에 나타나 있다. 즉, 헤져집단이 순매도포지션을 취하는 경우에는 투기자집단은 순매입포지션을 취하게 될 것이므로 투기자집단이 위험을 부담하는 데 대한 보상을 얻기 위하여는 선물가격이 선물계약기간 동안 상승해야 할 것이다. 그러므로 선물가격은 [그림 5-3]에서 normal backwardation이라고 표시한 곡선을 따라 변화할 것이다. 반면에 헤져집단이 순매입포지션을 취하는 경우에는 투기자집단은 순매도포지션을 취하게 될 것이므로 투기자집단이 위

그림 5-3 선물가격의 여러 가지 변화패턴

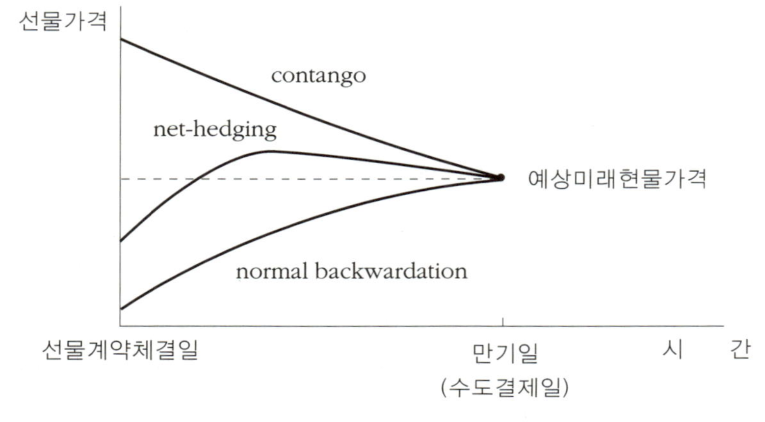

험부담에 대한 보상을 얻기 위하여는 선물가격이 선물계약기간 동안 하락해야 할 것이다. 그림에서 contango라고 표시한 곡선이 이와 같은 선물가격의 변화패턴을 나타내고 있다.

마지막으로 [그림 5-3]에서 net-hedging으로 표시된 곡선의 경우에 대하여 생각해보기로 한다. 헤져집단의 순포지션(net position)이 선물계약기간 중에 바뀔 수 있다는 가정하에 선물가격의 변화패턴을 나타낸 것이 바로 이 곡선이다. 즉, 선물계약기간의 초기에는 헤져집단이 순매도포지션을 가지고 투기자집단은 순매입포지션을 가진다고 가정한다. 이러한 경우 선물가격은 예상미래현물가격보다 낮은 수준에 있게 된다. 시간이 경과함에 따라 차츰 헤져집단은 순포지션을 변화시켜 마침내는 헤져집단이 순매입포지션을 갖게 되고, 따라서 투기자집단은 순매도포지션을 갖게 된다고 가정하면 이 때 선물가격은 예상미래현물가격보다 높은 수준에 있어야만 한다. 그러므로 이러한 net-hedging가설하에서의 선물가격의 변화패턴은 처음에는 normal backwardation의 경우와 유사하고 만기일(수도결제일)에 가까이 가서는 contango의 경우와 유사하다고 볼 수 있다.

2) 가격과 매일결제방법

선물가격과 예상미래현물가격과의 관계를 규명하고자 할 때 만약 선물가격이 normal backwardation, contango 또는 net-hedging으로 표시되는 변화패턴을 보인다는 것을 밝힐 수 있다면 선물가격은 예상미래현물가격과 일치하지 않는다고 할 수 있을 것이다. 한편 선물가격이 예상미래현물가격과 일치하지 않는다는 견해는 선도계약(forward contract)과 선물계약(futures contract)의 차이점을 근거로 하여 내세워지기도 한다. 선도계약과는 달리 선물계약은 매일결제(daily resettlement)가 행해지므로 선물계약의 경우에는 만기일 이전에 현금흐름이 있게 될 것이다. 그러므로 선물계약 만기일까지의 기간 동안 이자율 변화패턴에 대하여 어떠한 예상을 하느냐에 따라 거래자들은 선도계약을 선물계약에 비하여 더 선호하거나 아니면 선물계약을 선도계약에 비하여 더 선호하게 될 것이다. 다시 말하면 선물계약에 있어서 매일결제방법에 따른 만기일 이전의 현금흐름이 있다는 사실이 선물가격과 선도가격이 서로 다르게 된다는 이유를 제공하고 있다고 할 수 있다. 이와 같이 선물가격과 선도가격이 서로 일치하지 않는다고 할 때 만약 선도가격이 예상미래현물가격과 일치한다면 이것은 선물가격과 예상미래현물가격이 서로 일치하지 않는다는 것을 뜻한다.

3) 선물가격과 재고유지비용

선물가격을 결정하는 데 있어서 미래현물가격에 대한 예상이 중요한 역할을 한다는 것은 부인할 수 없는 사실이다. 그러나 선물가격의 결정에 있어서 또 하나의 중요한 요인으로 재고유지비용(carrying charge)을 들 수 있다. 재고유지비용이란 특정상품을 미래의 일정시점까지 유지하는 데 드는 총비용을 말하며 저장비용, 운송비 및 자금조달비용 등을 포함한다. 재고유지비용은 현물가격과 선물가격과의 관계를 결정하는 데 매우 중요한 역할을 하는데 다음과 같은 관계식으로 표현된다.

> 선물가격은 해당상품의 현물가격에 인도일(수도결제일)까지의 재고유지비용을 더한 값과 같아야 한다. 즉,
>
> $$F = S(1 + c)$$
>
> F: 선물가격
> S: 현물가격
> c: 해당상품을 현재일로부터 선물계약의 인도일까지 유지하는 데 드는 재고유지비용(현물가격의 퍼센트로 표시)

만약 $F > S(1 + c)$라고 하면, 자금을 빌려서 해당 상품을 현물시장에서 매입함과 동시에 선물시장에서 해당 상품의 선물계약을 매도한 후 현물시장에서 매입한 상품을 보관 · 유지하여 선물계약의 인도일에 인도하면 된다. 이와 같이 할 때 자금의 투자 없이 확실한 이익을 얻을 수 있는 재정(arbitrage)의 기회가 존재하게 되는데 정상적인 시장상황하에서 이

러한 기회는 존재할 수가 없다고 볼 수 있다. 한편, $F < S(1+c)$라고 하면, 선물시장에서 해당 상품의 선물계약을 매입하고 동시에 현물시장에서 해당 상품의 공매(short sale)를 행하면 된다. 현물시장에서의 공매란 해당 상품을 빌려서 매도한 후 수취한 금액(S)을 투자하여 재고유지비용(c)과 동일한 수익률을 얻고 나중에 해당 상품을 매입하여 빌려준 사람에게 갚는 것을 말한다. 거래자는 이미 선물시장에서 해당 상품의 선물계약을 매입해놓았으므로 선물계약의 인도일에 가서 F를 지급하고 해당 상품을 인도받아 해당 상품을 빌려 주었던 사람에게 갚으면 된다. 이와 같은 경우에 $S(1+c) - F$만큼의 재정이익이 발생함을 알 수 있는데 이것도 정상적인 시장상황하에서는 불가능하다고 보아야 옳을 것이다.

재고유지비용은 이와 같이 현물가격과 선물가격과의 관계를 결정하는 데 매우 중요한 역할을 할 뿐만 아니라 같은 상품에 있어서 인도일을 달리하는 선물계약들 간의 가격관계를 규정하는 데 있어서도 결정적인 역할을 한다.

> 인도일이 현재로부터 멀리 떨어진 선물계약가격은 인도일이 현재로부터 가까운 선물계약가격에 해당 상품의 가까운 인도일로부터 멀리 떨어진 인도일까지의 재고유지비용을 더한 값과 같아야 한다. 즉,
>
> $$F(d) = F(n) \cdot (1+c)$$
>
> $F(d)$: 인도일이 현재로부터 멀리 떨어진 선물계약가격
> $F(n)$: 인도일이 현재로부터 가까운 선물계약가격
> c : 해당상품의 n시점부터 d시점까지의 재고유지비용

만약 $F(d) > F(n)(1+c)$라고 하면, 인도일이 현재로부터 가까운(n시점) 선물계약을 매입하고 인도일이 현재로부터 멀리 떨어진(d시점) 선물계약을 매도하면 된다. 그러면 n시점에 가서 $F(n)$을 지급하고 해당 상품을 인수한 후 d시점까지 보관 · 유지하여 $F(d)$를 지급받고 해당 상품을 인도하면 $F(d) - F(n)(1+c)$만큼의 재정이익이 발생하게 된다. 물론 정상적

인 시장상황하에서 이것은 불가능하다고 볼 수 있으므로 $F(d) > F(n)(1 + c)$는 성립할 수가 없다. 한편 공매(short sale)가 가능한 경우에 $F(d) < F(n)(1 + c)$가 성립할 수 없음도 쉽게 증명할 수 있다.

우리는 선물가격과 현물가격의 차이가 해당 상품의 인도일까지의 재고유지비용과 그 값이 일치한다는 것을 알았다. 즉, 재고유지비용은 선물가격이 현물가격으로부터 얼마나 차이가 나는가를 결정해준다고 할 수 있다. 이제 재고유지비용과 예상미래현물가격과의 관계를 살펴봄으로써 재고유지비용, 선물가격 및 예상미래현물가격이 서로 어떠한 관계에 있는가를 알고자 한다.

예를 들어, 금의 현물가격이 ounce당 $ 440이고 금 재고유지비용이 1개월당 1%라고 하면 1개월 후가 인도일이 되는 금 선물계약의 가격은 $ 444.40가 될 것이다. 그러나 이것은 1개월 후의 금 현물가격에 대한 예상이 $ 444.40 수준에서 크게 차이가 나지 않는다는 것도 의미한다. 그 이유를 설명하기 위하여 이제 금 선물시장은 존재하지 않으며 1개월 후의 금 현물가격에 대한 예상은 $ 450라고 가정하자. 이러한 상황하에서, 지금 현물시장에서 금 1 ounce를 매입하여 1개월간 보관 · 유지할 때 그 총비용은 $ 444.40가 될 것이므로 1개월 후에 $ 450의 가격으로 그 금을 팔 수 있으리라 예상한다면 이것은 투기적 이익(speculative profit)의 기회가 존재한다는 것을 의미한다. 이와 같은 투기적 이익 기회가 존재할 때는 현재 금 시세인 $ 440수준에서는 금에 대한 초과수요가 발생하게 되고 금 현물가격은 상승하게 될 것이다. 그리하여 금 현물가격은 투기적 이익 기회가 존재하지 않는 수준까지 상승하게 되면(즉, 금 현물가격과 1개월 후의 금 현물가격에 대한 예상과의 차이가 1개월간의 금 재고유지비용인 $ 4.40가 되면) 더이상 상승하지 않게 될 것이다.

그러나 만약 금 현물가격이 $ 440이고 1개월 후의 금 현물가격에 대한 예상이 $ 444.60라면 $ 4.40의 1개월간의 금 재고유지비용을 고려할 때 $ 0.20(= $ 444.60 − $ 444.40)의 투기적 이익이 존재하게 되는데, 시장 참여자들이 이 $ 0.20의 투기적 이익을 얻기 위하여 거래를 행할 것인가 하는 것은 그들이 얼마만큼 위험회피형(risk-averse)인가 하는 데 달려 있다고 할 수 있다. 즉, $ 0.20의 투기적 이익기회는 앞에서 언급한 바 있는 재정이익(arbitrage profit)기회와는 달리 위험이 존재하므로 시장 참여자들이 $ 0.20의 예상이익이 그들이 부담하게 되는 위험의 충분한 보상이 된다고 판단하느냐에 달려 있다고 볼 수 있다. 만약 시장 참여자들이 $ 0.20의 예상이익이 위험에 대한 충분한 보상이 되지 못한다고 판단한다면 이러한 투기적 이익을 얻기 위한 거래를 행하지 않게 되고 이러한 경우의 예상미래현물가격($ 444.60)은 현물가격($ 440)과 재고유지비용($ 4.40)의 합계를 능가하게 된다.

그러므로 우리는 금 선물시장이 존재하지 않는 경우 현물가격과 예상미래현물가격과의 차이는 재고유지비용과 그 크기가 거의 같고, 재고유지비용과 그 크기가 다르다 하더라도 투기적 이익을 얻고자 하는 시장참여자들의 거래를 유발시키지 못할 정도가 되어야 한다는 것을 알 수 있다. 한편 우리는 현물가격과 선물가격 및 재고유지비용의 관계를 앞에서 이미 살펴보았다. 즉, 현물가격과 선물가격과의 차이는 재고유지비용과 그 크기가 같아야 한다는 것이다. 이제 우리는 현물가격, 선물가격 및 예상미래현물가격의 관계를 다음과 같이 규정지을 수 있다. 즉, 투자자들의 위험부담에 대한 보상을 고려하지 않는다면 현물가격과 선물가격과의 차이 또는 현물가격과 예상미래현물가격과의 차이는 재고유지비용과 그 크기가 같아야 한다.

제 3 절 선물가격의 예측 방법

1. 기술적 분석

기술적 분석(technical analysis)이란 선물가격의 변화를 예측함에 있어서 시장과 관련된 과거의 자료만을 이용하는 기법을 말한다. 여기서 시장과 관련된 과거의 자료라 함은 주로 과거의 가격 및 거래량에 관한 정보를 의미한다. 기술적 분석은 주로 일정기간 동안의 시장가격들을 챠트상에 기록하고 그 추세를 분석함으로써 행해진다. 기술적 분석가

(technical analyst)는 다른 가격변동이 있기 전에 특정한 형태의 가격변동이 어떠한 규칙성을 가지고 나타난다고 믿으며, 그러한 특정 형태의 가격변동 패턴을 발견하고 그것이 의미하는 정보를 활용하여 이익을 확보할 수 있는 거래전략(trading strategy)을 만들어낸다.

기술적 분석에서 이용되는 챠트에는 주로 막대 챠트(bar chart), 선 챠트(line chart), point and figure chart 등이 있다. 선챠트는 매일매일의 종가를 직선으로 이어나가는 도표이다. 이에 반하여 막대챠트는 일정기간 – 주로 일간 – 의 최고가, 최저가, 종가를 막대로 나타내는 도표이다. 또한 챠트는 세로축에 가격을 가로축에 시계열을 나타내는 것이 일반적인데, point and figure chart는 시계열을 완전히 무시하고 미리 정해진 가격변동 단위마다 하락시에는 point(0)를 그리고 상승시에는 figure(X)를 누적적으로 그려 나가는 도표이다.

막대챠트상에 나타나는 특징적인 패턴을 찾아내게 되면 미래의 가격변동을 비교적 정확히 예측할 수가 있는데 이러한 패턴 중 가장 잘 알려진 것이 head and shoulder 패턴이다. 다음의 [그림 5-4]는 전형적인 head and shoulder 패턴을 보여주고 있는데 각각의 막대는 매일의 최고가와 최저가를 보여주고 있으며 각 막대의 중간에 표시된 가로선은 그날의

그림 5-4 Head and Shoulder 패턴

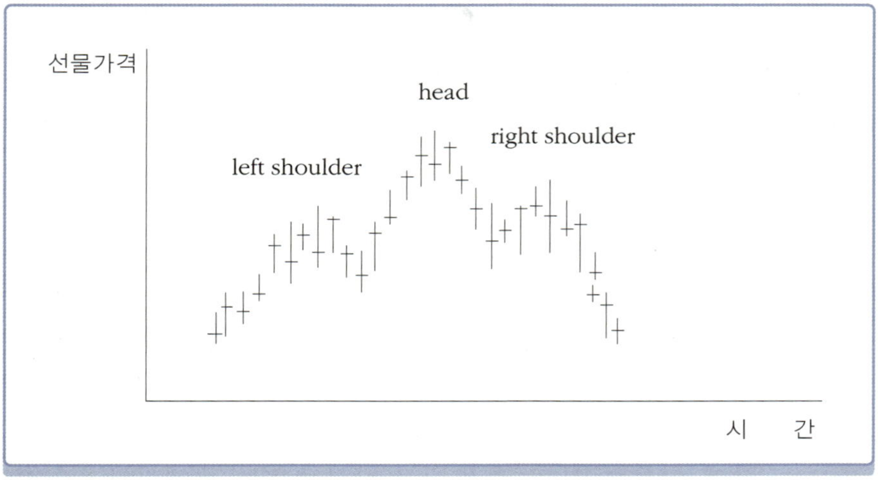

종가를 나타낸다. 이 패턴은 가운데 높은 봉우리(head)와 양쪽의 낮은 봉우리(shoulder)가 마치 사람의 머리와 양어깨와 흡사하다고 하여 head and shoulder 패턴이라고 부른다. 기술적 분석의 이론에 의하면 이와 같은 head and shoulder 패턴의 출현은 시장에서의 가격변동이 중요한 전환점을 맞이하게 된다는 것을 나타낸다고 한다.

세계의 주요 선물시장에는 많은 수의 기술적 분석가들이 활약하고 있다는 것은 잘 알려진 사실이다. 이들 기술적 분석가들이 그들의 고객에게 선물시장에서의 거래에 관한 여러 가지 추천을 해주면서 영업을 계속해오고 있다는 사실은 기술적 분석이 상당히 유용한 정보를 제공한다는 것을 말해준다고 할 수 있다. 그러나 기술적 분석의 유용성에 관한 많은 학문적 연구들은 기술적 분석이 이익을 확보할 수 있는 거래전략을 만들어내는 데 있어서 유용하지 못하다고 결론짓고 있다. 따라서 우리는 기술적 분석가들이 그들의 활동으로부터 이익을 얻고는 있으나 그 이익은 그들이 투자하는 시간과 노력에 대한 적절한 대가이지 그 이상은 아니라고 말할 수 있다. 이것은 선물시장에서 거래를 행하고자 하는 초보자들에게는 거래전략을 만들어내기 위하여 기술적 분석을 이용하는 것이 매우 위험하다는 것을 뜻한다고 할 수 있다.

2. 기초적 분석

기초적 분석(fundamental analysis)이란 선물가격의 변화를 예측하고 이익을 확보할 수 있는 거래전략을 만들어냄에 있어서 경제적 기초요인들에 관한 자료를 활용하는 기법을 말한다. 여기서 경제적 기초요인들이라 함은 주로 선물계약의 대상이 되는 특정상품의 공급 및 수요의 결정요인들을 말한다. 예를 들어, 소맥(wheat) 선물계약의 경우 미국정부가 러시아에 소맥을 수출하기로 결정하느냐 또는 수출하지 않기로 결정하느냐에 따라서 미국 국내시장에서의 소맥 가격은 상당히 영향을 받게 된다. 한편 소맥의 경작기간 동안의 강우량은 소맥의 수확량에 결정적인 영향을 주므로 소맥 선물가격의 예측을 제대로 하기 위하여는 기상학에도 정통하여야 한다고 할 수 있다.

선물시장의 참여자들에게는 기술적 분석보다 기초적 분석이 더 중요하다고도 할 수 있는데 이것은 기술적 분석에만 의존하는 거래자는 거의 없으며 대부분의 거래자들이 기술적 분석과 기초적 분석을 동시에 활용하고 있다는 점으로부터 쉽게 알 수 있다.

제 4 절 선물시장의 기능

선물시장은 경제를 구성하고 있는 여러 집단들에게 서로 다른 기능을 수행하고 있다. 어떤 사람들은 실제로 선물거래를 행하지는 않고 단지 선물시장에서의 가격들을 하나의 정보의 원천으로 활용한다. 이러한 사람들에게는 선물시장은 미래의 가격에 대한 예상치를 제공해주는 기능을 수행한다.

한편 선물시장은 투기자(speculator)들에게 투기적 이익(speculative profit)의 기회를 제공한다. 투기적 이익의 기회를 제공하는 것이 도덕적 또는 사회적으로 바람직하느냐 하는 것은 별개의 문제이다. 여기서 말하고자 하는 것은 단지 선물시장은 투기적 이익의 기회를 제공하며 경제의 구성원들 중에서 투기(speculation)를 하고자 하는 사람들은 선물시장을 이용할 수가 있다는 것이다.

마지막으로 선물시장의 가장 중요한 기능으로서 가격변동위험의 헤징(hedging) 기능을 들 수 있다. 경제의 구성원들 중의 일부는 일상생활 중에서 또는 그들이 행하는 영업활동의 결과로 자신들이 어떠한 위험에 노출되어 있음을 발견하게 된다. 흔히 이러한 위험은 바람직하지 않은 것인데 이러한 위험을 선물시장을 통하여 위험을 기꺼이 부담하고자 하는 다른 사람들, 즉 투기자들에게 전가시킬 수가 있다. 만약 사람들이 바람직하지 않은 위험을 선물시장에서의 거래를 통하여 회피할 수가 있다는 것을 안다면, 즉 이러한 위험을 헤지(hedge)할 수가 있다는 것을 안다면 그들은 자신들을 어떠한 위험에 노출시키게 되는 경제활동을 행하는 것을 두려워하지 않을 것이다. 이제 위에서 언급한 선물시장이 제공하는 세 가지 주요 기능, 즉 가격의 예측(price discovery), 투기(speculation) 및 헤징(hedging)에 관하여 자세히 살펴보기로 한다.

1. 가격의 예측

우리는 앞에서 선물가격과 예상미래현물가격과의 관계에 대하여 살펴보았다. 우리는 이 두 가지가 서로 일치하지 않을 가능성에 대하여 설명하였으나 여태까지의 연구결과는 선물가격과 예상미래현물가격과의 차이는 존재하지 않거나 존재한다고 하더라도 그 크기가 매우 작다고 결론짓고 있다. 따라서 선물가격은 특정상품의 미래현물가격에 대한 시장 참여자들 전체의 공통된 예상가격으로 생각할 수 있다. 그러므로 선물시장은 실제로 선물거래를 행하지 않는 사람들에게도 미래의 현물가격에 대한 예상치를 제공해주는 기능을 수행한다고 할 수 있다.

선물가격에 근거한 미래현물가격에 대한 예상치가 유용한 것이 되기 위하여는 다음과 같은 조건들이 만족되어야 한다. 첫째, 경제의 구성원들 중의 많은 사람들이 각종 상품들의 미래현물가격에 관한 정보를 필요로 하여야 한다. 예를 들어, 개인, 기업 또는 정부가 미래의 소비 및 투자를 계획하는 과정에 있어서 각종 상품들의 미래현물가격에 관한 정보를 얻고자 할 때 선물가격을 활용할 수 있다.

둘째, 선물가격에 근거한 미래현물가격에 대한 예상치가 유용한 것이 되기 위하여는 그러한 예상치가 정확해야 한다. 우리는 앞에서 선물가격과 예상미래현물가격과의 차이는 존재하지 않거나 존재한다고 하더라도 그 크기가 매우 작다고 하였다. 선물가격과 미래의 실제현물가격과의 차이를 구하는 작업을 충분히 많은 시점에 대하여 반복적으로 행하는 경우 이 차이의 평균치가 영이 된다면 우리는 선물가격이 미래현물가격의 불편추정치(unbiased forecaster)가 된다고 말한다. 그러나 선물가격이 미래현물가격의 불편추정치가 된다는 것만으로는 정확성이 보장된다고 할 수 없다. 그 이유는 선물가격이 미래현물가격의 불편추정치가 된다고 할지라도 커다란 오차를 가질 수 있기 때문이다. 즉, 선물가격과 미래의 실제현물가격과의 차이, 즉 오차는 매우 크지만 이 오차들의 평균치는 영이 되는 경우를 생각할 수 있기 때문이다.

일반적으로 선물가격과 미래의 실제현물가격과의 차이는 매우 크게 나타난다. 선물가격은 흔히 급격하게 변동하곤 하는데 이것은 대부분의 경우 선물가격이 미래현물가격의 정확한 추정치가 되지 못한다는 것을 의미한다. 이와 같이 선물가격이 미래현물가격의 정확한 추정치가 되지 못하므로 미래현물가격을 추정하기 위하여 선물가격에 의존하는 데에는 한계가 있다고 할 수 있다.

셋째, 위에서 본 바와 같이 선물가격이 미래현물가격의 정확한 추정치가 되지 못한다면 선물가격은 더이상 이용가치가 없는 것일까? 이러한 질문에 대한 대답을 하기 위하여는 미래현물가격의 다른 추정치들은 선물가격보다 더 정확한가를 살펴보아야 할 것이다. 여태까지의 연구결과는 대체로 선물가격이 다른 예측기법에 의한 미래현물가격의 추정치들보다는 더 정확하다고 결론짓고 있다. 즉, 선물가격이 미래현물가격의 정확한 추정치는 되지 못한다고 할지라도 다른 예측기법에 의한 추정치들보다는 더 낫다는 것을 말한다. 그리고 다른 예측기법에 의한 추정치들과는 달리 선물가격은 비용을 들이지 않고도 얻을 수 있다는 점이 특이하다고 할 수 있다.

2. 투 기

선물시장에서의 투기(speculation)란 이익을 목적으로 선물거래를 행함으로써 자기를 위험에 더 크게 노출시키는 행위를 말한다. 선물시장에서의 투기자들은 포지션을 보유하기를 원하는 기간에 따라서 scalper, day trader 및 position trader 등으로 나눌 수 있다.

1) Scalper

scalper는 매우 짧은 시간 동안의 장세의 흐름을 예측하여 선물시장에서 거래를 행하는 투기자이다. scalper는 다른 거래자들 간의 거래의 분위기를 파악하여 보통 그다음 몇 분 동안의 장세의 흐름을 예측하여 아주 짧은 시간 동안 포지션을 보유하고 나서는 자기 포지션을 청산해버린다. 이와 같이 다른 거래자들 간에 축적되는 매입 또는 매도하고자 하는 시장 에너지를 파악하기 위하여 scalper는 거래소 내의 지정된 거래장(pit)에서 거래를 행하여야 한다.

scalper는 포지션을 아주 짧은 시간 동안만 보유하려고 계획하므로 큰 이익을 추구하지는 않는다. scalper는 아주 작은 이익을 추구하며 포지션을 보유한 후 몇분 내에 선물가격이 예상했던 방향으로 움직이지 않으면 즉시 자기의 포지션을 청산하고 다시 새로운 기회를 엿보게 된다. 그러므로 scalper는 하루에도 엄청난 횟수의 선물거래를 행하며 이러한 scalper의 활동으로 인하여 선물시장의 유동성(liquidity)이 제고된다. 즉, scalper의 활동은 다른 선물시장참여자들이 거래상대자를 쉽게 발견할 수 있도록 해준다.

2) Day Trader

day trader는 하루 동안의 장세의 흐름을 예측하여 선물시장에서 이익을 취하고자 거래를 행하는 투기자이다. day trader는 하루의 장이 끝나기 전에 자기의 포지션을 청산하여 선물시장에서 그 다음날까지 자기의 포지션을 계속해서 유지하지 않는다. 예를 들면, day trader는 정부의 공식적 발표사항 등이 선물가격에 미칠 영향을 예측하여 이러한 발표가 있기 전에 선물계약을 매입 또는 매도한 후 그러한 정부의 공식발표에 의하여 선물계약이 변화할 때까지 기다린다. 그러나 day trader는 자기의 포지션을 그날의 폐장 전에 청산하는데 그 이유는 자기의 포지션을 그 다음날까지 계속해서 유지하는 것은 매우 위험하다고 여기기 때문이다.

3) Position Trader

선물시장에서의 대부분의 투기자들은 scalper 또는 day trader로서 활동하고 있다. 선물시장에서는 하루의 폐장이 가까와짐에 따라 거래량이 급격히 증가하는데 보통 폐장 전의 마지막 30분 동안에 하루 전체 거래량의 약 25%에 해당하는 거래가 행해진다. 특히 마지막 5분 동안은 자기의 포지션을 청산하고자 하는 거래자들로 인하여 큰 혼잡을 이룬다.

이와 같이 대부분의 투기자들이 자기의 포지션을 그 다음날까지 계속 해서 유지하는 것은 매우 위험하다고 여기지만 투기자들 중의 일부는 자기의 포지션을 그 다음날까지 계속 유지하고 때로는 몇 주간 또는 몇 개월 동안 계속 유지하기도 한다. 이와 같은 투기자들을 position trader라고 하는데 position trader는 다시 outright position을 보유하는 투기자와 spread position을 보유하는 투기자로 나눌 수 있다.

선물시장에서의 outright position trader란 선물가격이 상승할 것으로 예상되는 경우에는 선물계약을 매입하고 선물가격이 하락할 것으로 예상되는 경우에는 선물계약을 매도함으로써 이익을 추구하는 투기자를 말한다. 이러한 outright position 거래에 있어서는 투기자의 예상이 적중할 경우에는 반대매매(reversing trade)를 통하여 이익을 얻게 되지만 예상이 빗나가는 경우에는 커다란 손실을 보게 될 위험을 가지게 된다.

outright position 거래에 수반하는 위험이 너무 크다고 판단하는 투기자들은 outright position 대신에 spread position을 보유한다. 투기자가 spread position을 보유한다는 것은 가격변화가 서로 관련이 있다고 여겨지는 두 개의 선물계약을 체결하고 이 두 개의 선물계약의 상대가격의 변화로부터 이익을 얻고자 함을 의미한다. 선물시장에서 거래되고 있는 서로 다른 상품 간의 가격 차이를 이용하는 경우를 상품간 스프레드(inter-commodity spread)라고 하고 동일 상품에 있어서 서로 다른 수도결제월(한월) 간의 가격 차이를 이용하는 경우를 상품내 스프레드(intra-commodity spread)라고 하는데 이 두 가지 모두 spread position을 통한 투기적 전략(speculative strategy)이다.

이제 어느 spread position 거래자가 소맥(wheat) 선물가격과 옥수수(corn) 선물가격과의 차이가 너무 작다고 판단하는 경우를 예로 들어 상품간 스프레드를 설명하기로 한다.

상 황

8월 3일 현재 다음해 3월을 수도결제월로 하는 wheat 선물의 가격은 bushel당 394cents이고 같은 수도결제월의 corn 선물의 가격은 309cents이다.

조치 및 결과

• 8월에 취하는 조치	8월가격	다음해 2월가격	cent로 표시한 가격 차이
다음해 3월물 wheat 선물매입	394	414	20
다음해 3월물 corn 선물매도	309	324	15
Spread	85cents	90cents	

• 다음해 2월에 취하는 조치

3월물 wheat 선물매도

414 (매도가격)

394 (매입가격)

20cents

이익 = (5,000bushels)(20cents/bushel) = $ 1,000

3월물 corn 선물매입

309 (매도가격)

324 (매입가격)

15cents

손실 = (5,000bushels)(15cents/bushel) = $ 750

순이익 = $ 1,000 − $ 750 = $ 250

이러한 상황하에서 이 두 상품간의 가격 차이가 너무 작다고 판단한 이 spread position 거래자는 다음해 3월물 wheat 선물계약 1단위를 매입하고 같은 수도결제월의 corn 선물계약 1단위를 매도한다고 가정한다. 이제 다음해 2월 3일에 이르러 3월물 wheat 선물계약 및 corn 선물계약의 각각 bushel당 414cents 및 324cents가 된다면 이 spread position 거래자는 wheat 선물계약 1단위를 매도하고 corn 선물계약 1단위를 매입하는 반대매매를 통하여 wheat 및 corn 선물의 포지션을 청산하면 된다. 그러면 이 spread position 거래자는 wheat 선물에서는 bushel당 20cents(= 414cents − 394cents)의 이익을 얻게 되고 corn 선물에서는 bushel당 15cents(= 309cents − 324cents)의 손실을 보게 된다. wheat 선물과 corn 선물 모두 그 계약 단위가 5,000bushels이므로 이것은 wheat 선물계약 1단위에 대하여 $ 1,000의 이익을 얻게 되고 corn 선물계약 1단위에 대하여 $ 750의 손실을 보게 된다는 것을 의미한다. 즉, 이 spread position 거래자의 순이익은 $ 250(= $ 1,000 − $ 750)가 된다.

위의 예에서 우리는 8월 3일부터 다음해 2월 3일까지의 기간 동안 wheat 선물가격과 corn 선물가격이 모두 상승하였음을 알 수 있다. 소맥과 옥수수는 서로 대체재라고 볼 수 있으므로 그 가격들이 서로 연관되어 움직이는 경향이 있다. 이와 같이 wheat 선물가격과 corn 선물가격의 높은 상관관계로 인하여 spread position 거래는 outright position 거래보다 덜 위험하다고 할 수 있다. 위의 예에서 만약 outright position 거래를 행하였다면 wheat 선물계약 1단위에 대하여는 $ 1,000의 가격변화가 있게 되고 corn 선물계약 1단위에 대하여는 $ 750의 가격변화가 있게 된다. 그러나 spread position 거래를 행할 경우의 가격변화(순이익)는 $ 250로서 이것은 wheat 선물계약 또는 corn 선물계약 각각에 대하여 outright position 거래를 행할 경우의 가격변화보다 작게 된다.

위의 예에서 spread position 거래자는 wheat 선물가격과 corn 선물가격과의 차이가 앞으로 확대되리라고 판단하여 spread position 거래를 행하기로 하였었다. 그리고 위의 예에서는 wheat 선물가격과 corn 선물가격이 실제로 모두 상승하는 경우를 고려하였으나 이들 선물가격이 실제로 모두 하락한다고 하더라도 corn 선물가격의 하락폭이 wheat 선물가격의 하락폭보다 더 크다면 이 spread position 거래자는 이익을 얻게 된다.

[그림 5-5]는 8월 3일부터 다음해 2월 3일까지의 기간 동안 wheat 선물가격과 corn 선물가격과의 차이가 확대되는 것을 보여주고 있다. spread position 거래를 행할 경우에는 앞으로 선물가격이 전반적으로 상

그림 5-5 wheat 선물가격과 corn 선물가격의 상대적 변화

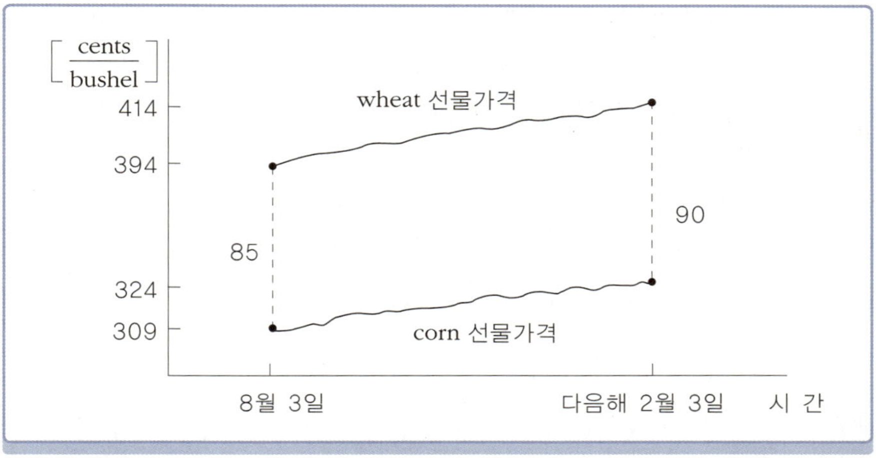

승할 것인지 또는 하락할 것인지에 대하여 판단을 할 필요가 없다. 중요한 것은 wheat 선물가격과 corn 선물가격과의 차이가 앞으로 확대될 것인가 아니면 축소될 것인가에 대하여 판단을 하는 것이며 이러한 상대가격의 변화에 대한 판단이 적중하게 되면 spread position 거래자는 선물가격이 전반적으로 상승하거나 또는 하락하거나에 관계없이 이익을 얻게 된다.

우리는 투기자들을 scalper, day trader 및 position trader 등으로 구분하였으나 투기자들이 여러 가지 투기적 전략을 동시에 사용할 수 있음을 알아야 한다. 즉, 특정거래자가 scalper로서 활약함과 동시에 position trader로서 활약할 수도 있다. 거래소 내의 거래장에서 적극적으로 활동하는 거래자들은 가능한 모든 종류의 기회를 활용하고자 한다.

3. 재 정

투기에는 일반적으로 위험이 수반되지만 재정(arbitrage)의 기회가 존재할 때는 자금의 투자가 없이 확실한 이익을 얻을 수 있는 가능성이 있다. 일반적으로 재정거래를 행한다고 함은 자금의 투자가 없이 무위험이익(riskless profit)을 확보하기 위하여 거래를 행하는 경우를 말한다.

다음에서는 금 선물시장을 예로 들어 재정거래를 설명하기로 한다. 8월 3일 현재 어느 재정거래자(arbitrager)는 금 선물시장에서 10월물 금 선물가격은 troy ounce당 $ 438.70이고 12월물 금 선물가격은 troy ounce당 $ 444.30임을 알았다고 하자. 그리고 금을 현물로 보관하는 데 드는 재고유지비용(carrying charge)은 금 1 troy ounce에 대하여 1개월에 $ 2.5라는 것도 알게 되었다고 하자. 여기서 재고유지비용은 금을 보관 · 유지하는 데 드는 총비용을 말하며 운송비, 저장비용 및 자금조달비용 등을 포함한다. 이 재정거래자는 10월물 금 선물가격과 12월물 금 선물가격의 차이가 충분히 크므로 10월부터 12월까지의 금 현물의 재고유지비용을 감안하더라도 금 선물거래를 통하여 이익을 얻을 수 있다고 판단하게 될 것이다.

이 재정거래자가 택하는 전략을 구체적으로 살펴보면 다음과 같다. 8월 3일 현재 금 선물시장에서 10월물 금 선물계약 1단위를 troy ounce당 $ 438.70의 가격으로 매입하고 동시에 12월물 금 선물계약 1단위를 troy ounce당 $ 444.30의 가격으로 매도한다. 그리고 10월부터 12월까지의 기간 동안 금 현물을 보관할 수 있도록 조치를 취하는데 이 때 재고유지비용이 금 1 troy ounce에 대하여 1개월에 $ 2.5가 되도록 해둔다. 10월에 가서 이 재정거래자는 8월에 매입한 금 선물계약에 따라 금 현물을 인수한다. 금 선물의 계약단위는 100 troy ounces이므로 이 재정거래자가 금 현물을 인수할 때 지급해야 하는 금액은 $ 43,870[= ($ 438.70/ounce)(100ounces)]가 된다. 그리고 이 재정거래자는 인수한 금 현물을 10월부터 12월까지 보관하는데 이 때의 재고유지비용은 $ 500[= ($ 2.5/ounce)(100ounces)(2개월)]가 된다. 따라서 12월까지의 총비용은 $ 44,370(= $ 43,870 + $ 500)가 된다. 그런데 이 재정거래자는 8월 3일에 12월물 금 선물계약 1단위를 troy ounce당 $ 444.30의 가격으로 매도하였으므로 이 선물계약에 따른 의무를 완수하기 위하여 이미 확보해놓은 금 현물 100 troy ounces를 12월에 인도하면 된다. 이 때 지급받는 금액은 $ 44,430[= ($ 444.30/ounce)(100ounces)]가 된다. 그러므로 이 재정거래자가 확보하게 되는 이익은 $ 60(= $ 44,430 − $ 44,370)가 된다.

여기서 중요한 것은 8월 3일 이 재정거래자가 선물계약을 체결할 당시에 $ 60의 이익을 얻게 되리라는 것을 확신할 수가 있다는 점이다. 즉,

10월물 금 선물계약을 매입하고 동시에 12월물 금 선물계약을 매도함으로써 10월의 금 매입가격과 12월의 금 매도가격을 미리 고정시킬 수 있고 또한 10월부터 12월까지의 금 현물의 재고유지비용도 미리 고정시킬 수가 있으므로 $ 60의 이익도 고정된 재정거래이익이라고 할 수 있다. 물론 10월에 금 현물을 인수할 때 $ 43,870를 지급해야 하므로 자금이 필요한 것은 사실이다. 그러나 이 때 필요한 $ 43,870는 차입할 수가 있으며 차입에 따른 자금조달비용은 10월부터 12월까지의 금 현물의 재고유지비용에 이미 포함되어 있다. 그러므로 위의 예는 거래자가 자기 자신의 자금투자가 없이 확실한 이익을 얻을 수 있음을 보여주고 있으므로 진정한 의미의 재정거래를 보여준다고 할 수 있다.

4. 헤 징

헤징(hedging)이란 어떠한 이유로 인하여 위험에 이미 노출되어 있을 때 선물시장에서의 거래를 통하여 그러한 위험을 제거하고자 하는 행위를 말한다.

이제 4개월 후에 은 5,000 troy ounces를 필요로 하는 어느 거래자의 경우를 예로 들어 헤징을 설명하기로 한다.

상 황

8월 3일 현재의 은의 가격이 다음과 같다. New York의 Commodity Exchange(COMEX)에서 거래되는 은 선물의 경우에는 계약단위가 5,000 troy ounces이다.

한 월	가격(cents/troy ounce)
현 물	687.0
12월	703.5
다음해 3월	719.0

이와 같은 상황에서 12월에 은 5,000 troy ounces가 필요한 이 거래자는 12월물 은 선물가격 703.5가 자기가 받아들일 수 있는 수준이라고 판단한다고 하자. 즉, 자기의 은 현물 재고유지비용을 고려할 때 8월 3일 현재 687.0의 가격으로 은을 현물로 구입하여 12월까지 보관할 경우의 총비용은 12월물 은 선물가격 703.5보다 더 높게 되며 그렇게 되면 자기의 영업이익이 크게 위협을 받게 될 것으로 이 거래자는 판단한다고 하자. 한편, 이 거래자가 12월까지 기다려서 12월의 현물가격으로 은을 구입할 수도 있지만 만약 12월의 은 현물가격이 8월 3일 현재의 12월물 은 선물가격 703.5보다 높게 된다면 위에서와 마찬가지로 이 거래자는 어려움에 처하게 될 것이다.

이러한 상황하에서 이 거래자는 예상치 못한 은의 가격상승에 대비하기 위하여 은 선물거래를 행하면 된다. 즉, 8월 3일 현재 703.5의 가격으로 12월물 은 선물계약 1단위를 매입하면 된다. 12월에 이르러 은 현물가격이 706.5가 되었다고 하면 이것은 8월 3일 현재의 12월물 은 선물가격 703.5보다 troy ounce당 3cents만큼 더 높은 수준이 된 것을 의미한다. 그리고 8월 3일 현재의 12월물 은 선물가격이 그 당시 선물시장 참여자들의 12월의 은 현물가격에 대한 예상치를 나타낸다고 하면 이것은 12월의 실제 은 현물가격이 8월 3일 당시의 12월 은 현물가격에 대한 예상치보다 3cents만큼 더 높아졌음을 의미한다. 이제 이 거래자가 12월에 은 현물 5,000 troy ounces를 구입하기 위하여 지급해야 하는 금액은 $ 35,325[=(706.5cents/ ounce)(5,000ounces)]가 된다. 만약 12월의 은 현물가격이 8월 3일에 예상했던 바와 같이 703.5가 되었다면 은 5,000 troy ounces를 구입하기 위하여 $ 35,175[=(703.5cents/ounce)(5,000ounces)]를 지급해야 할 것이므로 12월에 은 5,000 troy ounces를 구입하는 데 드는 실제 비용은 예상했던 금액보다 $ 150가 많게 되었음을 알 수 있다.

우리는 앞에서 선물계약의 만기일(수도결제일)에 접근함에 따라 현물가격과 선물가격의 차이, 즉 베이시스(basis)가 좁아져서 결국 만기일에는 현물가격과 선물가격이 일치하게 된다는 것을 알았다. 그러므로 12월물 은 선물계약의 만기월인 12월에 이르러 은의 선물가격은 현물가격과 거의 일치하게 되며 만기일(수도결제일)에는 이 두 가격이 동일하게 될 것이다. 따라서 12월에 이르러 은 현물가격이 706.5인 경우 12월물 은 선물가격도 706.5가 될 것이다. 이제 12월에 이 거래자는 12월물 은 선물계약 1단위를 706.5의 가격으로 매도하면 된다. 이 거래자는 8월 3일에 이미 12월물 은 선물계약 1단위를 703.5의 가격으로 매입하였으므로 troy ounce당 3cents의 이익을 보게 되며 이것은 은 선물계약 1단위에 대하여 $ 150[=(3cents/ ounce)(5,000 ounces)]의 이익을 보게 됨을 의미한다. 이 $ 150의 선물거래이익은 위에서 이미 살펴본 12월의 은 현물의 실제구입비용($ 35,325)과 예상구입비용($ 35,175)의 차이, 즉 $ 150를 상쇄시켜준다. 다시 말하자면 12월에 현물시장에서 은 5,000 troy ounces를 구입하는 데 드는 비용은 8월 3일 당시에 예상했던 비용보다 $ 150가 증가하였지만 은 선물시장에서의 거래를 통하여 $ 150의 선물거래이익을 확보하게 되므로 결국 12월에 현물시장에서 은 5,000 troy ounces를 구입하는 데 드는 실효비용은 8월 3일 당시의 예상비용과 일치하게 된다.

조치 및 결과

현물시장	선물시장
• 8월 12월에 은 5,000 troy ounces가 필요할 것으로 예상(8월현재 은 현물가격은 687.0 cents/troy ounce이며, 12월의 은 현물가격은 703.5cents/troy ounce가 되리라고 예상. 즉, 12월에 은 5,000 troy ounces를 구입하는 데 드는 비용은 $ 35,175가 되리라고 예상)	12월물 은 선물계약 1단위를 703.5 cents/troy ounce의 가격으로 매입(은선물의 계약단위는 5,000 troy ounces이므로 계약단위당 매입가격은 $ 35,175) 매입가격 $ 35,175
• 12월 은의 현물가격은 706.5cents/troy ounce가 되어 은 5,000 troy ounces를 구입하는 데 드는 비용은 $ 35,325가 됨 은 현물구입비용 $ 35,325 (차감) 선물거래이익 $ 150 실효구입비용 $ 35,175	12월물 은 선물계약 1단위를 706.5 cents/troy ounce의 가격으로 매도(계약단위당 매도가격은 $ 35,325) 매도가격 $ 35,325 선물거래이익 $ 150

위의 예에서 한 가지 주목할 만한 사실은 이 거래자가 자기가 8월 3일에 매입한 12월물 은 선물계약의 수도결제일에 실제로 은 현물을 선물거래소로부터 인수하지 않고 반대매매(reversing trade)를 통하여 자기의 포지션을 청산하였다는 점이다. 이와 같이 매입 포지션을 가지고 있는 경우 선물계약의 수도결제일에 현물을 인수하기보다는 선물계약의 매도를 통하여 자기의 포지션을 청산하는 방법을 택하는 것이 보다 일반적이라고 할 수 있는데 그 이유는 거래비용을 줄일 수 있고 여러 가지 절차상의 복잡함을 피할 수 있기 때문이다. 이 경우에 실제로 필요한 현물은 현물시장에서 자기와 거래관계에 있는 기존의 공급자로부터 얻게 된다.

제 5 절 금융선물거래

금융선물거래(financial futures transaction)는 외환이나 유가증권 등의 금융상품에 대한 선물거래로서 계약에 의하여 미래의 일정시점에 특정금융상품을 미리 약정된 조건으로 매매하기로 합의하고 상품의 인수도 또는 반대매매(reversing trade)를 통하여 계약을 종결짓는 거래를 말한다.

금융선물거래는 선물거래의 대상이 되는 상품의 종류에 따라 금리선물(interest rate futures), 통화선물(foreign exchange futures), 주가지수선물(stock index futures) 및 이들 선물에 대한 옵션인 금융선물옵션(options on financial futures) 등으로 나눌 수 있다.

금리선물거래는 미래의 이자율을 고정시키기 위하여 행하는 거래로서 금리자체를 매매하는 것이 아니고 금리를 발생시키는 금융자산을 매매하는 거래이다. 금리선물은 단기재정증권(Treasury Bill) 및 유로달러예금(Eurodollar deposit) 등을 대상으로 하는 단기금리선물과 장기정부채(Treasury Bond) 및 중기정부채(Treasury Note) 등을 대상으로 하는 장기금리선물로 나눌 수 있다.

금리선물거래의 대부분은 Chicago의 Chicago Board of Trade (CBT)와 Chicago Mercantile Exchange(CME)에서 이루어지고 있다. Chicago에서의

성공적인 금리선물거래를 본따서 미국내의 다른 선물거래소들도 금리선물거래를 시도하여 그 동안 많은 수의 금리선물상품이 개발되었으나 대부분 실패하였거나 거래량이 아주 미미한 실정이다. 금리선물을 거래하는 미국 이외의 지역에 있는 선물거래소로는 London International Financial Futures Exchange (LIFFE), Sydney Futures Exchange(SFE), Singapore International Monetary Exchange(SIMEX), Tokyo International Financial Futures Exchange(TIFFE) 및 프랑스의 Marche A Terme d' Instrument Financiers(MATIF) 등을 들 수 있다.

통화선물거래는 미래의 환율을 고정시키기 위하여 행하는 거래로서 특정통화를 미래의 일정시점에서 당초에 정한 가격으로 매입 또는 매도하기로 한 거래이다. 통화선물거래는 Chicago Mercantile Exchange(CME)에서 성공적으로 행해지고 있는데 Australian dollar, British pound, Canadian dollar, New Zealand dollar, Mexican peso, Japanese yen, Swiss franc 등에 대한 선물이 거래되고 있다.

주가지수선물거래는 주식의 분산투자에 의해서도 피할 수 없는 주식시장 전체의 위험, 즉 체계적 위험(systematic risk)을 회피하기 위하여 행하는 거래로서 주식시장 전체를 대표할 수 있는 주가지수를 하나 선정하여 가격을 부여해놓고 현재 약정한 가격으로 미래의 특정일에 매매하기로 한 거래이다. 주가지수선물거래는 대부분 거래대상물이 실제로 존재하지 않으므로 현물의 수도가 이루어지지 않고 결제가 모두 반대매매(reversing trade)에 의한 청산거래로 이루어지고 있다.

주가지수선물거래는 1982년 Kansas City Board of Trade(KCBT)에서 처음으로 시작되었으며 대상이 되는 주가지수는 Value Line Average(VLA)이었다. 그 이후 New York Futures Exchange(NYFE)에서 New York Stock Exchange Composite Index(NYSE 종합주가지수)를 대상으로 주가지수선물을 도입하였으며 Chicago Merchantile Exchange는 Standard and Poor's 500(S&P 500종) 및 Standard and Poor's 100(S&P 100종) 등의 지수를 대상으로 하는 주가지수선물거래를 시작하였다. 이 외에도 Chicago Board of Trade는 Maxi Major Market Index를 대상으로 하는 주가지수선물을 도입하였다. 미국 이외의 지역에서는 Sydney Futures

Exchange(SFE), Toronto Futures Exchange(TFE), London International Financial Futures Exchange(LIFFE), Hong Kong Futures Exchange(HKFE), Singapore International Monetary Exchange(SIMEX) 및 Osaka Security Exchange(OSE) 등에서 주가지수선물이 도입되었다.

금융선물옵션거래는 통화선물 · 금리선물 및 주가지수선물 등의 금융선물에 대한 옵션거래를 말하며 옵션의 권리를 행사할 경우에 금융상품을 현물로 주고 받는 대신 금융상품에 대한 선물포지션이 발생하게 된다.

Chicago Mercantile Exchange(CME) 산하의 Index and Option Market(IOM)은 1984년에 처음으로 통화선물옵션(options on foreign exchange futures)을 거래하기 시작하였다. 현재 CME의 IOM에서는 British pound, Canadian dollar, Japanese yen 및 Swiss franc 등의 통화에 대한 선물옵션거래가 행해지고 있다.

Chicago Board of Trade(CBT)는 1982년에 장기정부채(Treasury Bond) 선물에 대한 옵션거래를 도입함으로써 금리선물옵션거래를 시작하였다. 그 이후 CBT는 중기정부채(Treasury Note)선물에 대한 옵션거래도 추가하여 성공을 거두었다. 한편 CME는 1985년에 유로달러예금에 대한 선물옵션, 1986년에 단기재정증권(Treasury Bill)에 대한 선물옵션거래를 도입함으로써 단기금리선물옵션거래를 시작하였다.

주가지수선물에 대한 옵션거래는 CME에서 1983년 Standard and Poor' s 500(S&P 500종)지수를 대상으로 선물옵션거래를 시작하였으며 같은 때에 New York Futures Exchange(NYFE)에서는 New York Stock Exchange Composite Index(NYSE 종합주가지수)를 대상으로 선물옵션거래를 시작하였다.

부록 베이시스 리스크(Basis Risk)

[그림 5-6]은 t_1시점과 t_2시점 사이에 현물가격과 선물가격이 어떻게 변해가는가를 보여주고 있다. 즉, t_1시점에서의 현물가격을 C_1, 선물가격

그림 5-6 Basis Risk

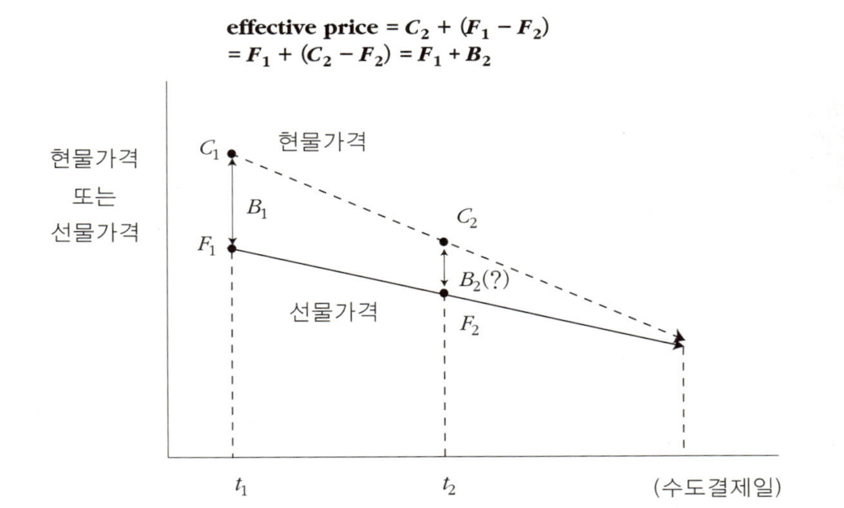

을 F_1이라고 할 때 t_1시점에서의 베이시스는 $B_1 = C_1 - F_1$이 되며 t_2시점에서의 현물가격을 C_2, 선물가격을 F_2라고 하면 t_2시점에서의 베이시스는 $B_2 = C_2 - F_2$가 된다.

현물가격의 변동위험을 제거하기 위하여 선물거래를 하는 경우 선물가격의 변화폭, $(F_1 - F_2)$에 해당하는 선물거래이익(손실)을 얻게 되므로 t_2시점에서의 실효가격(effective price)은 t_2시점에서의 현물가격, C_2와 선물거래이익(손실), $(F_1 - F_2)$을 합하여 구할 수 있다. 즉, effective price = $C_2 + (F_1 - F_2)$가 된다. 그런데 $C_2 - F_2 = B_2$, 즉 t_2시점에서의 베이시스이므로 위의 표현은 effective price = $F_1 + B_2$로 다시 나타낼 수 있다. 그런데 t_1시점에서는 B_2의 값이 무엇이 될지 알 수가 없으므로 effective price에 대해서도 불확실성이 존재하게 된다. 이와 같이 B_2의 값이 불확실하기 때문에 발생하는 헤지효과의 불확실성을 베이시스 리스크(basis risk)라고 부른다.

가령 t_2가 수도결제일인 경우에는 수렴현상(convergence)에 의하여 $B_2 = 0$이 되므로 effective price = F_1이 되면 완전헤지(perfect hedge)를 달

성할 수가 있게 된다. 즉, t_1시점에서 선물거래를 행함으로써 t_2시점에서의 effective price를 t_1시점에서의 선물가격 F_1에 고정시킬 수가 있게 된다.

예 제

6월5일 현재 K기업은 11월15일에 이르러 현물시장에서 원유 20,000 barrel을 구입할 것으로 예상하고 있다.

6월 현재 선물시장에서 원유선물계약의 계약단위는 1,000 barrel이고 12월물 원유선물가격(F1)은 $18/barrel이다.

11월15일에 이르러 원유현물시장가격(C2)은 $20.00/barrel 그리고 원유 선물시장가격(F2)은 $19.10/barrel이 된다면 11월에 원유를 구입하기 위하여 지출하게 되는 실효가격(effective price)은 얼마인가?

6월5일 현재 K기업은 미래에 원유를 구입할 것으로 예상하고 있는 상황이므로 원유현물가격의 변동위험을 제거하기 위하여 12월물 원유선물가격인 $18/barrel(F1)으로 선물매입계약을 체결한다. 11월15일에 이르러 우선 원유선물계약의 반대매매를 하기 위하여 $19.10/barrel(F2)의 선물가격으로 선물매도계약을 체결하면 선물거래이익은 $1.10/barrel 이 된다. 그리고 원유현물시장에서 현물가격 $20.00/barrel(C2)를 지불하고 원유를 구입한다면 11월에 원유를 구입하기 위하여 지출하게 되는 barrel 당 실효가격은 $18.90(= $20.00 - $1.10)이 된다. 따라서 원유 20,000 barrel을 구입하는 경우 지출하게 되는 총실효가격은 ($18.90/barrel) x (20,000 barrel) = $378,000 이 된다.

$$
\begin{aligned}
\text{즉, Effective price } \underline{\text{paid}} &= C2 + (F1 - F2) \\
&= (\$20.00) + (\$18.00 - \$19.10) \\
&= \$18.90 \\
&= \$18.00 + \$0.90 \\
&= F1 + B2 \\
&\text{where } B2 = C2 - F2 \\
&\qquad\qquad = \$20.00 - \$19.10 = \$0.90
\end{aligned}
$$

부록 헤지비율(Hedge Ratio)[2)]

헤지비율(hedge ratio)이란 현재 보유하고 있는 현물자산 또는 일정기간 후에 보유하고자 하는 현물자산의 가격변동위험을 제거하기 위하여 필요한 선물자산의 양을 나타낸 것으로 헤지하고자 하는 현물자산의 양에 대한 선물자산의 양의 비율로 표시한다. 헤지비율을 추정하는 방법에는 단순접근법(Naive Approach), 최소분산접근법(Minimum Variance Approach), 효용접근법(Utility-based Approach) 등이 있으나 여기에서는 최소분산접근법으로 설명하고자 한다.

최소분산헤지비율(Minimum Variance Hedge Ratio)은 다음과 같이 표현할 수 있다.

$$h^* = \rho \frac{\sigma_S}{\sigma_F}$$

$\varDelta S$: 현물자산가격의 변화
$\varDelta F$: 선물자산가격의 변화
σ_S: $\varDelta S$의 표준편차(standard deviation)
σ_F: $\varDelta F$의 표준편차(standard deviation)
ρ: $\varDelta S$와 $\varDelta F$ 간의 상관계수(coefficient of correlation)
h^*: 투자자의 포지션 가치의 분산(variance)을 최소화시키는 헤지비율

즉, 최소분산헤지비율은 $\varDelta S$와 $\varDelta F$ 간의 상관계수, 즉 ρ와 $\varDelta F$의 표준편차에 대한 $\varDelta S$의 표준편차의 비율의 곱으로서 표시된다.

만약 위의 식에서 $\rho = 1$이고 $\sigma_F = \sigma_S$이라면 헤지비율 $h^* = 1.0$이 되는데 그 이유는 선물가격과 현물가격의 움직임이 동일하기 때문이다. 만약 $\rho = 1$이고 $\sigma_F = 2\sigma_S$이라면 헤지비율 $h^* = 0.5$가 되는데 이 경우에는 선물가격변화의 표준편차가 현물가격변화의 표준편차의 2배가 되므로 현물자산의 가격변화를 상쇄시키는 데 필요한 선물자산의 양은 현물자산 양의 1/2

2) 이 부분은 John C. Hull, *Introduction to Futures and Options Markets*, Third Edition(Upper Saddle River, N.J.: Prentice Hall, 1998)를 참고하였음.

그림 5-7 선물자산가격 변화에 대한 현물자산가격 변화의 회기분석

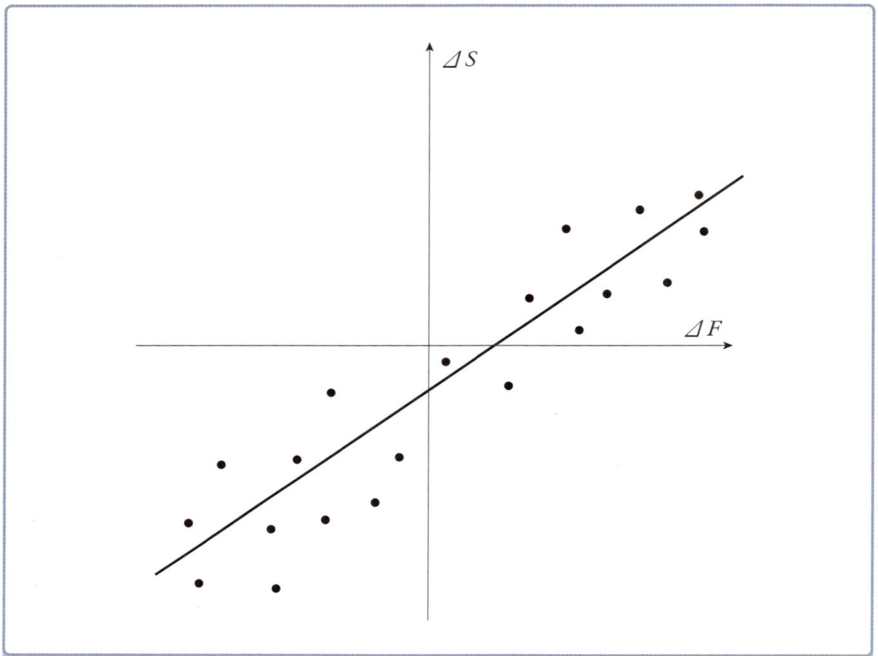

만큼만 있어도 충분하게 되는 것이다.

최소분산헤지비율 h^*는 [그림 5-7]에서 보는 바와 같이 ΔS를 ΔF에 대하여 회기분석(regression)을 하였을 경우의 회기식(the best fit line)의 기울기와 같다고 할 수 있다. 왜냐하면 ΔF의 변화에 대한 ΔS의 변화를 비율로 표시한 것이 h^*라고 볼 수 있기 때문이다.

이제, N_A가 현물자산의 양을 나타낸다고 하면 헤지비율이 h^*인 경우 $h^* \cdot N_A$는 필요한 선물자산의 양을 나타내게 된다. 만약 Q_F가 선물계약 1단위의 규모를 나타낸다면 필요한 선물계약의 단위수는 h^*N_A/Q_F로 나타낼 수 있다.

즉, N_A는 현물자산의 양, h^*는 헤지비율, Q_F는 선물계약 1단위의 규모, 그리고 N^*가 필요한 선물계약의 단위 수를 나타낸다고 하면 $N^* = (h^* \times N_A)/Q_F$가 된다. 여기서 필요한 선물계약의 단위 수 N^*를 헤지비율(hedge ratio)이라고 부르기도 한다.

예 제

6월5일 현재 K기업은 11월15일에 이르러 현물시장에서 원유 20,000 barrel을 구입할 것으로 예상하고 있다. 현재 선물시장에서 원유선물계약의 계약단위는 1,000 barrel이고 12월물 원유선물가격은 $18/barrel이다. 헤지비율($h^*$)이 0.78이라면 필요한 선물계약의 단위 수(N^*)는 얼마인가?

$(0.78 \times 20,000)/1,000 = 15.6$ 단위의 원유선물계약이 필요한데 이 필요한 선물계약의 단위 수 (N^*)를 헤지비율이라고 부르기도 한다.

최소분산헤지비율(Minimum Variance Hedge Ratio) 산출

다음은 과거 15개월 동안의 선물자산가격의 변화(ΔF)와 현물자산가

표 5-1 선물자산가격 변화 및 현물자산가격 변화

Month i	ΔF for Month i $= x_i$	ΔS for Month i $= y_i$
1	0.021	0.029
2	0.035	0.02
3	−0.046	−0.044
4	0.001	0.008
5	0.044	0.026
6	−0.029	−0.019
7	−0.026	−0.01
8	−0.029	−0.007
9	0.048	0.043
10	−0.006	0.011
11	−0.036	−0.036
12	−0.011	−0.018
13	0.019	0.009
14	−0.027	−0.032
15	0.029	0.023

격의 변화($\varDelta S$)에 관한 historical data를 보여주고 있다.

첫째, [표 5-1]에 의하여 주어진 data로부터 다음의 값들을 구한다.

$$\sum x_i = -0.013 \quad \sum x_i^2 = 0.0138$$
$$\sum y_i = 0.003 \quad \sum y_i^2 = 0.0097 \quad \sum x_i y_i = 0.0107$$

둘째, 다음의 공식을 활용하여 (1) 선물자산가격 변화($\varDelta F$)의 표준편차(σ_F)에 대한 추정치와 (2) 현물자산가격 변화($\varDelta S$)의 표준편차(σ_S)에 대한 추정치 그리고 (3) 선물자산가격 변화($\varDelta F$)와 현물자산가격 변화($\varDelta S$) 간의 상관계수(ρ)에 대한 추정치를 구한다.

$$\hat{\sigma}_F = \left[\frac{1}{n-1}\sum x_i^2 - \frac{1}{n(n-1)}\left(\sum x_i\right)^2\right]^{\frac{1}{2}} = 0.0313$$

$$\hat{\sigma}_S = \left[\frac{1}{n-1}\sum y_i^2 - \frac{1}{n(n-1)}\left(\sum y_i\right)^2\right]^{\frac{1}{2}} = 0.0263$$

$$\hat{\rho} = \frac{n\sum x_i y_i - \sum x_i \sum y_i}{\left[\left(n\sum x_i^2 - \left(\sum x_i\right)^2\right)\left(n\sum y_i^2 - \left(\sum y_i\right)^2\right)\right]^{\frac{1}{2}}} = 0.928$$

셋째, 다음의 공식을 이용하여 minimum variance hedge ratio를 구한다.

$$h^* = \rho \cdot \frac{\sigma_S}{\sigma_F} = (0.928) \cdot \frac{0.0263}{0.0313} = 0.78$$

연습 문제

EXERCISES

〈문제 1번은 선물시장의 기능과 선물거래의 특징에 관한 아래의 설명들을 읽고 답하라〉

〈선물시장의 기능〉
(A) 미래의 현물가격의 발견
(B) 가격변동위험의 제거
(C) 투기적 거래에 의한 이익 확보
(D) 개인적인 거래 네트워크의 형성
〈선물거래의 특징〉
(E) 조직화된 거래소를 통하여 거래가 이루어진다.
(F) 계약은 반드시 만기에 현물로 인수도가 이루어져야 한다.
(G) 표준화된 계약
(H) 매일결제방식(daily resettlement)

01 올바르지 못한 항목들로 짝지어 진 것은?

1) (A), (E)　　2) (D), (H)　　3) (D), (F)　　4) (A), (G)

02 다음 중 특정 상품에 대한 선물거래의 성공을 위하여 반드시 필요한 것은?

1) 현물시장에서의 활발한 거래
2) 시장에서의 조작을 방지하기 위한 조치
3) 상품의 규격화 및 표준화를 확보하기 위한 조치
4) 위의 세 가지가 모두 해당

03 "현물가격과 선물가격의 격차를 (A)라고 하며 선물가격과 선물가격의 격차를 (B)라고 부른다." 다음 중 올바르게 짝지어 진 것은?

1) (A) spread, (B) basis　　2) (A) basis, (B) spread
3) (A) arbitrage, (B) basis　　4) (A) hedge, (B) spread

04 현물가격, 선물가격 및 재고유지비용에 대한 다음의 설명 중 올바르지 못한 것은?

1) 선물가격은 해당상품의 현물가격에 인도일(수도결제일)까지의 재고유지비용을 차감한 값과 같아야 한다.
2) 재고유지비용은 저장비용, 자금조달비용 등 특정 상품을 미래의 일정시점까지 유지하는데 드는 총비용을 말한다.
3) 재고유지비용은 현물가격과 선물가격과의 관계를 결정하는데 매우 중요한 역할을 한다.
4) 인도일이 현재로부터 멀리 떨어진 선물계약의 가격은 인도일이 가까운 선물계약 가격에 가까운 인도일로부터 먼 인도일까지의 재고유지비용을 더한 값과 같아야 한다.

05 선물시장에서의 투기거래자 중에서 초단기 매매를 전문적으로 행하며 일반적으로 자기의 포지션을 몇분 이내에 반대매매를 통하여 청산하는 거래자를 무엇이라고 부르는가?

1) position trader　　2) scalper
3) hedger　　4) arbitrager

06 "선물시장에서 투기거래자(speculator)는 가격변동위험을 전가(transfer)하기 위하여 선물거래를 행한다." 이 주장은 타당한가?

1) O　　2) X

07 고객이 선물계약을 체결한 후 자신의 구좌에서 최소한도 유지해야 하는 금액을 무엇이라고 하는가?

1) initial margin　　2) maintenance margin
3) margin call　　4) daily resettlement

08 다음 중 inter-commodity spread에 해당하지 않는 것은?

1) 5월물 소맥(wheat)선물 매입/9월물 소맥선물 매도
2) 은(silver)선물 매입/ 금(gold)선물 매도
3) Chicago 소맥선물 매입/Kansas City 옥수수(corn)선물 매도
4) Chicago 5월물 소맥선물 매입/Kansas City 5월물 귀리선물 매도

09 선물가격과 선물가격의 격차가 확대 또는 축소가 될 것이라는 예상 하에 행하는 투기거래를 무엇이라고 하는가?

1) outright position 거래
2) spread position 거래
3) arbitrage 거래
4) hedge 거래

10 어느 상품의 12월물 선물계약의 가격은 다음해 3월물 선물계약의 가격에 비해 높게 형성되고 있다. 그러나 이러한 가격의 격차가 조만간 축소될 것이라고 생각되는 경우 올바른 spread position 거래 전략은?

1) 12월물 선물 매도 / 3월물 선물 매입
2) 12월물 선물 매입 / 3월물 선물 매도
3) 12월물 선물 매입 / 3월물 선물 매입
4) 12월물 선물 매도 / 3월물 선물 매도

11 현물자산가격 변화와 선물자산가격 변화 간의 상관계수가 0.5이고 선물자산가격 변화의 표준편차가 현물자산가격 변화의 표준편차의 2배에 해당한다면 최소분산헤지비율은 얼마가 되는가?

1) 0.25　　2) 0.5　　3) 1　　4) 2　　5) 4

〈문제 12번부터 13번까지는 다음을 읽고 답하시오〉

> 특정상품에 대한 선물시장에서 헤져(hedger)집단이 순매도포지션을 취해야 하는 경우에는 투기자집단은 순매입포지션을 취해야 하는데 이 때 투기자(speculator)들이 위험회피형(risk-averse)이라면 선물가격이 예상미래현물가격보다 (A)할 것이다. 이 경우 만약 미래현물가격에 대한 예상이 정확하다면 선물가격은 선물계약기간 동안 점차로 (B)하게 될 것이다. 이와 같은 선물가격의 변화과정을 (C)이라고 부른다. 반면에 헤져집단이 순매입포지션을 취해야 할 경우에는 선물가격이 예상미래현물가격보다 (D) 하므로 선물가격은 선물계약기간 동안 점차로 (E)하게 될 것이다. 이와 같은 선물가격의 변화과정은 (F)이라고 부른다.

12 위의 내용 중 (A), (B), (C)에 순서대로 들어가야 할 말은 무엇인가?

1) 낮아야, 상승, normal backwardation

2) 낮아야, 상승, contango

3) 높아야, 하락, normal backwardation

4) 높아야, 하락, contango

13 위의 내용 중 (D), (E), (F)에 순서대로 들어가야 할 말은 무엇인가?

1) 낮아야, 상승, normal backwardation

2) 낮아야, 상승, contango

3) 높아야, 하락, normal backwardation

4) 높아야, 하락, contango

제 6 장

금리선물

Chapter

Global Financial Markets

06 금리선물

금리선물거래는 Chicago Board of Trade(CBT)와 Chicago Mercantile Exchange(CME) 산하의 International Monetary Market(IMM)에서 활발하게 거래되고 있다. CBT는 Treasury Bond, Treasury Note 등을 대상으로 하는 장기금리선물을 전문적으로 취급하고 CME산하의 IMM은 CBT와는 대조적으로 단기금리선물을 취급하는 데 3개월만기 Treasury Bill(T-Bill) 및 Eurodollar deposit 등을 대상으로 하고 있다.

제 1 절 주요 금리선물

1. T-Bill 선물계약

1976년 1월 6일 CME산하의 IMM이 최초로 거래를 시작한 T-Bill 선물계약은 선물계약 만기시 선물계약의 매도자는 액면금액 $ 1,000,000의 90일만기 T-Bill을 선물계약의 매입자에게 인도하고 선물계약의 매입자는 그 대가를 매도자에게 지급하는 것이다.

T-Bill 선물계약의 만기월(수도결제월)은 각 해의 3월, 6월, 9월 및 12

월이 되며, T-Bill 선물거래에 있어서 호가는 IMM Index 방식을 채택하고 있다. 즉, T-Bill의 거래에 있어서 T-Bill수익률(할인율)이 상승하면 T-Bill의 거래가격은 하락하고 수익률이 하락하면 거래가격이 상승하므로 수익률 대신 거래가격을 중심으로 호가를 하는 것이 시장 참여자들에게 편리할 것이라는 생각에서 채택한 것이 IMM index에 의한 호가방식이다. IMM index는 T-Bill수익률의 함수로서 다음과 같이 산출된다.

$$\text{T-Bill수익률(할인율)} = \left(\frac{\text{액면금액} - \text{거래가격}}{\text{액면금액}}\right) \cdot \frac{360}{\text{만기일수}}$$

$$\text{IMM index} = 100 - (\text{T-Bill수익률})$$

예를 들어, 선물계약의 수도결제일에 매도자가 인도하는 액면금액 $ 1,000,000의 90일만기 T-Bill에 대하여 그 대가로 매입자가 지급해야 하는 가격이 $ 985,000이라면, 이 때의 T-Bill수익률은

$$\left(\frac{\$\ 1{,}000{,}000 - \$\ 985{,}000}{\$\ 1{,}000{,}000}\right) \cdot \frac{360}{90} = 0.06(6\%)$$

이 되며, 따라서 IMM index는

$$100 - 6 = 94$$

가 된다.

International Monetary Market(IMM)의 가격등락 최소단위는 1 basis point(tick)인데 1 tick은 (1/100)%에 해당한다. 즉, 1 basis point = 0.01% = 0.0001이 된다. IMM에서 거래되는 90일만기 T-Bill 선물의 경우 거래단위는 $ 1,000,000이므로 1 basis point는 $ 25에 해당된다.

$$\$\ 1{,}000{,}000 \times 0.0001 \times \frac{90\text{일}}{360\text{일}} = \$\ 25$$

다음의 〈표 6-1〉은 *The Wall Street Journal*에서 볼 수 있는 T-Bill 선물에 대한 호가표이다. 첫번째 난은 T-Bill 선물계약의 만기월을 나타내며,

표 6-1 T-Bill 선물에 대한 호가표

TREASURY BILLS (CME)-$1 mil.; pts. of 100%

	Open	High	Low	Settle	Chg	Discount Settle	Discount Chg	Open Interest
Sept	95.17	95.20	95.17	95.17	....	4.83	....	896

Est vol 42; vol Mon 20; open int 919, +3.

두번째 난부터 다섯번째 난까지는 T-Bill 선물계약의 가격을 IMM index로 표시한 것으로서 각각 당일의 시가, 최고가, 최저가, 종가를 나타낸다. 여섯번째 난은 당일의 종가와 전일의 종가의 차이를 기록한 것으로서 'Chg' 라고 표시되어 있다. Discount라고 표시된 밑에 있는 두 개의 난 중 첫번째 난은 T-Bill 할인율을 보여주고 있는데 이것은 T-Bill 선물계약의 당일 종가(IMM index)를 100에서 뺀 것이다. 그리고 'Chg' 로 표시된 그 다음 난은 할인율로 표시된 당일 종가와 전일 종가의 차이를 나타낸다. 'Open Interest' 라고 표시되어 있는 마지막 난은 각각의 T-Bill 선물계약에 대하여 유효한 총계약수를 나타내고 있다. 표의 맨 밑부분에는 당일의 거래량(추측치), 전일의 실제거래량, T-Bill 선물계약 전체의 총유효계약수 및 당일과 전일 간의 총유효계약수의 차이가 나타나 있다.

IMM에서 T-Bill 선물계약을 거래하려면 우선 개시증거금(initial margin)을 납부하여야 한다. 예를 들어, 어느 거래자가 개시증거금 $ 1,500를 납부하고 T-Bill 선물계약을 매입하였다고 하자. 만약 그 선물가격이 하락하여 $ 400만큼의 손실을 입게 된다면, 이 거래자의 증거금계정의 잔고는 이제 $ 1,100(= $ 1,500 − $ 400)가 될 것이다. 이 때 유지증거금(maintenance margin)이 $ 1,200라면 이 거래자의 증거금계정의 잔고는 IMM에서 요구하는 유지증거금 수준 이하로 떨어지게 된다. 여기서 유지증거금이란 선물계약 거래자가 계속해서 유지하여야 하는 최소한도의 증거금계정 잔고를 말한다. 그러므로 이러한 경우 선물계약 거래자의 브로커는 이 거래자에게 추가로 증거금을 납입하여 증거금계정 잔고를 개시증거금 수준인 $ 1,500로 회복시킬 것을 지시하는데, 이것을 'margin call' 이라고 한다. 이 margin call에 대해서 추가증거금 납입을 제대로 이행하지 못하게 되면 거래자의 브로커는 거래자의 포지션을 청산하게 된다. 그러나 만약 T-Bill 선물가격이 상승하는 경우에는 거래자의 증거금계정 잔고는 증가하게 될 것이고, 개시증거금인 $1,500를 초과하는 초과금액은 증거금계정으로부터 거래자가 인출할 수 있다.

선물거래소의 청산기관(clearing house)은 청산회원(clearing member)들에게 그들이 고객들로부터 받은 증거금을 청산기관에 납부하도록 하고 있으며, 각 청산회원들은 매일 거래가 시작되기 전에 전일의 종가를 기준으로 하여 전일의 손실액을 청산기관에 지급하여야 하고 전일의 이익금은 청산기관으로부터 받을 수 있도록 되어 있다. 그러므로 청산회원들은 청산기관에 대하여 빚이 전혀 없는 상태에서 매일의 영업을 시작하게 된다. 그리고 청산회원들은 다시 매일매일 고객들로부터 증거금계정 부족액을 추가 납입하도록 요구하거나 고객들이 원하는 경우에 증거금계정 초과액을 고객들에게 지급하게 된다. 이와 같이 거래자가 자기의 매도 또는 매입포지션을 실제로 반대매매(reversing trade)를 통하여 청산하지 않은 상태에서 매일 매일의 선물계약 가격변동에 따른 선물포지션상의 이익이나 손실(paper gains or losses)이 발생하게 되는데 이러한 선물포지션상의 이익이나 손실을 증거금계정에서의 부족액 추가 납입 및 초과액 인출을 통해 실현된 이익이나 손실(realized gains or losses)로 전환시키는 매일 매일의 결제방법(daily resettlement)을 'marking to market'이라고 부르는데 이것은 선물시장의 중요한 특징 중의 하나라고 할 수 있다.

다음의 [그림 6-1]은 선물계약의 만기시 선물계약의 매도자와 매입자가 계약을 이행하기 위하여 밟아야 하는 절차를 상세히 설명해 주고 있다. 각각의 매도자 또는 매입자는 선물거래소의 청산회원을 통하여 수도결제를 하게 된다. 매도자를 대표하는 청산회원과 매입자를 대표하는 청산회원은 거래종료일에 각기 수도결제를 하겠다는 약정서를 거래소의 청산기관에 제출해야 하는데, 이 때 매도자는 현재 T-Bill을 보유하고 있는 은행을 밝히고 매입자는 T-Bill을 인도받고자 하는 은행을 지정해야 한다. 그 다음날인 결제일에는 매도자는 매입자가 지정한 은행으로 T-Bill을 인도해야 하고 매입자는 그 대금을 Federal funds로 지급해야 한다.

거래소의 청산기관은 매도자와 매입자가 각기 제출한 수도결제약정서를 서로 짝을 짓고 매도자와 매입자가 지정한 은행들에게 수도결제를 이행하는 데 필요한 사항들을 지시하는 역할을 한다. 또한 청산기관은 매

그림 6-1 T-Bill 선물계약의 수도결제 절차

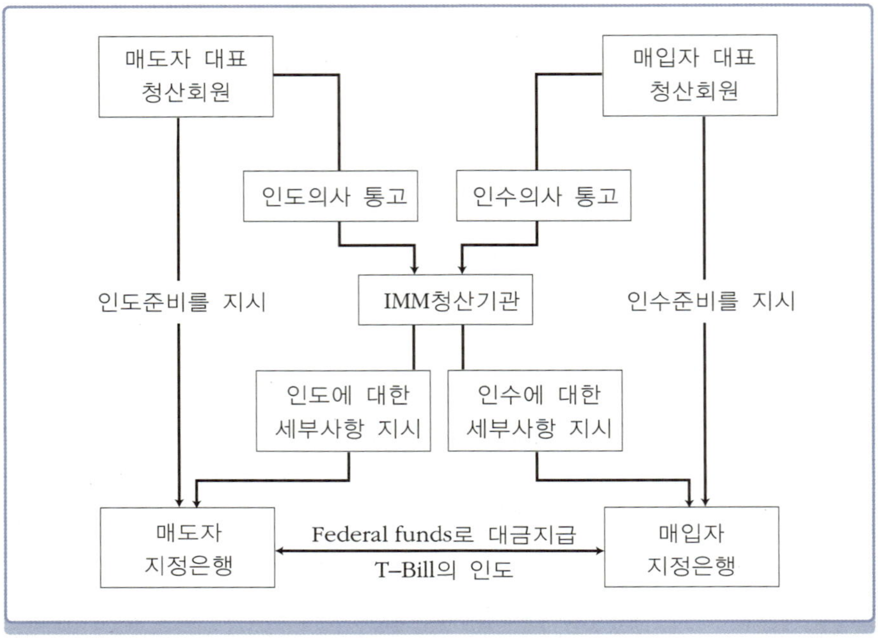

도자와 매입자 간의 인도와 대금지급이 제대로 이행되는가를 감독하는 역할도 한다. 이와 같이 실제의 수도결제방식은 상당히 복잡하므로 실제로 수도결제가 행해지는 경우는 전체 선물계약수의 1% 미만에 불과하다. 그 반면에 대부분의 매도자와 매입자는 그들의 선물계약에 대한 의무를 반대매매를 행함으로써 완료한다. 즉, 선물계약의 매입자는 자기의 매입포지션을 청산하기 위하여 동일한 선물계약을 매도하고 선물계약의 매도자는 자기의 매도포지션을 청산하기 위하여 동일한 선물계약을 매입한다. 이렇게 선물계약에 대한 의무를 반대매매를 행함으로써 완료하는 방식이 대부분의 경우에 있어서 활용된다는 것은 T-Bill 선물계약의 유효한 총계약수(open interest)가 만기에 가까이 도래함에 따라 점차 감소한다는 사실로써 알 수 있다.

2. 유로달러 선물계약

1981년 12월 유로달러예금(Eurodollar deposit)에 대한 선물계약이 Chicago Mercantile Exchange(CME) 산하의 International Monetary Market(IMM)에서 거래가 시작된 이후 유로달러 선물의 거래량은 기하급수적으로 증가하여 현재는 단기금리선물 중에서 가장 활발히 거래되는 선물계약으로서의 지위를 확보하였다. 유로달러 선물계약의 대상은 액면금액 $ 1,000,000의 3개월만기 은행예금증서라고 할 수 있는데 미국 이외의 지역에 있는 은행에 맡겨진 예금이라야 한다. 유로달러 선물계약은 수도결제시에 유로달러예금증서를 실물로 인도하지 않고 현금결제의 방식을 택하고 있다.

다음의 〈표 6-2〉는 *The Wall Street Journal*에서 볼 수 있는 90일만기

표 6-2 유로달러 선물에 대한 호가표

EURODOLLAR (CME)-$1 million; pts of 100%

	Open	High	Low	Settle	Chg	Yield Settle	Yield Chg	Open Interest
Aug	94.49	94.51	94.49	94.51	+ .02	5.49	− .02	29,192
Sept	94.40	94.42	94.40	94.42	+ .01	5.58	− .01	557,230
Oct	94.04	94.05	94.04	94.05	− .01	5.95	+ .01	12,037
Nov	93.99	94.00	93.99	94.00	− .02	6.00	+ .02	1,291
Dec	93.93	93.95	93.93	93.95	....	6.05	....	458,994
Ja00	....	....	....	94.05	....	5.95	....	1,812
Mar	93.84	93.87	93.84	93.86	....	6.14	....	464,145
June	93.53	93.57	93.53	93.55	− .01	6.45	+ .01	286,835
Sept	93.29	93.34	93.29	93.31	− .02	6.69	+ .02	216,859
Dec	93.05	93.08	93.04	93.05	− .03	6.95	+ .03	172,813
Mr01	93.04	93.08	93.03	93.05	− .03	6.95	+ .03	130,065
June	92.96	92.98	92.94	92.96	− .04	7.04	+ .04	111,297
Sept	92.91	92.92	92.89	92.90	− .05	7.10	+ .05	83,624
Dec	92.83	92.83	92.80	92.81	− .05	7.19	+ .05	78,260
Mr02	92.85	92.85	92.81	92.83	− .06	7.17	+ .06	70,522
June	92.82	92.82	92.78	92.79	− .06	7.21	+ .06	53,385
Sept	92.75	92.78	92.74	92.76	− .06	7.24	+ .06	50,830
Dec	92.69	92.69	92.65	92.66	− .07	7.34	+ .07	52,426
Mr03	92.71	92.71	92.67	92.68	− .07	7.32	+ .07	47,932
June	92.68	92.68	92.63	92.64	− .08	7.36	+ .08	37,316
Sept	92.63	92.65	92.60	92.61	− .08	7.39	+ .08	43,313
Dec	92.53	92.55	92.50	92.51	− .08	7.49	+ .08	27,435
Mr04	92.56	92.56	92.52	92.53	− .08	7.47	+ .08	27,415
June	92.50	92.50	92.47	92.48	− .08	7.52	+ .08	17,116
Sept	92.47	92.47	92.44	92.45	− .08	7.55	+ .08	11,209
Dec	92.38	92.38	92.34	92.35	− .08	7.65	+ .08	12,740
Mr05	92.38	92.38	92.35	92.36	− .08	7.64	+ .08	9,915
June	92.33	92.33	92.30	92.31	− .08	7.69	+ .08	9,057
Sept	92.30	92.30	92.27	92.28	− .08	7.72	+ .08	7,369
Dec	92.21	92.21	92.18	92.19	− .08	7.81	+ .08	4,541
Mr06	92.21	92.21	92.18	92.19	− .08	7.81	+ .08	4,629
June	92.16	92.16	92.14	92.15	− .08	7.85	+ .08	3,824
Sept	....	....	....	92.11	− .08	7.89	+ .08	3,229
Dec	....	....	....	92.02	− .08	7.98	+ .08	3,407
Mr07	....	....	....	92.02	− .08	7.98	+ .08	3,322
June	....	....	....	91.98	− .08	8.02	+ .08	2,820
Sept	....	....	....	91.94	− .08	8.06	+ .08	2,705
Dec	....	....	....	91.85	− .08	8.15	+ .08	4,379
Mr08	....	....	....	91.86	− .08	8.14	+ .08	3,085
June	....	....	....	91.82	− .08	8.18	+ .08	3,737
Sept	....	....	....	91.78	− .08	8.22	+ .08	3,386
Dec	....	....	....	91.69	− .08	8.31	+ .08	2,775
Mr09	....	....	....	91.69	− .08	8.31	+ .08	2,143
June	....	....	....	91.65	− .08	8.35	+ .08	2,018

Est vol 414,163; vol Mon 390,303; open int 3,132,434, +20,516.

유로달러예금에 대한 선물계약에 관한 호가표이다. 계약단위는 $ 1,000,000이며 선물계약의 만기는 당월 및 연속 2개월과 각 해의 3월, 6월, 9월 및 12월이 된다. 호가방식은 100에서 유로달러예금 선물계약의 수익률을 뺀 IMM index를 사용하고 있다. 여기서 유로달러 선물계약의 수익률은 money market yield(즉, add-on basis)로 표시되므로 할인율로 수익률을 표시하는 T-Bill 선물계약의 경우와는 대조를 이룬다. 그러나 가격등락의 최소단위는 T-Bill 선물계약의 경우와 마찬가지로 1 basis point, 즉 $ 25에 해당한다.

유로달러 선물거래는 IMM의 경우 각 만기월(한월)의 세 번째 수요일로부터 2영업일 전에 종료되며, 최종거래일의 London Interbank Offered Rate(LIBOR)에 의거하여 IMM의 청산기관을 통한 현금결제가 이루어진다. 여기서 LIBOR란 London 유로달러시장에 있는 일류은행들이 고시하는 유로달러의 offered rate(은행자신이 예금을 예치하는 이자율 혹은 대출금리)로서 IMM의 유로달러 선물에 적용되는 LIBOR는 20개의 일류은행 중 무작위로 12개 은행을 뽑았을 때 이들 은행들의 3개월만기 유로달러예금에 대한 offered rate의 평균치이다. 좀더 구체적으로 말하면, 유로달러 선물계약의 최종거래일의 LIBOR를 산출하는 데 있어서 거래종료시의 LIBOR값과 마지막 80분간의 시간 중 무작위로 뽑은 시점에서의 LIBOR값과의 평균치를 이용한다. 이와 같이 산출한 LIBOR값이 유로달러 선물계약의 최종거래일의 수익률이 되며 100에서 이 수익률을 빼면 결제가격(IMM index로 표시된)을 산출할 수 있다.

유로달러 선물계약의 경우에는 현물(유로달러예금증서)의 수도결제는 하지 않으므로 거래종료시에 매도 또는 매입포지션을 청산하지 않고 있는 브로커들의 증거금계정 잔고는 최종거래일의 결제가격에 따라 증가 또는 감소하게 된다.

3. T-Note 및 T-Bond 선물계약

Treasury Note(T-Note)와 Treasury Bond(T-Bond)는 미재무성(U.S. Treasury Department)이 발행하는 증권으로서 만기 1년 이하의 할인증권

표 6-3 T-Bond와 T-Note에 대한 호가표

Representative Over-the-Counter quotation based on transactions of $1 million or more. Treasury bond, note and bill quotes are as of mid-afternoon. Colons in bid-and-asked quotes represent 32nds; 101:01 means 101 1/32. Net changes in 32nds. n-Treasury note. i-Inflation-Indexed issue. Treasury bill quotes in hundredths, quoted on terms of a rate of discount. Days to maturity calculated from settlement date. All yields are to maturity and based on the asked quote. Latest 13-week and 26-week bills are boldfaced. For bonds callable prior to maturity, yields are computed to the earliest call date for issues quoted above par and to the maturity date for issues below par. *When issued.

Source: eSpeed/Cantor Fitzgerald

U.S. Treasury strips as of 3 p.m. Eastern time, also based on transactions of $1 million or more. Colons in bid and asked quotes represent 32nds; 99:01 means 99 1/32. Net changes in 32nds. Yields calculated on the asked quotation. ci-stripped coupon interest. bp-Treasury bond, stripped principal. np-Treasury note, stripped principal. For bonds callable prior to maturity, yields are computed to the earliest call date for issues quoted above par and to the maturity date for issues below par.

Source: Bear, Steams & Co. via Street Software Technology Inc.

RATE	MATURITY MO/YR	BID	ASKED	CHG	ASK YLD
Government Bonds & Notes					
6.375	Aug 02n	100:03	100:04	...	1.31
6.125	Aug 02n	100:09	100:10	...	1.48
6.250	Aug 02n	100:09	100:10	...	1.60
5.875	Sep 02n	100:19	100:20	-1	1.57
6.000	Sep 02n	100:20	100:21	...	1.49
5.750	Oct 02n	100:29	100:30	-1	1.63
11.625	Nov 02	102:23	102:24	-2	1.47
5.625	Nov 02n	101:07	101:08	-1	1.60
5.750	Nov 02n	101:09	101:10	...	1.57
5.125	Dec 02n	101:12	101:13	-1	1.57
5.625	Dec 02n	101:18	101:19	-1	1.56
4.750	Jan 03n	101:16	101:17	-1	1.53
5.500	Jan 03n	101:27	101:28	-1	1.56
6.250	Feb 03n	102:13	102:14	...	1.57
10.750	Feb 03	104:24	104:25	-1	1.54
4.625	Feb 03n	101:23	101:24	...	1.52
5.500	Feb 03n	102:06	102:07	-1	1.53
4.250	Mar 03n	101:23	101:24	-1	1.51
5.500	Mar 03n	102:17	102:18	...	1.52
4.000	Apr 03n	101:25	101:26	...	1.50
5.750	Apr 03n	103:01	103:02	-1	1.51
10.750	May 03	107:05	107:06	1	1.36
4.250	May 03n	102:06	102:07	...	1.49
5.500	May 03n	103:06	103:07	...	1.50
3.875	Jun 03n	102:03	102:04	1	1.49
5.375	Jun 03n	103:12	103:13	-1	1.53
3.875	Jul 03n	102:08	102:09	...	1.51
5.250	Aug 03n	103:25	103:26	...	1.49
5.750	Aug 03n	104:10	104:11	1	1.46
11.125	Aug 03	109:24	109:25	-1	1.46
3.625	Aug 03n	102:07	102:08	1	1.49
2.750	Sep 03n	101:12	101:13	1	1.51
2.750	Oct 03n	101:15	101:16	1	1.50
4.250	Nov 03n	103:13	103:14	2	1.51
11.875	Nov 03	113:00	113:00	...	1.53
3.000	Nov 03n	101:27	101:28	2	1.56
3.250	Dec 03n	102:08	102:09	2	1.59
3.000	Jan 04n	101:30	101:31	2	1.65
4.750	Feb 04n	104:20	104:21	2	1.64
5.875	Feb 04n	106:10	106:11	2	1.63
3.000	Feb 04n	102:00	102:01	2	1.67
3.625	Mar 04n	103:01	103:02	2	1.72
3.375	Apr 04n	102:23	102:24	2	1.75
5.250	May 04n	106:02	106:03	2	1.74
7.250	May 04n	109:17	109:18	2	1.74
12.375	May 04	118:15	118:16	2	1.73
3.250	May 04n	102:18	102:19	3	1.78
2.875	Jun 04n	101:28	101:29	3	1.85
2.250	Jul 04n	100:20	100:21	3	1.91
6.000	Aug 04n	108:04	108:05	4	1.87
7.250	Aug 04n	110:18	110:19	4	1.89
13.750	Aug 04	123:13	123:14	3	1.89
5.875	Nov 04n	108:15	108:16	5	2.03
7.875	Nov 04n	112:27	112:28	5	2.05
11.625	Nov 04	121:02	121:03	5	2.07
7.500	Feb 05n	113:01	113:02	5	2.15
6.500	May 05n	111:08	111:09	6	2.27
6.750	May 05n	111:28	111:29	7	2.29
12.000	May 05	125:29	125:30	5	2.29
6.500	Aug 05n	111:28	111:29	7	2.40
10.750	Aug 05	124:01	124:02	8	2.45
5.750	Nov 05n	110:00	110:00	7	2.55
5.875	Nov 05n	110:11	110:12	6	2.55
5.625	Feb 06n	110:00	110:00	7	2.63
9.375	Feb 06	122:12	122:13	5	2.67
4.625	May 06n	106:18	106:19	7	2.77
6.875	May 06n	114:16	114:17	7	2.79
7.000	Jul 06n	115:08	115:09	8	2.87
6.500	Oct 06n	113:27	113:28	8	2.95
3.500	Nov 06n	102:00	102:01	7	2.99
3.375	Jan 07i	106:13	106:14	8	1.85
6.250	Feb 07n	113:12	113:13	8	3.05
6.625	May 07n	115:11	115:12	9	3.13
4.375	May 07n	105:14	105:15	6	3.13
6.125	Aug 07n	113:07	113:08	9	3.25
7.875	Nov 07	101:27	101:28	...	0.95
3.625	Jan 08i	107:19	107:20	9	2.13
5.500	Feb 08n	110:20	110:21	8	3.37
5.625	May 08n	111:03	111:04	7	3.48
8.375	Aug 08	106:30	106:31	1	1.50
4.750	Nov 08n	106:14	106:15	9	3.59
8.750	Nov 08	108:28	108:29	2	1.64
3.875	Jan 09i	109:08	109:09	12	2.32
5.500	May 09n	110:15	110:16	9	3.73
9.125	May 09	112:18	112:19	7	1.87
6.000	Aug 09n	113:09	113:10	10	3.82
10.375	Nov 09	117:30	117:31	6	2.22
4.250	Jan 10i	111:22	111:23	13	2.51
6.500	Feb 10n	116:17	116:18	9	3.93
11.750	Feb 10	122:24	122:25	4	2.40
10.000	May 10	119:14	119:15	-4	2.67
5.750	Aug 10n	111:22	111:23	9	4.03
12.750	Nov 10	130:30	130:31	1	2.79
3.500	Jan 11i	107:00	107:01	14	2.57
5.000	Feb 11n	106:10	106:11	7	4.11
13.875	May 11	138:25	138:26	9	2.93
5.000	Aug 11n	106:03	106:04	8	4.18
14.000	Nov 11	143:16	143:17	11	3.06
3.375	Jan 12i	106:16	106:17	13	2.59
4.875	Feb 12n	105:00	105:00	8	4.23
3.000	Jul 12i	103:14	103:15	13	2.60
10.375	Nov 12	132:30	132:31	7	3.47
12.000	Aug 13	144:22	144:23	12	3.66
13.250	May 14	155:26	155:27	11	3.81
12.500	Aug 14	152:12	152:13	12	3.90
11.750	Nov 14	148:23	148:24	11	3.97
11.250	Feb 15	161:30	161:31	5	4.66
10.625	Aug 15	156:22	156:23	13	4.74
9.875	Nov 15	149:17	149:18	8	4.79
9.250	Feb 16	143:09	143:10	7	4.85
7.250	May 16	123:02	123:03	5	4.92
7.500	Nov 16	125:24	125:25	6	4.96
8.750	May 17	139:07	139:08	7	4.97
8.875	Aug 17	140:23	140:24	4	4.99
9.125	May 18	144:06	144:07	6	5.03
9.000	Nov 18	143:06	143:07	5	5.07
8.875	Feb 19	141:27	141:28	6	5.09
8.125	Aug 19	133:20	133:21	6	5.13
8.500	Feb 20	138:09	138:10	8	5.15
8.750	May 20	141:15	141:16	7	5.15
8.750	Aug 20	141:22	141:23	6	5.17
7.875	Feb 21	131:15	131:16	8	5.20
8.125	May 21	134:21	134:22	8	5.21
8.125	Aug 21	134:24	134:25	8	5.22
8.000	Nov 21	133:16	133:17	8	5.22
7.250	Aug 22	124:14	124:15	9	5.26
7.625	Nov 22	129:10	129:11	9	5.25
7.125	Feb 23	122:30	122:31	9	5.28
6.250	Aug 23	112:00	112:01	8	5.29
7.500	Nov 24	128:21	128:22	10	5.29
7.625	Feb 25	130:12	130:13	10	5.30
6.875	Aug 25	120:16	120:17	8	5.32
6.000	Feb 26	108:27	108:28	7	5.33
6.750	Aug 26	119:02	119:03	9	5.33
6.500	Nov 26	115:26	115:27	11	5.33
6.625	Feb 27	117:20	117:21	12	5.33
6.375	Aug 27	114:09	114:10	12	5.33
6.125	Nov 27	110:25	110:26	8	5.34
3.625	Apr 28i	110:12	110:13	8	3.04
5.500	Aug 28	102:06	102:07	10	5.34
5.250	Nov 28	98:24	98:25	10	5.34
5.250	Feb 29	98:27	98:28	11	5.33
3.875	Apr 29i	115:05	115:06	8	3.04
6.125	Aug 29	111:12	111:13	11	5.32
6.250	May 30	113:13	113:14	11	5.32
5.375	Feb 31	102:29	102:30	10	5.18
3.375	Apr 32i	108:05	108:06	7	2.96

(discount security)으로 발행되는 Treasury Bill(T-Bill)과는 대조적으로 이자부증권(interest-bearing security)이다. 즉, T-Note와 T-Bond의 경우에는 반년마다(semiannually) 이자를 지급하며 액면금액은 만기에 지급한다.

T-Note의 만기는 2년부터 10년 사이가 되며 T-Bond의 경우에는 만기가 10년 이상이 된다. 그러나 실제에 있어서는 T-Bond의 만기는 대략 25년부터 30년까지가 되며, 또한 많은 경우에 있어서 T-Bond는 미재무성이 만기 5년 전부터는 임의로 상환할 수 있는(callable) 형태로 발행된다.

〈표 6-3〉은 *The Wall Street Journal*에서 볼 수 있는 T-Bond와 T-Note에 대한 호가표이다. 이 호가표는 표면이자율(coupon rate), 만기년월, 매입가격(Bid), 매도가격(Asked), 전일로부터의 가격변화(Chg.) 및 매도가격에 의하여 산출된 만기수익률을 보여주고 있다. 예를 들어, 만기를 표시할 때 06-11로 되어 있다면, 이 T-Bond의 만기는 2011년이며 2006년부터는 미재무성이 임의로 상환할 수가 있다. 이러한 callable T-Bond의 경우에 만약 매도가격이 액면금액보다 높은 경우에는 수익률(Yld.)은 만기수익률이 아니고 첫 상환가능일(first call date)까지의 수익률을 나타낸다. 그리고 만기월 다음에 n자가 있는 경우는 T-Note임을 의미한다.

T-Bond와 T-Note의 매입가격과 매도가격은 액면금액(face value 또는 par value)의 퍼센트로 표시한다. 여기서 매입가격과 매도가격은 dealer의 입장에서의 표현이므로 고객의 입장에서는 매입가격과 매도가격이 반대로 적용된다는 점에 주의하여야 한다. 예를 들어, T-Bond의 매도가격이 84.12인 경우 고객이 T-Bond를 사려고 할 때는 이 가격을 지불해야 한다. 여기서 매도가격 84.12는 액면금액의 (84와 12/32)%임을 의미한다. 즉, 소수점 이하의 숫자들은 1/32을 기준으로 하여 표시되어 있다. 만약 T-Bond의 액면금액이 $ 1,000이라면 매도가격은 $ 843.75가 된다.

$$(\$\ 1{,}000)\cdot\left(84\frac{12}{32}\%\right) = (\$\ 1{,}000)\cdot(0.84375)$$
$$= \$\ 843.75$$

그러나 실제로 T-Bond를 사기 위해서는 위에서 구한 매도가격 이외에 가장 최근의 이자지급일 이후 거래일까지 발생한 기경과이자(accrued interest)도 지급해야 한다. 예를 들어, 액면금액 $ 1,000인 T-Bond의 표면이자율이 (12와 3/4)%라면 반년마다 지급되는 이자(semiannual interest)는 $ 63.75가 될 것이다. 이 때 가장 최근의 쿠폰이자 지급 후 거래당일까지는 137일이 경과하였고, 가장 최근의 쿠폰이자 지급 후부터 다음번 쿠폰이자 지급일까지는 181일이 된다면 기경과이자는 $ 48.25가 된다.

$$(\$\ 63.75) \cdot \frac{137}{181} = \$\ 48.25$$

그러므로 실제로 T-Bond를 사기 위해서는 dealer의 매도가격에다가 accrued interest를 더한 금액을 지급해야 한다.

T-Bond 선물계약은 선물계약 만기가 도래하면 수도결제기간 중에 액면금액 $ 100,000의 T-Bond를 인도하는 것이다. 수도결제에 사용되는 T-Bond는 만기일이나 첫 상환가능일이 선물계약의 수도결제일로부터 15년 이상 남아 있는 것이라야 한다. 예를 들어, 2023년 9월 이후에 만기가 도래하거나 첫 상환가능일이 도래하는 T-Bond는 2008년 9월이 만기월(수도결제월)인 선물계약의 수도결제에 사용될 수 있다. T-Note 선물계약의 계약단위도 역시 액면금액 $ 100,000의 T-Note가 된다. 수도결제에 사용될 수 있는 T-Note는 수도결제일로부터 (6과 1/2)년 이후 10년 이내에 만기가 도래하는 것이라야 한다.

다음의 〈표 6-4〉는 *The Wall Street Journal*에서 볼 수 있는 T-Bond 선

표 6-4 T-Bond 선물 및 T-Note 선물에 대한 호가표

						Lifetime		Open
	Open	High	Low	Settle	Change	High	Low	Interest
TREASURY BONDS (CBT)-$100,000; pts. 32nds of 100%								
Sept	113-10	114-05	113-10	113-20	– 2	131-06	111-15	644,334
Dec	112-30	113-21	112-29	113-03	– 3	128-20	111-06	72,084
Mr00	93-12	93-18	93-00	93-07	– 4	101-07	93-00	19,225
June	....	....	....	92-26	– 4	99-15	94-08	32
Est vol 320,000; vol Mn 252,280; open int 735,703, +1,611.								
TREASURY BONDS (MCE)-$50,000; pts. 32nds of 100%								
Sept	113-12	114-05	113-12	113-20	– 2	123-02	113-09	10,813
Est vol 3,500; vol Mn 2,548; open int 10,843, −290.								
TREASURY NOTES (CBT)-$100,000; pts. 32nds of 100%								
Sept	108-28	109-03	108-23	i08-27	– 4	119-26	108-23	603,298
Est vol 155,000; vol Mn 125,176; open int 645,763, +3,154.								
5 YR TREAS NOTES (CBT)-$100,000; pts. 32nds of 100%								
Sept	107-14	07-205	107-11	107-15	– 1.0	114-02	107-11	330,548
Dec	06-305	107-03	106-27	06-305	– 3.5	09-125	106-27	28,367
Est vol 77,000; vol Mn 60,960; open int 358,915, −1,745.								
2 YR TREAS NOTES (CBT)-$200,000, pts. 32nds of 100%								
Sept	03-152	03-185	03-125	03-152	– .5	105-02	03-125	38,480
Est vol 2,100; vol Mn 3,013; open int 38,480, +146.								

물 및 T-Note 선물에 대한 호가표이다. T-Bond 선물시장에서의 호가는 6%의 표면이자율을 가지는 만기 30년의 T-Bond를 표준물로 하여 행해진다. 그러므로 표준물이 아닌 T-Bond로 수도결제가 행해지는 경우의 결제가격은 표준물에 의거하여 호가되는 T-Bond 선물의 결제가격에 전환계수(conversion factor)를 곱하여 얻을 수 있다. 즉, 수도결제시 인도되는 T-Bond에 대하여 지급해야 하는 금액은 표준물에 의거하여 표시되는 T-Bond 선물의 결제가격에 전환계수를 곱하고 여기에 다시 가장 최근의 이자지급일 이후 T-Bond 선물의 수도결제일까지의 기간에 대한 기경과이자를 더하여 얻을 수 있다. 여기서 전환계수란 표준물에 의거한 T-Bond 선물의 결제가격을 실제로 인도되는 T-Bond의 특성을 고려하여 조정해 줄 때 사용되는 계수를 말한다.

수도결제시 지급해야 하는 금액
= ($ 100,000 × 표준물에 의한 선물결제가격(%) × 전환계수)
+ 기경과이자

현물시장에서의 T-Bond의 현물가격은 선물시장에서의 수도결제가격(표준물에 의한 선물결제가격 × 전환계수)과 다를 수가 있다. 그러므로 수도결제에 사용이 가능한 여러 가지 T-Bond 중에서 선물계약 매도자의 입장에서 가장 값이 싼(cheapest to deliver) T-Bond가 수도결제에 선택되는 것은 극히 당연하다고 할 수 있다.

T-Note 선물계약의 수도결제시 지급해야 하는 금액도 위와 같은 방법으로 산출할 수 있다. T-Note 선물계약의 호가는 6% 표면이자율을 가지는 만기 10년(또는 5년, 2년)의 T-Note를 표준물로 하여 행해진다는 점만 차이가 있다.

T-Bond 및 T-Note 선물이 거래되는 Chicago Board of Trade의 수도결제절차는 Chicago Mercantile Exchange의 International Monetary Market에서의 수도결제절차와는 많은 차이가 있다. T-Bill 선물계약과 마찬가지로 T-Bond 선물계약의 만기월(한월)도 각 해의 3월, 6월, 9월 및 12월이 된다. 그러나 T-Bill 선물계약의 경우와는 달리 T-Bond의 수도결제는 만기

그림 6-2 Chicago Board of Trade의 수도결제절차

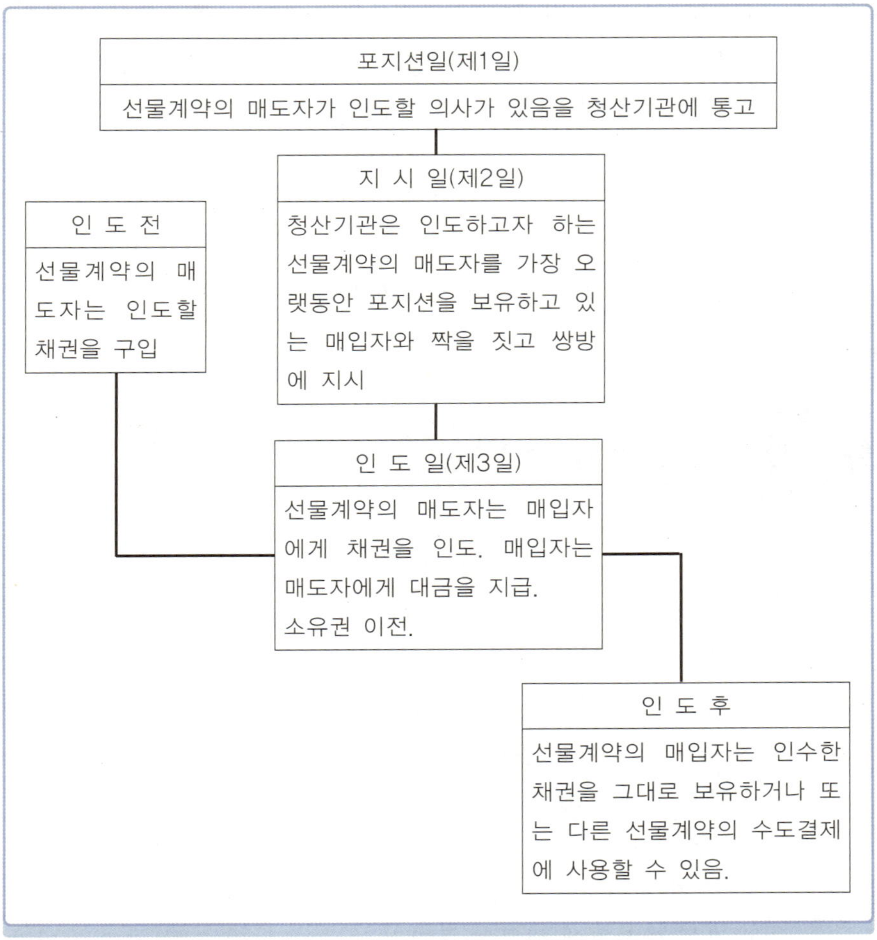

월 중 어느 영업일에도 가능하다. [그림 6-2]는 Chicago Board of Trade의 수도결제절차를 보여주고 있다.

선물계약의 매도자는 선물계약의 대상이 되는 채권(예를 들면, T-Bond)을 인도할 의사가 있음을 청산기관에 통고함으로써 수도결제가 시작되며 이렇게 청산기관에 인도의사를 통고하는 날을 포지션일이라고 부른다. 포지션일로부터 이틀 후에 실제 인도가 행해지는데 실제 인도는 선물계약의 만기월의 첫날부터 행해질 수 있으므로 가장 빠른 포지션일은

만기월의 전월에 오게 된다. 수도결제과정에서 두 번째 날은 지시일이 된다. 지시일에 청산기관은 인도의사를 밝힌 선물계약의 매도자를 가장 오랫동안 매입포지션을 보유하고 있는 선물계약의 매입자와 짝을 짓고 인수도할 것을 쌍방에 지시한다. 이렇게 되면, 선물계약의 매도자는 지정된 매입자에게 다음날 인도를 행해야 하는 의무를 지게 된다. 수도결제과정에서 마지막 날은 인도일이 된다. 이날 선물계약의 매도자는 매입자에게 선물계약의 대상이 되는 채권을 인도하고 매입자는 매도자에게 대금을 지급하고 그 채권에 대한 소유권을 가지게 된다.

제 2 절 금리선물을 이용한 스프레딩

선물시장에서는 가격상승이 예상될 경우 선물을 매입하고 가격하락이 예상될 경우 선물을 매도함으로써 이익을 추구하는 outright position 거래 이외에도 선물시장에서 거래되고 있는 서로 다른 상품간의 가격차이나 동일상품에 있어서 서로 다른 만기월(한월)간의 가격차이를 이용하는 투기적 전략이 많이 이용되는데 이것을 spread position 거래 또는 스프레딩(spreading)이라 한다.

금리선물시장에서의 스프레딩은 크게 두 가지로 나눌 수 있다. 그중 한 가지는 이자율의 기간구조(term structure of interest rates)가 변동할 것이라는 예상하에 행하는 투기적 전략이고, 다른 한 가지는 이자율의 위험구조(risk structure of interest rates)가 변동할 것이라는 예상하에 행하는 투기적 전략이다. 일반적으로 동일상품에 있어서 만기월(한월)간의 가격차이를 이용하는 스프레딩은 이자율의 기간구조에 대한 투기적 전략으로 사용되고 서로 다른 상품간의 가격차이를 이용하는 스프레딩은 이자율의 위험구조에 대한 투기적 전략 또는 이자율의 기간구조에 대한 투기적 전략으로 사용된다.

1. 이자율의 기간구조에 대한 투기적 전략 – 상품내 스프레드 –

상 황

	3월가격	5월가격에 대한 예상
6월물 90일 T-Bill 선물	90.00	90.20
9월물 90일 T-Bill 선물	91.20	91.30
spread	120b.p.	110b.p.

위에서 가정한 상황은 3월 현재 6월물 90일 T-Bill선물의 수익률은 10%(IMM index = 90.00)이며 9월물 90일 T-Bill선물의 수익률은 8.80%(IMM index = 91.20)인 경우이다. 선물계약의 수익률(futures yield)이 미래의 이자율에 대한 예상치(expected future interest rate)와 같다고 한다면 이것은 6월의 이자율보다 9월의 이자율이 더 낮을 것이라고 시장 참여자들이 예상한다는 것을 의미한다. 이러한 상황하에서 어느 거래자가 비록 앞으로 이자율이 전반적으로 상승할 것인지 하락할 것인지에 대하여는 확신을 할 수가 없다고 할지라도 6월의 이자율에 대한 예상치와 9월의 이자율에 대한 예상치의 격차는 줄어들 것이라고 생각한다면 스프레딩을 이용할 수 있다. 여기에서는 구체적으로 5월에 이르러서는 6월물 90일 T-Bill 선물의 수익률은 9.80%(IMM index = 90.20)가 되고 9월물 90일 T-Bill 선물의 수익률은 8.70%(IMM index = 91.30)가 될 것이라고 예상하는 상황을 보여주고 있다. 즉, 3월 현재의 6월물 90일 T-Bill 선물과 9월물 90일 T-Bill 선물의 수익률의 차이는 10% – 8.80% = 1.20% 또는 120 basis points인 데 반하여 5월에 가서는 그 수익률의 차이가 9.80% – 8.70% = 1.10% 또는 110 basis points가 되리라고 예상하는 경우이다.

이러한 상황하에서 이익을 얻기 위하여 취할 수 있는 투기적 전략은 3월 현재 6월물 90일 T-Bill 선물을 매입하고 9월물 90일 T-Bill 선물을 매도하는 스프레딩이라고 할 수 있다. 만약 3월에 예상했던 그대로 5월에 가서 6월물 90일 T-Bill 선물과 9월물 90일 T-Bill 선물 간의 수익률 차이가

110b.p.로 줄어든다면 다음에서 볼 수 있는 바와 같이 순이익은 $ 250가 된다.

조치 및 결과(I)

• 3월에 취하는 조치	3월가격	5월가격	basis point로 표시한 가격차이
6월물 90일 T-Bill 매입	90.00	90.20	20
9월물 90일 T-Bill 매도	91.20	91.30	10
spread	120b.p.	110b.p.	

• 5월에 취하는 조치

6월물 90일 T-Bill 매도

90.20 (매도가격)
90.00 (매입가격)
20b.p.

이익 = ($ 25)(20b.p.) = $ 500

9월물 90일 T-Bill 매입

91.20 (매도가격)
91.30 (매입가격)
10b.p.

손실 = ($ 25)(10b.p.) = $ 250

순이익 = $ 500 − $ 250 = $ 250

위에서는 3월과 5월 사이에 이자율이 전반적으로 하락하는 경우(즉, 6월의 이자율에 대한 예상치가 10%에서 9.80%, 그리고 9월의 이자율에 대한 예상치가 8.80%에서 8.70%로 하락하는 경우)를 예로 들었는데, 이제 3월과 5월 사이에 이자율이 전반적으로 상승하는 경우를 예로 들기로 하자.

조치 및 결과(Ⅱ)

basis point로 표시한

• 3월에 취하는 조치	3월가격	5월가격	가격차이
6월물 90일 T-Bill 매입	90.00	89.80(매도)	20
9월물 90일 T-Bill 매도	91.20	90.90(매입)	30
spread	120b.p.	110b.p.	

6월물 90일 T-Bill 거래

89.80 − 90.00 = 20b.p.

손실 = ($ 25)(20b.p.) = $ 500

9월물 90일 T-Bill 거래

91.20 − 90.90 =30b.p.

이익 =($ 25)($ 30b.p.) =$ 750

순이익 =$ 750 − $ 500 = $ 250

위에서는 6월의 이자율에 대한 예상치가 10%에서 10.20%, 그리고 9월의 이자율에 대한 예상치가 8.80%에서 9.10%로 각각 상승하는 경우를 예로 들고 있다. 즉, 3월과 5월 사이에 이자율이 전반적으로 상승하는 상황에서의 스프레딩전략을 보여주고 있다. 첫 번째 경우, 즉 이자율이 전반적으로 하락하는 경우와 마찬가지로 6월물 90일 T-Bill을 매입하고 9월물 90일 T-Bill을 매도하는 스프레딩전략을 택하는데, 그 결과는 첫 번째 경우와 마찬가지로 순이익이 $ 250가 됨을 볼 수 있다. 그러므로 우리는 위의 두 가지 경우로부터 3월과 5월 사이에 전반적으로 이자율이 상승하느냐, 또는 하락하느냐 하는 사실은 스프레딩전략의 결과에는 별로 영향을 미치지 못한다는 것을 알 수 있다. 여기서 중요한 점은 6월물 T-Bill 선물의 가격(index) 또는 수익률과 9월물 T-Bill 선물의 가격(index) 또는 수익률과의 스프레드가 3월에는 120b.p.이던 것이 5월에는 110b.p.로 줄어든다는 것이다. 3월과 5월 사이에 이자율이 전반적으로 상승하건 하락하건간에 스프레드가 120b.p.로부터 110b.p.로 줄어든다면 위에서 본 바와 같이 순이익은 $ 250로 고정된다. 이렇게 동일상품에 있어서 만기월(수도결제월)간의 가격차이(spread)의 변화에 대한 예상을 근거로 행하는 기법이므로 이러한 전략을 스프레딩(spreading)이라고 부른다.

이제까지 설명한 스프레딩전략은 동일상품에 있어서 만기월(수도결제월)간의 가격차이를 이용하는 방법이므로 상품내 스프레드(intra-commodity spread)라고 불리우며 금리선물시장에서의 상품내 스프레드는 이자율의 기간구조가 변화할 것이라는 예상하에 행하는 투기적 전략으로 이용된다.

2. 이자율의 기간구조에 대한 투기적 전략 – 상품간 스프레드 –

이자율의 기간구조에 대한 투기적 전략으로서의 또 한 가지 방법은 서로 다른 상품간의 가격차이를 이용하는 상품간 스프레드(inter-commodity spread)인데, 이 상품간 스프레드는 이자율의 위험구조에 대한 투기적 전략으로도 사용된다.

이자율의 기간구조에 대한 투기적 전략으로서의 상품간 스프레드를 설명하기 위하여 다음과 같은 상황을 가정하기로 한다. 현재의 채권수익률곡선(yield curve)이 수평형(flat)을 보이고 있으며, 장기증권과 단기증권의 수익률이 모두 12%라고 하자. 만약 앞으로 수익률곡선(yield curve)이 상승형(upward sloping)이 될 것으로 기대된다면 거래자는 장기증권선물과 단기증권선물 간의 상품간 스프레드거래를 통하여 이익을 볼 수 있다. 수익률곡선이 상승형으로 될 것으로 기대된다는 것은 다시 말하면, 장기증권의 수익률이 단기증권의 수익률에 비하여 더 크게 상승할 것으로 기대된다는 것을 의미하는데 이러한 경우의 스프레드전략은 장기증권에 대한 선물계약을 매도하고 단기증권에 대한 선물계약을 매입하는 것이다. 우리는 앞에서 채권수익률과 채권가격은 서로 역의 관계가 있다는 것을 이미 배운 바 있다. 그러므로 단기증권에 비하여 상대적으로 장기증권의 수익률이 더 크게 상승할 것으로 기대된다는 것은 상대적으로 장기증권의 가격이 더 크게 하락할 것으로 기대된다는 것을 의미하며 이러한 경우에는 장기증권에 대한 선물계약을 매도하고 상대적으로 가격하락폭이 작으리라고 예상되는 단기증권에 대한 선물계약을 매입하면 된다.

그림 6-3 수익률곡선이 상승형이 될 것으로 기대되는 경우의 스프레드전략

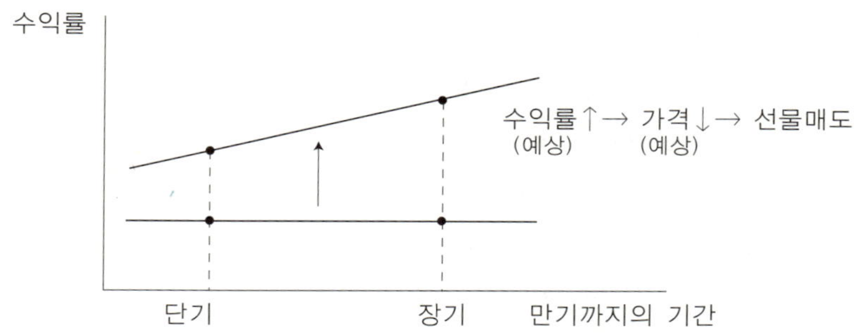

한편 현재의 수익률곡선이 수평형이지만 앞으로 하락형(downward sloping)이 될 것으로 기대되는 경우에는 거래자는 장기증권에 대한 선물계약을 매입하고 단기증권에 대한 선물계약을 매도하는 스프레드전략을 택하면 된다. 즉, 이 경우에는 장기증권의 수익률이 단기증권의 수익률에 비하여 상대적으로 더 크게 하락할 것으로 기대되고 장기증권의 가격은 단기증권의 가격에 비하여 상대적으로 더 크게 상승할 것으로 기대되므로 장기증권에 대한 선물계약을 매입하고 단기증권에 대한 선물계약을 매도하는 전략을 택하면 된다.

이제 앞으로 수익률곡선이 상승형이 될 것으로 기대되는 경우를 예로

그림 6-4 수익률곡선이 하락형이 될 것으로 기대되는 경우의 스프레드전략

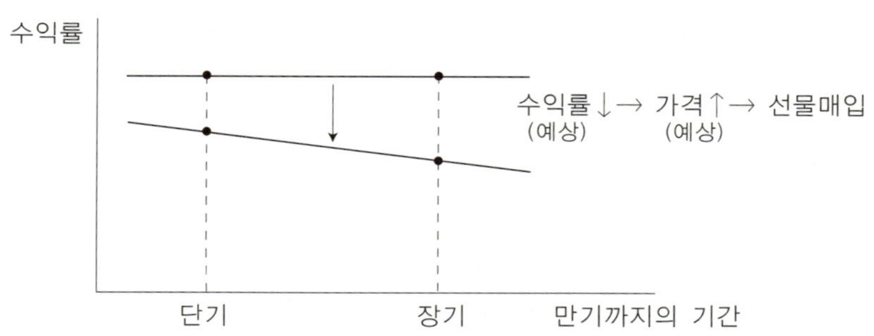

들어 상품간 스프레드거래를 설명하기로 한다. 6월 18일 현재 장기증권(T-Bond)과 단기증권(T-Bill)의 수익률이 모두 12%이고 수익률곡선은 수평형을 나타내고 있는데 앞으로 수익률곡선은 상승형이 될 것으로 기대된다. 이와 같은 경우의 적절한 스프레드전략은 장기증권에 대한 선물계약을 매도하고 단기증권에 대한 선물계약을 매입하는 것임을 위에서 이미 설명하였다. 수익률이 12%인 경우, T-Bond 선물계약의 가격은 69.29(즉, 액면금액의 69와 29/32%)로 표시되며 T-Bill 선물계약의 가격은 88.00(IMM index)로 표시될 것이다.[1)]

상 황

6월 18일 현재 선물계약의 가격

	수익률	가 격
12월물 90일 T-Bill 선물	12.00%	88.00
12월물 T-Bond 선물	12.00%	69.29

---

1) T-Bond 선물시장에서의 호가는 8%의 표면이자율을 가지는 만기 20년의 T-Bond를 표준물로 하여 행해진다고 가정하면 T-Bond 선물계약의 만기가 도래하면 수도결제기간 중에 액면금액 $ 100,000의 T-Bond를 인도해야 한다. 따라서 T-Bond 선물시장에서 수익률이 주어진 경우 T-Bond 선물계약의 가격을 구하기 위해서는 제3장에서 이미 배운 바 있는 채권가격결정방정식을 이용하면 된다. 즉, 액면금액 $ 100,000의 4%에 해당하는 $ 4,000의 이자가 반년마다 지급되며 20년 동안 40번의 이자지급이 있게 되므로 채권가격결정방정식은 다음과 같이 쓸 수 있다.

$$P_0 = \frac{4,000}{(1+\frac{r}{2})} + \frac{4,000}{(1+\frac{r}{2})^2} + \cdots\cdots + \frac{4,000}{(1+\frac{r}{2})^{40}} + \frac{100,000}{(1+\frac{r}{2})^{40}}$$

여기에서 P_0는 채권의 현재시장가격 그리고 r은 연율로 표시한 만기수익률을 나타낸다. 위의 식에 r=0.12, 즉 12%를 대입하면 P_0=69,907을 얻게 된다. T-Bond의 가격은 액면금액의 퍼센트로 표시하므로 $ 69,907는 액면금액 $ 100,000의 69와 29/32%가 된다. 또한 만기수익률이 12.778%가 되는 경우에는 위의 식에 r=0.12778을 대입하면 P_0=65,748을 얻게 되고 $ 65,748는 액면금액 $ 100,000의 65와 24/32%가 됨을 쉽게 알 수 있다.

조치 및 결과

• 6월 18일	수익률	가 격
12월물 T-Bill 선물매입	12.00%	88.00
12월물 T-Bond 선물매도	12.00%	69.29

• 10월 20일	수익률	가 격
12월물 T-Bill 선물매도	12.20%	87.80
12월물 T-Bond 선물매입	12.778%	65.24

T-Bond	T-Bill
69.29 (매도가격)	87.80 (매도가격)
65.24 (매입가격)	88.00 (매입가격)
4.05	0.20

이익 = ($ 100,000) $\left(4\frac{5}{32}\%\right)$ 손실 = ($ 25)(20b.p.)

= $ 4,156.25 = $ 500

순이익 = $ 4,156.25 − $ 500 = $ 3,656.25

이러한 상황하에서 T-Bond 선물을 매도하고 T-Bill 선물을 매입하는 상품간 스프레드전략을 택할 때, 10월 20일에 이르러 예상했던 바와 같이 수익률곡선이 상승형을 나타내게 된다고 하자. 즉, T-Bond 선물의 수익률은 12.778%가 되고 T-Bill 선물의 수익률은 12.20%가 된다고 할 때 상품간 스프레드거래의 결과는 다음과 같다. T-Bond 선물계약의 경우, 10월 20일에 이르러 수익률이 12.778%가 되면 T-Bond 선물계약의 가격은 65.24(즉, 액면금액의 65와 24/32%)가 되므로 6월 18일과 10월 20일 사이의 가격변화는 4.05(= 69.29 − 65.24)가 된다. 여기서 가격변화 4.05란 T-Bond 선물계약의 수도결제시에 사용되는 T-Bond의 액면금액 $ 100,000의 4와 5/32%를 의미하므로 T-Bond 선물계약의 거래로부터 $ 4,156.25의 이익을 얻을 수 있다($ 100,000의 1/32%는 $ 31.25임에 유의할 것). 한편, T-Bill 선물계약의 경우 10월 20일에 이르러 수익률이 12.20%가 되면 T-Bill 선물계약의 가격은 87.80(IMM index)이 되므로 6월 18일과 10월 20일 사이의 가격변화는 20 basis points(= 88.00 − 87.80)가 된다. T-Bill 선물계약의 경우 매도가격이 매입가격보다 낮게 되는데 1 basis point는 $ 25에 해당하므로 T-Bill 선물계약의 거래로부터 $ 500의 손실을 보게 된다. 그러므로 T-Bond 선물거래로부터 발생하는 이익에서 T-Bill 선물거래로부터 발생하는 손실을 차감하면 순이익은 $ 3,656.25가 된다.[2)]

3. 이자율의 위험구조에 대한 투기적 전략 – 상품간 스프레드 –

상품간 스프레드(inter-commodity spread)는 이자율의 위험구조가 변화할 것이라고 기대될 때 사용되기도 한다. 예를 들어 개발도상국들의 외채문제가 심각해져서 이들 개발도상국들에게 많은 자금을 빌려준 대규모 은행들이 위기에 봉착하는 경우, 투자자의 입장에서 대규모 은행들이 발행하는 CD를 보유하는 데 따르는 위험은 증가한다고 볼 수 있다. 이러한 CD보유에 따른 위험의 증가는 T-Bill 수익률과 CD 수익률 간의 차이(spread)가 증가하는 형태로 나타날 수 있다. 이렇게 두 가지 금융상품간의 수익률차이(yield spread)가 변화할 것이라고 기대될 때 상품간 스프레드 전략을 사용하여 이익을 얻을 수 있다.

상 황

2월 10일 현재 선물계약의 가격

	수익률	가 격
12월물 T-Bill 선물	7.82%	92.18
12월물 CD 선물	8.71%	91.29
spread	0.89%	89b.p.

2) Robert W. Kolb, *Understanding Futures Markets*, (Glenview, Illinois: Scott, Foresman and Company, 1985) Ch.5 참조.

조치 및 결과

• 2월 10일	수익률	가 격
12월물 T-Bill 선물매입	7.82%	92.18
12월물 CD 선물매도	8.71%	91.29
spread	0.89%	89b.p.

• 10월 10일	수익률	가 격
12월물 T-Bill 선물매도	7.93%	92.07
12월물 CD 선물매입	9.09%	90.91
spread	1.16%	116b.p.

T-Bill	CD
92.07 (매도가격)	91.29 (매도가격)
92.18 (매입가격)	90.91 (매입가격)
0.11	0.38
손실 = ($ 25)(11b.p.)	이익 = ($ 25)(38b.p.)
= $ 275	= $ 950

순이익 = $ 950 − $ 275
= $ 675

위와 같은 상황하에서 T-Bill 수익률과 CD 수익률 간의 차이가 앞으로 증가할 것이라고 기대되는 경우에는 T-Bill 선물을 매입하고 CD 선물을 매도하는 상품간 스프레드전략을 택하면 된다. 즉, T-Bill 선물을 IMM index로 표시한 가격 92.18에 매입하고 CD 선물을 91.29에 매도하면 된다. 그 후 10월 10일에 이르러 예상했던 바와 같이 수익률차이가 증대되어 T-Bill 선물의 수익률은 7.93%, 그리고 CD 선물의 수익률은 9.09%가 된다면 수익률차이는 116 basis points가 되어 27 basis points만큼 증가한 것이 된다. 그러므로 이 상품간 스프레드전략으로부터 얻을 수 있는 순이익은 ($ 25)(27b.p.) = $ 675가 된다.

제 3 절 금리선물을 이용한 헤징

앞절에서 살펴본 스프레딩(spreading)은 선물시장에서 거래되고 있는 서로 다른 상품간의 가격차이나 동일 상품에 있어서 한월간의 가격차이를 이용하는 방법으로서 이자율의 위험구조 또는 기간구조가 변동할 것이라는 예상하에 행하는 투기적 전략인데 반하여, 금리선물을 이용한 헤징은 미래의 이자율이 변동함에 따르는 위험을 제거하려는 전략이다. 스프레딩과 같은 투기적 전략(speculative strategy)은 헤징(hedging)과는 근본적으로 그 성격이 다르다고 할 수 있다. 투기(speculation)란 이익을 취할 목적으로 투기자(speculator)가 시장에 개입함으로써 투기자 자신의 위험을 증가시키는 행위를 말하는 데 반하여, 헤징은 어떠한 이유로 인하여 이미 가지게 된 위험을 제거하려는 행위를 의미한다. 예를 들어, 6개월 후에 투자할 수 있는 자금을 확보하게 되는 경우, 6개월 후의 이자율이 어떻게 변동하느냐에 따라서 투자수익률이 변동하게 되는 위험을 갖게 되는데 금리선물시장을 통하여 이러한 위험을 제거하는 행위를 헤징이라고 표현한다. 금리선물을 이용한 헤징은 매입헤지(long hedge), 매도헤지(short hedge) 및 교차헤지(cross hedge)로 나누어서 설명할 수 있다.

1. 매입헤지

기업의 재무관리자가 미래의 일정시점에서 단기금융시장에 투자할 수 있는 자금을 확보할 것으로 예상하는 경우, 실제로 투자를 행하는 시점에 이르러 이자율이 하락하게 된다면 투자수익률이 낮아지게 되는 위험에 처하게 된다. 이 재무관리자는 이러한 위험을 제거하기 위하여 미래의 일정시점을 수도결제일로 하는 금리선물계약을 일정가격으로 매입하면 된다. 만약 수도결제일까지 이자율이 하락하게 된다면 금리선물계약의 가격은 상승하게 되므로(금리선물계약의 수익률과 가격은 서로 역관계에 있음을 상기할 것) 이 금리선물계약의 가격상승으로부터 얻게 되는

상황 : 미래에 자금을 대출할 것으로 예상
위험 : 이자율이 하락할 위험
조치 : 금리선물계약을 매입
결과 :

현 재		실제자금대출시점
금리선물계약매입	이자율이 하락하게 되면 →	금리선물계약의 가격상승 (선물거래이익)
현물시장에서의 대출	이자율이 하락하게 되면 →	대출자의 입장에서 투자수익의 감소(손실)

그러므로 금리선물계약의 가격상승에 따른 선물거래이익이 이자율하락에 따른 투자수익의 감소를 상쇄시킴.

선물거래이익은 실제이자율의 하락에 따르는 투자수익의 감소를 상쇄시킬 수 있게 된다. 그러므로 미래에 투자할 수 있는 자금을 확보할 것으로 예상하는 경우의 적절한 헤지방법은 금리선물계약을 매입하는 것이다. 이것을 매입헤지라고 부른다.

이제 다음의 경우를 예로 들어 매입헤지방법을 구체적으로 설명하기로 한다.

상 황

3월 22일 현재 어느 포트폴리오(portfolio) 관리자는 6개월 후에 가서 $ 972,500를 받게 되는데, 이 자금을 미재무성 발행 90일 T-Bill에 투자할 것으로 예상하고 있다. 3월 22일 현재의 이자율은 90일 T-Bill의 경우 12.00%이고, 9월물 T-Bill 선물의 수익률은 11.00%이다.

이러한 상황하에서 이 포트폴리오 관리자가 9월에 가서 이자율이 11.00%보다 더 낮은 수준이 될 것이라고 예상한다면 이러한 위험을 제거하기 위하여 9월물 T-Bill 선물을 매입하면 된다. 9월에 가서 실제이자율이 11.00%보다 더 낮은 수준이 되더라도 9월물 T-Bill 선물을 수익률 11.00%로 매입해놓았기 때문에 이 포트폴리오 관리자는 9월에 투자하는 데 있어서의 수익률을 11.00%로 고정(lock in)시킬 수 있게 된다. 예를 들어, 9월 21일에 이르러 이자율이 90일 T-Bill의 경우 10.00%가 된다면 액면금액 \$ 1,000,000인 90일 T-Bill의 매입가격은 \$ 975,000가 된다. 즉,

$$\$\ 1{,}000{,}000 \times 0.10 \times \frac{90}{360} = \$\ 25{,}000$$

$$\$\ 1{,}000{,}000 - \$\ 25{,}000 = \$\ 975{,}000$$

한편, T-Bill 선물시장에서 9월물 90일 T-Bill 선물의 수익률은 그 선물

조치 및 결과

현 물 시 장	선 물 시 장
• 3월 22일 9월에 \$ 972,500의 자금을 3개월간 투자할 것으로 예상(3월 현재 금리 수준은 12%)	9월물 T-Bill 선물계약 1단위를 11%의 수익률로 매입 (IMM index = 89.00) 액 면 가 \$ 1,000,000 매 입 가 격 \$ 972,500
• 9월 21일 액면금액 \$ 1,000,000인 90일 T-Bill을 매입하는 데 적용되는 할인율은 10% 매 입 가 격 \$ 975,000 (차감) 선물거래이익 \$ 2,500 실효매입가격 \$ 972,500 실 효 할 인 율 11%	9월물 T-Bill 선물계약 1단위를 10%의 수익률로 매도 (IMM index = 90.00) 매 도 가 격 \$ 975,000 선물거래이익 \$ 2,500

계약의 만기일인 9월 21일에 이르러 90일 T-Bill 그 자체의 수익률과 같게 되므로 10.00%가 된다. T-Bill 선물시장에서 3월 22일에 9월물 T-Bill 선물을 수익률 11.00%(IMM index = 89.00)로 매입하고, 9월 21일에 수익률 10.00%(IMM index = 90.00)로 매도하게 되면 100 basis points만큼의 선물거래이익을 얻게 되며, 이것은 ($ 25)(100b.p.) = $ 2,500에 해당한다. 그러므로 9월 21일에 있어서의 액면금액 $ 1,000,000인 90일 T-Bill의 실효매입가격은 $ 975,000 − $ 2,500 = $ 972,500가 되며 실효할인율을 계산하면 11.00%가 된다. 즉,

$$\frac{\$\ 1{,}000{,}000 - \$\ 972{,}500}{\$\ 1{,}000{,}000} \times \frac{360}{90} = 0.11(11.00\%)$$

이와 같이 구한 실효할인율 11.00%는 3월 22일에 매입한 9월물 90일 T-Bill 선물의 수익률 11.00%와 같게 된다. 즉, 이 포트폴리오 관리자는 3월 22일 현재 9월물 90일 T-Bill 선물을 수익률 11.00%로 매입함으로써 6개월 후에 가지게 되는 투자자금 $ 972,500의 투자수익률을 11.00%로 고정시킨 것이다. 9월 21일에 90일 T-Bill에 자금을 투자할 때 $ 975,000를 매입가격으로 지불하고 액면금액 $ 1,000,000의 90일 T-Bill을 매입하지만 T-Bill 선물시장에서의 선물거래이익 $ 2,500를 감안한다면, 액면금액 $ 1,000,000의 90일 T-Bill을 9월 21일에 매입하는 데 드는 실효매입가격은 $ 972,500가 되고 이 경우의 실효할인율(실효수익률)은 11.00%가 된다.

이와 같이 금리선물계약의 매입을 통하여 미래의 투자수익률을 고정시키는 방법을 그림으로 설명하면 다음과 같다. [그림 6−5]는 3월 22일에 있어서의 90일 T-Bill의 현물시장에서의 수익률 및 9월물 T-Bill 선물의 수익률과 이 T-Bill 선물계약의 만기일인 9월 21일에 있어서의 90일 T-Bill 현물수익률 및 9월물 T-Bill 선물수익률을 보여주고 있다. 이 그림으로부터 우리는 3월 22일에 있어서는 T-Bill 현물수익률과 선물수익률의 차이(베이시스)가 12% − 11% = 1% 또는 100 basis points이지만 9월 21일에 가서는 T-Bill 현물수익률과 선물수익률이 모두 10%가 되므로 베이시스가 영이 됨을 알 수 있다.

그림 6-5 금리선물을 이용한 매입헤지

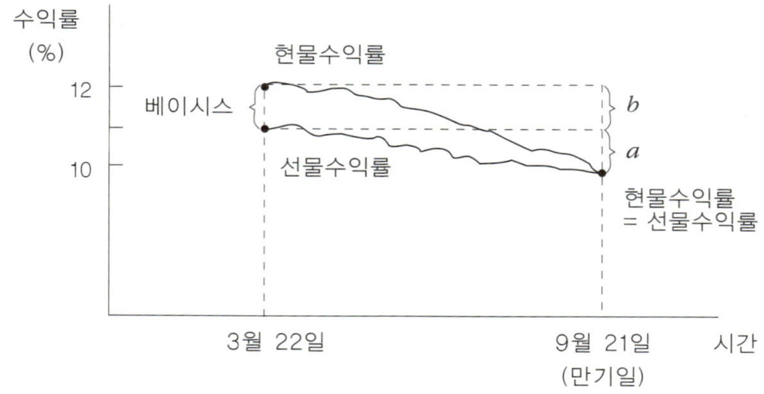

3월 22일부터 9월 21일까지의 기간 동안 90일 T-Bill 현물수익률은 12%로부터 10%로 변하는데 이것은 [그림 6-5]에서 $(a+b)$로 나타낼 수 있다. 한편 같은 기간 동안 9월물 T-Bill 선물수익률은 11%로부터 10%로 변하며 이것은 [그림 6-5]에서 a로 나타내어진다. 그러므로 현물수익률의 변화폭$(a+b)$ 중에서 a에 해당하는 만큼의 변화는 선물수익률의 변화에 의하여 상쇄된다고 볼 수 있다. 이것은 9월 21일에 가지게 되는 투자자금 $ 972,500를 90일 T-Bill에 투자할 때의 실효수익률은 3월 22일의 90일 T-Bill 현물수익률 12%로부터 b만큼 변화한 11%가 됨을 의미한다. 그리고 바로 이 수익률이 3월 22일 현재의 9월한월 T-Bill 선물수익률과 일치한다.

2. 매도헤지

단기금융시장에서 미래에 자금을 차입할 것으로 예상하는 경우, 차입자는 금리선물계약을 이용하여 실제차입시점에 이르러 이자율이 상승하는 데 따르는 자금차입비용 변동위험을 제거할 수가 있다. 즉, 자금차입자는 미래의 일정 시점에서 수도결제되는 금리선물계약을 일정가격으로 매도하면 된다. 만약 수도결제일까지 이자율이 상승하게 된다면 금리선물

상황 : 미래에 자금을 차입할 것으로 예상

위험 : 이자율이 상승할 위험

조치 : 금리선물계약을 매도

결과 :

현 재		실제자금차입시점
금리선물계약매도	이자율이 상승하게 되면 →	금리선물계약의 가격하락(동일한 금리선물계약을 전보다 낮은 가격으로 매입할 수 있으므로 선물거래이익을 보게 된다.)
현물시장에서의 차입	이자율이 상승하게 되면 →	자금차입비용 증가

그러므로 금리선물계약의 가격하락에 따른 선물거래이익이 이자율 상승에 따른 자금차입비용의 증가를 상쇄시킴.

계약의 가격은 하락하게 되므로 이미 매도한 금리선물계약을 보다 낮은 가격으로 다시 매입함으로써 선물거래이익을 얻게 된다. 이와 같이 얻게 되는 선물거래이익은 실제이자율의 상승에 따르는 자금차입비용의 증가를 상쇄시킬 수 있게 된다. 그러므로 미래에 자금을 차입할 것으로 예상하는 경우의 적절한 헤지방법은 금리선물계약을 매도하는 것이다. 이것을 매도헤지(short hedge)라고 부른다.

이제 유로달러(Eurodollar) 선물계약의 경우를 예로 들어 매도헤지방법을 구체적으로 설명하기로 한다. Chicago Mercantile Exchange 산하의 International Monetary Market에서 거래되고 있는 90일만기 유로달러예금에 대한 선물계약은 그 대상이 액면금액 $ 1,000,000의 3개월만기 은행예금증서이다. 또한, 유로달러 선물계약의 수익률은 money market yield(즉, add-on basis)로 표시되므로 T-Bill 선물계약의 경우와는 대조를 이루지만 가격등락의 최소단위인 1 basis point는 역시 $ 25에 해당한다.

상 황

수익률곡선(yield curve)이 상승형(ascending)인 경우에 은행의 입장에서 볼 때 전형적인 자금거래는 예를 들어 3개월짜리 예금을 받고 6개월짜리 대출을 하는 것이다. 이 때의 목적은 3개월 이자율과 6개월 이자율과의 차이로부터 이익을 취하고자 하는 것이다. 그러나 은행이 3개월 후에 자금의 rollover를 할 때까지 이자율이 상승할 위험이 있으므로 이러한 이자율상승 위험을 제거하고자 한다. 좀더 구체적으로 다음과 같은 상황을 가정하여 보자. 6월 16일 현재 9월물 Eurodollar 선물계약의 가격이 IMM index로 82.20(100 − 17.80%) 수준에 있다. 은행은 9월 16일부터 12월 16일까지의 3개월 동안의 자금조달비용(예금이자율)을 고정(lock in)시키고자 한다.

유로달러 현물이자율 :

From spot(June 16)

To 3 months(September 16 ~ 92days) : 17.00%

To 6 months(December 16 ~ 183days) : 17.8125%

183일간 17.8125%의 이자율로 $ 1,000,000를 대출하는 경우의 이자수익 : $ 90,546

처음 92일간 17%의 이자율로 $ 1,000,000의 자금조달시 비용 : $ 43,444

조치 및 결과

• 조치

1. 6월 16일에 은행은 9월물 Eurodollar 선물계약을 매도한다. 그리고 3개월간 $ 1,000,000의 Eurodollar 현물로 자금조달을 하고 6개월간 대출을 한다.
2. 9월 16일에 은행은 3개월짜리 Eurodollar 현물로 다시 $ 1,000,000의 자금조달을 하고(이자율 20.00%), 한편 Eurodollar 선물시장에서 9월물 Eurodollar 선물계약을 매입(상쇄)한다(IMM index = 80.00).

• 결과

6월 16일, 9월물 Eurodollar 선물계약 매도 : 82.20(17.80%)

9월 16일, 9월물 Eurodollar 선물계약 매입 : 80.00(20.00%)

220b.p.

선물거래이익 = ($ 25)(220b.p.) = $ 5,500

9월 16일에 이르러 3개월 동안 자금을 조달하는 데 적용되는 이자율이 20%가 된다면, 두 번째 기간 동안의 자금차입비용은 첫 번째 기간에 비하여 증가한 것이 된다(17.00%로부터 20.00%로 증가). 즉, 두 번째 기간 동안의 자금차입비용은

$$\$\ 1{,}000{,}000 \times 0.2000 \times \frac{91}{360} = \$\ 50{,}556$$

가 된다. 그러나 선물거래이익이 $ 5,500가 되므로 실효차입비용은 $ 45,056(= $ 50,556 − $ 5,500)가 된다. 즉,

$$\frac{\$\ 45{,}056}{\$\ 1{,}000{,}000} \times \frac{360}{91} = 0.1782(17.82\%) \approx 17.80\%$$

두 번째 기간 동안의 실효차입비용은 17.82%가 되는데, 이것은 6월 16일 당시 9월물 Eurodollar 선물계약의 수익률(17.80%)과 거의 일치함을 알 수 있다. 즉, 6월 16일 당시 9월물 Eurodollar 선물계약을 매도함으로써 9월 16일부터 12월 16일까지의 3개월 동안의 자금조달비용을 고정시킬 수 있음을 볼 수 있다.

3. 교차헤지

우리는 앞에서 매입헤지와 매도헤지에 대하여 살펴보았다. 두 가지 경우에 있어서 모두 헤지하고자 하는 금융자산이 헤지에 사용되는 금융자산과 동일함을 알 수 있었다. 그러나 금리선물시장에서 행해지는 대다수의 헤지는 교차헤지(cross hedge)이다. 교차헤지란 헤지하고자 하는 금

융자산과 헤지에 사용되는 금융자산이 서로 다른 경우를 의미한다. 이제 다음의 경우를 예로 들어 CP(commercial paper)와 T-Bill 간의 교차헤지방법을 구체적으로 설명하기로 한다.

상 황

K기업은 3개월 후(12월)에 약 $ 1,000,000의 자금을 CP발행을 통하여 차입할 것으로 예상된다. K기업의 재무관리자는 예상치 못한 금리변동에 따르는 리스크를 제거하기 위하여 90일 T-Bill 선물계약 1단위를 매도하기로 하였다.

조치 및 결과

현 물 시 장	선 물 시 장
• 9월(오늘 현재) 12월에 CP를 발행하여 약 $ 1,000,000의 자금을 3개월간 차입할 것으로 예상(9월 현재 금리수준은 8.5%이며 12월의 CP 금리수준은 9.5%가 되리라고 예상)	12월물 T-Bill 선물계약 1단위를 7.5%의 할인율로 매도 (IMM index = 92.5) 액 면 가 $ 1,000,000 매도가격 $ 981,250
• 12월 액면금액 $ 1,000,000인 90일만기 CP를 발행하는 데 적용되는 할인율은 10% 차 입 금 $ 975,000 할 인 료 $ 25,000 (차감) 선물거래이익 $ 1,250 실효할인료 $ 23,750 실효할인율 9.5%	12월물 T-Bill 선물계약 1단위를 8%의 할인율로 매입 (IMM index = 92) 매 입 가 격 $ 980,000 선물거래이익 $ 1,250

만약 금리선물을 이용한 헤지를 하지 않았더라면 12월에 자금을 차입할 때 10%의 할인율로 차입해야 했을 것이다. 그러나 위와 같이 금리선물을 이용한 헤징을 하는 경우, 선물거래이익이 50 basis points(= 92.5 − 92)가 발생하므로 선물거래로부터의 이익금은 ($ 25)(50 basis points) = $ 1,250가 된다. 그러므로 12월에 자금차입시 지불한 할인료(할인금액)에서 선물거래이익금을 차감하여 실효할인율을 계산하면 9.5%가 된다.

위의 예에서 CP의 수익률과 T-Bill의 수익률이 현물시장에서 서로 완전한 상관관계를 보인다고 가정하자. 즉, 9월부터 12월까지의 기간동안 CP의 수익률은 8.5%로부터 10%로 변화하고 같은 기간 동안 T-Bill의 수익률은 6.5%로부터 8%로 변화한다고 가정하자. 이와 같이 현물시장에서 T-Bill 수익률보다 CP 수익률이 항상 2%(200 basis points)만큼 높은 경우에는 12월에 CP를 발행하여 자금을 차입할 때의 자금차입비용이 금리의 변동으로 인하여 예상치 못한 변동을 보이는 경우에 대비하기 위하여 T-Bill 선물거래를 활용할 수 있다.

[그림 6-6]은 9월부터 12월까지의 기간 동안 현물시장에서의 CP 수익률 및 T-Bill 수익률뿐만 아니라 같은 기간 중의 12월물 T-Bill 선물수익률의 변화도 함께 보여주고 있다. 우선 T-Bill에 관하여 살펴보면 이 기간 중 T-Bill의 현물수익률은 8% − 6.5% = 1.5%만큼 변동하고 T-Bill의 선물수

그림 6-6 금리선물을 이용한 교차헤지(완전헤지의 경우)

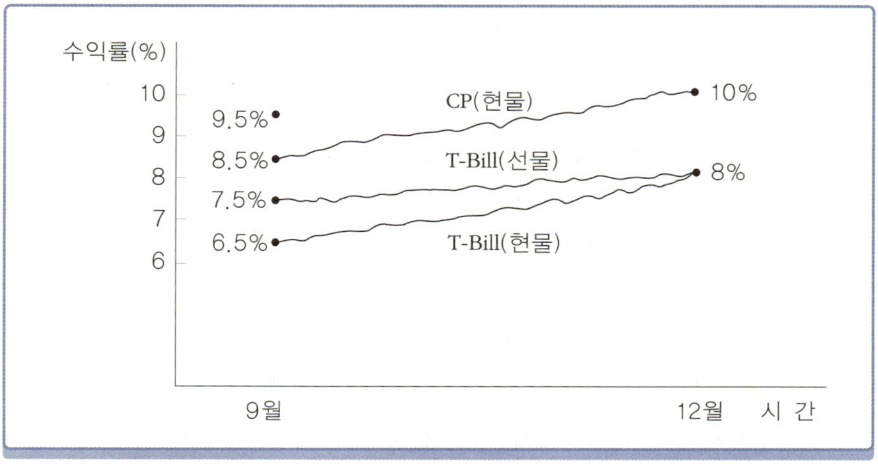

익률은 8% − 7.5% = 0.5%만큼 변동함을 알 수 있다. 우리는 앞에서 금리선물거래를 통하여 미래의 실효투자수익률 또는 실효자금차입비용을 선물계약 체결 당시의 선물수익률의 수준으로 고정시킬 수 있음을 알았다. 그러므로 이 경우에 있어서 현물수익률의 변동폭 1.5% 중 0.5%에 해당하는 만큼은 선물수익률의 변화에 의하여 상쇄되어 실효금리수준은 9월의 현물수익률 6.5%보다 1%(= 1.5% − 0.5%)만큼 증가한 7.5%가 되며 이것은 다시 9월의 선물수익률과 일치함을 쉽게 알 수 있다. 9월 현재의 12월물 T-Bill 선물수익률이 12월의 T-Bill 현물수익률에 대한 예상치를 나타낸다고 볼 때 우리는 T-Bill 선물거래를 통하여 12월의 T-Bill 현물수익률이 예상치 못한 변동(즉, 7.5%가 아니라 8%)을 나타낸다고 할지라도 그 실효금리수준을 9월 현재의 12월물 T-Bill 선물수익률인 7.5%로 고정시킬 수 있음을 알 수 있다.

9월 현재의 12월물 T-Bill 선물수익률(7.5%)이 12월의 T-Bill 현물수익률에 대한 예상치를 나타낸다고 하는 것은 9월부터 12월까지의 기간 중 T-Bill 현물수익률이 6.5%로부터 7.5%로 1%만큼 증가할 것으로 예상된다는 것을 의미한다. 그리고 앞에서 언급한 바와 같이 현물시장에서 T-Bill 수익률보다 CP 수익률이 항상 2%만큼 높다면 이것은 9월의 CP 현물수익률은 6.5% + 2% = 8.5%가 되며 12월까지는 CP 현물수익률도 8.5%로부터 9.5%로 1%만큼 증가할 것으로 예상된다는 것을 의미한다.

이제 우리는 비록 12월의 CP 현물수익률이 9월의 예상치인 9.5%가 아닌 10%가 된다고 할지라도 T-Bill 선물거래를 통하여 CP의 실효금리수준을 9월 당시의 12월 CP 현물수익률에 대한 예상치인 9.5%로 고정시킬 수 있음을 보여줄 수 있다. 즉, 9월부터 12월까지의 기간 중 CP 현물수익률이 8.5%로부터 10%로 1.5%만큼 변동하지만 T-Bill 선물거래를 통하여 T-Bill 선물수익률의 변화(8% − 7.5% = 0.5%)만큼을 상쇄시켜주면 CP의 실효금리수준은 9월의 CP 현물수익률 8.5%보다 1%(= 1.5% − 0.5%)만큼 증가한 9.5%가 된다.

앞의 《조치 및 결과》에서도 구한 바와 같이 CP의 실효금리수준은 9.5%로 고정되며 이것은 12월의 CP 현물수익률에 대한 9월의 예상치와 일치하는데 이와 같은 경우를 완전헤지(perfect hedge)라고 한다. 이와 같이 12월의 CP 현물수익률이 9월 당시의 예상치인 9.5%가 아닌 10%가 된다고 할지라도 T-Bill 선물거래를 통하여 12월의 CP의 실효금리수준을 9월 당시의 12월 CP에 대한 예상치인 9.5%로 고정시킬 수 있는 이유는 현물시장에서 CP 수익률과 T-Bill 수익률이 서로 완전한 상관관계(perfect correlation)를 보인다고 가정하기 때문이다. 그러나 이러한 완전헤지를 항상 기대하기는 어렵다. 교차헤지를 행할 때는 불완전헤지가 되는 경우가 많이 발생하는데 다음의 경우를 예로 들어 설명하기로 한다.

상 황

L기업은 4개월 후(6월)에 약 $ 1,000,000의 자금을 CP를 발행하여 차입할 것으로 예상된다. L기업의 재무관리자는 예상치 못한 금리상승에 따르는 위험을 제거하기 위하여 90일 T-Bill 선물계약 1단위를 매도하기로 하였다.

이 경우에는 T-Bill 선물을 이용한 헤징을 통하여 선물거래이익금을 $ 925만큼 확보하므로 6월에 자금차입시 지불한 할인료 $ 28,125에서 선물거래이익금을 차감하면 실효할인료는 $ 27,200가 되고 실효할인율을 계산하면 6월의 CP 금리수준에 대한 2월의 예상치인 10.83%보다는 조금 높은 10.88%가 됨을 알 수 있다. 즉, 완전헤지가 되지 못함을 알 수 있다.

우리는 완전헤지가 가능하였던 앞의 예에서 12월의 CP 현물수익률이 9월 당시의 예상치인 9.5%보다 0.5%만큼 차이가 나는 10%가 된다고 할지라도 T-Bill 선물수익률의 변화를 통하여 0.5%만큼 상쇄시켜주면 12월의 CP 실효금리수준을 9월 당시의 12월 CP 현물수익률에 대한 예상치인 9.5%로 고정시킬 수 있음을 보았다. 그리고 이와 같이 완전헤지가 가능한 이유는 현물시장에서 CP의 수익률과 T-Bill의 수익률이 서로 완전한 상관관계(perfect correlation)를 보이기 때문이라고 하였다.

그러나 여기에서는 현물시장에서 CP의 수익률과 T-Bill의 수익률이 서로 불완전한 상관관계(imperfect correlation)를 보이는 경우로서 6월의 CP 실효금리수준을 2월 당시의 6월 CP 현물수익률에 대한 예상치인

조치 및 결과

현 물 시 장	선 물 시 장
• 2월(오늘 현재) 6월에 CP를 발행하여 약 $ 1,000,000의 자금을 3개월간 차입할 것으로 예상(6월 CP 금리수준은 10.83%가 되리라고 예상)	6월물 T-Bill 선물계약 1단위를 10.10%의 할인율로 매도 (IMM index = 89.90)
• 6월 액면금액 $ 1,000,000인 90일만기 CP를 발행하는 데 적용되는 할인율은 11.25% 차 입 금 $ 971,875 할 인 료 $ 28,125 (차감) 선물거래이익 $ 925 실효할인료 $ 27,200 실효할인율 10.88%	6월물 T-Bill 선물계약 1단위를 10.47%의 할인율로 매입 (IMM index = 89.53) 89.90 − 89.53 = 0.37(37basis points) 선물거래이익 = ($ 25)(37b.p.) = $ 925

10.83%로 정확하게 고정시킬 수 없음을 알 수 있다. 여기서 완전헤지가 되지 못하는 이유는 6월의 CP 현물수익률(11.25%)이 2월 당시의 6월 CP 현물수익률에 대한 예상치(10.83%)와 0.42%만큼 차이가 나는 반면, T-Bill 선물수익률은 2월의 10.10%로부터 6월의 10.47%로 0.37%만큼 변화하므로 예상치 못한 CP 현물수익률의 변동폭 0.42%가 T-Bill 선물수익률의 변동폭 0.37%에 의하여 완전히 상쇄되지 않기 때문이다. 조금 다르게 표현한다면, 2월 당시의 6월 CP 현물수익률에 대한 예상과 6월물 T-Bill 선물수익률과의 차이는 73 basis points(10.83% − 10.10% = 0.73%)이지만 6월에 이르러서의 CP 현물수익률과 6월물 T-Bill 선물수익률과의 차이는 78 basis points(11.25% − 10.47% = 0.78%)로 2월에 비하여 그 차이가 5 basis points만큼 증가되었기 때문이다. 이와 같이 CP 현물수익률에 대한 예상과 T-Bill 선물수익률과의 상관관계가 완전하지 못할 경우에는 완전헤지가 되지 못하며 이렇게 상관관계가 완전하지 못할 가능성을 'basis risk'

라고 부른다. 즉, basis risk란 이러한 불완전한 상관관계, 따라서 불완전한 헤지가 발생할 위험을 말한다. 그리고 이와 같이 CP 현물수익률에 대한 예상과 T-Bill 선물수익률과의 상관관계가 완전하지 못하다는 것은 현물시장에서 CP의 수익률과 T-Bill의 수익률이 서로 불완전한 상관관계를 보인다는 것을 의미한다. 이 basis risk 때문에 교차헤지의 경우에는 헤지하고자 하는 금융자산과 여러 가지 면에 있어서 가장 유사한 금융자산을 택하여 헤지에 사용하여야 한다. 즉, 헤지하고자 하는 금융자산과 헤지에 사용되는 금융자산이 유사하면 할수록 두 가지 금융자산의 수익률간의 상관관계가 높게 되고 따라서 완전헤지가 될 가능성이 커진다고 할 수 있다.

부록 선도금리계약(FRA)

선도금리계약(forward rate agreement: FRA)이란 미래의 일정시점(결제일)으로부터 일정만기일까지의 기간 동안 적용될 이자율을 계약시점에서 고정(lock in)시키는 계약을 말한다. 선도금리계약은 형식적으로는 자금의 차입자와 대여자가 미래의 일정시점(결제일)에서 서로 합의된 계약금리에 따라 일정금액(원금)을 일정기간 동안 차입 · 대여하기로 하는 거래를 말하지만 실제에 있어서는 원금의 이동은 일어나지 않으며 결제일에 있어서의 실제금리와 이미 약정한 계약금리의 차이만이 지급된다. 즉, 선도금리계약의 결제일에 실제금리(정확하게 말하자면, 결제일 2영업일 전의 시장금리)에 의하여 산출된 이자와 계약금리에 의하여 산출된 이자와의 차액만이 지급된다.

선도금리계약은 미래의 이자율을 고정시킬 수 있다는 점에 있어서는 금리선물(interest rate futures)과 매우 유사하지만 다음과 같은 몇 가지 차이점이 있다. 첫째, 금리선물은 조직화된 거래소(exchange)에서 거래되는 반면 선도금리계약은 은행간시장에서 주로 거래되며 은행과 기업 간의 거래에도 이용되고 있다. 둘째, 금리선물은 계약단위 및 수도결제일 등이 표준화가 되어 있는 반면 선도금리계약에 있어서는 이러한 조건들을 거래당사자들의 필요에 따라 결정할 수가 있다. 셋째, 금리선물의 경우에는 일정액의 증거금(margin)을 납부한 후 시장가격의 변동에 따라 매일결제(daily resettlement)가 행해지지만 선도금리계약의 경우에는 증거금이 요구되지 않는다. 마지막으로, 금리선물에 있어서는 그 거래대상이 T-Bill 또는 유로달러예금 등의 금융자산인 반면 선도금리계약의 경우에는 자금의 차입 및 대여 그리고 이에 따른 금리에 관심의 초점이 모아진다. 그러므로 자금을 차입하고자 하는 경우에 선도금리계약을 매입하고 대여하고자 하는 경우에 선도금리계약을 매도한다.

미래에 자금을 차입할 것으로 예상하는 경우 실제 자금차입시점에 이르러 이자율이 상승하는 데 따르는 자금차입비용의 증가위험을 제거하기 위하여 선도금리계약을 매입하면 된다. 즉, 선도금리계약의 매입자는 자금차입시점, 즉 결제일의 실제금리가 계약금리보다 높을 경우에는 그 차이에 해당하는 금액을 선도금리계약의 매도자로부터 지급받게 되는데 이것은 실제 자금차입비용의 증가를 상쇄시켜준다. 한편, 미래에 자금을 대여할 것으로 예상하는 경우 실제 자금대여시점에 이르러 이자율이 하락하는 데 따르는 자금투자수익의 감소위험을 제거하기 위하여 선도금리계약을 매도하면 된다. 즉, 선도금리계약의 매도자는 자금대여시점, 즉 결제일의 실제금리가 계약금리보다 낮을 경우에는 그 차이에 해당하는 금액을 선도금리계약의 매입자로부터 지급받게 되는데 이것은 실제 자금투자수익의 감소를 상쇄시켜준다.

선도금리계약의 계약기간은 'six against nine months' 식으로 표시되는데 이것은 계약일로부터 6개월 후가 결제일이 되며 그로부터 3개월간의 기간에 적용되는 금리를 고정시키고자 하는 경우를 의미한다. 예를 들어, 선도금리계약의 계약일이 8월 3일이라고 하면 six against nine months의 경우 결제일은 다음해 2월 3일이 되며 만기일은 다음해 5월 3일이 된다. 그리고 이 선도금리계약의 계약기간은 다음해 2월 3일부터 5월 3일까지의 3개월이 된다.

상 황

어느 기업의 재무관리자는 지금으로부터 3개월 후에 그로부터 3개월간 $ 10,000,000를 차입할 것으로 예상하고 있다. 3개월 후의 금리가 현재보다 상승할 것으로 보이는데 3개월 후를 결제일로 하여 그로부터 3개월간을 계약기간으로 하는 선도금리계약(three against six month FRA)을 10%의 이자율로 체결할 수 있음을 알게 되었다.

이러한 상황하에서 이 재무관리자는 10%의 이자율로 three against six month FRA를 매입하였다고 하자. 이제 3개월 후의 실제금리가 3개월간의 자금차입에 대하여 12%가 된다면 FRA를 매입한 이 재무관리자는 실제금리(12%)에 의하여 산출된 이자와 계약금리(10%)에 의하여 산출된 이자와의 차액을 FRA의 매도자로부터 지급받게 된다. 우선, $ 10,000,000를 계약원금이라 할 때 실제금리(12%)에 의하여 산출된 이자는 $ 300,000가 된다. 즉,

$$\text{이자(실제금리적용)} = (\$\ 10{,}000{,}000)(0.12) \cdot \frac{90}{360}$$
$$= \$\ 300{,}000$$

그리고 계약금리(10%)에 의하여 산출된 이자는 $ 250,000가 된다. 즉,

$$\text{이자(계약금리적용)} = (\$\ 10{,}000{,}000)(0.10) \cdot \frac{90}{360}$$
$$= \$\ 250{,}000$$

따라서 이 두 이자의 차액인 $ 50,000(= $ 300,000 − $ 250,000)를 FRA의 매도자로부터 지급받아야 할 것이다. 그러나 FRA의 매입자와 매도자간에 주고 받는 결제금액은 FRA의 계약기간이 끝나는 만기일에 지급되는 것이 아니고 형식적으로 자금의 차입 또는 대여가 이루어지기로 한 결제일에 지급되므로 계약기간 동안의 이자차액을 결제일의 실제금리로 할인하여 얻은 결제일의 현재가치에 해당하는 금액이 된다. 즉,

$$\text{결제금액} = \frac{\$\ 50{,}000}{1 + (0.12) \cdot \frac{90}{360}}$$

$$= \$\ 48{,}543.69$$

를 FRA의 매도자로부터 지급받게 된다.

그러므로 위의 경우에 있어서 선도금리계약의 계약금리보다 결제일의 실제금리가 더 높게 되었으므로 선도금리계약의 매입자는 매도자로부터 이자차액을 지급받게 되고 이것은 선도금리계약 매입자의 자금차입비용의 증가(금리상승에 따른)를 상쇄시켜주게 된다.

조치 및 결과

조치 : 선도금리계약 매입(계약금리 10%)

결과 : 결제일의 실제금리가 12%가 됨. 따라서 실제금리(12%)와 계약금리(10%)의 차이에 해당하는 만큼의 이자차액을 선도금리계약의 매도자로부터 지급받게 됨.

$$\text{이자차액} = (\$\ 10{,}000{,}000)(0.12 - 0.10) \cdot \frac{90}{360}$$

$$= \$\ 50{,}000$$

위에서 얻은 이자차액을 결제일의 실제금리로 할인하여 결제일의 현재가치를 구하면 결제금액이 된다.

$$\text{결제금액} = \frac{\$\ 50{,}000}{1 + (0.12) \cdot \frac{90}{360}}$$

$$= \$\ 48{,}543.69$$

부록 듀레이션을 이용한 헤지비율(Duration-Based Hedge Ratio)[3)]

우리는 제3장 제3절에서 듀레이션(D)을 다음과 같이 표현한 바 있다. 즉,

$$D = -\frac{\dfrac{\Delta P}{P}}{\dfrac{\Delta(1+r)}{(1+r)}}$$

$$\Delta P = -D \cdot \frac{\Delta(1+r)}{(1+r)} \cdot P$$

P : 채권의 시장가격
r : 시장수익률 또는 만기수익률
Δ: 기준시점과 비교시점 간의 변화량을 나타낸다.

위의 식을 수정듀레이션(D^*)을 사용하여 다시 표현하면 다음과 같다. 즉.

$$D^* = \frac{D}{(1+r)} \text{으로 표현할 때}$$

$$\Delta P = -D^* \cdot \Delta(1+r) \cdot P$$

또는

$$\Delta P = -P \cdot D^* \cdot \Delta(1+r)$$

이제 위의 식을 현물금융자산의 가치(S)와 금리선물계약의 선물가격(F)에 대하여 표현하면

3) 이 부분은 John C. Hull, *Introduction to Futures and Option Markets*, Third Edition(Upper Saddle River, N.J.: Prentice Hall, 1998)를 참고하였음.

$$\Delta S = -S \cdot D_S^* \cdot \Delta(1 + r)$$
$$\Delta F = -F \cdot D_F^* \cdot \Delta(1 + r)$$

만약, 모든 만기에 있어서 금리변화가 일정하다고 가정하면 다음과 같은 결과를 얻게 된다.

$$\frac{\Delta S}{\Delta F} = \frac{S \cdot D_S^*}{F \cdot D_F^*}$$

S: 현물금융자산의 가치
F: 금리선물계약의 선물가격
D_S^* : 현물금융자산의 수정듀레이션
D_F^* : 금리선물계약 기초자산의 수정듀레이션

예 제

8월 5일 현재 1천만 달러 상당의 정부발행채권을 보유하고 있는 펀드매니저는 3개월 후인 11월에 이르러 금리가 상승하게 되면 채권가격이 하락할 것을 걱정하고 있다. 이러한 금리변동위험을 제거하기 위하여 12월물 T-Bond선물계약을 매도하기로 결정하였다.

8월 5일 현재 T-Bond 선물가격은 93-02이며 이것은 액면금액 \$100,000의 (93과 2/32)% 즉, \$93,062.5임을 의미한다. 보유하고 있는 채권포트폴리오의 평균듀레이션은 11월에 이르러 6.8년이 될 것으로 예상되며 12월물 T-Bond 선물계약의 만기시 수도결제에 사용될 것으로 판단되는 T-Bond의 듀레이션은 9.2년이다. 이 경우 필요한 선물계약 수는 얼마인가?

ΔF가 선물계약의 선물가격변동을 나타낸다고 할 때 현물금융자산의 가치변동(ΔS)을 제거하기 위하여 필요한 선물계약 수(N^*)는 다음과 같이 구할 수 있다.

$$N^* = \frac{\Delta S}{\Delta F} = \frac{S \cdot D_S^*}{F \cdot D_F^*} = \frac{(10{,}000{,}000) \cdot (6.8)}{(93{,}062.5) \cdot (9.2)} = 79.42$$

여기서 필요한 선물계약 수 N^*를 헤지비율(hedge ratio)라고도 부른다.

예 제

5월 15일 현재 K기업의 재무관리자는 약 3개월 후인 8월 20일에 $3,300,000를 수취할 것으로 예상되는데 다음해 2월에 자금이 필요할 때까지 이 자금을 6개월 만기 T–Bill에 투자하고자 계획하고 있다. 5월 15일 현재 6개월 만기 T–Bill 현물수익률은 11.2%이지만 향후 3개월 동안 금리가 하락할 것을 걱정하고 있다. 이러한 금리변동위험을 제거하기 위하여 9월물 T–Bill 선물계약을 매입하기로 결정하였다. 5월 15일 현재 9월물 T–Bill 선물의 IMM Index가 89.44이라면 이것은 T–Bill 선물가격 $973,600임을 의미한다. T–Bill 선물계약의 기초자산은 3개월 만기 T–Bill인데 T–Bill은 순수할인채(pure discount security)이므로 듀레이션은 만기와 동일한 3개월이 된다. 한편 8월에 자금을 투자할 때 매입하고자 하는 현물 6개월 만기 T–Bill의 듀레이션도 만기와 동일한 6개월이 된다. 이 경우 필요한 선물계약 수는 얼마인가?

ΔF가 선물계약의 선물가격변동을 나타낸다고 할 때 현물금융자산의 가치변동(ΔS)을 제거하기 위하여 필요한 선물계약 수(N^*)는 다음과 같이 구할 수 있다.

$$N^* = \frac{\Delta S}{\Delta F} = \frac{S \cdot D_S^*}{F \cdot D_F^*} = \frac{(3{,}300{,}000) \cdot (0.5)}{(973{,}600) \cdot (0.25)} = 6.78$$

여기서 필요한 선물계약 수 N^*를 헤지비율(hedge ratio)라고도 부른다.

연습 문제

EXERCISES

01 헷지하고자 하는 상품과 헷지에 사용되는 상품이 서로 다른 경우의 헷지방법을 무엇이라고 하는가?

1) 매입헷지 2) 매도헷지 3) 투기헷지 4) 교차헷지

02 미국 재무부가 발행하는 3개월 만기 Treasury Bill(T-Bill)에 대한 선물계약은 계약단위가 $1,000,000이다. 어느 투자자는 9월물 T-Bill 선물계약 1단위를 IMM Index = 97.50의 수준에서 매도하고 IMM Index = 97.75 수준에서 매도포지션을 청산하였다. 이 경우 선물거래 이익 또는 손실은 얼마인가?

1) $625 손실
2) $625 이익
3) $62.5 손실
4) $62.5 이익

〈문제 3번부터 4번까지는 다음의 상황을 읽고 답하라〉

상 황

1월 현재 어느 기관투자자는 3월 15일에 가서 $5,000,000 상당의 우량회사채를 매각하려고 계획하고 있다. 현재 Treasury Bond의 현물가격은 97.28이고 선물가격은 102.16이다. Treasury Bond 선물계약의 계약단위는 $100,000이다.

03 이 기관투자자는 채권가격변동위험에 대처하기 위하여 1월 현재 어떠한 조치를 취해야 하는가?

1) Treasury Bond 선물 50계약 매입
2) Treasury Bond 선물 50계약 매도
3) Treasury Bond 선물 5계약 매도
4) Treasury Bond 선물 5계약 매입

04 1월 현재 적절한 조치를 취한 후 3월 15일에 가서 선물계약의 포지션을 청산한다면 전체 선물거래이익 또는 손실은 얼마인가? 3월 15일에 이르러 Treasury Bond 현물가격은 95.16이고 선물가격은 99.20이 된다고 가정하라.

1) $143,750 이익
2) $143,750 손실
3) $14,375 이익
4) $14,375 손실

05 다음의 상황을 읽고 답하라.

상 황

어느 투자자는 향후 금리가 상승할 것으로 예상하고 있는데 만약 금리가 상승하는 경우에는 단기금리의 상승폭이 장기금리의 상승폭보다 더 크게 나타나는 경향이 있으므로 만기가 가까운 선물계약(근월물)의 가격이 만기가 먼 선물계약(원월물)의 가격보다 더 많이 하락할 것으로 판단되었다. 12월물 T-Bond 선물가격과 다음해 3월물 T-Bond 선물가격의 10월 현재 가격과 그로부터 1개월 후인 11월 가격에 대한 예상이 다음과 같다고 가정하자.

	10월 가격	11월 가격(예상치)
12월물 T-Bond 선물	113.03	111.06
3월물 T-Bond 선물	93.07	91.31

위와 같은 상황 하에서 10월 현재 12월물 T-Bond 선물계약과 다음해 3월물 T-Bond 선물계약을 활용하여 동일 상품에 있어서 만기월(수도결제월)간의 가격 차이를 이용하는 상품내 스프레드(intra-commodity spread) 전략을 구사한다면 예상되는 순이익(손실)은 얼마인가?

06 다음의 상황을 읽고 답하라.

상 황

어느 거래자는 향후 금리가 하락할 것으로 예상하는데 만약 금리가 하락하는 경우에는 T-Note보다는 만기가 더 긴 T-Bond의 가격상승폭이 클 것으로 판단하였다. 9월물 T-Bond 선물과 9월물 T-Note 선물의 3월 현재 가격과 5월 가격에 대한 예상이 다음과 같다고 가정하자.

	3월 가격	5월 가격(예상치)
9월물 T-Bond 선물	113.20	116.20
9월물 T-Note 선물	108.27	109.27

위와 같은 상황 하에서 3월 현재 9월물 T-Bond 선물계약과 9월물 T-Note 선물계약을 활용하여 서로 다른 상품간의 가격 차이를 이용하는 상품간 스프레드(inter-commodity spread) 전략을 구사한다면 예상되는 순이익(손실)은 얼마인가?

07 다음의 상황을 읽고 답하라.

상 황

국제금융시장에서 조만간 위기가 고조될 것으로 예상되므로 T-Bill 금리에 비하여 Eurodollar 금리가 상대적으로 상승할 것으로 예상된다. 즉, 12월물 T-Bill 선물과 12월물 Eurodollar 선물의 10월 현재 가격과 그로부터 1개월 후인 11월 가격에 대한 예상이 다음과 같다고 가정하자.

	10월 가격	11월 가격(예상치)
12월물 T-Bill 선물	95.17	95.06
12월물 Eurodollar 선물	94.42	94.27
Spread	75b.p.	79b.p.

위와 같은 상황 하에서 10월 현재 12월물 T-Bill 선물계약과 12월물 Eurodollar 선물계약을 활용하여 서로 다른 상품간의 가격 차이를 이용하는 상품간 스프레드(inter-commodity spread) 전략을 구사한다면 예상되는 순이익(손실)은 얼마인가?

08 다음의 상황을 읽고 답하라.

상황-I

9월 20일 현재 Eurodollar 현물시장에서 수익률은 다음과 같다.

3개월 만기: 7%, 6개월 만기: 8%, 9개월 만기: 9%

첫째, 위에서 주어진 현물시장에서의 만기 별 Eurodollar 수익률을 바탕으로 채권수익률곡선(Yield Curve)을 그리라.

둘째, 위에서 주어진 만기 별 현물수익률을 사용하여 1) 3개월 후인 12월부터 3개월에 걸쳐 지배하게 될 선도이자율 그리고 2) 6개월 후인 다음해 3월부터 3개월에 걸쳐 지배하게 될 선도이자율을 구하라.

셋째, 위에서 구한 선도이자율과 Eurodollar 선물시장에서의 선물수익률이 일치한다고 가정하고 12월물 Eurodollar 선물가격과 다음해 3월물 Eurodollar 선물가격을 각각 IMM Index로 나타내라.

상황-II

9월 23일에 Eurodollar 현물시장에서 수익률이 다음과 같이 변했다고 가정하자.

3개월 만기: 7%, 6개월 만기: 7.5%, 9개월 만기: 8%

첫째, 새롭게 형성된 현물시장에서의 만기 별 Eurodollar 수익률을 바탕으로 새로운 채권수익률곡선(Yield Curve)을 그리라.

둘째, 새롭게 형성된 만기 별 현물수익률을 사용하여 1) 3개월 후인 12월부터 3개월에 걸쳐 지배하게 될 선도이자율 그리고 2) 6개월 후인 다음해 3월부터 3개월에 걸쳐 지배하게 될 선도이자율을 구하라.

셋째, 새로 구한 선도이자율과 Eurodollar 선물시장에서의 선물수익률이 일치한다고 가정하고 새롭게 형성된 12월물 Eurodollar 선물가격과 다음해 3월물 Eurodollar 선물가격을 각각 IMM Index로 나타내라.

넷째, [상황-I]의 9월 20일 현재 만기별 수익률 자료에 의거해 그려진 채권수익률곡선(Yield Curve)과 [상황-II]의 9월 23일 현재 만기별 수익률 자료에 의거해 그려진 채권수익률곡선을 하나의 좌표축에 같이 그려보라. 채권수익률곡선의 모양이 이와 같이 변할 것으로 예상되는 경우 어떠한 스프레딩 전략이 요구되는지를 설명하라.

다섯째, [상황 I]과 [상황 II]를 바탕으로 다음의 표를 완성하라.

9월 20일에 취하는 조치	9월 20일 가격	9월 23일 가격	가격차이 (basis point)
12월물 90일 Eurodollar 선물 〈 〉	〈 〉	〈 〉	100
3월물 90일 Eurodollar 선물 〈 〉	〈 〉	〈 〉	200
SPREAD	200b.p.	100b.p.	

9월 23일에 취하는 조치
12월물 90일 Eurodollar 선물 〈 〉
〈 〉(매입가격)
〈 〉(매도가격)
〈 〉b.p.
〈 〉=($25)〈 b.p.〉=〈 〉

9월 23일에 취하는 조치
3월물 90일 Eurodollar 선물 〈 〉
〈 〉(매도가격)
〈 〉(매입가격)
〈 〉b.p.
〈 〉=($25)〈 b.p.〉=〈 〉

순이익 = 〈 〉 − 〈 〉 = 〈 〉

제 7 장

통 화 선 물

Chapter

Global Financial Markets

07 통 화 선 물

제 1 절 선도환시장과 통화선물시장의 비교

선도환시장(foreign exchange forward market)은 특정한 장소에 구애됨이 없이 전세계적으로 연결되어 있는 시장조직을 말하는데 반하여 통화선물시장(foreign exchange futures market)은 조직화된 거래소(organized exchange)에 위치하고 있는데 그 대표적인 예가 Chicago Mercantile Exchange(CME) 산하의 International Monetary Market(IMM)이라고 할 수 있다. CME에서는 Australian dollar, British pound, Canadian dollar, Japanese yen, New Zealand dollar, Swiss franc, Mexican peso 등의 통화가 거래되고 있다. 통화선물시장에서 거래되는 계약은 3월, 6월, 9월, 12월의 세 번째 수요일을 만기일로 하고 있는데 이것은 계약당사자들의 합의에 따라서 계약일로부터 1개월, 3개월 또는 6개월 후 등을 만기일로 하는 선도환계약과는 대조를 이룬다. 즉, 선도환계약에 있어서는 계약일이 언제인가에 따라서 만기일이 결정되지만 통화선물계약의 만기일은 거래소에 의해 이미 정해져 있다는 점이다.

선도환시장에서의 계약단위는 계약당사자들의 합의에 의하여 정해지나 통화선물시장에서의 계약단위는 거래소에 의하여 이미 정해져 있다. 통화선물시장 계약의 호가는 해당통화 1단위의 달러화 표시가격으로 행해지므로 통화선물 1단위계약의 가치는 해당통화 1단위의 달러화 표시가격에 통화선물 1단위계약이 포함하는 해당통화의 단위수를 곱하여 산출할 수 있다. 예를 들어 Swiss franc 통화선물의 계약단위는 125,000franc인데 만약 Swiss franc 통화선물의 가격이 $ 0.6813/SF 이라면 그 통화선물 1단위계약의 가치는 (SF 125,000) · ($ 0.6813/SF) = $ 85,162.50가 된다.

다음의 〈표 7-1〉에서 볼 수 있는 바와 같이 Swiss franc의 경우에는 통화선물의 가격이 SF 1단위에 대하여 $ 0.0001(1 point)가 변하게 되면 통화선물 1단위계약의 가치는 (SF 125,000) · ($ 0.0001/SF) = $ 12.5만큼 변하게 된다. 통화선물시장에서의 최소가격변동폭을 'tick' 이라고 하는데

표 7-1 CME 통화선물 거래조건

	Australlan Dollar	British Pound	Canadian Dollar	Japaness Yen
계약단위	AD 100,000	BP 62,500	CD 100,000	JY 12,500,000
1point의 가치	0.0001 = $ 10.00	0.0001 = $ 6.25	0.0001 = $ 10	0.000001 = $ 12.50
최소 가격 변동폭	0.0001 = $ 10.00	0.0001 = $ 6.25	0.0001 = $ 10	0.000001 = $ 12.50
만기월(한월)	3월, 6월, 9월, 12월			
최종거래일	만기월의 세 번째 수요일로부터 2영업일 전			
수도결제일	만기월의 세 번째 수요일			

	New Zealand Dollar	Swiss Franc	Euro FX Unit	Mexican Peso
계약단위	NE 100,000	SF 125,000	Euro 125,000	MP 500,000
1point의 가치	0.0001 = $ 10	0.0001 = $ 12.50	0.0001 = $ 12.50	0.00001 = $ 5
최소 가격 변동폭	0.0001 = $ 10	0.0001 = $ 12.50	0.0001 = $ 12.50	0.000025 = $ 12.50
만기월(한월)	3월, 6월, 9월, 12월			
최종거래일	만기월의 세 번째 수요일로부터 2영업일 전			
수도결제일	만기월의 세 번째 수요일			

Swiss franc 통화선물계약의 경우에는 최소가격변동폭이 0.0001(1 point)에 해당하므로 $ 12.5가 그대로 적용된다. 그러나 Mexican Peso의 경우에는 통화선물 1단위계약에 대하여 1 point(0.00001)는 (MP 500,000) · ($ 0.00001/MP) = $ 5가 되지만 통화선물계약의 최소가격변동폭이 0.000025에 해당하므로 $ 5 × 2.5 = $ 12.5가 적용된다.

거래자가 통화선물계약을 매입(long 포지션)한다는 것은 만기일에 가서 달러화를 대가로 지급하고 특정통화를 매입하기로 약속하는 것이며 통화선물계약을 매도(short 포지션)한다는 것은 만기일에 가서 달러화를 대가로 지급받고 특정통화를 매도하기로 약속하는 것이다. 선물거래소의 청산기관은 통화선물계약이 이루어지면 매입자와 매도자 사이에 끼어들어 매입자에게는 매도자의 역할을 하고 매도자에게는 매입자의 역할을 함으로써 통화선물계약의 매입자와 매도자를 분리시킨다.

통화선물계약의 매입자 또는 매도자는 반대매매(reversing trade)를 통하여 자기의 포지션을 청산할 수 있다. 통화선물계약의 매입자가 long 포지션을 청산하기 위하여는 자기가 매입한 통화선물계약과 같은 수도결제월을 가지는 통화선물계약을 매도하여야 하고 통화선물계약의 매도자가 short 포지션을 청산하기 위하여는 자기가 매도한 통화선물계약과 같은 수도결제월을 가지는 통화선물계약을 매입하여야 한다.

통화선물계약을 매입 또는 매도하기 전에 거래자는 브로커에게 개시증거금(initial margin)을 납부하고 거래계정을 열어야 한다. 거래자의 매입 또는 매도주문이 집행되는 가격을 진입가격(entry price)이라고 하는데 그날의 거래종료시에 해당통화선물계약의 당일종가(settlement price 또는 closing price)와 진입가격의 차이에 따라 이익 또는 손실액수를 거래자의 계정에 더하거나 또는 빼거나 하게 된다. 예를 들어 거래자가 Swiss franc 통화선물계약 1단위를 $ 0.6813/SF의 가격으로 매입하였는데 당일종가가 $ 0.6754/SF가 되었으면 Swiss franc 1단위당 $ 0.0059의 손실이 발생하게 되며 이것은 SF 통화선물 1단위계약에 대하여 ($ 0.0059/SF) · (SF 125,000) = $ 737.50의 손실이 발생함을 의미한다. 이와 같이 발생한 손실 $ 737.50는 거래자의 계정에서 차감되고 그 다음날에는 거래자의 포지션이 $ 0.6754/SF의 가격으로부터 출발하게 된다.

거래자가 자기의 포지션을 완전히 청산할 때까지 통화선물계약의 매일의 종가에 따라 그날의 이익 또는 손실이 거래자 계정잔고의 변화를 초래하게 되는데 이와 같은 매일결제방법을 marking to market이라고 한다. 만약 이익을 보게 되어 거래자의 계정잔고가 개시증거금 수준 이상이 되면 그 초과분은 인출이 가능하나, 손실을 보게 되어 계정잔고가 감소하여 통화선물계약 거래자가 유지하여야 하는 최소한도의 계정잔고인 유지증거금(maintenance margin) 수준 이하로 떨어지면 추가로 증거금을 납입하여 계정잔고를 개시증거금 수준으로 회복시켜야 한다. 만약 거래자가 중도에 반대매매를 통하여 자기의 포지션을 청산하지 않고 포지션을 최종거래일까지 계속 유지하게 되면 해당통화선물계약의 최종거래일 종가가 수도결제일에 특정통화를 인수받는 대가로 지급하게 되는 또는 특정통화를 인도하는 대가로 수취하게 되는 달러금액을 결정하게 된다. 그러나 이와 같이 실제로 통화의 수도결제가 행해지는 경우는 전체 통화선물계약의 1% 미만이며 대부분의 경우에는 반대매매를 통하여 거래자들이 자기의 포지션을 청산하고 있다. 이것은 대부분의 경우 실제로 통화의 수도결제가 행해지는 선도환계약과는 큰 대조를 이룬다고 할 수 있다.

다음의 〈표 7-2〉는 *The Wall Street Journal*에서 볼 수 있는 각종 통화선물에 대한 호가표이다. SF 통화선물의 경우 1 point(0.0001)의 가치가 $ 12.50이므로 SF 통화선물의 가격변화가 0.0054인 경우에 SF 통화선물 1단위계약의 가치는 54 × $ 12.50 =$ 675만큼 변하게 된다.

이 표의 첫번째 난은 현재 거래되고 있는 통화선물계약의 만기월(한월)들을 나열하고 있다. 두번째 난부터 다섯번째 난까지는 Swiss franc 통화선물의 경우 SF 통화선물의 가격을 SF 1단위에 대한 $의 단위수로 나타낸 것으로서 각각 당일의 시가, 최고가, 최저가, 종가를 나타낸다. 여섯번째 난은 당일의 종가와 전일의 종가의 차이를 기록한 것이고 그 다음에 있는 두 개의 난은 해당 만기월의 통화선물계약이 거래되기 시작한 이후의 최고기록가격과 최저기록가격을 보여주고 있다. 그리고 마지막 난은 당일 거래종료시점을 기준으로 한 각 만기월별 통화선물계약의 총유효계약수를 나타내고 있다. 표의 맨 밑부분에는 당일의 거래량(추측치), 전일의 실제거래량, Swiss franc 선물계약 전체의 총유효계약수 및 당일과 전

표 7-2 각종 통화선물에 대한 호가표

Currency Futures								
Japanese Yen (CME)-12.5 million yen; $ per yen (.00)								
Sept	.8435	.8445	.8365	.8371	-.0046	.8685	.7495	70,075
Dec	.8448	.8460	.8410	.8405	-.0047	.8885	.7569	1,848
Est vol 3,022; vol Fri 9,097; open int 72,376, -1,246.								
Canadian Dollar (CME)-100,000 dlrs.; $ per Can $								
Sept	.6301	.6316	.6250	.6254	-.0041	.6640	.6175	55,097
Dec	.6236	.6279	.6232	.6237	-.0041	.6620	.6190	7,169
Mr03	.6250	.6250	.6213	.6221	-.0041	.6590	.6198	1,732
June	.6230	.6230	.6205	.6206	-.0041	.6565	.6197	637
Sept	.6201	.6202	.6195	.6192	-.0041	.6535	.6195	147
Est vol 6,617; vol Fri 8,868; open int 64,854, +134.								
British Pound (CME)-62,500 pds.; $ per pound								
Sept	1.5652	1.5674	1.5566	1.5574	-.0078	1.5900	1.3990	34,310
Dec	1.5412	1.5540	1.5412	1.5484	-.0078	1.5720	1.4070	567
Est vol 1,304; vol Fri 8,599; open int 34,916, +213.								
Swiss Franc (CME)-125,000 francs; $ per franc								
Sept	.6813	.6813	.6750	.6754	-.0054	.6975	.5860	37,737
Dec	.6783	.6811	.6769	.6769	-.0054	.6986	.5875	858
Est vol 2,309; vol Fri 8,218; open int 38,671, -701.								
Australian Dollar (CME)-100,000 dlrs.; $ per A$								
Sept	.5370	.5376	.5245	.5257	-.0111	.5752	.4790	24,974
Dec	.5310	.5310	.5220	.5213	-.0111	.5702	.4980	749
Ju03	.5130	.5130	.5130	.5125	-.0111	.5587	.5050	653
Est vol 1,546; vol Fri 1,975; open int 26,479, -232.								
Mexican Peso (CME)-500,000 new Mex. peso, $ per MP								
Sept	.10143	.10218	.10060	.10143	00035	.10830	.09710	13,488
Dec	.09980	.09980	.09960	.09968	00035	.10673	.09540	1,550
Est vol 2,832; vol Fri 2,376; open int 15,481, +227.								
Euro FX (CME)-Euro 125,000; $ per Euro								
Sept	.9849	.9858	.9788	.9790	-.0058	1.0185	.8375	101,065
Dec	.9808	.9816	.9749	.9751	-.0058	1.0129	.8390	3,908
Ju03	.9728	.9728	.9695	.9680	-.0058	.9965	.8615	248
Est vol 7,974; vol Fri 24,498; open int 105,374, -1,778.								

일 간의 총유효계약수의 차이가 나타나 있다.

〈표 7-2〉에서는 모든 통화선물의 가격이 American terms로 호가되고 있음을 알 수 있다. 즉, 통화선물의 가격이 해당특정통화 1단위의 달러화 표시가격으로 나타나 있음을 알 수 있다. 이것을 European terms, 즉 달러화 1단위에 대한 해당특정통화 표시가격으로 전환시키고자 할 때는 American terms로 호가된 통화선물가격의 역수를 취하면 쉽게 얻을 수 있다. 예를 들어, $ 0.6813/SF를 European terms로 전환시키면 SF 1.4678/$가 된다[(1/0.6813) = 1.4678].

외환시장의 경우 선도시장(forward market)과 선물시장(futures market)의 차이점들은 다음의 〈표 7-3〉에 나열되어 있는 바와 같다.

〈표 7-3〉으로부터 알 수 있는 바와 같이 통화선물시장은 표준화된 계약단위, 표준화된 수도결제일 및 대부분 반대매매를 통하여 포지션을 청

표 7-3 선도환시장과 통화선물시장의 비교

	선도환시장	통화선물시장
계 약 단 위	거래당사자의 필요에 따라 결정	표준화되어 있음.
수도결제일	거래당사자의 필요에 따라 결정	표준화되어 있음.
거 래 방 법	전화 및 전자통신장비를 이용하여 거래 당사자들 간에 직접 거래	거래소의 지정된 장소에서 다수의 경쟁적인 매입자와 매도자들 간에 공개호가(open outcry)방식에 의해 거래
시장참여자	은행, 브로커, 다국적기업	은행, 브로커, 다국적기업 및 개인 투기자
수 수 료	은행의 매입율(bid)과 매도율(offered) 간의 차이인 스프레드(spread)가 있는 반면 수수료는 없음.	거래자는 일정액의 수수료(brokerage fee)를 브로커에게 지급해야 함.
증 거 금	은행간 거래에서는 증거금이 요구되지 않지만 대고객거래인 경우에는 증거금이 요구될 수 있음.	모든 거래자는 증거금을 납부해야 함.
청 산 기 능	개별은행 및 브로커에 의하여 청산됨.	별도의 청산기관이 있음. 시장가격의 변동에 따라 매일결제(daily resettlement)가 행해짐.
결 제	대분분의 경우 실제로 수도결제가 이루어짐.	대부분의 경우 반대매매(reversing trade)를 통하여 자기의 포지션을 청산함.
호 가	British pound 등 몇몇 통화를 제외하고는 European terms를 사용함.	American terms를 사용함.

자료: Chicago Mercantile Exchange, "Using Currency Futures and Options."

산한다는 등의 점에서 선도환시장과는 크게 대조를 이룬다고 할 수 있다. 선도환시장은 매우 오랜 역사를 가지고 있지만 통화선물시장은 1970년대에 이르러 개설되었으며 또한 London 및 New York 등지의 국제금융센터에서 활약하는 대규모 은행들은 주로 선도환시장에 참여하고 있으며 통화선물시장에의 참여는 그다지 활발하지 못한 실정이다. 그럼에도 불구하고 통화선물시장은 1980년대 이후 괄목할 만한 성장을 보여 왔으며 국제금융시장에서 차지하는 중요성은 점점 더 커지고 있다.

제 2 절 통화선물을 이용한 스프레딩

통화선물시장에서 투기적 전략(speculative strategy)을 구사하고자 할 때 반드시 기억해야 할 사실은 거래자는 시장참여자들 전체의 견해와는 다른 견해를 가진다는 것이다. 통화선물시장에서의 가격이 시장참여자들 전체의 견해를 나타낸다고 볼 때 거래자가 투기적 전략을 이용하여 이익을 얻기 위하여는 거래자의 미래의 환율에 대한 예상이 시장참여자들 전체의 그것보다 더 정확해야 한다고 할 수 있다.

가장 간단한 형태의 투기적 전략은 outright position거래인데 선물시장에서 가격상승이 예상될 경우 선물을 매입하고 가격하락이 예상될 경우 선물을 매도함으로써 이익을 추구하고자 하는 거래를 말한다. 예를 들어, 5월 5일 현재 $와 Canadian dollar(C$) 간의 현물환율이 $ 0.5140/C$이고 12월물 C$ 통화선물가격이 $ 0.5286/C$이라고 하자. 만약 거래자가 12월물 C$ 통화선물가격이 앞으로 하락할 것이라고 예상한다면 5월 5일 현재가격 $ 0.5286/C$으로 C$ 통화선물계약 1단위를 매도하면 된다. 그 후 11월 25일에 가서 $와 C$ 간의 현물환율이 $ 0.5211/C$이 되고 12월물 C$ 통화선물의 가격은 $ 0.5218/C$이 된다면 이 거래자의 예상대로 12월물 C$ 통화선물의 가격은 하락한 것이 된다. 이제 11월 25일에 이 거래자가 반대매매를 통하여 자기의 매도포지션을 청산하기로 한다면 이 거래자는 12월물 C$ 통화선물계약 1단위를 $ 0.5218/C$의 가격으로 매입하면 된다. C$ 통화선물의 가격이 5월 5일과 11월 25일 사이에 $ 0.5286/C$으로부터 $ 0.5218/C$으로 하락하였으므로 C$ 1단위당 $ 0.0068의 이익이 발생하게 된다. 그런데 C$ 통화선물의 계약단위는 C$ 100,000이므로 C$ 통화선물 1단위계약당 선물거래이익은 ($ 0.0068/C$) · (C$ 100,000) = $ 680가 된다.

이와 같은 outright position거래 이외에도 통화선물시장에서는 서로 다른 상품간의 가격 차이나 동일상품에 있어서 서로 다른 만기월간의 가

상 황

현물환율 및 통화선물가격(8월 3일 현재)

만기월	$/C$	$/SF	크로스환율(C$/SF)
현물환율	0.5335	0.6404	1.2004
9월	0.5355	0.6442	1.2030
12월	0.5395	0.6513	1.2072
다음해 3월	0.5434	0.6579	1.2107

격 차이를 이용하는 투기적 전략이 가능한데 이를 스프레딩(spreading)이라고 한다.

통화선물시장에서의 호가는 American terms로 행해진다고 하였으므로 모든 통화선물들의 가격은 달러화로 표시됨을 알 수 있다. 예를 들어 어느 거래자가 Swiss franc 통화선물가격이 Canadian dollar 통화선물가격에 비하여 상대적으로 높아질 것이라고 예상하는 경우 통화선물시장에서 상품간 스프레드(inter-commodity spread)라고 불리우는 투기적 전략을 활용할 수 있다. 이 경우 중요한 사실은 거래자가 서로 다른 상품간의 가격 차이가 변할 것이라고 예상하는 것이므로 SF 통화선물가격 또는 C$ 통화선물가격 자체가 상승할 것인가 또는 하락할 것인가에 대하여는 확신을 가지고 있지 않아도 상관없다는 점이다.

위에서는 8월 3일 현재 $/C$ 및 $/SF의 현물환율과 C$ 통화선물 및 SF 통화선물의 각 만기월별 가격들을 보여주고 있다. 그리고 맨오른쪽 난은 이러한 $/C$ 및 $/SF 환율로부터 산출한 C$와 SF 간의 크로스환율을 보여주고 있다. 이와 같은 상황하에서 어느 거래자가 12월물 C$ 및 SF 통화선물가격으로부터 산출한 C$/SF 크로스환율의 값이 너무 낮다고 판단한다고 하자. 이러한 경우 통화선물시장에서 C$과 SF 간의 직접매매는 불가능하다고 할지라도 거래자는 상품간 스프레드 포지션을 취하여 자기가 원하는 투기적 전략을 구사할 수 있다.

거래자가 12월물 C$ 및 SF 통화선물가격으로부터 산출한 크로스환율 C$ 1.2072/SF이 너무 낮다고 판단한다는 것은 8월부터 12월까지의 기간

조치 및 결과

• 8월에 취하는 조치	8월가격	11월가격	point로 표시한 가격차이
12월물 SF 통화선물계약 매입	0.6513	0.6498	15
12월물 C$ 통화선물계약 매도	0.5395	0.5365	30
크로스환율(C$/SF)	1.2072	1.2112	

• 11월에 취하는 조치

12월물 SF 통화선물계약 매도

0.6498 (매도가격)

0.6513 (매입가격)

15 points

손실 = ($ 12.50)* · (15 points) = $ 187.5

12월물 C$ 통화선물계약 매입

0.5395 (매도가격)

0.5365 (매입가격)

30 points

이익 = ($ 10.00)** · (30 points) = $ 300

순이익 = $ 300 − $ 187.5 = $ 112.5

*SF 통화선물의 경우 1 point(0.0001)는 $ 12.50에 해당함.

**C$ 통화선물의 경우 1 point(0.0001)는 $ 10.00에 해당함.

동안 C$의 $에 대한 가치가 상승한다고 하더라도 SF의 $에 대한 가치는 보다 더 상승하리라고 판단한다는 것을 의미한다. 좀더 정확하게 말하자면, 통화선물가격들이 시장참여자들 전체의 미래의 환율에 대한 예상을 나타낸다고 볼 때 이 거래자는 다른 시장참여자들이 예상하는 것보다 SF의 C$에 대한 가치상승 정도가 더 클 것이라고 예상한다고 할 수 있다. 거래자가 12월물 통화선물가격들로부터 산출한 크로스환율 C$ 1.2072/SF이 너무 낮다고 판단한다는 것이 반드시 C$의 $에 대한 가치상승보다 SF의 $

에 대한 가치상승 정도가 더 크리라고 판단한다는 것만을 의미하는 것은 아니다. 즉, 거래자는 C$의 $에 대한 가치가 하락한다고 할 때 SF의 $에 대한 가치는 그보다 덜 하락하거나 또는 오히려 상승하리라고 판단한다고도 할 수 있다. 그러므로 거래자가 상품간 스프레드 포지션을 취할 때는 C$ 또는 SF의 $에 대한 가치가 상승할 것인가 하락할 것인가에 대하여 확신을 가질 필요가 없으며 단지 앞으로 SF이 C$에 대하여 상대적으로 그 가치가 상승하리라고 확신하고 있으면 된다.

이와 같은 경우에 취해야 할 상품간 스프레드 전략은 상대적으로 가치상승이 예상되는 SF 통화선물계약을 매입하고 상대적으로 가치하락이 예상되는 C$ 통화선물계약을 매도하는 것이다. 즉, 8월 3일 현재 거래자는 통화선물시장에서 12월물 SF 통화선물계약 1단위를 $ 0.6513/SF의 가격으로 매입하고 또한 12월물 C$ 통화선물계약 1단위를 $ 0.5395/C$의 가격으로 매도하면 된다. 이제 11월 27일에 이르러 12월물 SF 및 C$ 통화선물가격이 각각 $ 0.6498/SF 및 $ 0.5365/C$이라고 할 때 거래자는 반대매매를 통하여 자기의 통화선물계약 포지션을 완전히 청산한다고 하자. 즉, 거래자는 12월물 SF 통화선물계약 1단위를 $ 0.6498/SF의 가격으로 매도하고 또한 12월물 C$ 통화선물계약 1단위를 $ 0.5365/C$으로 매입한다고 하자. 그러면 거래자는 SF 통화선물계약에 있어서는 SF 1단위당 $ 0.0015의 손실을 보게 되고 C$ 통화선물계약에 있어서는 C$ 1단위당 $ 0.0030의 이익을 보게 된다. 이들 통화선물의 계약단위는 SF 125,000 및 C$ 100,000이므로 거래자는 $ 300 − $ 187.5 = $ 112.5의 순이익을 보게 된다.

통화선물시장에서 활용할 수 있는 또 한 가지 투기적 전략은 동일상품에 있어서 만기월간의 가격차이를 이용하는 상품내 스프레드(intra-commodity spread)이다. 이 상품내 스프레드전략을 알아보기 위하여 다음의 경우를 살펴보기로 하자.

상 황

현물환율 및 통화선물가격(8월 3일 현재)

만기월	환율($/£)
현물환율	1.7122
9월	1.7070
12월	1.6970
다음해 3월	1.6919

위에서는 8월 3일 현재 $/£의 현물환율과 British pound 통화선물의 각 만기월별 가격들을 보여주고 있다. 이와 같은 상황하에서 어느 거래자가 향후 1년간의 영국경제는 전망이 좋지 않으며 특히 영국의 물가상승률은 미국의 그것에 비하여 매우 높을 것이라고 판단한다고 하자. 또한 이 거래자는 영국 파운드화는 미국 달러화에 비하여 그 가치가 크게 하락할 것이고 특히 8월 3일 현재 통화선물시장에서의 각 만기월별 통화선물가격들 중에서 다음해 3월물 BP 통화선물가격은 너무 높다고 판단한다고 하자. 이러한 경우에 거래자는 다음해 3월물 BP 통화선물계약을 매도하는 outright position 거래를 행할 수도 있지만 그보다는 위험부담을 조금 줄일 수 있는 상품내 스프레드전략을 택할 수 있다. 즉, 단순히 다음해 3월물 BP 통화선물가격이 너무 높다고 판단하는 것이 아니라 12월물 BP 통화선물가격과 다음해 3월물 BP 통화선물가격의 차이가 너무 작으므로 앞으로 시간이 지남에 따라 이 두 통화선물간의 가격차이가 더 벌어져서 다음해 3월물 BP 통화선물가격이 12월물 BP 통화선물가격보다 훨씬 더 낮아지리라고 예상할 때 거래자는 상품내 스프레드전략을 택할 수 있다.

이와 같은 경우에 취해야 할 상품내 스프레드전략은 상대적으로 가격하락이 예상되는 다음해 3월물 BP 통화선물계약 1단위를 매도하고, 다음해 3월물 BP 통화선물계약에 대하여 상대적으로 가격상승이 예상되는 12월물 BP 통화선물계약 1단위를 매입하는 것이다. 이제 12월 3일에 이르러 거래자의 예상이 적중하여 12월물 BP 통화선물가격의 하락폭에 비하여 다음해 3월물 BP 통화선물가격의 하락폭이 더 커졌다고 하자. 즉, 12월 3

조치 및 결과

• 8월에 취하는 조치	8월가격	12월가격	point로표시한 가격차이
12월물 BP 통화선물계약 매입	1.6970	1.6875	95
다음해 3월물 BP 통화선물계약 매도	1.6919	1.6796	123
spread(point로 표시)	51	79	

• 12월에 취하는 조치

12월물 BP 통화선물계약 매도

1.6875 (매도가격)

1.6970 (매입가격)

95 points

손실 = ($ 6.25)* · (95 points) = $ 593.75

다음해 3월물 BP 통화선물계약 매입

1.6919 (매도가격)

1.6796 (매입가격)

123 points

이익 = ($ 6.25)* · (123 points) = $ 768.75

순이익 = $ 768.75 − $ 593.75 = $ 175

*BP 통화선물의 계약단위는 £ 62,500이므로 1 point(0.0001)의 가치는 $ 6.25에 해당함.

일에 이르러 12월물 BP 통화선물가격은 $ 1.6875/£가 되고 다음해 3월물 BP 통화선물가격은 $ 1.6796/£가 되었다고 하자. 이 때 거래자가 반대매매를 통하여 자기의 통화선물계약 포지션을 완전히 청산한다고 하면 거래자는 12월물 BP 통화선물계약 1단위를 $ 1.6875/£의 가격으로 매도하고 다음해 3월물 BP 통화선물계약 1단위를 $ 1.6796/£의 가격으로 매입하게 된다. 그러면 거래자는 위의 계산결과가 보여주는 바와 같이 순이익 $ 175를 확보하게 된다.

위의 경우에 있어서 만약 거래자가 outright position거래를 택하여 8월 3일에 다음해 3월물 BP 통화선물계약을 매도하는 거래만 행하였다면, 12월 3일에 다시 매입하는 경우 $768.75의 이익을 실현시킬 수 있었을 것이다. 그러나 outright position거래를 택했을 경우 다음해 3월물 BP 통화선물가격이 이 기간 중에 하락하지 않고 만약 상승한다면 거래자는 손실을 입게 된다. 이와는 대조적으로 상품내 스프레드 거래를 행할 경우에는 다음해 3월물 BP 통화선물가격이 이 기간 중 하락하거나 또는 상승하거나에 관계없이 12월물 BP 통화선물가격과 다음해 3월물 BP 통화선물가격 간의 격차가 8월에 비하여 12월에 더 벌어지게 되면 거래자는 이익을 얻을 수 있다.

outright position거래와 spread position거래가 모두 투기적 전략에 속하는데 이것은 거래자가 시장참여자들 전체의 판단보다 자기의 판단이 더 옳다고 생각하는 경우에 행하는 거래임을 말한다. 이와는 대조적으로 거래자가 어떠한 이유로 인하여 이미 가지게 된 위험을 제거하기 위하여 행하는 거래를 헤징이라고 하는데 다음에서는 통화선물을 이용한 헤징에 대하여 알아보기로 한다.

제 3 절 통화선물을 이용한 헤징

상 황

현물환율 및 통화선물가격(2월 7일 현재)

만기월	환율($/SF)
현물환율	0.6404
3월	0.6442
6월	0.6513
9월	0.6579

2월 7일 현재의 $/SF 현물환율과 SF 통화선물의 각 만기월별 가격들이 위와 같다고 할 때 어느 거래자가 6월에 지급해야 하는 상품수입대금 SF 500,000의 달러화비용을 확실하게 고정시키고자 한다면 이 거래자는 6월물 SF 통화선물계약 4단위[(SF 125,000) · (4) = SF 500,000]를 $ 0.6513/SF의 가격으로 매입함으로써 그 목적을 달성할 수가 있다. 만약 이 거래자가 SF 통화선물계약을 매입하지 않고 6월까지 기다린다면 SF 대금지급일의 $/SF 현물환율에 의하여 달러화비용이 결정될 것이다. 그 현물환율이 위의 2월 7일 현재의 6월물 SF 통화선물가격인 $ 0.6513/SF보다 높다면 통화선물계약을 매입하는 것보다 달러화비용이 더 많이 들게 되고, $ 0.6513/SF보다 낮다면 통화선물계약을 매입하는 것보다 달러화비용이 더 적게 들게 된다. 그러므로 통화선물계약을 매입함에 따르는 이점은 SF 500,000을 6월에 확보하는 데 드는 달러화비용에 대한 불확실성을 제거할 수 있다는 것이라고 할 수 있다.

위의 예에서 6월에 지급해야 하는 SF 500,000의 상품수입대금 지급일과 거래자가 매입하는 6월물 SF 통화선물계약의 만기일(인도일)이 일치한다고 가정한다면 거래자는 통화선물계약의 만기일에 ($ 0.6513/SF) · (SF 500,000) = $ 325,650를 지급하고 SF 500,000을 인수하여 이 SF 500,000을 원래의 상품수입대금의 지급을 위하여 사용하면 된다. 그러나 이와 같이 거래자의 상품수입대금 지급일과 통화선물계약의 만기일이 일치하는 경우는 드물다고 볼 수 있으므로 다음에서는 보다 일반적인 상황을 가정하기로 한다.

상 황

미국의 어느 수입업자는 일본으로부터 상품을 수입하고 그 수입대금 ¥ 50,000,000을 4개월 후에 지급하기로 하였다. 2월 7일 현재의 $/¥ 현물환율과 Japanese yen 통화선물의 각 만기월별 가격들이 아래와 같다고 할 때 이 수입업자는 환위험을 피하기 위하여 어떻게 해야 할 것인가?

만기월	환율($/¥)
현물환율	0.007536
3월	0.007571
6월	0.007640
9월	0.007706
12월	0.007783

이 미국 수입업자는 2월 7일로부터 4개월 후인 6월 7일에 ¥ 50,000,000을 지급하기로 하였으므로 6월 7일에 yen화 자금을 확보하여야 한다. 2월 7일 현재의 각 만기월별 통화선물가격이 미래의 $/¥ 환율에 대한 예상치라고 본다면 $에 대한 ¥의 가치는 앞으로 상승할 것으로 기대된다. 또한 상품대금지급일인 6월 7일의 $/¥ 환율은 2월 7일 현재의 6월물 JY 통화선물가격인 $ 0.007640/¥과 비슷한 수준이 되리라고 예상할 수 있다. 이러한 상황하에서 이 미국 수입업자는 JY 통화선물계약의 거래를 행함으로써 ¥ 50,000,000을 확보하는 데 필요한 달러화 액수가 예상치 못한 환율의 변동으로 인하여 변하는 경우에 대한 대비를 할 수 있다.

이러한 경우에 이 미국 수입업자가 취해야 하는 구체적인 전략은 2월 7일 현재 6월물 JY 통화선물계약 4단위[(¥12,500,000) · (4) = ¥ 50,000,000]를 $ 0.007640/¥의 가격으로 매입하는 것이다. 이제 6월 7일에 이르러 $/¥ 현물환율은 $ 0.007686/¥이 되고 6월물 JY 통화선물가격은 $ 0.007692/¥이 되었다고 하자. 6월 7일의 $/¥ 현물환율 $ 0.007686/¥은 2월 7일의 현물환율 $ 0.007536/¥에 비하여 0.000150(150 points)만큼 상승하였으므로 ¥ 50,000,000을 확보하는 데 필요한 달러화비용이 ($ 0.000150/¥) · (¥ 50,000,000) = $ 7,500만큼 증가하게 된다. 한편 6월 7일에 이 미국 수입업자는 통화선물시장에서 2월 7일에 이미 매입한 6월물 JY 통화선물계약 4단위를 $ 0.007692/¥의 가격으로 매도함으로써 자기의 포지션을 청산하면 된다. 이 경우에 JY 통화선물의 매입가격(2월 7일)은 $ 0.007640/¥이고 매도가격(6월 7일)은 $ 0.007692/¥이므로 0.000052(52 points)의 가격차이가 있게 되고 이것은 JY 통화선물계약 4단위, 즉 ¥

조치 및 결과

현 물 시 장	선 물 시 장
• 2월 7일 6월 7일에 상품수입대금 ¥ 50,000,000을 지급할 것으로 예상. 2월 7일의 현물환율 $ 0.007536/¥을 기준으로 달러화비용을 산출하면 $ 376,800가 됨.	6월물 JY 통화선물계약 4단위를 $ 0.007640/¥의 가격으로 매입. 총 매 입 가 격 = $ 382,000
• 6월 7일 현물환시장에서 현물환율 $ 0.007686/¥으로 ¥ 50,000,000을 확보하는 데 드는 달러화비용은 $ 384,300가 됨. 달 러 화 비 용 $ 384,300 (차감) 선물거래이익 $ 2,600 실효달러화비용 $ 381,700	6월물 JY 통화선물계약 4단위를 $ 0.007692/¥의 가격으로 매도. 총 매 도 가 격 = $ 384,600 선물거래이익 = $ 2,600

50,000,000에 대하여 ($ 0.000052/¥) · (¥ 50,000,000) = $ 2,600의 이익이 발생함을 의미한다. 그러므로 6월 7일에 이르러 이 미국의 수입업자가 상품수입대금의 지급을 위해 필요한 ¥ 50,000,000을 확보하는 데 드는 달러화비용은 2월 7일 당시의 현물환율을 기준으로 산출한 달러화비용보다 $ 7,500만큼 증가하지만 통화선물시장에서의 JY 통화선물계약의 거래로부터 발생하는 선물거래이익 $ 2,600를 감안하면 ¥ 50,000,000을 확보하는 데 드는 달러화비용의 순증가액은 $ 7,500 − $ 2,600 = $ 4,900가 된다. 즉, ¥ 50,000,000을 확보하는 데 드는 달러화비용을 2월 7일 당시의 현물환율을 기준으로 산출하면 ($ 0.007536/¥) · (¥ 50,000,000) = $ 376,800이므로 6월 7일 현재의 실효달러화비용은 $ 376,800 + $ 4,900 = $ 381,700가 된다. 그런데 이 금액은 2월 7일 당시 6월물 JY 통화선물계약 4단위를 매입할 때의 총매입가격($ 0.007640/¥) · (¥ 50,000,000) = $ 382,000와 비슷한 수준이므로 우리는 이 미국의 수입업자가 6월 7일에 ¥ 50,000,000을 확보하는 데 드는 실효달러화비용을 2월 7일 당시 6월물 JY 통화선물계약 4단위

를 매입할 때의 총매입가격과 비슷한 수준으로 고정시킬 수 있음을 알 수 있다.

여기서 한 가지 주의해야 할 사실은 6월 7일에 ¥ 50,000,000을 확보하는 데 드는 실효달러화비용은 $ 381,700인데 반하여 2월 7일 당시 6월물 JY 통화선물계약 4단위를 매입할 때의 총매입가격은 $ 382,000이므로 이 두 금액이 서로 비슷한 수준이지만 완전히 일치하지는 않는다는 점이다. 이와 같이 완전헤지(perfect hedge)가 되지 못하는 이유는 6월 7일 현재의 현물환율 $ 0.007686/¥과 6월 7일 현재의 6월물 JY 통화선물가격 $ 0.007692/¥이 서로 일치하지 않기 때문이다. 6월물 JY 통화선물계약의 만기일은 6월의 세 번째 수요일이므로 6월 7일부터는 12일 후가 된다고 볼 수 있다. 그러므로 6월 7일 현재의 6월물 JY 통화선물가격은 6월 7일 현재의 현물환율과는 약간의 차이가 있게 되며 이러한 차이는 6월물 JY 통화선물계약의 만기일에 가서 완전히 없어지게 된다. 즉, JY 통화선물계약의 만기일에 가서는 현물환율과 JY 통화선물가격이 일치하게 되며 베이시스(basis)는 영이 된다.

상 황

어느 미국계 다국적기업의 재무관리자는 캐나다에 위치한 자회사로부터 12월 15일에 배당금 C$ 4,000,000을 받을 것으로 기대하고 있다. 8월 3일 현재의 $/C$ 현물환율과 Canadian dollar 통화선물의 각 만기월별 가격들이 아래와 같다고 할 때 이 재무관리자는 환위험을 피하기 위하여 어떻게 해야 하는가?

만기월	환율($/C$)
현물환율	0.5335
9월	0.5355
12월	0.5395
다음해 3월	0.5434

이 미국계 다국적기업의 재무관리자는 12월 15일에 받을 것으로 기대되는 배당금 C$ 4,000,000의 달러화 상당액을 고정시키고자 한다고 가정하자. 8월 3일 현재의 각 만기월별 통화선물가격이 미래의 $/C$ 환율에 대한 예상치라고 본다면 $에 대한 C$의 가치는 앞으로 상승할 것으로 기대된다. 그리고 배당금 수취일인 12월 15일의 $/C$ 환율은 8월 3일 현재의 12월물 C$ 통화선물가격인 $ 0.5395/C$와 비슷한 수준이 되리라고 예상할 수 있다. 이러한 상황하에서 이 미국계 다국적기업의 재무관리자는 C$ 통화선물계약의 거래를 행함으로써 C$ 4,000,000의 달러화 상당액이 환율의 변동으로 인하여 예상치 못한 변동을 보이는 경우에 대비할 수 있다.

이 경우에 이 미국계 다국적기업의 재무관리자는 8월 3일 현재 12월물 C$ 통화선물계약 40단위 [(C$ 100,000) · (40) = C$ 4,000,000]를 $ 0.5395/C$의 가격으로 매도하면 된다. 이제 12월 15일에 이르러 12월 세 번째 수요일이 가까워짐에 따라 $/C$ 현물환율과 12월물 C$ 통화선물가격이 모두 $ 0.5380/C$이 되었다고 하자. 이때 캐나다에 위치한 자회사로부터 받는 배당금 C$ 4,000,000을 현물환시장에서 달러화로 바꾸면 ($ 0.5380/C$) · (C$ 4,000,000) = $ 2,152,000가 된다. 한편 12월 15일에 이 미국계 다국적기업의 재무관리자는 통화선물시장에서 8월 3일에 이미 매도한 12월물 C$ 통화선물계약 40단위를 $ 0.5380/C$의 가격으로 매입함으로써 자기의 포지션을 청산하면 된다. 이 경우에 C$ 통화선물의 매도가격(8월 3일)은 $ 0.5395/C$이고 매입가격(12월 15일)은 $ 0.5380/C$이므로 0.0015(15 points)의 가격차이가 있게 되고 이것은 C$ 통화선물계약 40단위, 즉 C$ 4,000,000에 대하여 ($ 0.0015/C$) · (C$ 4,000,000) = $ 6,000의 선물거래이익이 발생함을 의미한다. 그러므로 12월 15일에 받는 배당금 C$ 4,000,000을 현물환시장에서 달러화로 바꿀 때 얻을 수 있는 금액 $ 2,152,000에 선물거래이익 $ 6,000를 더하면 합계 $ 2,158,000가 된다. 그런데 이 금액은 8월 3일 당시 12월물 C$ 통화선물계약 40단위를 매도할 때의 총매도가격($ 0.5395/C$) · (C$ 4,000,000) = $ 2,158,000와 같게 되므로 우리는 이 미국계 다국적기업의 재무관리자가 배당금 C$ 4,000,000의 달러화 상당액을 고정시킴에 있어서 8월 3일 당시의 12월물 C$ 통화선물가격인 $ 0.5395/C$의 환율수준을 보장받았다고 할 수 있다.

조치 및 결과

현 물 시 장	선 물 시 장
• 8월 3일 12월 15일에 배당금 C$ 4,000,000을 받을 것으로 예상. 8월 3일의 현물환율 $ 0.5335/C$을 기준으로 달러화상당액을 산출하면 $ 2,134,000가 됨.	12월물 C$ 통화선물계약 40단위를 $ 0.5395/C$의 가격으로 매도 총 매도 가격 = $ 2,158,000
• 12월 15일 현물환시장에서 현물환율 $ 0.5380/C$으로 C$ 4,000,000을 달러화로 바꾸면 $ 2,152,000가 됨. 달러화상당액 $ 2,152,000 선물거래이익 $ 6,000 실효달러화상당액 $ 2,158,000	12월물 C$ 통화선물계약 40단위를 $ 0.5380/C$의 가격으로 매입 총 매입 가격 = $ 2,152,000 선물거래이익 = $ 6,000

위의 예에서 보는 바와 같이 12월 15일 현재의 배당금 C$ 4,000,000의 실효달러화 상당액은 $ 2,158,000로서 8월 3일 당시 12월물 C$ 통화선물계약 40단위를 매도할 때의 총매도가격 $ 2,158,000와 일치한다. 즉, 8월 3일 당시의 12월물 C$ 통화선물가격인 $ 0.5395/C$이 그 당시의 12월 $/C$ 환율수준에 대한 예상치를 나타낸다고 할 때 12월 15일에 이르러 $/C$ 현물환율이 그러한 예상을 벗어나 $ 0.5380/C$이 되지만 통화선물계약의 거래를 통하여 $ 0.5395/C$의 환율수준을 보장받게 된다. 이와 같이 완전헤지가 되는 이유는 12월 15일 현재의 현물환율 $ 0.5380/C$과 이 시점의 12월물 C$통화선물가격 $ 0.5380/C$이 서로 일치하기 때문이다. 만약 12월 15일 현재의 현물환율이 이 시점의 12월물 C$ 통화선물가격과 약간의 차이가 있다면 완전헤지가 되지 못하며 배당금 C$ 4,000,000의 실효달러화 상당액은 8월 3일 당시 12월물 C$ 통화선물계약 40단위를 매도할 때의 총매도가격과 약간의 차이가 생기게 된다.

제 4 절 통화선물과 금리선물의 복합적 이용방법

달러화 이외의 통화의 이자율 변동위험을 제거하고자 할 때, 즉 예를 들어 파운드화의 이자율이 상승할 경우에 따르는 위험을 제거하고자 할 때 우리는 통화선물과 달러화 금리선물을 복합적으로 이용하여 이러한 목적을 달성할 수가 있다. 좀더 구체적으로 말하자면 미래의 달러화 이자율을 고정시키기 위하여 유로달러 선물계약을 체결하고 그와 동시에 미래의 한 시점에서 파운드화를 매입할 때의 환율과 다른 시점에서 파운드화를 매도할때의 환율을 고정시키기 위하여 서로 다른 만기월의 두 개의 British pound 통화선물계약을 체결함으로써 파운드화의 미래이자율을 고정시킬 수 있다. 이제 다음의 경우를 예로 들어 달러화 이외의 통화의 미래이자율을 고정시키는 방법을 구체적으로 설명하기로 한다.

상 황

6월 현재 어느 은행의 자금조달 책임자는 Eurosterling 이자율이 상승할 경우에 따르는 위험을 제거하고자 유로달러 선물계약과 두 개의 통화선물계약을 함께 체결하고자 한다. 다음을 이용하여 이 은행의 자금조달 책임자는 어떻게 9월 16일부터 12월 16일까지의 기간 동안 Eurosterling 자금의 조달비용을 고정시킬 수 있는가를 설명하라.

가정 :
12월물 BP 통화선물가격 : $ 1.8900/£
9월물 BP 통화선물가격 : $ 1.8600/£
9월물 유로달러 선물가격 : 84.15(IMM index)

우선 두 가지 통화선물가격으로부터 9월에 British pound (sterling)를 매입하고 12월에 British pound(sterling)를 매도하는 경우의 swap rate를 산출하여 연율표시방법으로 나타낼 수 있다. 즉,

12월에 British pound를 매도할 때의 $/£ 환율 : 1.8900
9월에 British pound를 매입할 때의 $/£ 환율 : 1.8600
swap rate : 0.0300

swap rate(연율표시방법) :

$$\frac{0.0300}{1.8600} \times \frac{360}{91} \times 100 = 6.38\% \text{ premium}$$

이와 같이 swap rate를 산출하고 나서 이 은행의 자금조달 책임자는 다음과 같은 일련의 조치를 취함으로써 9월부터 12월까지의 기간 동안 pound화 자금의 조달비용을 고정시킬 수 있다.

조치 및 결과

• 6월에 취하는 조치

9월물 BP 통화선물 매입 :	1.8600
12월물 BP 통화선물 매도 :	1.8900
swap rate(연율표시방법) :	+ 6.38%
9월물 유로달러 선물 매도 :	
(IMM index = 84.15)	− 15.85%
고정된 9월부터 12월까지의 pound화 자금조달의 순비용:	9.47%

• 결 과

9월에 $화를 대가로 pound화를 매입하고 12월에 pound화를 매도하고 $화를 재매입할 수 있도록 두 개의 BP 통화선물계약을 동시에 체결함으로써 6.38%의 premium을 확보하게 된다. 그러므로 9월부터 12월까지의 기간 동안 pound화 자금을 조달하는 데 드는 비용을 고정시키기 위하여는 같은 기간 동안 달러화 자금을 조달하는 데 드는 비용을 고정시키면 된다. 9월물 유로달러 선물을 매도함으로써 9월부터 12월까지의 기간 동안 달러화 자금의 조달비용을 15.85%로 고정시킬 수 있으므로 이 기간 동안 pound화 자금을 조달하는 데 있어서의 순비용은 15.85 % − 6.38 % = 9.47 %로 고정된다.

그림 7-1 미래의 파운드화 자금조달비용을 고정시키는 방법

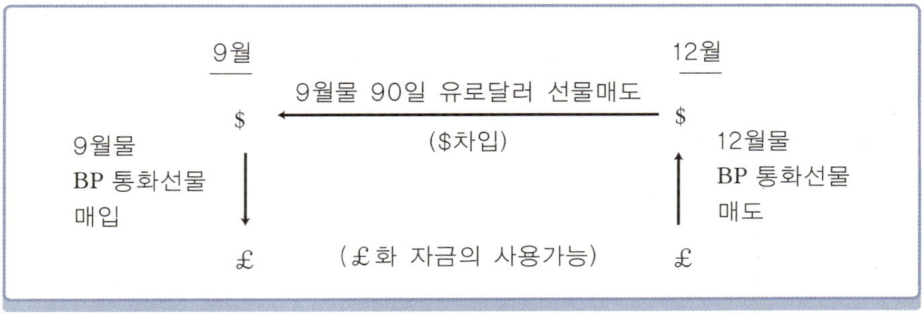

이제 위의 [그림 7-1]을 이용하여 9월부터 12월까지의 기간 동안 pound화 자금의 조달비용을 고정시키는 방법을 설명하기로 한다. [그림 7-1]에 의하면 6월에 3개의 선물계약을 체결함으로써 그 목적을 달성할 수 있다. 우선 통화선물시장에서 9월물 BP 통화선물을 매입하고 12월물 BP 통화선물을 매도한다. 그렇게 함으로써 9월에 British pound를 매입할 때의 $/£ 환율과 12월에 British pound를 매도할 때의 $/£환율을 고정시킬 수 있고 따라서 이러한 swap 거래에 따르는 swap rate가 결정되며 위의 경우에는 6.38%의 premium이 확보된다. 이제 9월부터 12월까지의 기간 동안 달러화 자금을 조달하는 데 드는 비용을 고정시키면 9월에 pound화를 매입하고 12월에 pound화를 매도하는 데 있어서의 swap rate가 고정되어 있으므로 9월부터 12월까지의 기간 동안 pound화 자금을 조달하는 데 드는 비용을 고정시킬 수가 있다. 미래의 달러화 자금의 조달비용을 고정시키기 위하여는 유로달러 선물계약을 체결하면 된다. 우리는 앞에서 미래의 투자수익률을 고정시키기 위하여는 금리선물을 매입하고 미래의 자금조달비용을 고정시키기 위하여는 금리선물을 매도하면 된다는 것을 알았다. 그러므로 9월물 유로달러 선물가격이 84.15(IMM index)일 경우 이 가격으로 유로달러 선물을 매도함으로써 9월부터 12월까지의 기간 동안 달러화 자금의 조달비용을 15.85%(= 100 − 84.15)로 고정시킬 수 있게 된다. 따라서 이 기간 동안 pound화 자금을 조달하는 데 있어서의 순비용은 15.85% − 6.38% = 9.47%로 고정된다.

이제 특정통화의 고정된 이자율을 산출하는 방법을 단계적으로 살펴

보면 다음과 같다.

(1) 유로달러 선물계약의 수익률
= 100 − 유로달러 선물계약의 가격 index

(2) 특정통화와 달러화 간의 swap rate

$$= \frac{\text{말일의 환율(\$/특정통화)} - \text{시작일의 환율(\$/특정통화)}}{\text{시작일의 환율(\$/특정통화)}} \times \frac{360}{\text{기간(일수)}} \times 100$$

(3) 특정통화의 고정된 이자율
= 유로달러 선물계약의 수익률 − 특정통화와 달러화 간의 swap rate
= (1) − (2)

위의 예에서는 swap rate를 고정시키기 위하여 서로 다른 만기월의 두 개의 통화선물계약을 체결하는 방법을 택하였으나 통화선물계약 대신 선도환계약(foreign exchange forward contract)을 체결하여도 같은 목적을 달성할 수가 있다. 이제 특정통화의 미래이자율변동에 따르는 투자수익률의 변동위험을 어떻게 다른 통화의 금리선물계약과 특정통화와 다른 통화 간의 선도환계약을 체결함으로써 제거할 수 있는가를 살펴보기로 한다.

상 황

스위스에 위치한 어느 기업은 6월 현재 9월 15일에 가서 £2,843,168를 받을 것으로 예상하고 있다. 이 스위스기업의 재무관리자는 이 자금을 연말까지 투자하여 연말에 가서 스위스프랑화의 형태로 이 자금을 사용하고자 한다. 스위스의 이자율이 9월 15일까지 하락할지도 모르므로 이 재무관리자는 이자율변동에 따르는 투자수익률 변동위험을 제거하기를 원하지만 스위스에는 마땅한 금리선물이 존재하지 않는다고 가정하자. 지금(6월)부터 연말까지의 기간 동안에 존재하는 환율변동위험과 이자율변동위험을 제거하기 위하여 이 스위스기업의 재무관리자는 British pound 금리선물계약 및 British pound와 Swiss franc 간의 선도환계약을 어떻게 활용할 수 있는가를 설명하라.

가정 :

	spot	9/15 forward	12/15 forward
SF/£	0.66666	0.66522	0.66716
SF/$	2.00000	1.99138	1.98319
£/$	3.00000	2.99353	2.97258
		£	$
금리선물계약의 수익률 (9월물)		0.192660 (할인율)	0.200916 (할인율)

조치 및 결과

1. 6월 현재 9월물 파운드화 금리선물계약을 매입한다. 이 때 9월물 90일 £ 금리선물계약의 수익률은 0.192660이라고 가정하므로 6월 현재 9월 15일부터 12월 15일까지의 3개월간 £화 자금의 투자수익률을 0.192660으로 고정시킬 수 있게 된다. 그러므로 9월 15일에 £2,843,168를 투자할 경우 12월 15일에 얻게 되는 금액은 다음과 같이 구할 수 있다.

$$\frac{X - 2,843,168}{X} \times \frac{360}{90} = 0.192660(\text{할인율})$$

위의 식을 X에 관하여 풀면 $X = 2,987,039$이므로 12월 15일에 얻게 되는 £화 금액은 £2,987,039가 된다.

2. 6월 현재 British pound와 Swiss franc 간의 180일 선도환계약을 체결한다. 이 때 선도환율은 SF 0.66716/£라고 가정하므로 12월 15일에 가서 £ 2,987,039를 인도하기로 선도환계약을 체결하면 12

월 15일에 (£ 2,987,039) · (SF 0.66716/£) = SF 1,992,833을 확보하게 된다.

이제 다음의 [그림 7-2]를 이용하여 SF의 미래이자율 변동에 따르는 투자수익률의 변동위험을 어떻게 £ 금리선물계약과 SF과 £ 간의 선도환계약을 체결함으로써 제거할 수 있는가를 설명하고자 한다.

우선 6월 현재 9월물 90일 £ 금리선물을 매입하게 되면 9월 15일부터 12월 15일까지의 기간 동안 £화 자금의 투자수익률을 고정시킬 수가 있다. 즉, 9월 15일에 받는 £2,843,168를 고정된 투자수익률 0.192660으로 투자하게 되면 12월 15일에 가서 £2,987,039를 확보하게 된다. 그리고 6월 현재 12월 15일을 만기일로 하는 SF과 £ 간의 선도환계약을 체결하여 12월 15일에 가서 £ 2,987,039를 인도하기로 한다. 이때 선도환율이 SF 0.66716/£이므로 12월 15일에 £ 2,987,039를 인도하는 대가로 SF 1,992,833을 인수하게 된다. 여기서 중요한 점은 6월 현재 12월 15일에 확보하게 되는 금액 SF 1,992,833을 고정시킬 수 있다는 것이다. 즉, 9월에 가서 SF의 이자율이 변동한다고 할지라도 12월 15일에 확보하게 되는 SF 1,992,833은 변하지 않는다는 것이다. 이제 이 기법을 한 단계 더 확대시켜보기로 한다.

그림 7-2 SF의 미래이자율 변동에 따르는 투자수익률 변동위험을 제거하는 방법 (£화 금리선물을 이용하는 경우)

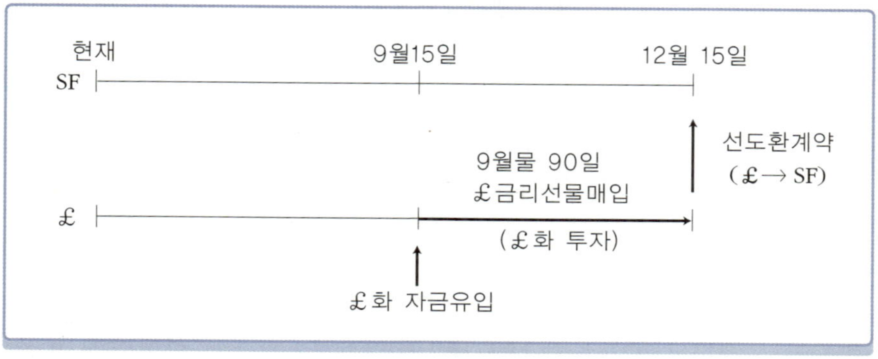

상 황

위의 예에서 파운드화 금리선물계약대신 달러화 T-Bill 선물계약을 체결하여 같은 목적을 달성할 수 있음을 보이도록 하라.

조치 및 결과

1. 6월 현재 £와 $ 간의 90일 선도환계약을 체결한다. 이 때 선도환율은 £ 2.99353/$라고 가정하므로 9월 15일에 가서 받는 £ 2,843,168를 인도하기로 선도환계약을 체결하면 9월 15일에 (£ 2,843,168)/(£ 2.99353/$) = $ 949,771를 확보하게 된다.

2. 6월 현재 9월물 T-Bill($) 선물계약을 매입한다. 이 때 9월물 T-Bill($) 선물계약의 수익률은 0.200916이라고 가정하므로 6월 현재 9월 15일부터 12월 15일까지의 3개월간 $화 자금의 투자수익률을 0.200916으로 고정시킬 수 있다. 그러므로 9월 15일에 $ 949,771를 투자할 경우 12월 15일에 얻게 되는 금액은 다음과 같이 구할 수 있다.

$$\frac{X - 949{,}771}{X} \times \frac{360}{90} = 0.200916(\text{할인율})$$

위의 식을 X에 관하여 풀면 $X = 1{,}000{,}000$이므로 12월 15일에 얻게 되는 $화 금액은 $ 1,000,000가 된다.

3. 6월 현재 $와 SF 간의 180일 선도환계약을 체결한다. 이 때 선도환율은 SF 1.98319/$라고 가정하므로 12월 15일에 가서 $ 1,000,000를 인도하기로 선도환계약을 체결하면 ($ 1,000,000) · (SF 1.98319/$) = SF 1,983,190를 확보하게 된다.

이제 다음의 [그림 7-3]을 이용하여 SF의 미래이자율 변동에 따르는 투자수익률의 변동위험을 어떻게 $ 금리선물계약과 두 개의 선도환계약, 즉 £와 $ 간의 선도환계약 및 $와 SF 간의 선도환계약을 체결함으로써 제거할 수 있는가를 설명하고자 한다. 우선 6월 현재 9월 15일을 만기일로 하는 £와 $ 간의 선도환계약을 체결하여 9월 15일에 받는 £ 2,843,168를 인도하기로 한다. 이 때 선도환율이 £ 2.99353/$이므로 9월 15일에 £ 2,843,168를 인도하는 대가로 $ 949,771를 확보하게 된다. 한편 6월 현재 9월물 달러화 T-Bill 선물계약을 매입하면 9월 15일부터 12월 15일까지의 3개월간 $화 자금의 투자수익률을 T-Bill($) 선물계약의 수익률인 0.200916으로 고정시킬 수가 있게 된다. 9월 15일에 확보하게 되는 $ 949,771를 고정된 투자수익률 0.200916으로 투자하게 되면 12월 15일에 가서 $ 1,000,000가 확보된다. 마지막으로 6월 현재 12월 15일을 만기일로 하는 $와 SF 간의 선도환계약을 체결하여 12월 15일에 확보하게 되는 $ 1,000,000를 인도하기로 한다. 이 때 선도환율이 SF 1.98319/$이므로 12월 15일에 $ 1,000,000를 인도하는 대가로 SF 1,983,190를 확보하게 된다.

여기서 중요한 점은 6월 현재 12월 15일에 확보하게 되는 금액 SF 1,983,190을 고정시킬 수 있다는 것이다. 즉, 9월에 가서 SF의 이자율이 변동한다고 할지라도 12월 15일에 확보하게 되는 SF 1,983,190은 변하지 않는다는 것이다. 다시 말하자면 스위스에는 마땅한 금리선물이 존재하지 않는다고 하더라도 $화 금리선물을 이용하여 이자율 변동위험을 제거하고 두 개의 선도환계약을 체결하여 환율 변동위험도 제거할 수 있음을 [그림 7-3]은 보여주고 있다. 앞의 예에서 £화 금리선물을 이용하는 경우에 12월 15일에 가서 SF 1,992,833을 확보할 수 있음을 알았다. 이제 $화

그림 7-3 SF의 미래이자율 변동에 따르는 투자수익률 변동위험을 제거하는 방법 ($화 금리선물을 이용하는 경우)

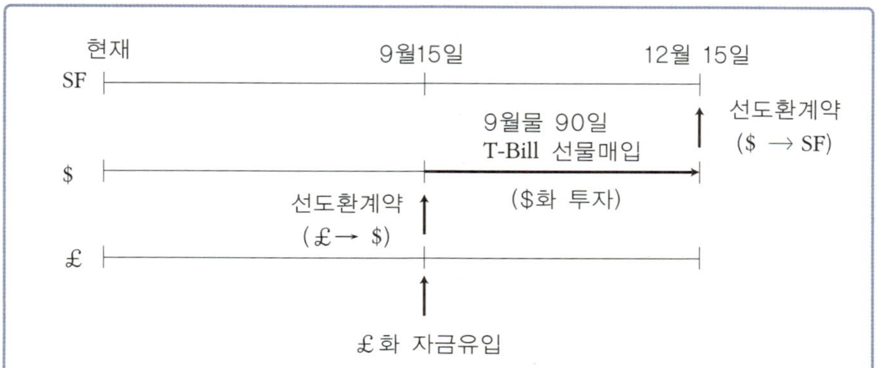

금리선물을 이용하는 경우에는 12월 15일에 가서 SF 1,983,190을 확보할 수 있으므로 두 가지 방법을 비교하여 볼 때 SF의 미래이자율 변동에 따르는 투자수익률 변동위험을 제거하는 방법으로서 £화 금리선물을 이용하는 편이 주어진 가정하에서 더 낫다고 할 수 있다.

연습 문제

EXERCISES

〈문제 1번부터 4번은 다음의 호가표를 이용하여 답하라〉

Mexican Peso 통화선물($/Peso), 계약단위: 500,000 pesos, 2월 3일 현재

만기월	시가	최고가	최저가	종가
3월물	.10953	.10988	.10930	.10958

01 오늘의 종가로 3월물 페소화 통화선물 1계약을 매도한 경우 통화선물 만기일에 가서 현물환율이 $.08000/Peso가 된다면 포지션의 가치는 얼마인가?

02 오늘의 종가로 3월물 페소화 통화선물 1계약을 매입한 경우 통화선물 만기일에 가서 현물환율이 $.08000/Peso가 된다면 포지션의 가치는 얼마인가?

03 오늘의 종가로 3월물 페소화 통화선물 1계약을 매도한 경우 통화선물 만기일에 가서 현물환율이 $.09500/Peso가 된다면 포지션의 가치는 얼마인가?

04 오늘의 종가로 3월물 페소화 통화선물 1계약을 매입한 경우 통화선물 만기일에 가서 현물환율이 $.09500/Peso가 된다면 포지션의 가치는 얼마인가?

〈문제 5번부터 8번은 다음의 호가표를 이용하여 답하라〉

British Pound 통화선물($/£), 계약단위: 62,500 pounds, 2월 3일 현재

만기월	시가	최고가	최저가	종가
3월물	1.4246	1.4268	1.4214	1.4228
6월물	1.4164	1.4188	1.4146	1.4162

05 오늘의 종가로 6월물 파운드화 통화선물 1계약을 매입한 경우 통화선물 만기일에 가서 현물환율이 $1.3980/£이 된다면 포지션의 가치는 얼마인가?

06 오늘의 종가로 6월물 파운드화 통화선물 1계약을 매도한 경우 통화선물 만기일에 가서 현물환율이 $1.3980/£이 된다면 포지션의 가치는 얼마인가?

07 오늘의 종가로 3월물 파운드화 통화선물 1계약을 매도한 경우 통화선물 만기일에 가서 현물환율이 $1.4560/£이 된다면 포지션의 가치는 얼마인가?

08 오늘의 종가로 3월물 파운드화 통화선물 1계약을 매입한 경우 통화선물 만기일에 가서 현물환율이 $1.4560/£이 된다면 포지션의 가치는 얼마인가?

〈문제 9번부터 10번까지는 다음의 상황을 읽고 답하라〉

상 황

3월 현재 어느 미국의 수입업자는 3개월 후에 일본으로부터 250,000,000 yen에 상당하는 전자부품을 수입하려고 계획하고 있다. 3월 현재 미국 달러화와 일본 엔화와의 현물환율은 $0.003820/¥이고 6월물 JY 통화선물가격은 $0.003878/¥이다. JY 통화선물계약의 계약단위는 12,500,000 yen이라고 가정하라.

09 예상치 못한 환율변동위험에 대처하기 위하여 이 미국의 수입업자는 다음 중 어떠한 방법을 택해야 하는가?

1) JY 통화선물(futures) 매도
2) JY 통화선물(futures) 매입
3) JY 선물환(forward) 매도
4) 달러화 선물환(forward) 매입

10 이 미국 수입업자가 3월에 JY 통화선물계약을 체결하고 3개월 후 현물환율이 $0.003887/¥ 그리고 6월물 JY 통화선물가격이 $0.003954/¥이 되었을 때 반대매매를 통하여 선물포지션을 청산한다면 선물거래이익 또는 손실은 얼마인가?

〈문제 11번부터 13번까지는 다음의 상황을 읽고 답하라〉

상 황

미국의 어느 수입업자는 5월 20일 현재 스위스로부터 상품을 수입하고 그 수입대금 SF 2,000,000을 4개월 후에 지급하기로 하였다. 5월 20일 현재의 미국$화와 스위스 SF화간 현물환율과 스위스프랑 통화선물의 각 만기월별 가격들이 아래와 같다.

만기월	환율 및 통화선물가격
현물환율	0.7504
6월물	0.7542
9월물	0.7613

11 예상치 못한 환율변동위험에 대처하기 위하여 이 미국의 수입업자는 다음 중 어떠한 방법을 택해야 하는가?

1) SF화 통화선물(futures) 매입
2) SF화 통화선물(futures) 매도
3) SF화 선물환(forward) 매도
4) 달러화 선물환(forward) 매입

12 이제 9월 20일에 이르러 미국 달러화와 스위스 SF화간의 현물환율이 $0.7671/SF이 된다면 현물환시장에서 SF2,000,000을 확보하는데 필요한 달러화비용은 얼마인가?

1) $767,100　　2) $1,534,200
3) $3,068,400　　4) $657,100

13 한편 9월 20일에 이르러 통화선물시장에서 9월물 SF 통화선물가격이 $0.7678/SF이 되고 이 시점에서 5월 20일에 계약한 9월물 SF 통화선물에 대한 반대매매를 행한다면 SF 2,000,000에 대한 선물거래이익은 얼마인가?

1) $812.5　　2) $3,250
3) $6,500　　4) $13,000

14 3월7일 현재 어느 미국기업은 8월5일 경에 50,000,000 Japanese yen을 받게 될 것으로 예상하고 있다. 3월 현재 IMM에서 Japanese yen 통화선물계약의 경우 계약단위는 12,500,000 yen이며 9월물 Japanese yen 통화선물가격(F1)은 $0.007800/¥이라고 하자. 이 미국기업은 환율변동위험을 피하기 위하여 Japanese yen 통화선물계약 4단위를 매도한다고 가정하자.

이제 8월5일에 이르러 $/¥ 현물환율(C2)은 $0.007200/¥, 9월물 JY 통화선물가격(F2)은 $0.007250/¥이 된다면 8월에 이 기업이 확보하게 되는 실효달러화금액(effective price)은 얼마인가?

제 8 장

통 화 옵 션

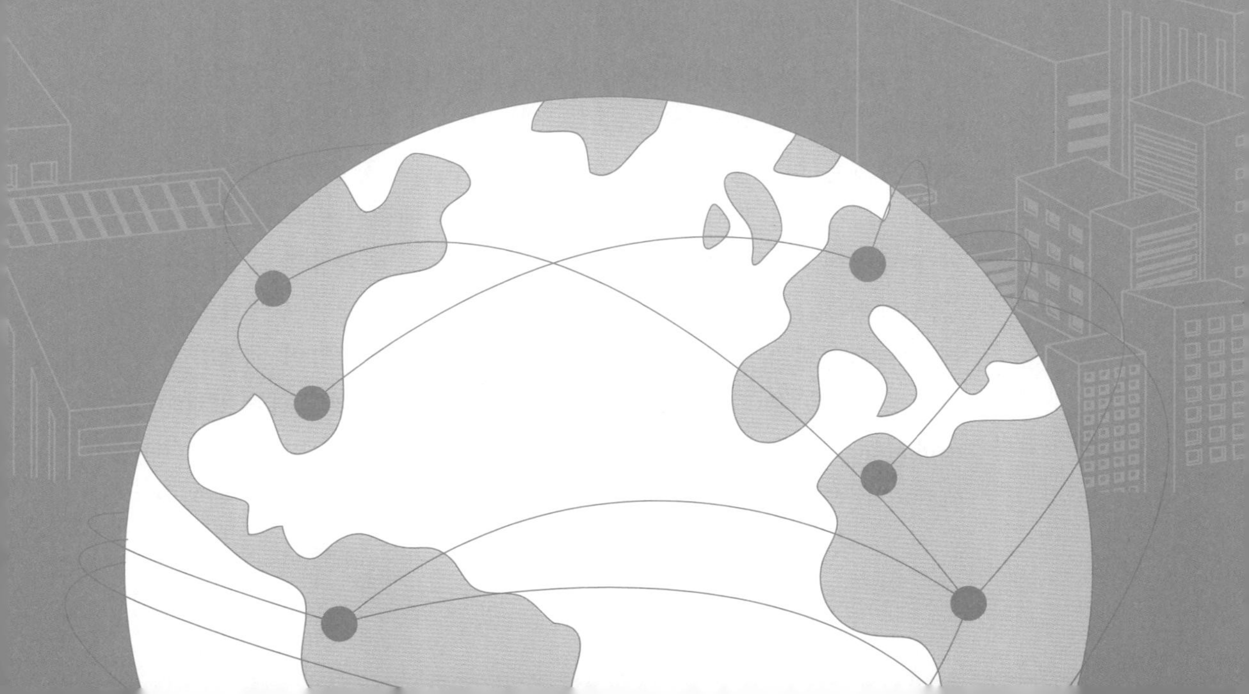

Chapter

Global Financial Markets

08 통화옵션

제 1 절 통화옵션이란?

통화옵션이란 일정기간 내(혹은 계약만기일)에 일정량의 통화를 일정 가격으로 사거나 팔 수 있는 계약상의 권리를 의미한다. 옵션계약에는 옵션매입자(buyer 또는 holder)와 옵션매도자(seller 또는 writer)가 있게 되고 옵션매입자는 프리미엄(premium)을 지급함으로써 만기일 이내에 언제라도 옵션을 행사할 수 있는 권리를 취득하게 되며 옵션매도자는 premium을 받는 대가로 계약기간 중 언제라도 옵션매입자의 옵션행사에 응해야 하는 의무를 지게 된다.

통화옵션은 환율이 불리한 방향으로 변화할 때는 환위험(foreign exchange risk)에 대한 헤징(hedging)을 제공해주고 유리한 방향으로 변화할 때에는 이익을 확보할 수 있도록 해주는 특징을 지닌다. 그리고 기업이 외국통화로 표시되는 상품의 매입 또는 매출이 반드시 실현될 것인가에 대하여 확신을 할 수 없는 경우 즉, 기업이 외국통화로 표시되는 상품의 매입 또는 매출에 있어서의 선택권을 상대방에게 부여하였을 경우에 통화옵션의 유용성이 크다고 할 수 있다. 또한 기업이 국제입찰에 참가하는 경우 환리스크를 헤징하기 위하여는 선도환계약(foreign exchange forward contract)을 맺는 것보다 통화옵션(foreign exchange option)을 이용하는 편이 유리하다. 왜냐하면, 입찰 준비시점에서 선도환계약을 체결하게 되면 불필요한 외환거래를 발생케 할 가능성이 있지만 통화옵션을 이용하게 되면 낙찰 여부에 따라 옵션을 행사하거나 또는 그 옵션을 다시 매도함으로써 옵션 매입 당시 지불한 프리미엄의 부담을 경감시킬 수 있다.

통화옵션은 1982년 12월 Philadelphia Stock Exchange(PHLX)에서 본격적으로 거래되기 시작하였다. 유럽에서는 암스테르담 소재 European Options Exchange가 Philadelphia Stock Exchange보다 먼저 통화옵션 거래를 취급하기 시작하였다. 미국의 Philadelphia Stock Exchange나 암스테르담의 European Options Exchange와 같은 거래소에서 거래되는 표준화된 옵션을 장내옵션(floor option)이라고 하며, 은행간시장 및 은행 · 고객간시장 등 거래소 이외의 장소에서 거래되는 옵션을 장외옵션(over-the-counter option)이라 한다. 그리고 옵션계약에 있어서 최종거래일을 만기일(maturity date 혹은 expiration date)이라고 하는데, 옵션계약 만기일 이전에 옵션의 행사가 가능한 옵션을 미국식 옵션(American option)이라 하고 옵션계약 만기일에 한하여 옵션을 행사할 수 있는 옵션을 유럽식 옵션(European option)이라 한다. 또한 통화옵션에는 현물통화를 대상으로 하는 현물옵션(cash option), 통화선물을 대상으로 하는 선물옵션(option on futures), 그리고 옵션 매입 후 옵션행사에 관계없이 옵션가격(프리미엄)의 변동에 따라 매일결제(daily resettlement)가 이루어지는 선물식 옵션(futures style option) 등이 있다. 현물옵션 계약하에서는 옵션행사시 현물통화가 수도결제되는 데 반하여 선물옵션 계약하에서는 통화선물계약 포지션이 수도된다.

제 2 절 통화옵션의 기본원리

통화옵션에 있어서의 call 옵션이란 일정기간 이내(또는 계약만기일)에 일정가격(exercise price 또는 strike price)으로 일정량의 특정통화를 살 수 있는 권리를 뜻하며, put 옵션은 팔 수 있는 권리를 뜻한다. 예를 들어,

표 8-1 call 옵션과 put 옵션의 매입자와 매도자

매 입 자		매 도 자
만기일(또는 만기일 이전)에 특정 통화를 행사가격에 매입할 권리를 갖게 됨	call 옵션	만기일(또는 만기일 이전)에 특정 통화를 행사가격에 매도할 의무를 지게 됨
만기일(또는 만기일 이전)에 특정 통화를 행사가격에 매도할 권리를 갖게 됨	put 옵션	만기일(또는 만기일 이전)에 특정 통화를 행사가격에 매입할 의무를 지게 됨

일정가격(일정환율)으로 sterling pound(£)를 살 수 있는 권리(달러를 대가로 지불하고)란 다시 말해서 일정환율로 £를 대가로 받고 달러를 팔 수 있는 권리를 뜻하므로 통화옵션에 있어서의 call 옵션은 반대쪽 통화의 입장에서 본 put 옵션과 같음을 알 수 있다.

통화옵션의 특징은 옵션 매입자가 의무가 아닌 권리를 취득한다는 것이다. 옵션 매입자는 환율의 변화에 따라 자기에게 유리한 경우에만 옵션을 행사하게 된다. 이것은 선도환계약(forward exchange contract)을 맺은 경우에 불리한 상황하에서도 계약을 이행해야 하는 것과는 크게 대조를 이룬다. 한편 옵션 매도자는 옵션 매입자의 옵션행사에 응해야 하는 의무를 지게 된다.

앞의 〈표 8-1〉은 call 옵션과 put 옵션의 매입자와 매도자의 권리 및 의무를 보여주고 있다.

영국의 스털링 파운드(sterling pound)화에 대한 옵션을 예로 들어 보기로 한다.

상 황

현물환율($/£)	: $ 1.78/£
행사가격(exercise price)	: $ 1.85/£
만기일(expiration date)	: 12월
call옵션에 대한 premium	: $ 0.03/£

위의 경우 현물환율이 행사가격보다 낮으므로 call 옵션은 'out-of-the-money' 라고 부르며 put 옵션은 'in-the-money' 라고 부른다. 이 경우에 call 옵션은 파운드화를 $ 1.85/£의 행사가격으로 살 수 있는 권리를 뜻하므로 이 call 옵션을 매입하는 즉시 이를 행사하게 되면 파운드화를 $ 1.85/£의 가격으로 매입하게 되는데 이것을 현물환시장에서 다시 팔 경우 $ 1.78/£의 가격으로 매도하게 되므로 손실을 보게 된다. 따라서 이 때 call 옵션은 'out-of-the-money' 라고 부른다. 한편 put 옵션은 파운드화를 $ 1.85/£의 행사가격으로 팔 수 있는 권리를 뜻하므로 이 put 옵션을 매입하는 즉시 이를 행사하게 되면 파운드화를 $ 1.85/£의 가격으로 매도하게 되는데 현물환시장에서 파운드화를 $ 1.78/£의 가격으로 매입할 수 있으므로 $ 0.07/£(=1.85 − 1.78)의 이익을 보게 된다. 이 경우 put 옵션의 고유가치(intrinsic value)는 $ 0.07/£라고 말하며 이때 put 옵션은 'in-the-money' 라고 부른다. 여기서 고유가치란 해당통화의 현물가격과 옵션의 행사가격과의 격차를 말한다. 그리고 해당통화의 현물가격과 옵션의 행사가격이 일치하는 경우에 그 옵션은 'at-the-money' 라고 부른다.

아래의 그림들은 앞에서 가정한 상황에서 call 옵션과 put 옵션을 매입한 경우와 매도한 경우에 만기일의 달러화와 파운드화 간의 현물환율이 어떤 수준에 있는가에 따라 순이익이 얼마만큼 되는가를 보여주고 있다. [그림 8-1]은 call 옵션을 매입한 경우 만기일의 현물환율과 순이익과의 관계를 보여주고 있다. call 옵션을 매입한 경우 만기일에 이르러 현물환율이 행사가격(exercise price)보다 낮게 되면 call 옵션을 행사하지 않게 되므로 손실은 옵션 매입 당시 지급한 프리미엄에 국한된다. 그러나 만기일에 이르러 현물환율이 행사가격보다 높게 되면 옵션을 행사하여 행사가격으로 파운드화를 매입하고 그보다 높은 현물환율로 파운드화를 다시 매도함으로써 이익을 얻게 된다. 그리고 만기일의 현물환율이 행사가격보다 높으면 높을수록 그 이익은 더 크게 된다.

call 옵션을 매도한 경우에 있어서의 만기일의 현물환율과 순이익과의 관계는 [그림 8-2]가 보여주고 있다. call 옵션을 매도한 경우에 call 옵션 매도자는 premium을 지급받는 대가로 call 옵션 매입자의 옵션행사에 응해야 하는 의무를 지게 된다. 즉, call 옵션 매입자가 파운드화를 매입하

그림 8-1 call 옵션을 매입한 경우 만기일의 현물환율과 순이익과의 관계

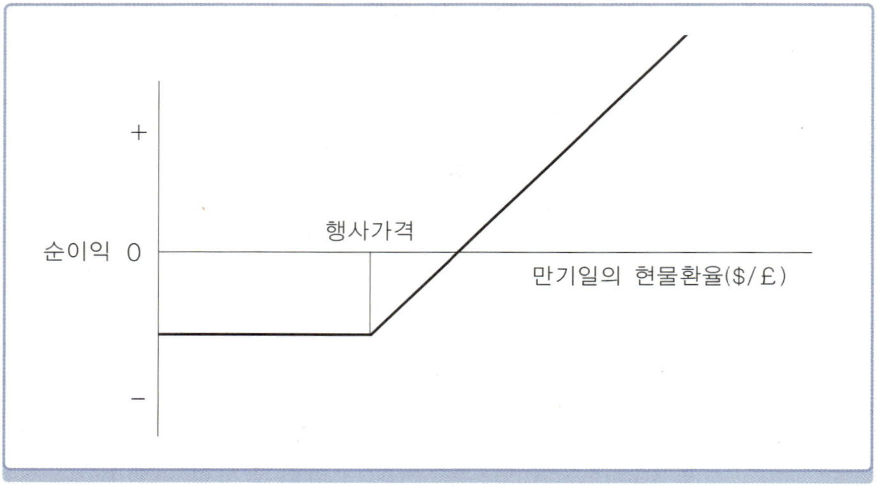

고자 할 때 call 옵션 매도자는 그에 응하여 파운드화를 매도해야 한다. 만약 만기일에 이르러 현물환율이 행사가격보다 높게 되면 call 옵션 매입자가 옵션을 행사하게 될 것이고 call 옵션 매도자는 이에 응하여 파운드화를 행사가격으로 매도해야 한다. 즉, 이 경우에 call 옵션 매도자는 만기일에 파운드화를 현물환율로 매입하여 그보다 낮은 행사가격으로 파운드화

그림 8-2 call 옵션을 매도한 경우 만기일의 현물환율과 순이익과의 관계

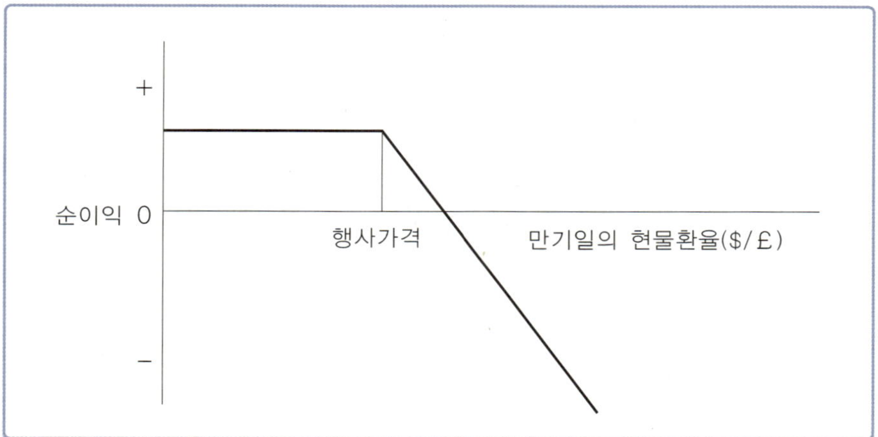

그림 8-3 put 옵션을 매입한 경우 만기일의 현물환율과 순이익과의 관계

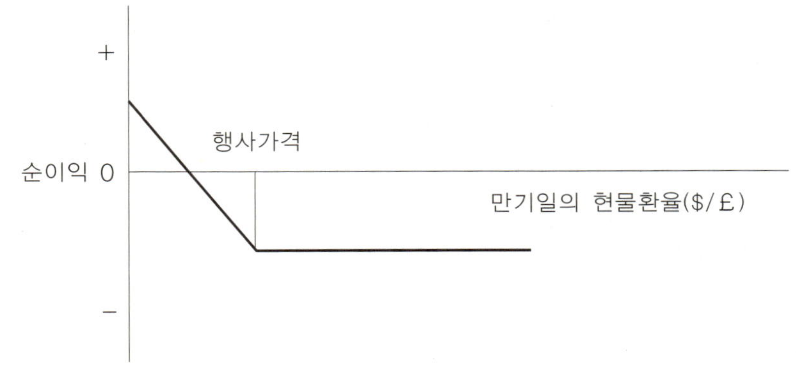

를 call 옵션 매입자에게 매도하여야 하므로 손실을 보게 된다. 예를 들어, 만기일의 현물환율이 $ 1.90라고 하고 행사가격이 $ 1.85 그리고 call 옵션을 매도할 당시 지급받은 프리미엄이 $ 0.03라고 할 때 순손실은 ($ 1.90 − $ 1.85) − $ 0.03 = $ 0.02가 된다. [그림 8-1]과 [그림 8-2]를 비교하여 볼 때, call 옵션 매도자의 순이익을 나타내는 그림은 call 옵션 매입자의 순이익을 나타내는 그림과 수평축을 기준으로 하여 서로 대칭관계에 있음을

그림 8-4 put 옵션을 매도한 경우 만기일의 현물환율과 순이익과의 관계

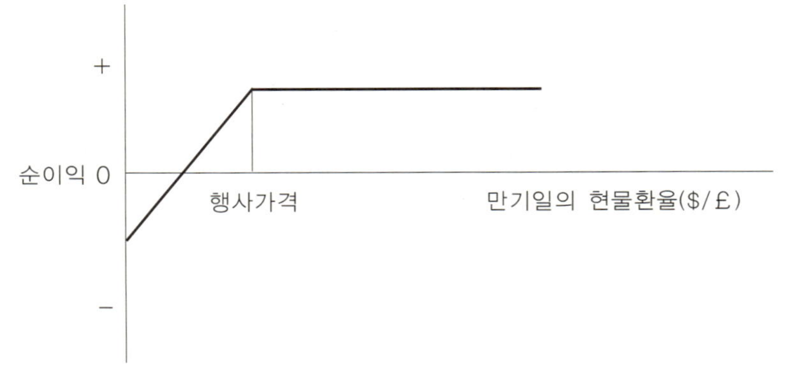

알 수 있다.

[그림 8-3]은 put 옵션 매입자의 순이익을 나타내주고 있으며 put 옵션 매도자의 순이익을 나타내주는 [그림 8-4]는 put 옵션 매입자의 순이익을 나타내주는 그림을 수평축을 중심으로 대칭이동하여 얻을 수 있다.

이제 위에서 본 네 가지 그림 중 call 옵션을 매입한 경우와 put 옵션을 매입한 경우의 만기일의 현물환율과 순이익과의 관계를 나타내는 그래프를 결합시키면 [그림 8-5]에서 볼 수 있는 바와 같은 V자 형태의 그래프를 얻게 된다. 즉, 특정통화에 대한 call 옵션과 put 옵션을 동일한 행사가격으로 동시에 매입하는 경우를 straddle 매입이라고 하는데 만기일의 현물환율이 행사가격으로부터 일정한 크기 이상의 차이가 날 때 straddle 매입자는 이익을 얻게 되고 그렇지 않은 경우에는 손실을 보게 된다. 따라서 환율의 변동이 심한 경우에 straddle 매입을 행하게 되면 환율의 상승 또는 하락과는 관계없이 만기일의 현물환율과 행사가격의 차이가 일정한 크기 이상이 될 때 straddle 매입자는 이익을 얻게 된다.

그러나 straddle 매입에 소요되는 프리미엄비용이 부담스러운 경우에

그림 8-5 Straddle 매입: 동일한 행사가격의 call 옵션과 put 옵션 매입

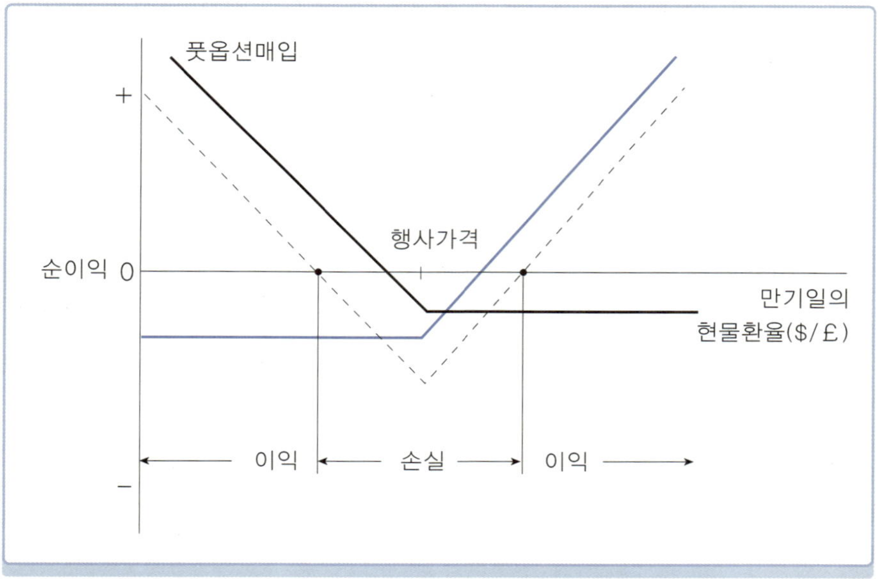

는 strangle 매입을 행함으로써 프리미엄비용을 상당히 경감시킬 수 있다. strangle 매입은 특정통화에 대한 call 옵션과 put 옵션을 서로 다른 행사가격으로 동시에 매입하는 것인데 이 때 call 옵션의 행사가격은 높고 put 옵션의 행사가격은 낮아 두 가지 옵션이 모두 'out-of-the-money' 인 경우이다. 따라서 두 가지 옵션의 프리미엄이 모두 저렴하기 때문에 strangle 매입의 경우 초기의 총 프리미엄비용이 낮게 된다.

한편, 환율변동의 방향을 예측하여 투기거래를 행하기는 하지만 일정한 범위를 벗어나는 경우에는 손실과 이익을 모두 제한하는 전략으로서 bull spread와 bear spread가 있다. bull spread는 환율이 앞으로 상승할 것으로 예상하는 경우 특정통화에 대한 call 옵션을 일정 행사가격으로 매입함과 동시에 보다 높은 행사가격의 call 옵션을 매도하는 전략이다. 이 때 낮은 행사가격의 call 옵션 프리미엄은 높은 행사가격의 call 옵션 프리미엄보다 항상 비싸므로 초기에는 순손실이 발생하게 된다. 그러나 bull spread의 경우 만기일의 현물환율이 매입한 call 옵션의 행사가격보다 높아지면 질수록 순이익이 커지게 되며 만기일의 현물환율이 매도한 call 옵션의 행사가격에 도달하면 순이익은 최고에 달하게 된다.

그림 8-6 Strangle 매입: 서로 다른 행사가격의 call 옵션과 put 옵션 매입

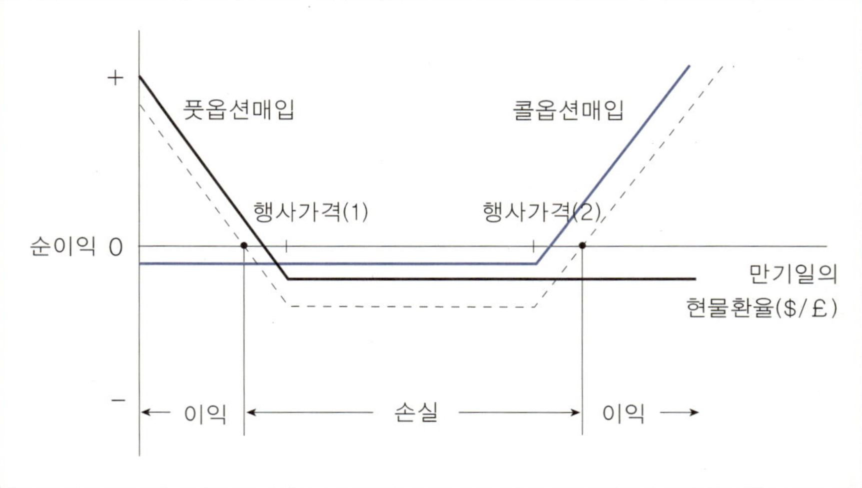

그림 8-7 Bull Spread: 낮은 행사가격의 call 옵션 매입과 높은 행사가격의 call 옵션 매도

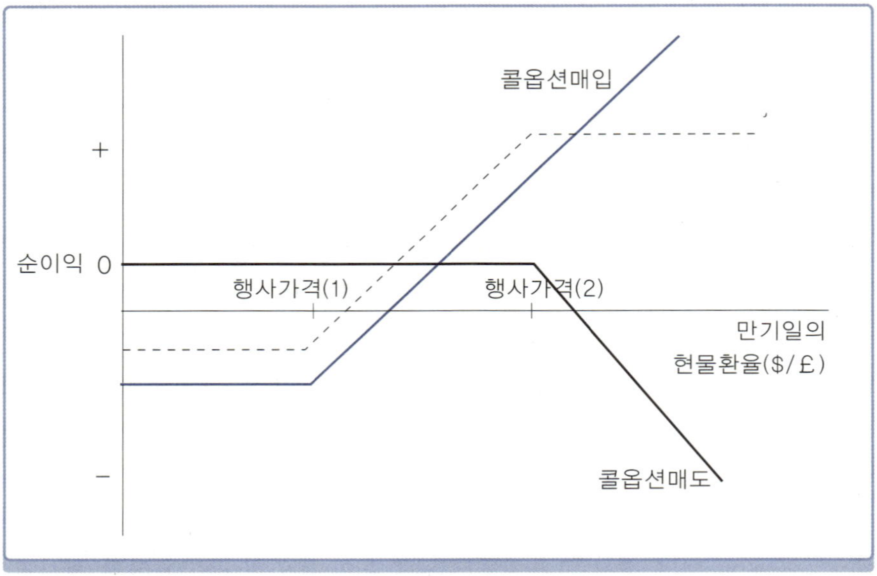

그림 8-8 Bear Spread: 높은 행사가격의 put 옵션 매입과 낮은 행사가격의 put 옵션 매도

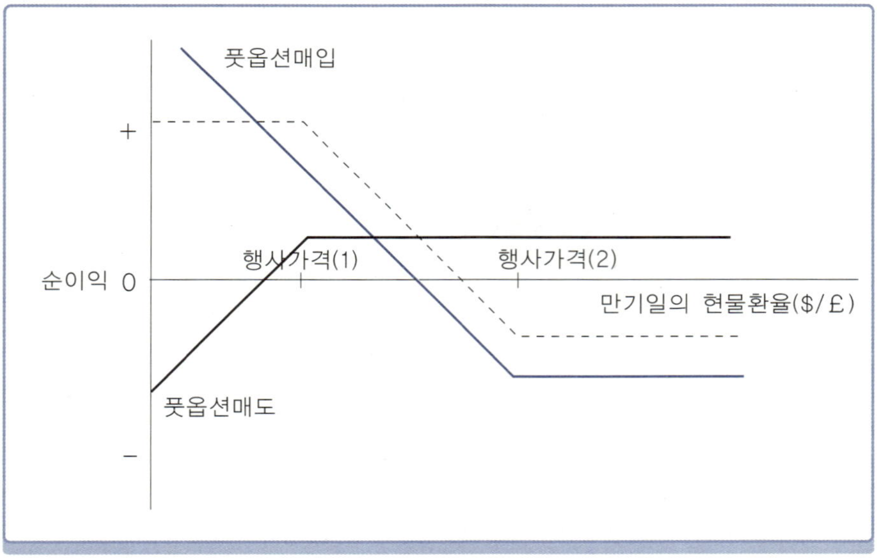

반면에 환율이 앞으로 하락할 것으로 예상하는 경우에는 bear spread 전략을 취하면 된다. 즉, 특정통화에 대한 put 옵션을 높은 행사가격으로 매입하고 낮은 행사가격의 put 옵션을 매도하면 된다. bear spread의 경우에도 초기에는 프리미엄비용으로 인하여 순손실이 발생하지만 만기일의 현물환율이 매입한 put 옵션의 행사가격보다 낮아짐에 따라 순이익이 점차 커지게 되며 만기일의 현물환율이 매도한 put 옵션의 행사가격에 도달하면 순이익은 최고에 달하게 된다. 결국 투자자는 일정 행사가격의 put 옵션을 매입한 후 보다 낮은 행사가격의 put 옵션을 매도함으로써 put 옵션의 매입에서 얻을 수 있는 이익의 일부를 포기하는 것이라고 할 수 있다. 그리고 그 포기하는 이익 대신에 put 옵션 매도에 따른 프리미엄 수입을 얻는 것이다.

제 3 절 통화옵션과 선도환과의 관계

call 옵션과 put 옵션의 매매에 있어서의 프리미엄을 영(零)이라고 가정하면, 동일한 행사가격 'E' 로 call 옵션을 매입하고 put 옵션을 매도하는 것은 결과적으로 선도환율 'E' 로 특정통화를 선도환시장에서 매입하는 것과 같게 된다. 우리는 [그림 8-9]로부터 call 옵션 매입과 put 옵션 매도를 결합하면 선도환매입과 같은 결과가 된다는 것을 쉽게 알 수 있다.

즉, 만기일의 현물환율이 행사가격보다 높게 되면 매입한 call 옵션을 행사하므로 행사가격 'E' 로 특정통화를 확보하게 되고, 반대로 만기일의 현물환율이 행사가격보다 낮게 되면 매입한 call 옵션은 행사하지 않지만 put 옵션을 매도하였으므로 이 때 put 옵션 매입자가 옵션행사를 하고자 함에 따라 put 옵션 매도자는 그에 응해야 한다. 다시 말하자면, 만기일의 현물환율이 행사가격보다 낮은 경우 put 옵션 매입자가 특정통화를 행사가격으로 팔 수 있는 권리를 행사하고자 함에 따라 put 옵션 매도자는 그에 응하여 특정통화를 행사가격 'E' 로 사게 된다. 따라서 만기일의 현물환율이 행사가격보다 높은 경우에는 매입한 call 옵션의 권리를 행사하여 행사가격 'E' 로 특정통화를 확보하게 되고, 만기일의 현물환율이 행사가격보다 낮은 경우에는 매도한 put 옵션의 의무를 이행해야 함에 따라 행사가격 'E' 로 특정통화를 확보하게 된다. 이것은 call 옵션 매입과 put 옵션 매도를 결합하면 만기일의 현물환율이 어떤 수준이 되는지에 관계없이 일정한 행사가격(환율)으로 특정통화를 확보하게 됨을 말하는데 이것은 결과적으로 선도환매입 계약으로 특정통화를 확보하는 것과 동일한 효과를 가져온다. [그림 8-9]는 call 옵션 매입과 put 옵션 매도의 결합이 선도환매입과 같은 효과를 나타내며 이러한 경우 만기일의 현물환율이 행사가격(또는 선도환율)보다 높거나 낮은 정도만큼 이익이나 손실을 보게 된다는 것을 보여주고 있다.

우리는 [그림 8-9]에서 편의상 call 옵션과 put 옵션의 프리미엄을 영이라고 가정하였으나 실제로는 프리미엄이 존재하게 된다. 이제 call 옵션 매입시에 지급한 프리미엄 C(E)와 put 옵션 매도시에 지급받은 프리미엄 P(E)를 고려하여 C(E)와 P(E)의 차이를 프리미엄의 순비용으로 포함시키기로 한다. 그러면 call 옵션과 put 옵션을 결합하는 방법을 이용하여 만기일에 가격 'E' 를 지불하고 특정통화를 확보하는 데 드는 총비용을 만기일 시점에서의 비용으로 표시하면 다음과 같다.

그림 8-9 call 옵션 매입과 put 옵션 매도의 결합

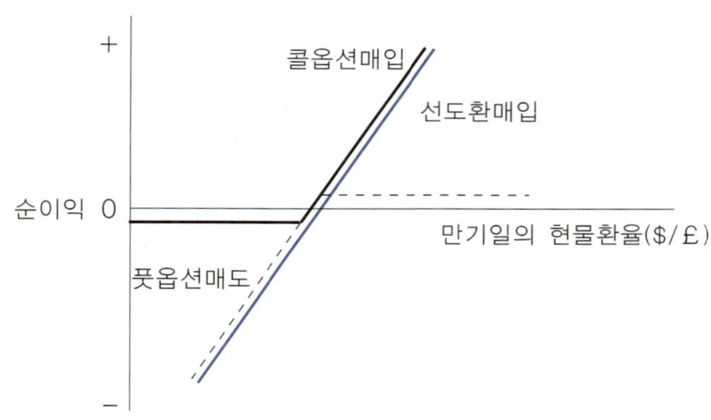

$$E + \underbrace{[C(E) - P(E)]}\cdot(1+r)^t$$

이 금액은 옵션계약 당시 지급되어야 하므로 그 미래가치를 구하려면 이자율 r로 t기간만큼 금리계산을 해주어야 한다.

이러한 비용을 들여 옵션계약 만기일에 특정통화를 확보할 수 있으므로 이 확보된 특정통화를 옵션계약일에 선도환시장에서 옵션계약 만기일을 수도결제일로 하여 선도환율 'F'로 매도할 수 있다. 그러므로 옵션계약 만기일에 있어서의 이익은 다음과 같이 구할 수 있다.

$$\text{이익} = F - \{E + [C(E) - P(E)]\cdot(1+r)^t\}$$

위와 같은 전략은 무위험재정거래(risk-free arbitrage)이므로 시장이 균형상태에 도달하면 이익은 영이 될 것이다. 즉,

$$F - E - [C(E) - P(E)]\cdot(1+r)^t = 0$$

위의 식을 정리하면 다음을 얻는데 이것을 풋 · 콜 · 선도환평가(put-call-forward exchange parity: PCFP)라고 부른다.

$$C(E) - P(E) = \frac{F-E}{(1+r)^t} \qquad \text{(PCFP)}$$

이제 위에서 얻은 PCFP(풋 · 콜 · 선도환평가)를 이용하여 한 단계 더 복잡한 경우를 생각해보기로 하자. 즉, 동일한 행사가격 E_1으로 call 옵션을 매입하고 put 옵션을 매도하는 것은 마치 선도환율 E_1으로 통화를 선도환시장에서 매입하는 것과 같은 결과가 되므로 PCFP에 의하여 다음의 식이 성립한다.

$$C(E_1) - P(E_1) = \frac{F-E_1}{(1+r)^t} \quad \cdots\cdots\cdots\cdots\cdots\cdots \quad (1)$$

한편, 동일한 행사가격 E_2로($E_2>E_1$을 가정) call 옵션을 매도하고, put 옵션을 매입하는 것은 마치 선도환율 E_2로 통화를 선도환시장에서 매도

하는 것과 같은 결과가 되므로 PCFP에 의하여 다음과 같은 관계가 성립한다.

$$P(E_2) - C(E_2) = \frac{E_2 - F}{(1+r)^t} \quad \cdots\cdots\cdots\cdots\cdots\cdots \quad (2)$$

이제 식(1)과 식(2)를 더하면 식(3)을 얻는다.

$$\underbrace{C(E_1) - P(E_1)}_{①} + \underbrace{P(E_2) - C(E_2)}_{②} = \underbrace{\frac{E_2 - E_1}{(1+r)^t}}_{③} \quad \cdots\cdots\cdots \quad (3)$$

① 만기일에 가격 E_1을 지불하고 통화를 확보하도록 하는데 드는 비용(옵션계약 당시를 기준으로 한 비용)
② 만기일에 가격 E_2를 받고 통화를 매도할 수 있도록 하는 데 드는 비용(옵션계약 당시를 기준으로 한 비용)
③ 만기일에 통화를 가격 E_1을 지불하여 매입하고, 다시 가격 E_2를 받고 매도할 때 발생하는 이익의 옵션계약 당시를 기준으로 한 현재가치

식(3)이 의미하는 바는 call 옵션과 put 옵션을 결합하여 만기일에 가격 E_1을 지불하고 통화를 확보하도록 하는 데 드는 옵션계약 당시의 비용과 만기일에 가격 E_2를 받고 통화를 매도할 수 있도록 call 옵션과 put 옵션을 결합하는 데 드는 옵션계약 당시의 비용의 합계는 이와 같은 방법으로 고정시킨 이익(locked-in profit)의 옵션계약 당시를 기준으로 한 현재가치와 같아야 한다는 것이다.

제 4 절 삼각대등관계

우리는 위에서 미래에 특정통화를 확보하는 방법이 두 가지가 있음을 알았다. 그 중 한 가지 방법은 선도환시장에서 통화를 매입하는 것이고,

다른 한 가지 방법은 동일한 행사가격으로 call 옵션을 매입, put 옵션을 매도하고 call 옵션과 put 옵션의 프리미엄의 차이를 차입하거나 또는 대출하거나 하는 것이다. 즉, 선도환시장을 통하지 않고도 통화옵션시장을 통하여 미래에 특정통화를 확보할 수 있다는 것을 알았다.

그러나 미래에 특정통화를 확보하는 것은 선도환시장이나 통화옵션시장을 통하여서 뿐만 아니라 금융시장(및 현물환시장)을 통하여서도 가능하다는 것을 제3장에서 이미 살펴본 바 있다. 예를 들어, 미래에 파운드화를 확보하기 위하여는 선도환시장에서 선도환율 'F'로 미래에 달러화를 인도하고 파운드화를 인수하기로 하는 선도환 계약을 체결하면 된다. 그러나 달러화 금융시장에서 자금을 차입하고 이것을 현물환시장에서 파운드화로 바꾼 다음 파운드화 금융시장에서 일정기간 동안 투자를 하게 되면 이것도 결국 선도환시장에서 파운드화를 매입하는 것과 같은 결과가 된다고 할 수 있다. 그 이유는 일정기간 경과 후 달러화 금융시장에서는 차입한 달러화 자금을 상환해야 하고 파운드화 금융시장에서는 투자한 파운드화 자금의 원리금 합계를 받게 되므로 이것은 선도환계약을 체결한 경우 일정기간 경과 후에 달러화를 인도하고 파운드화를 인수하는

그림 8-10 선도환시장과 금융시장을 이용하여 미래에 파운드화를 확보하는 방법의 비교*

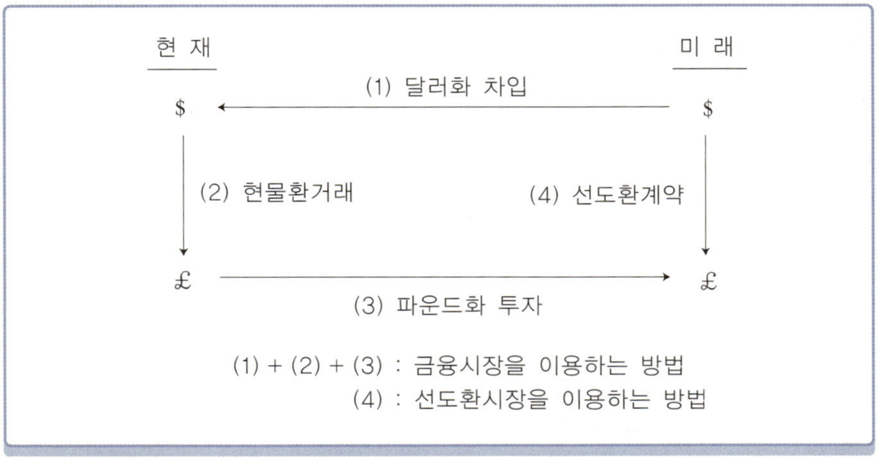

* : 이자율평가(interest rate parity)가 성립할 때는 금융시장을 이용하여 미래에 파운드화를 확보하는 방법과 선도환시장을 이용하여 미래에 파운드화를 확보하는 방법이 완전히 동일한 결과를 가져온다.

것과 같은 결과가 되기 때문이다. [그림 8-10]은 선도환시장을 통하여 미래에 파운드화를 확보하는 방법과 금융시장(및 현물환시장)을 통하여 미래에 파운드화를 확보하는 방법을 비교하여 보여주고 있다.

그러므로 이제 우리는 미래에 특정통화를 확보하는 세 가지 방법을 살펴보았다. 그중 첫 번째 방법은 선도환시장에서 특정통화를 매입하는 것이고, 두 번째 방법은 동일한 행사가격으로 특정통화에 대한 call 옵션을 매입, put 옵션을 매도하고 call 옵션과 put 옵션의 프리미엄의 차이를 차입하거나 또는 대출하거나 하는 것이며, 마지막으로 세 번째 방법은 자국금융시장에서 자국통화를 차입한 후 현물환 시장에서 원하는 특정통화로 교환한 후 그 특정통화금융시장에서 이 자금을 투자하는 것이다. 이 세 가지 방법은 모두 미래에 특정통화를 확보하는 수단이므로 우리는 이 세 가지 방법들이 서로 대등한 관계에 있다고 말할 수 있다. 그러므로 이러한 관계를 삼각대등관계(triangular equivalence)라고 부르며 [그림 8-11], [그림 8-12] 및 [그림 8-13]은 여러 가지 삼각대등관계를 보여주고 있다. 이들 그림에서는 편의상 자국통화를 달러화로 가정하고 원하는 특정통화를 파운드화로 가정하기로 한다. [그림 8-12]는 [그림 8-11]의 세 가지 방법에 각각 '선도환시장에서 £화를 매도'를 추가하면 헤지(hedge)된 선도환시장에서의 £화 매입포지션을 얻게 된다는 것을 보여준다. 한편 [그림

그림 8-11 미래에 특정통화(£)를 확보하는 방법

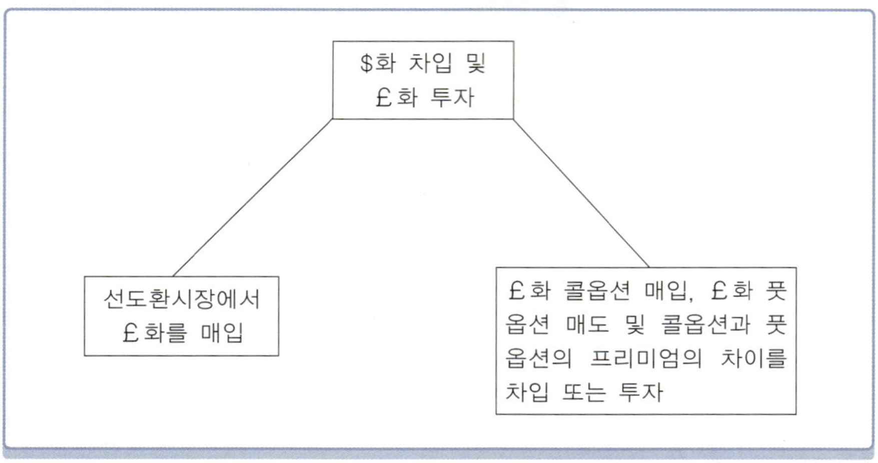

그림 8-12 헤지된 선도환시장에서의 £화 매입포지션

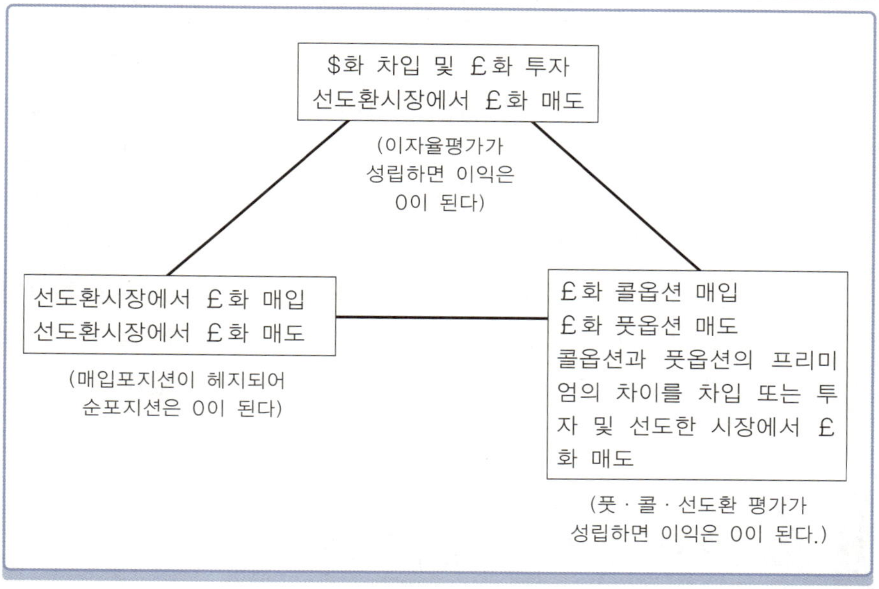

8-13]은 [그림 8-11]의 세 가지 방법에 각각 '£화 put 옵션 매입' 을 추가하면 £화 call 옵션 매입포지션을 얻게 된다는 것을 보여준다.

통화옵션의 헤징도구로서의 독특한 특징은 우리로 하여금 통화옵션, 단기금융시장의 금융자산(money market instruments), 현물환 및 선도환

그림 8-13 £화 call 옵션 매입포지션을 확보하는 방법

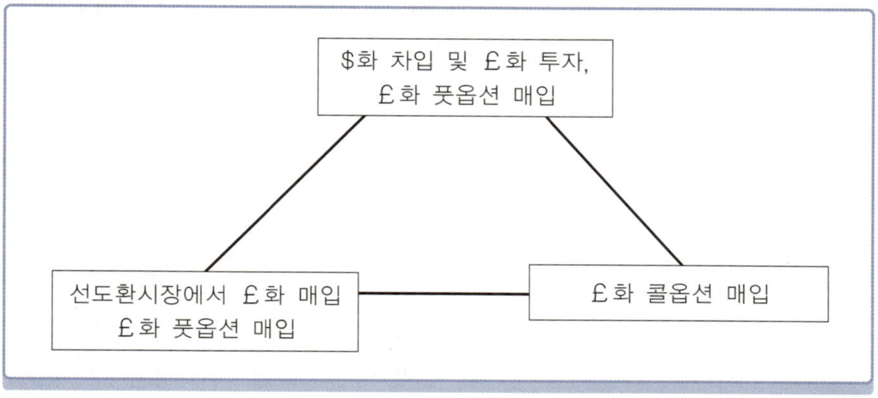

계약 간의 관계를 규정지을 수 있도록 한다는 점이다. 앞에서 살펴본 풋 · 콜 · 선도환평가(put-call-forward exchange parity: PCFP)가 그러한 하나의 예라고 볼 수 있다. 풋 · 콜 · 선도환평가는 선도환시장에서의 매입 또는 매도포지션을 통화옵션시장에서 call 옵션과 put 옵션을 적절히 배합하여 확보할 수 있음을 보여준다. 그리고 이자율평가(interest rate parity; IRP)는 선도환시장에서의 매입 또는 매도포지션을 금융시장에서 한 통화의 차입과 다른 통화의 투자 그리고 현물환계약을 결합하여 확보할 수 있음을 보여준다. 이러한 통화옵션, 단기금융자산, 현물환 및 선도환계약 간의 관계를 잘 이해하게 될 때, 비로소 우리는 통화옵션의 환위험 헤징수단으로서의 잠재력을 충분히 활용할 수 있게 된다.

제 5 절 통화옵션의 가격결정요인

다음의 〈표 8-2〉는 현물통화를 대상으로 하는 현물옵션(cash option)의 가격이 *The Wall Street Journal*에 어떻게 보도되는지를 보여주고 있다. 각 통화별로 첫째 줄 오른쪽에는 옵션계약의 대상이 되는 통화의 현물가격, 즉 현물환율이 표시되고 둘째 줄에는 옵션의 계약단위가 표시되어 있다. 그리고 첫째 난은 행사가격(strike price), 둘째 난은 만기월을 나타내며 그 다음 네 개의 난은 call 옵션의 거래량과 프리미엄, put 옵션의 거래량과 프리미엄을 보여주고 있다. 그리고 표의 마지막 부분에는 call 옵션과 put 옵션 각각의 총거래량(volume) 및 총유효계약수(open interest)가

표 8-2 현물통화를 대상으로 하는 통화옵션의 호가표

OPTIONS
PHILADELPHIA EXCHANGE

		Calls		Puts	
		Vol.	Last	Vol.	Last
ADllr					**65.38**
50,000 Australian Dollar EOM-European.					
65	Aug	...	0.01	10	0.44
Euro					**107.08**
62,500 Euro-cents per unit.					
100	Sep	2	7.40	...	...
106	Dec	...	...	20	1.63
110	Sep	9	0.40	...	0.01
110	Dec	23	1.83	...	0.01
114	Dec	126	0.86	...	0.01
118	Dec	52	0.30	...	0.01
British Pound					**160.50**
31,250 Brit. Pounds-cents per unit.					
161	Sep	13	1.83	...	0.01
Canadian Dollar					**66.55**
50,000 Canadian Dollars-cents per unit.					
66½	Aug	...	0.01	60	0.12
66½	Sep	...	...	60	0.45
67½	Aug	...	...	75	0.81
68½	Sep	...	0.01	159	1.79
German Mark					**54.76**
62,500 German Marks-cents per unit.					
53	Aug	1	1.92	...	0.01
Japanese Yen					**86.77**
6,250,000J.Yen-100ths of a cent per unit.					
85	Sep	...	...	4	0.40
86	Dec	...	0.01	4	1.52
Swiss Franc					**66.87**
62,500 Swiss Francs-cents per unit.					
67½	Sep	15	0.78	...	0.01
68	Sep	29	0.44	...	...
68	Dec	20	1.83	...	0.01
Call Vol 2,708			**Open Int ... 30,546**		
Put Vol 541			**Open Int ... 40,958**		

표 8-3 통화선물을 대상으로 하는 통화옵션의 호가표

Currency

Japanese Yen (CME)

12,500,000 yen; cents per 100 yen

Price	Aug	Sep	Oct	Aug	Sep	Oct
8250	1.30	1.72	2.23	0.09	0.51	0.69
8300	0.88	1.40	1.90	0.17	0.69	0.86
8350	0.55	1.13	1.62	0.34	0.92	1.07
8400	0.33	0.90	1.36	0.62	1.19	1.31
8450	0.18	0.71	...	0.97	1.50	1.59
8500	0.12	0.56	0.95	1.41	1.85	1.90

Est vol 1,051 Fr 200 calls 347 puts
Op int Fri 41,237 calls 64,322 puts

Canadian Dollar (CME)

100,000 Can.$, cents per Can.$

Price	Aug	Sep	Oct	Aug	Sep	Oct
6150	...	...	...	...	0.25	0.41
6200	...	0.93	...	...	0.39	...
6250	...	0.65	...	0.26	0.61	...

STRIKE	CALLS-SETTLE			PUTS-SETTLE		
6300	0.12	0.43	...	47.00	0.89	...
6350	0.05	0.28	...	1.01	1.24	...
6400	0.02	0.18	...	1.48	1.64	...

Est vol 230 Fr 177 calls 127 puts
Op int Fri 26,968 calls 7,264 puts

British Pound (CME)

62,500 pounds; cents per pound

Price	Aug	Sep	Oct	Aug	Sep	Oct
1540	1.90	2.62	...	0.16	0.88	1.74
1550	1.04	2.00	2.06	0.30	1.26	...
1560	0.50	1.48	1.64	0.76	1.74	...
1570	0.24	1.12	1.28	1.50	2.38	...
1580	0.16	0.84	1.02	...	3.10	...
1590	...	0.56	0.78	...	3.82	...

Est vol 102 Fr 261 calls 236 puts
Op int Fri 7,282 calls 7,086 puts

Swiss Franc (CME)

125,000 francs; cents per franc

Price	Aug	Sep	Oct	Aug	Sep	Oct
6650	1.12	...	...	0.08	0.46	...
6700	0.72	1.19	...	0.18	0.65	...
6750	0.40	0.93	...	0.36	0.89	...
6800	0.22	0.72	...	0.68	1.18	...
6850	0.10	0.55	...	1.06	1.51	...
6900	0.08	0.42	0.73	1.54	1.88	...

Est vol 149 Fr 79 calls 352 puts
Op int Fri 8,570 calls 4,284 puts

Euro Fx (CME)

125,000 euros; cents per euro

Price	Aug	Sep	Oct	Aug	Sep	Oct
9700	1.08	1.78	...	0.18	0.88	1.48
9750	0.73	1.49	...	0.33	1.09	...
9800	0.46	1.24	1.53	0.56	1.34	2.02
9850	0.28	1.02	...	0.88	1.62	...
9900	0.16	0.83	1.15	1.26	1.93	2.63
9950	0.10	0.68	...	1.70	2.28	...

Est vol 1,963 Fr 2,962 calls 1,158 puts
Op int Fri 50,158 calls 37,794 puts

나타나 있다. 예를 들어, Swiss Franc 통화옵션의 경우 행사가격 68($ 0.6800/SF)의 9월물 call 옵션의 프리미엄은 0.44cents로 나타나 있으므로 SF화 통화옵션 1계약(SF 62,500)을 매입할 때 지급해야 하는 프리미엄은 $ 275[= (0.44cents/SF)(SF 62,500)]에 달하게 됨을 알 수 있다.

한편 〈표 8-3〉은 통화선물을 대상으로 하는 선물옵션(option on futures)의 가격이 *The Wall Street Journal*에 어떻게 보도되는지를 보여주고 있다. 현물옵션계약하에서는 옵션행사시 현물통화가 수도결제되는 데 반하여 선물옵션계약하에서는 옵션행사시 통화선물계약 포지션이 수도된다. 예를 들어, 선물옵션의 경우 call 옵션의 매입자가 옵션을 행사하게 되면 특정통화에 대한 선물계약의 매입포지션을 갖게 되고 이 때 call 옵션의 매도자는 그 통화에 대한 선물계약의 매도포지션을 가지게 된다. 반면에 put 옵션 매입자가 옵션을 행사하게 되면 특정통화선물계약의 매도포지션을 갖게 되고 이 때 put 옵션의 매도자는 특정통화선물계약의 매입포지션을 가지게 된다. 이 표의 첫째 난은 행사가격을 나타내고 있으며 그 다음 여섯 개의 난은 각 한월(만기월)별 call 옵션의 프리미엄과 put 옵션 프리미엄을 보여주고 있다. 여기서 call 옵션 및 put 옵션 프리미엄(가격)은 당일의 종가를 나타낸다. 그리고 각 통화별로 표의 맨 밑부분에는

당일의 거래량(추측치), 전일의 call 옵션 및 put 옵션 각각의 실제거래량, 전일의 call 옵션 및 put 옵션 각각의 총유효계약수가 나타나 있다. 예를 들어, SF 선물에 대한 통화옵션의 경우 행사가격 6700($ 0.6700/SF)의 9월물 call 옵션의 프리미엄은 1.19cents로 나타나 있으므로 SF 통화옵션 1계약(SF 125,000)을 매입할 때 지급해야 하는 프리미엄은 $ 1,487.5[= (1.19cents/SF)(SF 125,000)]가 된다.

그러면 이제 위의 호가표들에 나타나 있는 통화옵션의 가격(프리미엄)을 결정하는 요인들이 무엇인가를 살펴보기로 한다.

첫째, 통화옵션의 가격(프리미엄)은 행사가격에 대한 현물환율의 상대적 관계에 의하여 영향을 받는다. 예를 들어, 통화옵션에 있어서 call 옵션이란 특정통화를 행사가격으로 살 수 있는 권리를 말하므로 call 옵션의 경우 일반적으로 현물환율이 행사가격에 비하여 높으면 높을수록 그 call 옵션의 가치가 더 크다고 할 수 있다. 만약 만기일의 현물환율이 행사가격보다 더 낮다고 하면 call 옵션의 가치는 영(零)이 되며 아무도 그 call 옵션을 행사하지 않을 것이다. 둘째, 만기가 긴 옵션일수록 환율이 현재수준에서 크게 변동할 가능성이 커지고 따라서 옵션의 행사로부터 이익을 볼 가능성도 커진다. 그러므로 만기가 짧은 옵션에 비하여 만기가 긴 옵션이 일반적으로 그 가치가 더 크다고 할 수 있다. 셋째, 환율의 변동율이 크면 클수록 옵션의 행사로부터 이익을 볼 가능성이 더 커진다. 예를 들어, 현물환율이 행사가격보다 낮은 경우, 즉 call 옵션이 'out-of-the-money' 인 경우 만약 환율변동률이 영이라면 환율이 현재수준에서 변동할 가능성이 없고 따라서 옵션의 행사로부터 이익을 볼 가능성도 없으므로 call 옵션의 가치 또한 영(零)이 된다고 할 수 있다. 반대로 예상환율변동률이 크면 클수록 일반적으로 옵션의 가치는 크다고 할 수 있다.

[그림 8-14]에서 볼 수 있는 바와 같이 옵션의 가격(프리미엄)은 고유가치(intrinsic value)와 시간가치(time value)로 구성되어 있다. 고유가치란 기초자산가격 즉, 해당통화의 현물가격과 옵션의 행사가격과의 격차를 말하며, 시간가치란 옵션의 가격(프리미엄)과 고유가치와의 격차를 말한다. 만기일 전의 옵션의 가격은 그 고유가치를 초과하게 되는데 그 이유는 만기일까지의 기간 동안 환율이 유리한 방향으로 변동하여 이익의

그림 8-14 옵션가치의 구성요소

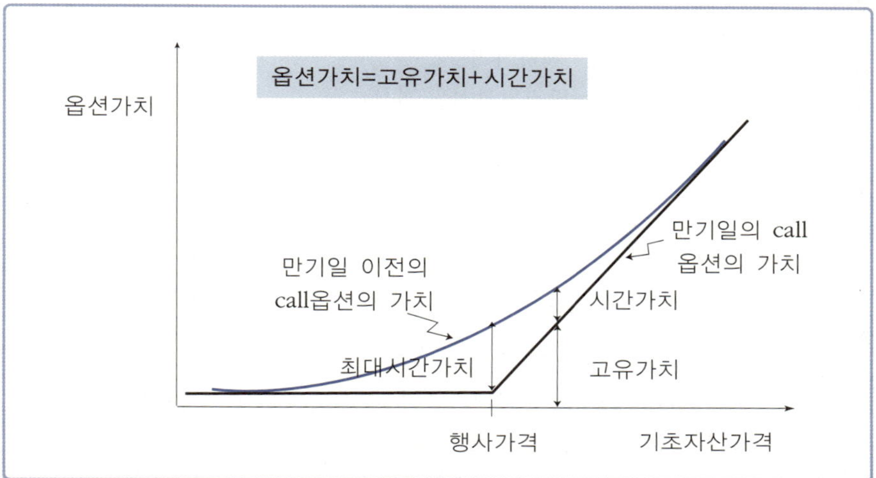

실현을 가져올 수 있는 가능성, 즉 시간가치가 존재하기 때문이다. 기초자산가격이 옵션의 행사가격으로부터 멀리 떨어져 있는 경우에는 옵션의 가격은 주로 고유가치를 반영하게 되는데 그 이유는 옵션행사여부에 대한 불확실성이 매우 낮기 때문이다. 그러나 기초자산가격이 행사가격에 가까운 경우에는 옵션행사여부에 대한 불확실성이 매우 높게 되며 따라서 시간가치도 매우 크게 된다. 한편 이 시간가치는 옵션의 만기일에 가까워질수록 감소되어 만기일에 가서 시간가치는 영이 된다.

통화옵션의 가격을 구하기 위하여는 주식옵션의 가격결정 공식인 Black-Scholes공식을 통화옵션에 적합하도록 수정한 Garman-Kohlhagen 공식이 이용된다. 유럽식 call 옵션의 가격을 구하기 위한 Garman-Kohlhagen공식은 다음과 같이 표현된다. 즉,

$$C(E) = [\ FN(d_1) - EN(d_2)\ ]\ /\ e^{rt}$$

여기서

$$d_1 = \frac{\ln(F/E) + (\sigma^2/2)t}{\sigma\sqrt{t}}$$

$$d_2 = d_1 - \sigma\sqrt{t}$$

F : 선도환율
E : 행사가격
t : 만기일까지의 기간
r : 무위험자산의 이자율(risk-free interest rate)
σ^2 : 환율변동률(연율)의 분산
$N(\ )$: 누적표준정규분포함수
(cumulative standard normal distribution function)

위의 공식에서 $N(d_1)$은 call 옵션이 행사될 확률을 나타내므로 $FN(d_1)$은 만기일에 call 옵션의 행사를 통하여 확보하게 될 기초자산의 가치에 대한 기대치를 나타낸다. 그리고 만기일에 call 옵션을 행사하는 경우 행사가격(E)를 지급해야 하므로 $EN(d_2)$는 만기일에 지급할 것으로 기대되는 가치를 나타낸다. 그러므로 만기일에 확보할 것으로 기대되는 가치와 지급할 것으로 기대되는 가치의 격차 즉, 만기일의 기대이익을 구하고 그 것의 현재가치를 다시 구하면 바로 이것이 call 옵션의 가치가 된다는 것이다.

앞의 Garman-Kohlhagen공식은 유럽식 call 옵션의 가격을 구하기 위하여서만 이용할 수 있으므로 유럽식 put 옵션의 가격을 구하기 위해서는 앞에서 이미 살펴본 풋 · 콜 · 선도환평가를 이용하면 된다. 즉,

$$C(E) - P(E) = \frac{F - E}{(1 + r)^t} \qquad \text{(PCFP)}$$

위의 식을 $P(E)$에 관하여 풀면 다음을 얻는다.

$$P(E) = C(E) + \frac{E - F}{(1 + r)^t}$$

그러므로 Garman-Kohlhagen공식을 이용하여 얻은 $C(E)$의 값을 위의 식에 대입하면 행사가격이 'E' 인 put 옵션의 가격을 구할 수 있다.

한편, [그림 8-15]는 기초자산의 가격 변화에 대한 옵션가격 변화의 민감도를 나타내는 척도로서 델타(delta)가 사용된다는 것을 보여주고 있다. 델타는 옵션이 행사될 확률을 말해준다고 볼 수도 있는데 파운드화

그림 8-15 델타(delta) : 기초자산 가격변화에 대한 옵션 가격변화의 민감도

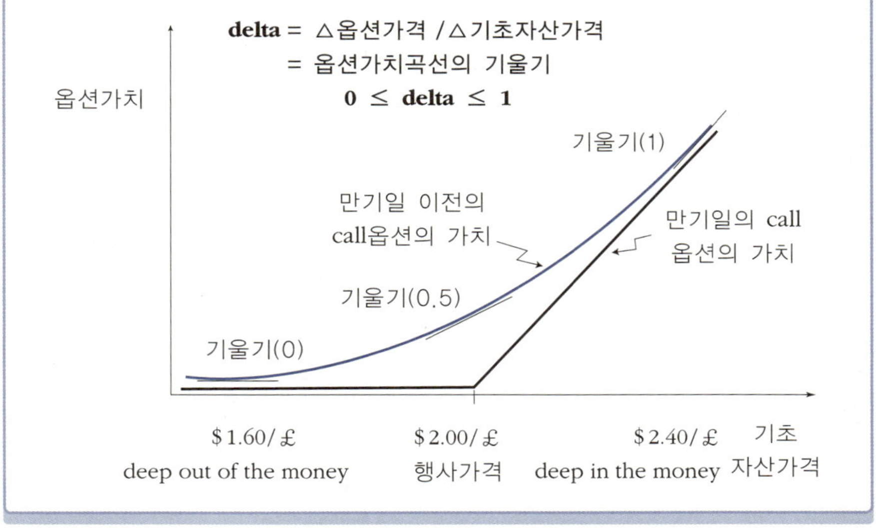

call 옵션의 경우 파운드화 현물환율이 행사가격인 $2.00/£보다 매우 낮은 수준인 $1.60/£(즉, deep-out-of-the-money)이라면 옵션이 행사될 가능성은 거의 없으며 델타는 그 값이 영(零)이 될 것이다. 그러나 현물환율이 $2.40/£(즉, deep-in-the-money)이라면 옵션의 행사는 거의 확실시되며 델타는 1이 될 것이다. 그리고 현물환율과 행사가격이 일치하는 경우(즉, at-the-money)에는 옵션이 행사될 확률은 50%이며 델타는 0.5가 될 것이다.

또한 [그림 8-16]은 델타(delta)가 옵션가치곡선의 기울기를 나타냄과 동시에 옵션1단위의 가격변화를 상쇄시키기 위하여 필요한 기초자산의 단위 수를 나타내기도 한다는 것을 보여주고 있다.

예를 들어, 기초자산이 현물통화인 경우 옵션의 델타가 0.5라면 옵션1단위의 가치변동을 상쇄시키기 위하여 0.5단위의 현물통화가 필요하게 된다. 즉, [그림 8-16]의 〈a〉점에서 어느 은행이 현물통화에 대한 call옵션 1단위를 매입한다면 동시에 0.5단위의 현물통화를 매도해 놓음으로써 가치변화를 서로 상쇄시킬 수 있게 된다. 왜냐하면, 〈a〉점으로부터 기초자산(현물통화) 가격이 상승하면 기초자산 가격 상승의 $\frac{1}{2}$에 해당하는 옵

그림 8-16 델타(delta) : 옵션가치곡선의 기울기

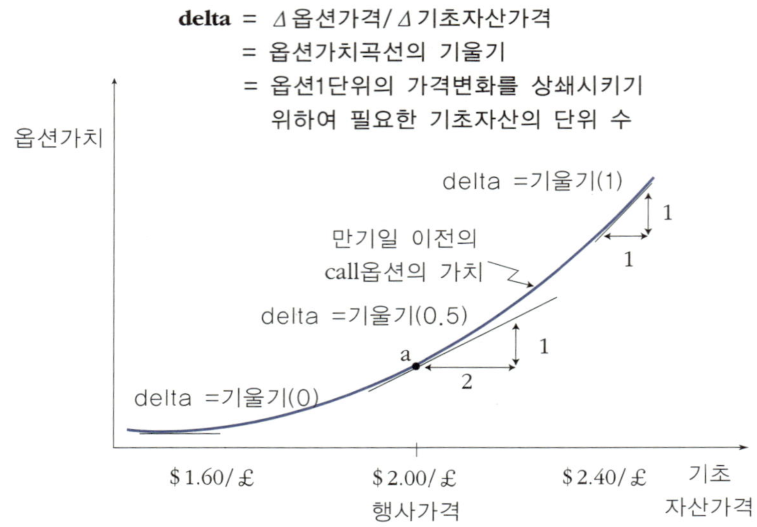

션가치의 상승이 있게 되어 call옵션 매입에 따른 이익이 발생하지만 동시에 기초자산 가격 상승은 현물통화 0.5단위의 매도에 따른 손실을 발생시키므로 옵션매입에 의한 이익과 현물통화 매도에 따른 손실이 서로 상쇄되기 때문이다.

옵션 1단위의 가격변화를 상쇄시키기 위하여 필요한 기초자산의 단위 수로 표시되는 델타는 소위 무위험 헤지(riskless hedge)를 하는 데 있어서 매우 중요한 개념이라고 할 수 있다. 델타를 이용하여 무위험 헤지를 하는 경우 옵션계약에 의해 발생하는 포지션과는 반대의 포지션을 기초자산에 의해 발생시켜야 한다. 예를 들어, Swiss franc 현물통화에 대한 call옵션 100단위를 매도한 은행은 call옵션 매도계약에 의하여 매도포지션이 발생하므로 델타가 0.5인 경우에 50단위의 Swiss franc 현물통화를 매입해야 무위험헤지를 하게 되는 것이다. 기초자산이 통화선물인 경우를 예로 든다면 put옵션 100단위를 매도한 은행의 경우 put옵션 매도계약에 의하여 매입포지션이 발생하므로 델타가 0.72(72%)이라면 72단위의 통화선물계약을 매도해야 한다.

참 고 | 무위험 헤지 |

우리는 무위험 포트폴리오(riskless portfolio)를 구성함으로써 소위 무위험 헤지(riskless hedge) 또는 델타 헤지(delta hedge)를 할 수 있게 된다. 다음과 같은 상황을 가정하기로 한다.

즉, 기초자산의 현재가격은 $ 20이고 3개월 후에 이 기초자산의 가격이 $ 22 또는 $ 18가 된다고 가정한다. 이제 3개월 후에 이 기초자산을 $ 21의 행사사격으로 매입할 수 있는 유럽식 call 옵션을 생각한다면 3개월 후의 옵션가치는 다음과 같게 된다. 만약 3개월 후 기초자산의 가격이 $ 22가 된다면 옵션가치는 $1가 될 것이고, $ 18가 된다면 옵션가치는 0이 될 것이다.

이제 단위 수 Δ(델타)만큼의 기초자산과 이 기초자산에 대한 call 옵션 1단위로 포트폴리오를 구성하기로 한다. 즉, 기초자산 Δ단위의 매입포지션과 call 옵션 1단위의 매도포지션으로 포트폴리오를 구성한다.

우선, 3개월 후에 기초자산의 가격이 $22가 되는 경우에는 기초자산의 전체가치는 (22 · Δ)달러가 되고 옵션가치는 1달러가 되므로 포트폴리오의 가치는 (22 · Δ − 1)달러가 된다. 한편 3개월 후에 기초자산의 가격이 $ 18가 되는 경우에는 기초자산의 전체가치는 (18 · Δ)달러가 되고 옵션가치는 0이 되므로 포트폴리오의 가치도 역시 (18 · Δ)달러가 된다.

위의 두 가지 경우의 포트폴리오 가치가 동일해지도록 기초자산의 단위 수 Δ(델타)를 결정하면 우리는 무위험 포트폴리오를 구성하였다고 말한다. 즉,

$$22 \cdot \Delta - 1 = 18 \cdot \Delta$$

따라서 Δ = 0.25가 된다. 그러므로 무위험 포트폴리오는 기초자산 0.25단위의 매입포지션과 call 옵션 1단위의 매도포지션으로 구성된다.

이와 같이 무위험 포트폴리오를 구성하는 경우 만약 3개월 후에

기초자산의 가격이 $ 22가 된다면 포트폴리오의 가치는 (22) · (0.25) − 1 = 4.5달러가 되고, 기초자산의 가격이 $18가 된다면 포트폴리오의 가치가 (18) · (0.25) = 4.5달러가 되므로 3개월 후에 기초자산 가격이 어떻게 되느냐에 관계없이 포트폴리오의 가치는 항상 4.5달러가 된다.

우리는 이와 같이 무위험 포트폴리오를 구성하여 기초자산의 가격변화와 관계없이 포트폴리오의 가치가 항상 일정해지도록 하는 것을 무위험 헤지 또는 델타 헤지라고 말한다. 그리고 Δ(델타)는 옵션 1단위를 매도하였을 경우 무위험 헤지를 달성하기 위하여 보유해야 하는 기초자산의 단위수를 말한다.

부록 Garman–Kohlhagen 공식

$$C(E) = [\, FN(d_1) - EN(d_2) \,] \,/\, e^{rt}$$

여기서

$$d_1 = \frac{\ln(F/E) + (\sigma^2/2)t}{\sigma\sqrt{t}}$$

$$d_2 = d_1 - \sigma\sqrt{t}$$

F : 선도환율
E : 행사가격
t : 만기일까지의 기간
r : 무위험자산의 이자율
σ^2 : 환율변동률의 분산
$N(\;)$: 누적표준정규분포함수

[그림 8-17]은 누적표준정규분포함수를 보여주고 있으며 그림에서 진한 색 부분은 변수X가 특정 값 x보다 작은 값을 가질 확률 즉, $N(x) = Prob\,(X < x)$를 나타낸다. 여기서 x가 양수이고 절대값이 매우 클때, $N(x)$

그림 8-17 누적표준정규분포함수(Cumulative Standard Normal Distribution)

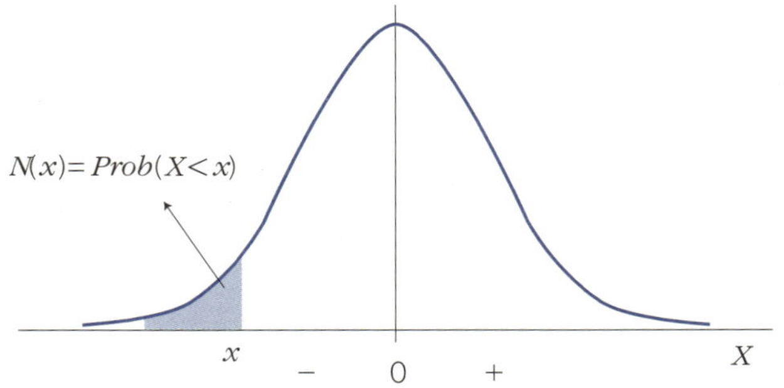

는 1에 가까운 값을 가지고, x가 음수이고 절대값이 매우 클때, $N(x)$는 0에 가까운 값을 가진다.

이제 d_1과 d_2에 관한 다음의 표현들 중에서 d_1의 분자에 있는 $\ln(F/E)$에 대하여 살펴보기로 한다.

$$d_1 = \frac{\ln(F/E) + (\sigma^2/2)t}{\sigma\sqrt{t}}$$

$$d_2 = d_1 - \sigma\sqrt{t}$$

첫째, 만약 F의 값이 E의 값 보다 매우 큰 경우에는 $\ln(F/E)$는 로그함수의 특성에 의하여 양수로서 매우 큰 절대값을 가지고 따라서 d_1과 d_2도 양수로서 매우 큰 절대값을 가지게 된다. 이 경우 누적표준정규분포에 의하면 $N(d_1)$ 과 $N(d_2)$는 1에 가까운 값을 가진다. 그리고 F의 값이 E의 값보다 매우 큰 경우에는 call 옵션의 행사가 거의 확실시 된다.

둘째, 만약 F의 값이 E의 값보다 매우 작은 경우에는 $\ln(F/E)$는 로그함수의 특성에 의하여 음수로서 매우 큰 절대값을 가지고 따라서 d_1과 d_2도 음수로서 매우 큰 절대값을 가지게 된다. 이 경우 누적표준정규분포에 의하면 $N(d_1)$과 $N(d_2)$는 0에 가까운 값을 가진다. 그리고 F의 값이 E의 값보다 매우 작은 경우에는 call 옵션이 행사될 가능성이 거의 없다.

그림 8-18 Call 옵션의 행사가 거의 확실시 되는 경우

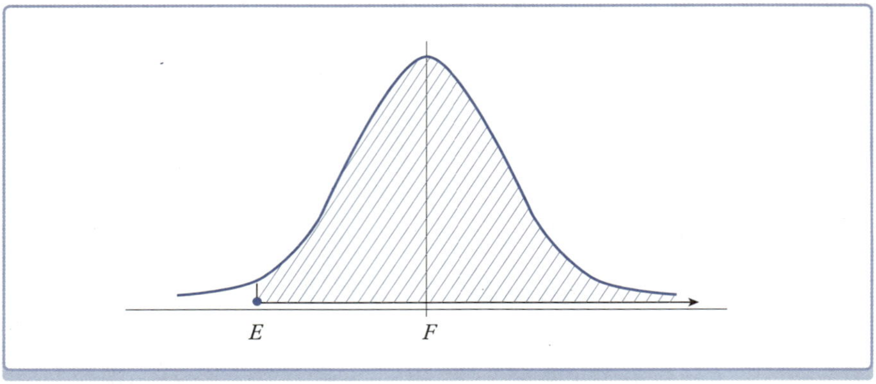

우리는 F의 값이 E의 값보다 매우 큰 경우에는 $N(d_1)$과 $N(d_2)$가 1에 가까운 값을 가지게 됨을 알았다. 그런데 F의 값이 E의 값보다 매우 큰 경우에는 [그림 8-18]에서 보는 바와 같이 call 옵션의 행사가 거의 확실시 된다. 왜냐하면 F(선도환율)이 만기일의 현물환율에 대한 예상치를 나타낸다면 만기일의 현물환율은 [그림 8-18]과 같은 확률분포를 나타낼 것이며 만기일의 현물환율이 E(행사가격)보다 높은 경우에는 call옵션이 행사될 것이기 때문이다.

또한 우리는 F의 값이 E의 값보다 매우 작은 경우에는 $N(d_1)$과 $N(d_2)$는 0에 가까운 값을 가지게 됨을 알았다. 그런데 F의 값이 E의 값보다 매

그림 8-19 Call 옵션의 행사 가능성이 거의 없는 경우

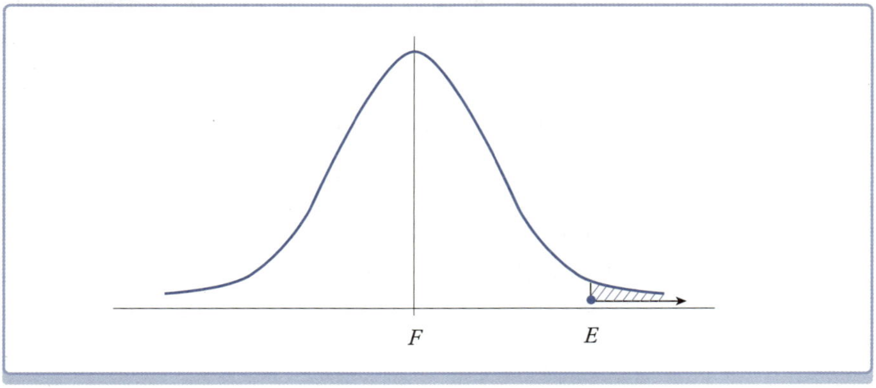

우 작은 경우에는 [그림 8-19]에서 보는 바와 같이 call 옵션의 행사 가능성은 거의 없게 된다. 왜냐하면 F(선도환율)이 만기일의 현물환율에 대한 예상치를 나타낸다면 만기일의 현물환율은 [그림 8-19]와 같은 확률분포를 나타낼 것이며 만기일의 현물환율이 E(행사가격)보다 높은 경우에만 call옵션이 행사될 것이기 때문이다.

우리는 앞에서 살펴 본 두 가지 경우의 확률분포 그림으로부터 $N(d_1)$과 $N(d_2)$가 유럽식 call 옵션이 행사될 확률을 나타냄을 알 수 있다. 그러므로 다음의 Garman-Kohlhagen 공식에서

$$C(E) = [\ FN(d_1) - EN(d_2)\ ] \ /\ e^{rt}$$

$N(d_1)$과 $N(d_2)$는 유럽식 call 옵션이 행사될 확률을 나타내므로 $FN(d_1)$은 만기일에 call 옵션의 행사를 통하여 확보하게 될 기초자산(특정 통화)의 가치에 대한 기대치를 나타낸다. 그리고 만기일에 call 옵션을 행사하는 경우 행사가격(E)를 지급해야 하므로 $EN(d_2)$는 만기일에 지급할 것으로 기대되는 가치를 나타낸다.

즉, 만기일에 확보할 것으로 기대되는 가치가 $FN(d_1)$이고 만기일에 지급할 것으로 기대되는 가치가 $EN(d_2)$이므로 만기일의 기대이익은 $FN(d_1) - EN(d_2)$이 된다. 따라서 만기일의 기대이익의 현재가치를 구하면 바로 그것이 call 옵션의 가치가 된다는 것을 Garman-Kohlhagen 공식이 말해주고 있다.

일단, call 옵션의 가치가 구해지면 다음에서 볼 수 있는 식 즉, Put-Call-Forward Parity를 이용하여 put 옵션의 가치를 구할 수 있다

$$C(E) - P(E) = \frac{F - E}{(1 + r)^t} \qquad \text{Put-Call-Forward Parity}$$

위의 식을 변형하면 다음의 식을 얻는다.

$$P(E) = C(E) + \frac{E - F}{(1 + r)^t}$$

통화옵션가격산출 (Garman-Kohlhagen 공식 활용)

상 황

어느 기업의 재무관리자는 3개월 후에 영국 파운드화로 대금지불을 해야 할 가능성에 대비하고자 파운드화 call 옵션을 매입할 것을 고려하고 있다. 다음을 가정하라.

파운드화 call 옵션의 행사가격(E) : $1.92
파운드화 call옵션의 만기 : 3개월
달러/파운드 선도환율(3개월 만기) : $1.90
무위험채권 수익률 12%(연율)

옵션가격산출

Step 1: Garman-Kohlhagen formula의 변수들의 값을 구해보면?

Forward Rate:	$F = 1.90$
Exercise Price:	$E = 1.92$
만기까지의 기간:	$t = 0.25$, 즉 3개월, (3/12)year
무위험 이자율:	$r = 0.12$

Step 2: 다음의 표는 과거 2년 동안의 달러/파운드 월말환율에 대한 historical data 및 그로부터 계산한 연속복리(continuous compounding) 수익률, u_k를 보여주고 있다. 즉, 연속복리수익률 $u_k = \ln(S_k/S_{k-1})$로 구할 수 있다.

첫째, 주어진 연속복리수익률(u_k) data로부터 표본의 분산을 구할 때 degrees of freedom correction을 감안하여 다음의 공식을 사용한다.

$$s^2 = \frac{1}{n-1}\sum(u_k - \bar{u})^2$$

또는

$$s^2 = \frac{1}{n-1}\sum u_k^2 - \frac{1}{n(n-1)}(\sum u_k)^2$$

위의 공식에 $n = 23$, $\sum u_k = -0.17298$, $\sum u_k^2 = 0.030247$ 을 대입하면 $s^2 = 0.0013157$을 얻는다. 그리고 이와 같이 구한 분산(s^2)의 제곱근을 구하면 표준편차(s)가 되며 그 값은 0.0362733 이 된다.

표 8-4 달러/파운드 월말환율

월	월말환율	S_k/S_{k-1}	$\ln(S_k/S_{k-1})$
1	2.2683		
2	2.2787	1.004585	0.00457445
3	2.1668	0.950893	−0.0503537
4	2.266	1.045782	0.04476474
5	2.33	1.028244	0.0278521
6	2.362	1.013734	0.01364045
7	2.338	0.989839	−0.0102129
8	2.3926	1.023353	0.02308478
9	2.3883	0.998203	−0.0017988
10	2.4383	1.020935	0.02071926
11	2.3595	0.967682	−0.0328513
12	2.385	1.010807	0.01074939
1	2.386	1.000419	0.0004192
2	2.2045	0.923931	−0.0791176
3	2.2442	1.018009	0.01784838
4	2.1404	0.953747	−0.0473564
5	2.0695	0.966875	−0.0336857
6	1.9428	0.938777	−0.0631768
7	1.856	0.955322	−0.0457066
8	1.837	0.989763	−0.0102898
9	1.8005	0.980131	−0.0200694
10	1.845	1.024715	0.02441487
11	1.97	1.067751	0.06555427
12	1.908	0.968528	−0.031978

둘째, 월별 data인 경우에는 표준편차에 $\sqrt{12}$를 곱하여 모집단의 연간변동성(σ)을 추정한다. 즉, N을 연간 data 측정구간의 수라고 할 때

$$\sigma = s \cdot \sqrt{N} = (0.0362733) \cdot \sqrt{12} = 0.1256544$$

Step 3: Garman-Kohlhagen formula의 d_1과 d_2 값을 구하면?

$$d_1 = \frac{\ln(F/E) + (\sigma^2/2)t}{\sigma\sqrt{t}}$$
$$= \frac{\ln(1.90/1.92) + ((0.1256544)^2/2)(0.25)}{(0.1256544)\sqrt{0.25}}$$
$$= -0.13526$$

$$d_2 = d_1 - \sigma\sqrt{t}$$
$$= (-0.13526) - (0.1256544)\sqrt{0.25} = -0.19809$$

Step 4: 누적표준정규분포함수를 이용하여 $N(d_1)$ 및 $N(d_2)$의 값을 구해보면?

$$N(d_1) = N(-0.13526) = 0.4462$$
$$N(d_2) = N(-0.19809) = 0.4215$$

Step 5: Garman-Kohlhagen formula를 이용하여 유럽식 파운드화 call 옵션의 가격을 산출하면?

$$C(E) = [\ FN(d_1) - EN(d_2)\ ] \ /\ e^{rt}$$
$$C(1.92) = [\ (1.90)(0.4462) - (1.92)(0.4215)\ ] \ /\ e^{(0.12)(0.25)}$$
$$= [\ 0.84778 - 0.80928\ ]/1.030455 = \$0.03736$$

제 6 절 통화옵션의 이용전략

우리는 제2절에서 통화옵션의 기본원리를 살펴볼 때 call 옵션 및 put 옵션을 매입 또는 매도하는 경우의 만기일의 현물환율과 순이익과의 관계를 [그림 8-1], [그림 8-2], [그림 8-3] 및 [그림 8-4]로 나타내었다. 그러나 엄밀한 의미에서는 이들 그림은 통화옵션을 투기적 목적(speculative purpose)으로 이용하는 경우를 나타낸다고 할 수 있다. 즉, call 옵션 매입의 경우를 예로 들면 만기일에 특정통화를 행사가격에 매입할 권리를 확보함으로써 만기일의 현물환율이 행사가격보다 높게 되면 옵션을 행사하여 행사가격으로 그 특정통화를 매입하고 그 보다 높은 현물환율로 다시 매각함으로써 이익을 얻을 수 있다. 그리고 만기일의 현물환율이 행사가격보다 높으면 높을수록 그 이익은 더 크게 된다. 그렇지만 다른 일반적인 투기(speculation)와는 달리 통화옵션의 경우에는 손실은 제한적이라는 특징을 갖는다. 즉, call 옵션을 매입하는 경우 만기일의 현물환율이 행사가격보다 낮게 되면 call 옵션을 행사하지 않게 되므로 손실은 옵션 매입 당시 지급한 프리미엄에 국한된다.

한편 통화옵션은 이와 같이 투기적 목적으로 사용할 수 있을 뿐만 아니라 헤징(hedging)을 목적으로 사용할 수도 있다. 헤징이란 어떠한 이유로 인하여 이미 가지게 된 위험을 제거하려는 행위를 말하는데 다음에서는 통화옵션을 이용한 헤징전략을 살펴보기로 한다.[1)]

1. 특정통화의 수취가 예상될 경우의 put 옵션 매입

이제 미국의 한 회사가 스위스의 스위스프랑화표시 프로젝트에 입찰한 후 낙찰될 경우 스위스프랑화 자금을 달러화로 전환시킬 때의 최저의 교환비율(환율)을 고정시키기 위하여 SF화 put 옵션을 매입하였다고 가

1) Howard McLean and Fredrick L. Rantz, "Learning the New Game of Currency Chess," *Supplement to Euromoney*, February 1985, pp.4~12.

정하자. 현물환율이 $ 0.50/SF인 경우 이 환율수준을 행사가격으로 하는 put 옵션을 매입한다면 스위스프랑화를 $ 0.50/SF의 가격으로 매각할 수 있는 권리를 확보하는 것이 된다. 그러나 이 행사가격에서의 put 옵션 프리미엄은 너무 비싸다고 여겨지므로 이 회사는 $ 0.48/SF을 행사가격으로 하는 put 옵션을 매입하여 보다 낮은 프리미엄을 지급하고 스위스프랑화를 $ 0.48/SF의 가격으로 매각할 수 있는 권리를 확보하였다. 이 환율수준은 회사의 입장에서는 그런대로 만족할 만한 수준이며 만약 현물환율이 $ 0.48/SF보다 낮아지게 되면 옵션을 행사함으로써 보다 유리한 환율(행사가격)로 스위스프랑화 자금을 달러화로 전환시킬 수가 있게 된다.

만약 낙찰이 될 경우에는 SF화 put 옵션을 매입해둔 것이 성공적인 환위험 헤지를 가능하게 해준다. 즉, 낙찰이 될 경우에 만일 현물환율이 put 옵션의 행사가격인 $ 0.48/SF보다 낮게 되면 위에서 언급한 바와 같이 옵션을 행사하여 현물환율보다 유리한 환율로 스위스프랑화 자금을 달러화로 전환시킬 수가 있고 그와는 반대로 현물환율이 행사가격보다 높게 되면 옵션을 행사하지 않고 보다 유리한 현물환율로 스위스프랑화 자금을 달러화로 전환시킬 수가 있게 된다.

반대로 이 회사가 입찰에 성공하지 못할 경우에는 매입한 SF화 put 옵션은 행사하지 않게 된다. 이 경우에 만일 현물환율이 put 옵션의 행사가격인 $ 0.48/SF보다 낮게 되면(예를 들어, $ 0.45/SF이 되면) 이 put 옵션은 'in the money' 옵션이 되므로(즉, 현물환율인 $ 0.45/SF로 스위스프랑화를 매입하여 행사가격인 $ 0.48/SF로 스위스프랑화를 매각할 경우 $ 0.03/SF의 이익을 볼 수 있으므로) 시장에서 이 put 옵션을 매각하여 수취하게 되는 프리미엄은 이 put 옵션을 매입할 당시 지급한 프리미엄 비용을 경감시켜줄 것이다. 그와는 반대로 현물환율이 put 옵션의 행사가격인 $ 0.48/SF보다 높게 되면 이 put 옵션은 'out of the money' 옵션이 되므로 만기일까지의 시간가치(time value)가 별로 크지 않을 경우에는 이 put 옵션의 프리미엄은 영이 될 것이고 손실은 put 옵션을 매입할 당시 지급한 프리미엄에 국한될 것이다.

2. 특정통화의 수취가 예상될 경우의 call 옵션 매도

call 옵션의 매입자는 일정기간 이내에 행사가격으로 일정량의 특정 통화를 살 수 있는 권리를 확보하게 되며 call 옵션의 매도자는 동일한 조건에 의해 매입자의 요구에 반드시 응해야 하는 의무를 지게 된다. 즉, call 옵션의 매도자는 매입자의 요구가 있을 경우 특정통화를 행사가격으로 매도해야 하는 의무를 지게 되며 이러한 의무를 지는 대가로 call 옵션 매입자로부터 프리미엄을 지급받게 된다. 장외옵션(over-the-counter option)의 경우 옵션거래를 활발히 하는 은행들은 주로 고객에게 옵션을 파는 옵션 매도자의 역할을 하며 이 경우 고객으로부터 지급받는 옵션의 프리미엄에 관심이 있다고 할 수 있다. 반면에 거래소에서 거래되는 표준화된 옵션인 장내옵션(floor option)의 경우에는 증거금(margin)만 예치하게 되면 누구라도 옵션의 매도자가 될 수 있다.

지금 미국의 한 회사는 매년 상당한 금액의 영국 파운드화를 수취하고 있다고 가정하자. 지난 해에는 파운드화가 약세가 되리라는 예상에 의거하여 파운드화 put 옵션을 매입하였는데 실제로 파운드화가 약세가 되어 성공적인 결과를 거두었다. 그러나 올해는 파운드화의 약세가 거의 마무리가 되어 파운드화의 가치는 더 이상 크게 하락하지 않을 것으로 예상된다. 파운드화와 달러화 간의 환율변동률이 상당히 크므로 파운드화 옵션의 가격(프리미엄)이 매우 높은데 파운드화 put 옵션을 매입하게 되면 높은 프리미엄을 지급해야 하므로 이 회사는 파운드화 put 옵션을 매입하지 않고 파운드화 call 옵션을 매도하기로 하였다.

만약 파운드화의 가치가 call 옵션의 행사가격보다 낮게 되면 이 call 옵션은 out of the money 옵션이 되므로 call 옵션의 매입자는 옵션을 행사하지 않을 것이고 따라서 이 회사는 옵션의 행사가격보다 불리한 현물 환율로 파운드화를 달러화로 전환시킬 수 있게 된다. 그러나 call 옵션을 매도할 당시 지급받은 프리미엄을 감안하면 그만큼 손실을 완화시킬 수 있게 된다. 그와는 반대로 파운드화의 가치가 call 옵션의 행사가격보다 높게 되면 이 call 옵션은 in the money 옵션이 되므로 call 옵션의 매입자는 옵션을 행사하게 되고 따라서 이 회사는 옵션의 행사가격으로 파운드화를 달러화로 전환시킬 수 있게 된다.

파운드화 put 옵션을 매입할 경우에는 파운드화의 가치가 하락하게 되면 현물환율보다 유리한 put 옵션의 행사가격으로 파운드화를 매도할 수 있다는 이점이 있으나 put 옵션의 매입시 높은 프리미엄을 지급해야 한다는 부담이 있다. 따라서 파운드화의 가치가 더 이상 크게 하락하지 않고 비교적 안정세를 보이리라고 예상될 때 파운드화 call 옵션을 매도함으로써 파운드화의 현물환율이 call 옵션의 행사가격보다 낮게 되면 현물환율로 그리고 파운드화의 현물환율이 call 옵션의 행사가격보다 높게 되면 행사가격으로 각각 파운드화를 달러화로 전환시킬 수가 있으며 call 옵션 매도에 따른 프리미엄 수입도 올릴 수가 있게 된다.

3. 특정통화의 수요에 대비한 put 옵션 매도

스위스의 한 회사는 미국에 제조설비를 확장할 계획으로 과거 수년간 상당액의 달러화를 보유하게 되었다. 그러나 스위스에서 자본주의가 다시 부활함에 따라 이 회사는 계획을 변경하여 점차 스위스내에서의 생산을 활성화하기로 결정하였다. 축적된 미국 달러화 자금은 미국 CD시장에 투자하여 상당한 투자이익을 얻고 있었는데 이 스위스 회사의 재무관리자는 향후 12개월 동안에 이 자금을 스위스프랑화로 전환시키려고 결정하였다. 이에 따라 이 재무관리자는 스위스프랑화 put 옵션을 스위스프랑화의 현재가치보다 조금 낮은 환율수준을 행사가격으로 하여 매도하기로 하였다.

만약 스위스프랑화의 가치가 put 옵션의 행사가격보다 낮게 되면 이 put 옵션은 in the money 옵션이 되므로 put 옵션의 매입자는 옵션을 행사(스위스프랑화를 매도)하게 될 것이고 따라서 이 재무관리자는 put 옵션의 행사가격으로 달러화를 스위스프랑화로 전환시킬 수가 있게 된다. 그와는 반대로 스위스프랑화의 가치가 put 옵션의 행사가격보다 높게 되면 이 put 옵션은 out of the money 옵션이 되어 put 옵션의 매입자는 옵션을 행사하지 않을 것이므로 이 재무관리자는 옵션의 행사가격보다 불리한 현물환율로 달러화를 스위스프랑화로 전환시킬 수가 있게 된다. 그러나 put 옵션의 매도 당시 지급받은 프리미엄은 기존의 달러화 자금의 투자수익률을 높여주는 결과를 가져오게 된다.

제 7 절 통화옵션을 이용한 헤징 사례

상 황

지금 미국의 한 수출업자가 영국에 상품을 수출하기로 계약하고 수출대금 £1,000,000를 6월에 받기로 하였다. 2월 7일 현재의 $/£ 현물환율과 파운드화 통화옵션의 가격이 아래와 같다고 할 때 이 미국의 수출업자는 환위험을 피하기 위하여 어떻게 해야 하는가?

현물환율($/£)	: $ 1.7115/£
행사가격(exercise price)	: $ 1.7000/£
만기일(expiration date)	: 6월
put 옵션에 대한 프리미엄	: $ 0.0510/£

이러한 상황하에서 이 미국 수출업자가 취해야 하는 조치는 2월 7일 현재 6월을 만기일로 하는 파운드화 put 옵션계약 32단위를 매입하는 것이다. 즉, Philadelphia Stock Exchange를 이용하는 경우 파운드화 옵션의 계약단위는 £31,250이므로 파운드화 put 옵션계약 32단위를 매입함으로써 £1,000,000[= (£31,250) · (32)]를 6월의 만기일까지의 기간 동안 행사가격 $ 1.7000/£로 팔 수 있는 권리를 얻게 되는 것이다. 그리고 이러한 권리를 얻는 대가로 이 미국 수출업자는 파운드당 5.10cents의 프리미엄을 지급해야 하므로 총프리미엄 비용은 $ 51,000[= ($ 0.0510/£) · (£31,250) · (32)]가 될 것이다.

이제 6월에 이르러 수출대금 £1,000,000를 받을 때 £1,000,000의 달러화 상당액은 그 당시의 $/£ 현물환율에 의하여 결정될 것이다. 그러나 이 미국 수출업자는 2월 7일에 이미 파운드화 put 옵션을 매입해두었으므로 6월의 현물환율이 put 옵션의 행사가격인 $ 1.7000/£ 수준보다 낮게 되면 put 옵션을 행사하여 수출대금으로 받은 £ 1,000,000를 행사가격 $ 1.7000/£로 매도하고 $ 1,700,000를 수취하게 된다. 반면에 6월의 현물환율이 put 옵션의 행사가격인 $ 1.7000/£ 수준보다 높게 되면 이 미국 수출업자는 옵션을 행사하지 않고 보다 유리한 현물환율로 £1,000,000를 달러화로 전환시키게 될 것이다. 가령, 6월의 현물환율이 $ 1.7600/£가 된다면 현물환시장에서 £1,000,000를 매도하고 그 대가로 $ 1,760,000를 수취하게 될 것이다.

여기서 한 가지 주의할 점은 6월에 확보하게 되는 달러화 금액은 6월 당시의 금액이지만 put 옵션을 매입할 때 지급한 프리미엄은 2월 7일 당시의 금액이므로 프리미엄비용을 6월의 금액으로 환산해주기 위하여는 2월부터 6월까지의 기간 동안에 해당하는 이자율을 고려해주어야 한다.

조치 및 결과

- 2월에 취하는 조치

파운드화 put 옵션계약 32단위 매입(행사가격 : $ 1.7000/£)
총프리미엄 $ 51,000 지급

- 6월에 취하는 조치

파운드화 put 옵션 행사(현물환율 < 행사가격)
　수출대금으로 받은 £1,000,000를 행사가격으로 매도하고
　$ 1,700,000를 수취. 프리미엄비용을 고려한 순수취액은
　$ [1,700,000 − (51,000)(1 + r)] 가 됨.
파운드화를 현물환시장에서 매도(현물환율 > 행사가격)
　수출대금으로 받은 £1,000,000를 현물환율(S)로 매도하고
　$ [(1,000,000)(S)]를 수취. 프리엄비용을 고려한 순수취액은
　$ [(1,000,000)(S) − (51,000)(1 + r)] 가 됨.

즉, 이 기간 동안의 이자율을 r로 표시할 경우 put 옵션 매입시 지급한 프리미엄비용 $ 51,000는 6월의 금액으로 환산하면 $ [(51,000) · (1 + r)]가 될 것이다.

우리는 위의 예로부터 6월의 현물환율이 옵션의 행사가격보다 낮게 되면 옵션을 행사하고 반대로 6월의 현물환율이 옵션의 행사가격보다 높게 되면 옵션을 행사하는 대신 현물환시장에서 보다 유리한 현물환율로 £1,000,000를 매도함으로써 최소한도의 달러화 수취금액 $ 1,700,000를 확보할 수 있음을 알 수 있다. 그러므로 2월 7일 파운드화 put 옵션 매입시 지급한 프리미엄 비용까지도 고려할 경우 6월의 최소한도의 달러화 순수취액은 $ [1,700,000 − (51,000)(1 + r)]가 됨을 알 수 있다.

상 황

5월 5일 현재 일본의 전자제품 수출업체인 N사는 미국의 수입업자로부터 12인치 칼라TV세트 50,000대를 대당 가격 $ 200로 9월 30일 이전에 미국 Los Angeles에 도착시켜 달라는 요청을 받았다. 그리고 이 미국 수입업자는 대금의 지급은 선적서류 제출 후 30일의 조건으로 할 것을 제의하였다.

일본의 N사는 생산라인을 점검해본 결과 6월 중순에는 제품생산을 시작할 수 있지만 현재의 생산능력으로는 50,000대 생산에 약 3개월이 걸리므로 9월 30일까지 미국 Los Angeles 도착은 불가능하다는 것을 알게 되었다. 따라서 N사는 제품의 도착을 10월 31일까지 연장해줄 것을 요청하자 미국의 수입업자는 제품의 단가를 $ 197로 낮추어 준다면 도착기일 연장문제를 협의하여 5월 20일까지는 회신해주기로 하였다.

N사는 5월 10일 당사의 재무관리팀에 이 사실을 알리고 미국 수입업자로부터의 회신을 기다리기로 하였다. N사의 재무관리팀에서는 5월 10일 현재의 시장상황을 조사하였다.

• 외환시세(¥/$)

	Bid	Asked
Spot rate	123.85	123.95

Swap rate(6 months)	2.18	2.13 (11월 30일 만기)
Forward outright rate	121.67	121.82

• 옵션가격(11월 30일 만기의 달러화 put 옵션)

Exercise price	Premium(%)
123.90	2.13
121.65	0.98
120.80	0.31

이러한 상황하에서 만약 N사의 재무관리팀이 제품도착기일의 연장요청이 수락되리라고 예상하여 선도환거래(forward exchange transaction)를 행하고자 한다면 칼라TV세트 50,000대의 수출대금에 해당하는 $ 9,850,000 [= ($ 197) · (50,000)]를 매도하기로 하는 11월 30일 만기의 선도환계약(forward exchange contract)을 체결하면 된다. 고객이 달러화를 매도하고자 할 때 dealer의 입장에서 적용하는 선도환율(forward exchange rate)은 매입률(bid rate)이 되므로 이 경우 선도환계약의 만기일인 11월 30일에 가서 $ 9,850,000를 인도하고 그 대가로 수취하게 되는 금액은 ¥

조치 및 결과

수출대금 : ($ 197) · (50,000) = $ 9,850,000

• 선도환계약(11월 30일 만기)

$ 9,850,000를 선도환율 ¥ 121.67/$로 매도하기로 5월 10일 현재 선도환계약을 체결하면 만기일에 $ 9,850,000를 인도하고 ¥ 1,198,449,500을 수취하게 됨. 그러나 제품도착기일의 연장요청이 수락되지 않을 경우 불필요한 외환거래가 발생하게 됨.

• 통화옵션계약(11월 30일 만기)

$ 9,850,000를 행사가격 ¥ 121.65/$로 매도할 수 있는 달러화 put 옵션을 5월 10일 현재 매입하고 그 대가로 프리미엄 ¥ 11,964,894을 지급.

1,198,449,500[= ($ 9,850,000) · (¥ 121.67/$)]이 될 것이다.

그러나 만약 제품도착기일의 연장요청이 수락되지 않는다면 선도환계약을 체결해놓았을 경우에는 11월 30일에 가서 수출대금을 받지 못함에도 불구하고 $ 9,850,000를 인도해야 하는 불필요한 외환거래를 행해야 한다. 따라서 N사의 재무관리팀은 선도환계약 대신 통화옵션계약을 체결하기로 결정하고 5월 10일 현재 행사가격을 ¥121.65/$로 하는 달러화 put 옵션을 매입하였다. 즉, 통화옵션시장에서 11월 30일을 만기일로 하여 $ 9,850,000를 매도할 수 있는 권리를 확보하고 그 대가로 프리미엄 $ 96,530[= ($ 9,850,000) · (0.0098)]를 지급하였다. 그리고 $ 96,530의 프리미엄을 지급하기 위하여는 ¥/$ 현물환율(spot exchange rate)의 매도율(asked rate)을 적용하여 볼 때 ¥ 11,964,894이 필요함을 알 수 있다(즉, 고객이 달러화를 매입하고자 할 때 적용되는 현물환율은 달러화 매도율인 ¥ 123.95/$가 되므로 프리미엄비용 $ 96,530를 확보하기 위하여는 ¥ 11,964,894[= ($ 96, 530) · (¥ 123.95/$)]이 필요함을 알 수 있다).

이제 5월 20일에 이르러 미국 수입업자는 도착기일을 10월 31일까지 연장해도 좋다는 회신을 하였다. 따라서 N사는 생산라인의 계획을 수립하고 재무관리팀에게 이 사실을 알렸다. 한편 5월 17일에 발표된 미국의 무역적자는 예상수치를 초과한 138억달러의 적자를 보여 미국 달러화는 하락하게 되었다. N사의 재무관리팀이 조사한 5월 20일 현재의 시장상황은 아래와 같다.

상 황

- 외환시세(¥/$)

	Bid	Asked
Spot rate	123.10	123.20
Swap rate(6 months)	2.07	2.02(11월 30일 만기)
Forward outright rate	121.03	121.18

- 옵션가격(11월 30일 만기의 달러화 put 옵션)

Exercise price	Premium(%)
121.65	1.07

5월 20일 현재의 시장상황이 이와 같을 때 N사가 취할 수 있는 조치는 두 가지로 나누어 생각할 수 있다. 첫째, N사는 5월 10일에 이미 매입한 달러화 put 옵션을 계속해서 보유하여 만기일에 가서 옵션을 행사하게 되면 옵션의 행사가격이 ￥121.65/$이므로 11월 30일에 $9,850,000를 매도하고 그 대가로 받게 되는 ￥화 금액은 ￥1,198, 252,500[= ($ 9,850,000) · (￥121.65/$)]이 된다. 물론 11월 30일의 ￥/$ 현물환율이 5월 10일에 매입한 달러화 put 옵션의 행사가격 ￥121.65/$보다 높다면 옵션을 행사하지 않고 보다 유리한 현물환율로 수출대금 $9,850,000를 ￥화로 전환시킬 것이다. 따라서 옵션을 행사하여 확보하게 되는 ￥1,198,252,500은 11월 30일에 확보할 수 있는 최소한도의 ￥화 금액이라고 할 수 있다. 한편 이러한 권리를 확보하는 대가로 5월 10일에 달러화 put 옵션 매입시 지급한 프리미엄은 ￥11,964,894이므로 5월 10일부터 11월 30일까지의 기간 동안 이자율을 r로 표시할 경우 5월 10일의 프리미엄비용을 11월 30일의 금액으로 환산하면 ￥[(11,964,894) · (1 + *r*)]이 된다. 따라서 프리미엄비용을 고려한 11월 30일의 ￥화 순수취액은 최소한 ￥[1,198,252,500 − (11,964,894) · (1 + *r*)]이 된다.

둘째, N사는 5월 10일에 매입한 달러화 put 옵션을 5월 20일에 옵션시장에서 매도하여 옵션포지션을 청산해버리고 그 대신 선도환시장에서 11월 30일을 만기일로 하여 $9,850,000를 매도하기로 하는 선도환계약을 체결할 수가 있다. 5월 10일에 매입한 달러화 put 옵션의 행사가격 ￥121.65/$와 동일한 행사가격을 갖는 달러화 put 옵션의 프리미엄이 옵션시장에서 5월 20일 현재 1.07%이므로 이 달러화 put 옵션을 매도할 경우 수취하게 되는 프리미엄은 $105,395[= ($9,850,000) · (0.0107)]가 된다. 그리고 이것을 ￥화로 전환시킬 경우 5월 20일의 ￥/$ 현물환율의 매입률을 적용하여 볼 때 ￥12,974,125 [= ($105,395) · (￥123.10/$)]을 받게 됨을 알 수 있다. 따라서 5월 10일에 달러화 put 옵션을 매입할 때 지급한 프리미엄 ￥11,964,894과 5월 20일에 동일한 put 옵션을 매도할 때 수취한 프리미엄 ￥12,974,125의 차이만큼 이익이 발생하게 된다. 즉, ￥1,009,231(= ￥12,974,125 − ￥11,964,894)의 이익이 발생하게 된다. 한편 옵션시장에서의 포지션을 청산해버리는 대신 5월 20일 현재 선도환시장에서 11월 30일을 만기일로 하여 \$ 9,850,000를 매도하기로 하는 선도환계약을 체결함으로써 11월 30일에 받게 되는 \$ 9,850,000의 ¥화 상당액을 고정시킬 수가 있다. 즉, 5월 20일의 ¥/\$ 선도환율의 매입률을 적용하면 11월 30일에 ¥ 1,192,145,500[= (\$ 9,850,000) · (¥ 121.03/\$)]을 확보하게 됨을 알 수 있다. 그러므로 이와 같이 5월 10일에 매입한 달러화 put 옵션을 5월 20일에 매도하고 대신 선도환계약을 체결하는 경우에는 선도환계약에 의해 11월 30일에 ¥ 1,192,145,500을 확보하게 되고 또한 5월 20일에 옵션시장에서 ¥ 1,009,231의 이익이 발생하므로 11월 30일에 확보하게 되는 ¥화 총금액은 ¥ [1,192,145,500 + (1,009,231) · (1 + r)]이 된다. 여기서 r은 5월부터 11월까지의 이자율을 나타낸다.

이제 N사의 재무관리팀은 위에서 살펴본 두 가지 방법을 서로 비교해 보면 된다. 즉, 5월 10일에 이미 매입한 달러화 put 옵션을 계속해서 보유하여 만기일에 가서 옵션을 행사하거나 아니면 만기일의 현물환율로 수출대금 \$ 9,850,000를 ¥화로 전환시킬 경우의 순수취액은 최소한 ¥ [1,198,252,500 − (11,964,894) · (1 + r)]이 되고, 5월 10일에 매입한 달러화 put 옵션을 5월 20일에 매도하고 그 대신 선도환시장에서 11월 30일을 만기일로 하여 \$ 9,850,000를 매도하기로 하는 선도환계약을 체결할 경우 11월 30일에 확보하게 되는 ¥화 총금액은 ¥ [1,192,145,500 + (1,009,231) · (1 + r)]이 되므로 N사의 입장에서 보다 유리하다고 판단되는 쪽을 택하면 된다. 가령 5월부터 11월까지의 이자율을 무시한다면 달러화 put 옵션을 계속해서 유지하는 경우의 ¥화 순수취액은 최소한 ¥ 1,186,287,606(= ¥ 1,198,252,500 − ¥ 11,964,894)이 되며 옵션포지션을 청산해버리고 그 대신 선도환계약을 체결할 경우의 ¥화 총수취액은 ¥ 1,193,154,731(= ¥ 1,192,145,500 + ¥ 1,009,231)이 된다. 그러므로 달러화 put 옵션을 계속해서 유지하는 경우는 만기일의 현물환율이 옵션의 행사가격보다 훨씬 높아지지 않는 한 옵션포지션을 청산해버리고 그 대신 선도환계약을 체결하는 경우에 비하여 불리하다고 할 수 있다.

여기서 한 가지 주의할 점은 5월 10일에 매입한 달러화 put 옵션의 가격(프리미엄)이 5월 10일부터 5월 20일까지의 기간 동안 0.98%로부터 1.07%로 상승하였기 때문에 ¥ 1,009,231에 해당하는 옵션매매차익을 얻

조치 및 결과(I)

- 옵션을 계속해서 보유하는 경우

만기일에 옵션을 행사 :

(\$ 9,850,000) · (¥ 121.65/\$) = ¥ 1,198,252,500

옵션 프리미엄 지급(5월 10일) :

¥ 11,964,894

프리미엄 비용을 고려한 11월 30일의 ¥화 순수취액(최소금액) :

¥ [1,198,252,500 − (11,964,894) · (1 + r)]

- 옵션포지션을 청산하고 선도환계약을 체결하는 경우

5월 20일에 옵션을 매도 :

(\$ 9,850,000) · (0.0107) · (¥ 123.10/\$) = ¥ 12,974,125

5월 10일에 옵션을 매입 :

(\$ 9,850,000) · (0.0098) · (¥ 123.95/\$) = ¥ 11,964,894

옵션매매차익 : ¥ 1,009,231

만기일에 선도환계약의 이행 :

(\$ 9,850,000) · (¥ 121.03/\$) = ¥ 1,192,145,500

11월 30일에 확보하게 되는 ¥화 총금액 :

¥ [1,192,145,500 + (1,009,231) · (1 + r)]

을 수 있었다는 것이다. 그런데 이와 같이 달러화 put 옵션의 프리미엄이 상승한 이유는 외환시장에서 달러화의 가치가 이 기간 동안 하락하였기 때문이다. 즉, 이 달러화 put 옵션의 행사가격이 ¥ 121.65/\$이므로 달러화를 ¥ 121.65/\$로 매도할 수 있는 권리를 확보하는 것이 되는데 현물환시장에서 달러화의 가치가 하락함에 따라 이 달러화 put 옵션의 가치는 상승하게 된 것이다.

여태까지는 5월 20일에 미국 수입업자로부터 도착기일을 10월 31일까지 연장해도 좋다는 회신을 받은 경우에 취할 수 있는 조치들에 대하여 살펴보았으나 만약 그러한 조건이 수락되지 않을 경우에는 5월 10일에 매입한 달러화 put 옵션을 5월 20일에 매도하여 옵션포지션을 청산해버리

조치 및 결과(Ⅱ)

• 옵션포지션을 청산하는 경우

5월 20일에 옵션을 매도 :

($ 9,850,000) · (0.0107) · (¥ 123.10/$) = ¥ 12,974,125

5월 10일에 옵션을 매입 :

($ 9,850,000) · (0.0098) · (¥ 123.95/$) = ¥ 11,964,894

옵션매매차익 : ¥ 1,009,231

면 된다. 즉, 조건이 수락되지 않아서 옵션포지션을 청산해버리는 경우에는 5월 10일에 달러화 put 옵션을 매입할 때 지급한 프리미엄 ¥ 11,964,894과 5월 20일에 동일한 put 옵션을 매도할 때 수취한 프리미엄 ¥ 12,974,125의 차이인 ¥ 1,009,231의 이익이 발생하게 된다.

위의 예로부터 우리는 기업이 외국통화로 표시되는 상품의 매입 또는 매출이 반드시 실현될 것인가에 대하여 확신을 할 수 없는 경우에 통화옵션은 매우 유용하다는 것을 알 수 있다. 즉, 불확실한 상황하에서 선도환계약을 체결하게 되면 불필요한 외환거래를 발생케 할 가능성이 있지만 통화옵션을 이용하게 되면 상황이 확정됨에 따라서 옵션을 행사하거나 또는 그 옵션을 다시 매도함으로써 옵션매입 당시 지불한 프리미엄의 부담을 경감시킬 수 있다.

연습 문제

EXERCISES

01 다음 중 옵션이 행사되는 경우에 기초자산을 매도하게 되는 경우는?

A. call 옵션 매입자	B. put 옵션 매입자
C. call 옵션 매도자	D. put 옵션 매도자

1) A 와 B　　2) B 와 C　　3) A 와 D　　4) C 와 D

02 "call 옵션을 매도한 경우 포지션을 상쇄시키기 위하여는 call 옵션을 매입하면 된다." 이 주장은 타당한가?

1) O　　2) X

03 선물에 대한 옵션의 경우 call 옵션을 매입하여 보유하다가 옵션을 행사하게 되면?

1) 선물매입 포지션을 갖게 된다
2) 선물매도 포지션을 갖게 된다.
3) 현물매입 포지션을 갖게 된다.
4) 현물매도 포지션을 갖게 된다.

04 선물에 대한 옵션의 경우 put 옵션의 매입자가 옵션을 행사하게 되면?

1) put 옵션의 매도자는 선물매도 포지션을 갖게 된다.
2) put 옵션의 매입자는 선물매도 포지션을 갖게 된다.
3) put 옵션의 매입자는 선물매입 포지션을 갖게 된다.
4) 위의 세 가지 경우 모두 해당되지 않음.

05 만약 call 옵션이 "out-of-the-money"이라면, 옵션의 행사가격은 ?

1) 기초자산의 시장가격과 동일하다.

2) 기초자산의 시장가격보다 낮다.

3) 기초자산의 시장가격보다 높다.

4) 위의 세 가지 경우 모두 해당되지 않음.

〈문제 6번부터 9번까지는 다음의 상황을 읽고 답하라〉

상 황

미국의 한 수입업자가 5월 20일 현재 스위스로부터 상품을 수입하기로 계약하고 수입대금 SF1,000,000를 9월에 지급하기로 하였다. 5월 20일 현재 $/SF 현물환율과 9월을 만기일로 하는 스위스프랑화 통화옵션의 가격이 아래와 같다고 가정하라.

현물환율:	$0.6687/SF
옵션행사가격:	$0.6800/SF
만기일:	9월
put옵션의 프리미엄:	$0.0279/SF
call옵션의 프리미엄:	$0.0183/SF

06 이 미국 수입업자가 취해야 하는 조치는?

1) 스위스프랑화 call 옵션 매도
2) 스위스프랑화 선도환(forward) 매도
3) 스위스프랑화 call 옵션 매입
4) 스위스프랑화 put 옵션 매입

07 이 미국 수입업자가 스위스프랑화 옵션거래를 하기로 한다면 SF1,000,000에 대한 총프리미엄 비용은 얼마인가?

08 5월에 옵션거래를 하였다면 9월에 이르러 현물환율이 옵션의 행사가격인 $0.6800/SF보다 높게 형성되는 경우 즉, 현물환율이 $0.6870/SF이 되는 경우에 이 미국 수입업자가 지급하게 되는 달러화 금액은 얼마인가?(단, 프리미엄비용은 고려하지 말 것)

09 9월에 이르러 현물환율이 옵션의 행사가격인 $0.6800/SF보다 낮게 형성되는 경우 즉, 현물환율이 $0.6730/SF이 되는 경우에 이 미국 수입업자가 지급하게 되는 달러화 금액은 얼마인가?(단, 프리미엄비용은 고려하지 말 것)

〈문제 10번부터 13번까지는 다음의 상황을 읽고 답하라〉

상 황

5월 20일 현재 12월 만기 영국 파운드화에 대한 옵션의 경우 행사가격이 \$1.9500/£인 call옵션의 프리미엄이 \$0.03/£이다. 그리고 5월 20일 현재 현물환율은 \$1.8800/£이다.

10 위의 상황에서 현물환율과 행사가격에 관한 다음의 표현 중 정확한 것은?

1) in-the-money 2) at-the-money 3) out-of-the-money

11 현물환율과 행사가격은 위와 상황과 동일하지만 put옵션의 경우에는 어떠한 표현이 정확하다고 할 수 있는가?

1) in-the-money 2) at-the-money 3) out-of-the-money

12 파운드화 put옵션의 경우 현물환율과 행사가격의 격차를 무엇이라고 하는가?

1) premium 2) time value 3) intrinsic value

13 위의 상황에서 파운드화 call옵션 프리미엄은 무엇을 나타낸다고 할 수 있는가?

1) exercise price 2) time value 3) intrinsic value

14 통화옵션 프리미엄에 관한 다음의 설명 중 틀린 것은?

1) call옵션의 경우 일반적으로 현물환율이 행사가격에 비하여 높으면 높을수록 그 call옵션의 가치는 더 크다.
2) 만기가 짧은 옵션에 비하여 만기가 긴 옵션이 일반적으로 그 가치가 더 크다.
3) 예상되는 환율의 변동률이 작을수록 그 옵션의 가치가 더 크다.

〈문제 15번부터 16번까지는 다음의 상황을 읽고 답하라〉

상 황

델타(delta)는 기초자산의 가격변화와 옵션가격 변화와의 관계를 나타내는 척도로서 무위험헤지를 하는데 있어서 중요한 개념이라고 할 수 있다. 어느 은행이 스위스프랑 통화선물에 대한 call옵션 100단위를 매도하였는데 델타는 0.5라고 하자.

15 이 은행은 무위험헤지를 하기 위하여 무엇을 해야 하는가?

1) 스위스프랑 통화선물 매도
2) 스위스프랑 통화선물 매입
3) 스위스프랑 통화선물에 대한 put옵션 매입
4) 스위스프랑 선도환 매도

16 무위험헤지를 하기 위하여 필요한 통화선물계약의 단위수는?

17 통화옵션의 경우 다음 중 bull spread 전략에 관한 설명으로 타당한 것은?

1) 환율이 앞으로 상승하지 않고 하락할 것으로 예상하는 경우에 취하는 전략이다.
2) 환율의 상승 또는 하락과 관계없이 만기일의 현물환율과 행사가격의 차이가 일정한 크기 이상이 될 때 이익을 얻게 된다.
3) 투기거래를 행하기는 하지만 환율이 일정한 범위를 벗어나는 경우에는 손실과 이익을 모두 제한하는 전략이다.
4) 특정 통화에 대한 call옵션과 put옵션을 서로 다른 행사가격으로 동시에 매입하는 전략이다.

18 통화옵션의 경우 다음 중 strangle매입 전략에 관한 설명으로 타당하지 못한 것은?

1) 환율이 앞으로 상승하지 않고 하락할 것으로 예상하는 경우에 취하는 전략이다.
2) 환율의 상승 또는 하락과 관계없이 만기일의 현물환율이 행사가격들과 크게 차이가 날 때 이익을 얻게 된다.
3) straddle매입에 소요되는 프리미엄비용이 부담스러운 경우에는 이 전략을 행함으로

써 프리미엄비용을 경감시킬 수 있다.

4) 특정 통화에 대한 call옵션과 put옵션을 서로 다른 행사가격으로 동시에 매입하는 전략이다.

〈문제 19번부터 22번까지는 다음을 읽고 답하라〉

상 황

통화옵션의 경우 동일한 행사가격으로 call옵션 (A)와(과) put옵션 (B)을(를) 결합시키면 만기일에 이 행사가격으로 특정통화를 확보할 수 있게 된다. 여기에 call옵션을 (A)할 때 (C)하는 프리미엄과 put옵션을 (B)할 때 (D)하는 프리미엄의 차액에 대한 이자비용(또는 수익)을 옵션 만기일 당시의 비용으로 환산하여 더해주면 만기일에 특정통화를 확보하는데 드는 총비용을 계산할 수 있다. 그리고 이와 같이 확보하게 되는 특정통화를 옵션계약일에 옵션만기일을 수도결제일로 하여 (E)하게 되면 이러한 일련의 재정거래에 따른 이익을 계산할 수 있다. 여기서 시장이 균형상태에 도달하는 경우에는 재정거래이익이 발생하지 않는다는 사실을 이용하여 우리는 (F)라는 관계식을 도출할 수가 있다.

19 위의 내용 중 (A)와 (B)에 순서대로 들어가야 할 말은 무엇인가?

1) 매입, 매입 2) 매도, 매도 3) 매도, 매입 4) 매입, 매도

20 위의 내용 중 (C)와 (D)에 순서대로 들어가야 할 말은 무엇인가?

1) 지급, 지급 2) 지급, 수취 3) 수취, 지급 4) 수취, 수취

21 위의 내용 중 (E)에 들어가야 할 말은 무엇인가?

1) 선도환 매도 2) 선도환 매입 3) 통화선물 매입 4) 금리선물 매도

22 위의 내용 중 (F)에 들어가야 할 말은 무엇인가?

1) Interest Rate Parity
2) Purchasing Power Parity
3) International Fisher Effect
4) Put Call Forward Parity

23 옵션의 델타에 관한 다음의 설명 중 틀린 것은?

1) 기초자산 가격변화에 대한 옵션가격 변화의 민감도를 나타낸다.
2) 델타는 옵션이 행사될 확률을 말해준다.
3) 특정통화에 대한 call옵션의 경우 만약 현물환율이 행사가격보다 매우 낮다면 델타는 영(zero)에 가까운 값을 가지게 될 것이다.
4) 특정통화에 대한 call옵션의 경우 만약 현물환율이 행사가격보다 매우 높다면 델타는 영(zero)에 가까운 값을 가지게 될 것이다.

제 9 장

금 리 옵 션

제1절 금리선물옵션

제2절 금리상하한 설정계약

Chapter

Global Financial Markets

09 금리옵션

제 1 절 금리선물옵션

1. 금리선물옵션이란?

거래소에서 거래되는 주요 금리옵션은 T-Bond 선물(Treasury bond futures), T-Note 선물(Treasury note futures) 및 유로달러선물(Eurodollar futures) 등에 대한 금리선물옵션계약이다. 금리선물옵션(option on interest rate futures)이란 일정 금리선물계약을 일정 행사가격(exercise price 또는 strike price)으로 미래의 일정 시점(maturity) 이전에 사거나 팔 수 있는 권리를 뜻한다. 금리선물옵션계약에는 옵션매입자(buyer 또는 holder)와 옵션매도자(seller 또는 writer)가 있게 되고 옵션매입자는 프리미엄(premium)을 지급함으로써 만기일(maturity) 이내에 언제라도 옵션을 행사할 수 있는 권리를 취득하게 되며 옵션매도자는 프리미엄을 받는 대가로 계약기간 중 언제라도 옵션매입자의 옵션행사에 응해야 하는 의무를 지게 된다.

금리선물옵션에 있어서 call 옵션이란 일정 금리선물계약을 만기일 이전에 행사가격으로 매입할 수 있는 권리를 뜻하며 put 옵션은 매도할 수 있는 권리를 뜻한다. 그러므로 call 옵션 매입자가 call 옵션을 행사, 즉 일정 금리선물계약을 매입하고자 할 경우에 call 옵션 매도자는 이에 응하

표 9-1 금리선물옵션에 있어서 call 옵션과 put 옵션의 매입자와 매도자

매 입 자		매 도 자
만기일 이전에 해당 금리선물 계약을 행사가격으로 매입할 권리를 갖게 됨	call 옵션	만기일 이전에 해당 금리선물 계약을 행사가격으로 매도할 의무를 지게 됨
만기일 이전에 해당 금리선물 계약을 행사가격으로 매도할 권리를 갖게 됨	put 옵션	만기일 이전에 해당 금리선물 계약을 행사가격으로 매입할 의무를 지게 됨

여 해당 금리선물계약을 행사가격으로 매도해야 할 의무를 지게 된다. 그리고 put 옵션 매입자가 put 옵션을 행사, 즉 일정 금리선물계약을 매도하고자 할 경우에 put 옵션의 매도자는 이에 응하여 해당 금리선물계약을 행사가격으로 매입해야 할 의무를 지게 된다. 위의 〈표 9-1〉은 금리선물옵션에 있어서 call 옵션과 put 옵션의 매입자와 매도자의 권리 및 의무를 나타내고 있다.

한편 금리선물옵션에 있어서는 옵션의 행사시 금리선물계약 포지션이 발생하게 되는데 call 옵션 매입자가 옵션을 행사할 경우 call 옵션 매입자는 금리선물 매입포지션, call 옵션 매도자는 금리선물 매도포지션을 보유하게 된다. 그리고 put 옵션 매입자가 옵션을 행사하게 될 경우에는 put 옵션 매입자는 금리선물 매도포지션, put 옵션 매도자는 금리선물 매입포지션을 보유하게 된다.

〈표 9-2〉는 유로달러예금에 대한 선물옵션(option on futures)의 가격이 *The Wall Street Journal*에 어떻게 보도되는지를 보여주고 있다. 이 표의

표 9-2 유로달러예금에 대한 선물옵션의 호가

EURODOLLAR (CME)
$ million; pts. of 100%

Strike	Calls-Settle			Puts-Settle		
Price	Aug	Sep	Oct	Aug	Sep	Oct
9400	....	4.25	1.20	....	.05	1.65
9425	....	1.85	.45	.00	.15	3.40
9450	.00	.30	.15	.08	1.10	....
9475	.00	.05	....	3.30	3.35	....
9500	.00	.00	.05	....	5.80	....
9525	....	.00	....	....	8.30	....

Est. vol. 86,160;
Mn vol. 39,010 calls; 62,446 puts
Op. int. Mon 1,717,181 calls; 1,078,-909 puts

첫째 난은 행사가격을 나타내고 있으며 그 다음 여섯 개의 난은 각 한월(만기월)별 call 옵션의 프리미엄과 put 옵션의 프리미엄을 보여주고 있다. 여기서 call 옵션 및 put 옵션 프리미엄(가격)은 당일의 종가를 나타낸다. 그리고 표의 맨 밑 부분에는 당일의 거래량(추측치), 전일의 call 옵션 및 put 옵션의 실제거래량, 전일의 call 옵션 및 put 옵션의 총유효계약수가 나타나 있다. 예를 들어, 유로달러 선물옵션에 있어서 행사가격 9450(IMM index 94.50)의 9월한월 call 옵션의 프리미엄은 0.30(30 basis points)으로 나타나 있는데 0.01(1 basis point)의 가치는 $ 25에 해당하므로 call 옵션 1계약을 매입할 때 지급해야 하는 프리미엄은 $ 750[=($ 25) · (30)]가 된다.[1] 여기서 행사가격 9450의 9월한월 call 옵션은 call 옵션 매입자에게 이 call 옵션의 만기일인 9월 세 번째 수요일로부터 2영업일 전까지의 기간 중 아무 때라도 9월한월의 유로달러 선물계약을 94.50(IMM index)의 가격으로 매입할 수 있는 권리를 부여하는 것이다.

2. 금리선물과 금리선물옵션의 비교

금리선물은 미래의 이자율을 고정시키기 위하여 사용되는 금융수단이지만 금리선물옵션은 고정된 이자율을 지급 또는 수취할 수 있는 권리(의무가 아닌)를 부여해준다. 이제 어느 거래자가 투기적 목적(speculative purpose)으로 금리선물 또는 금리선물옵션을 이용하는 경우를 예로 들기로 한다. 이 거래자가 미래의 이자율이 하락할 것으로 예상하는 경우, 즉 금리선물의 가격이 상승할 것으로 예상하는 경우에 금리선물을 매입한다고 하자. 이 때 예상이 적중하여 이자율이 하락하면 이익을 얻게 되지만 예상이 어긋나서 이자율이 상승하면 손실을 입게 된다. 가령 유로달러 선물계약 1단위를 90.00(IMM index)의 가격으로 매입하고 나서 선물계약 만기일의 선물가격이 93.00(IMM index)으로 상승하게 되면 3.00(300 basis points)의 이익을 얻게 되지만 만기일의 선물가격이 87.00으로 하락하게

---

1) 유로달러 선물옵션의 계약단위는 유로달러 선물계약 1단위의 크기, 즉 $ 1,000,000가 되는데 90일 만기 유로달러예금을 대상으로 하므로 1 basis point는 ($ 1,000,000) · (0.01%) · (90/360) = $ 25에 해당한다.

되면 300 basis points의 손실을 보게 된다. 그러나 금리선물옵션을 이용하게 되면 예상이 적중하면 이익을 얻게 되고 예상이 어긋나면 손실은 옵션의 매입 당시 지급한 프리미엄에 국한된다. 예를 들어, 행사가격이 90.00인 유로달러 선물에 대한 call 옵션을 1.00(100 basis points)의 프리미엄을 지급하고 매입한 후 만기일의 유로달러 선물가격이 93.00이 되는 경우에는 이 call 옵션을 행사하여 3.00(300 basis points)의 이익을 얻을 수 있다. 그런데 이 call 옵션의 매입 당시 1.00의 프리미엄을 지급하였으므로 이 경우의 순이익은 2.00(= 3.00 − 1.00), 즉 200 basis points가 된다. 반면에 만기일의 유로달러 선물가격이 87.00으로 하락하게 되면 유로달러 선물을 매입할 수 있는 행사가격(90.00)보다 선물가격(87.00)이 낮으므로 call 옵션을 행사하지 않게 되며 손실은 이 call 옵션의 매입 당시 지급한 프리미엄인 1.00에 국한된다.

다음의 〈표 9-3〉에서 볼 수 있는 바와 같이 유로달러 선물을 매입하는 경우에는 이익의 기회와 손실의 위험이 서로 대칭적이 된다고 할 수 있다. 즉, 유로달러 선물을 매입하는 경우에는 무제한적인 이익(unlimited profit)의 기회가 존재하는 반면 무제한적인 손실(unlimited loss)의 가능성도 존재하게 된다. 그러나 유로달러 선물에 대한 call 옵션을 매입하는 경우에는 이자율의 하락(즉, 선물가격의 상승)에 따른 이익의 기회는 무제

표 9-3 금리선물과 금리선물옵션의 비교(금리선물의 가격이 상승할 것으로 예상되는 경우)

만기일의 선물가격	금리선물매입 (가격 : 90.00)	금리선물 call 옵션 매입 (행사가격 : 90.00) (프리미엄 : 1.00)	금리선물 put 옵션 매도 (행사가격 : 90.00) (프리미엄 : 1.00)
95.00	+ 5.00	+ 4.00	+ 1.00
93.00	+ 3.00	+ 2.00	+ 1.00
91.00	+ 1.00	손익분기점	+ 1.00
90.00	손익분기점	− 1.00	+ 1.00
89.00	− 1.00	− 1.00	손익분기점
87.00	− 3.00	− 1.00	− 2.00
85.00	− 5.00	− 1.00	− 4.00

한적인 반면 이자율의 상승에 따른 손실은 call 옵션의 매입 당시 지급한 프리미엄에 국한됨을 알 수 있다.

미래의 이자율이 하락할 것으로 예상되는 경우에 취할 수 있는 세 번째 조치는 금리선물 put 옵션을 매도하는 것이다. 예를 들어, 행사가격이 90.00인 유로달러 선물에 대한 put 옵션을 1.00(100 basis points)의 프리미엄을 지급받고 매도하는 경우를 생각하기로 하자. 만약 만기일의 유로달러 선물가격이 93.00이 되는 경우에는 put 옵션의 매입자는 옵션을 행사하지 않게 될 것이다. 왜냐하면 이 put 옵션의 행사가격(90.00)보다 선물가격(93.00)이 높으므로 put 옵션을 행사하여 90.00의 가격으로 유로달러 선물을 매도하게 되면 만기일의 선물가격(93.00)보다 낮은 가격으로 매도포지션을 발생시키게 되어 3.00(300 basis points)의 손실을 입게 되기 때문이다. 따라서 이 경우에 put 옵션 매도자의 이익은 옵션의 매도 당시 put 옵션 매입자로부터 지급받은 프리미엄 1.00이 된다. 반면에 만기일의 유로달러 선물가격이 87.00으로 하락하게 되면 put 옵션의 행사가격(90.00)이 선물가격(87.00)보다 높으므로 put 옵션의 매입자는 옵션을 행사하게 되며 따라서 put 옵션의 매도자는 이에 응하여 행사가격으로 유로달러 선물을 매입해야 한다. 이 경우에 put옵션의 매도자는 만기일의 선물가격(87.00)보다 높은 행사가격(90.00)으로 유로달러 선물의 매입포지션을 발생시키게 되어 3.00(300 basis points)의 손실을 보게 된다. 그러나 이 put 옵션 매도자가 put 옵션의 매도 당시 put 옵션 매입자로부터 지급받은 프리미엄 1.00을 고려한다면 이 put 옵션 매도자의 순손실은 2.00(= 3.00 − 1.00), 즉 200 basis points가 된다. 〈표 9-3〉은 유로달러 선물에 대한 put 옵션을 매도하는 경우에 이자율의 하락(즉, 선물가격의 상승)에 따른 이익은 put 옵션의 매도 당시 지급받은 프리미엄에 국한되는 반면 이자율의 상승에 따른 손실의 가능성은 무제한적임을 보여주고 있다. 따라서 이 방법은 이자율이 큰 폭으로 상승하지는 않을 것이라고 상당한 확신을 하는 경우에 택해야 할 것이다.

한편 미래의 이자율이 상승할 것으로 예상되는 경우, 즉 금리선물의 가격이 하락할 것으로 예상되는 경우에 취할 수 있는 조치는 첫째, 금리선물을 매도하거나 둘째, 금리선물에 대한 put 옵션을 매입하거나 셋째,

표 9-4 금리선물과 금리선물옵션의 비교(금리선물의 가격이 하락할 것으로 예상되는 경우)

만기일의 선물가격	금리선물매도 (가격 : 90.00)	금리선물 call 옵션 매도 (행사가격 : 90.00) (프리미엄 : 1.00)	금리선물 put 옵션 매입 (행사가격 : 90.00) (프리미엄 : 1.00)
95.00	−5.00	−4.00	−1.00
93.00	−3.00	−2.00	−1.00
91.00	−1.00	손익분기점	−1.00
90.00	손익분기점	+1.00	−1.00
89.00	+1.00	+1.00	손익분기점
87.00	+3.00	+1.00	+2.00
85.00	+5.00	+1.00	+4.00

금리선물에 대한 call 옵션을 매도하는 방법 등으로 나눌 수 있다. 〈표 9-4〉는 금리선물의 가격이 하락할 것으로 예상되는 경우에 금리선물을 이용하는 방법과 금리선물옵션을 이용하는 방법을 비교하여 보여주고 있다.

3. 금리선물옵션을 이용한 헤징사례

상 황

어느 은행은 유로달러시장에서 $1,000,000에 해당하는 자금을 6개월 동안 차입하고 3개월 동안 대출하게 되었다. 이 은행은 자금의 차입금리와 대출금리를 비교하여 계산한 결과 3개월 후에 가서 그로부터 3개월 동안 12.25%의 이자율로 이 자금을 다시 대출하게 되면 전체 6개월 동안의 거래에 있어서 break-even이 된다는 것을 알았다. 그리고 이 은행은 금리선물을 이용하는 경우에 미래의 투자수익률을 12.25%로 고정시킬 수 있다는 것을 알았으나 유로달러에 대한 선물옵션시장에서 행사가격이 87.50인 call 옵션을 0.25(25 basis points)의 프리미엄을 지급하고 매입할 수 있음을 알게 되었다.

이와 같은 상황하에서 금리선물을 이용하게 되면 미래의 실제이자율이 12.25%보다 낮아진다고 하더라도 미래의 실효투자수익률을 12.25%로 고정시킬 수 있게 된다. 그러나 만약 미래의 실제이자율이 가령 12.50%로 상승하는 경우에는 실효투자수익률은 12.25%로 고정되므로 0.25%의 기회손실을 보게 된다. 이러한 경우에 금리선물옵션을 이용하게 되면 미래의 실제이자율이 하락하는 경우에 대한 헤징을 할 수 있으며 미래의 실제이자율이 상승하는 경우에는 높은 투자수익률을 얻을 수 있게 된다.

이제 유로달러에 대한 선물옵션시장에서 행사가격이 87.50인 call 옵션을 매입하고 그 대가로 0.25(25 basis points)의 프리미엄을 지급하였다고 하자. 이 경우에 만약 3개월 후의 실제이자율이 12.50%보다 낮아진다면 call 옵션을 행사하여 행사가격 87.50으로 유로달러 선물을 매입하면 된다. 유로달러 선물을 87.50의 가격으로 매입한다는 것은 실효투자수익률을 12.50%로 고정시킨다는 것을 의미하므로 call 옵션의 매입시에 지급한 프리미엄(0.25) 비용을 고려한다면 실효투자수익률은 12.25%(= 12.50 − 0.25)가 된다.[2)]

조치 및 결과

조치 : 유로달러 선물 call 옵션 매입
(행사가격 : 87.50, 프리미엄 : 0.25)

결과 :

call 옵션을 행사(실제이자율<12.50%)
유로달러 선물을 87.50의 가격으로 매입하므로 실효투자수익률을 12.50%로 고정. 프리미엄비용을 고려한 실효투자수익률은 12.25%가 됨.

call 옵션의 행사포기(실제이자율>12.50%)
실제이자율로 자금의 투자를 행하게 되면 실효투자수익률은 실제이자율에서 프리미엄을 차감한 것이 됨.

2) 프리미엄의 지급시점과 유로달러 선물의 결제시점과는 차이가 있으므로 이 두 시점간의 기간 동안 이자율을 고려해주어야 하지만 여기에서는 편의상 생략하기로 한다.

반면에 만약 3개월후의 실제이자율이 12.50%보다 높아진다면 call 옵션을 행사하는 대신 그 당시의 높은 이자율로 자금의 투자를 행하면 된다. 이 때의 실효투자수익률은 실제이자율에서 call 옵션의 매입시에 지급한 프리미엄(0.25)을 차감한 것이 된다.

위에서는 미래의 이자율이 하락할 경우에 대비하여 금리선물에 대한 call 옵션을 매입하는 방법을 살펴보았으나 다음에서는 미래의 이자율이 상승할 경우에 대비하여 금리선물에 대한 put 옵션을 매입하는 방법을 살펴보기로 한다.

상 황

어느 기업은 유로달러시장에서 $ 1,000,000의 자금을 3개월 후에 차입하려고 한다. 이 기업은 미래의 자금차입비용을 고정시키기 위하여 유로달러에 대한 선물옵션거래를 행하고자 한다. 이 기업은 지금 유로달러에 대한 선물옵션시장에서 행사가격이 87.50인 put 옵션을 0.24(24 basis points)의 프리미엄을 지급하고 매입할 수 있음을 알았다.

이와 같은 상황하에서 행사가격이 87.50인 유로달러 선물 put 옵션을 매입하고 그 대가로 0.24(24 basis points)의 프리미엄을 지급하였다고 하자. 이 경우에 만약 3개월 후의 실제이자율이 12.50%보다 높아진다면 put 옵션을 행사하여 행사가격 87.50으로 유로달러 선물을 매도하면 된다. 유로달러 선물을 87.50으로 매도한다는 것은 실효자금조달비용을 12.50%로 고정시킨다는 것을 의미하므로 put 옵션의 매입시에 지급한 프리미엄(0.24)비용을 고려한다면 실효자금조달비용은 12.74% (= 12.50 + 0.24)가 된다. 반면에 만약 3개월 후의 실제이자율이 12.50%보다 낮아진다면 put 옵션을 행사하는 대신 그 당시의 낮은 이자율로 자금을 차입하면 된다. 이 때의 실효자금조달비용은 실제이자율에 put 옵션의 매입시에 지급한 프리미엄(0.24)을 더한 것이 된다.

위의 예로부터 우리는 금리선물옵션을 이용하게 되면 미래의 실제이

조치 및 결과

조치 : 유로달러 선물 put 옵션 매입
(행사가격 : 87.50, 프리미엄 : 0.24)

결과 :

put 옵션을 행사(실제이자율>12.50%)
유로달러 선물을 87.50의 가격으로 매도하므로 실효자금 조달비용을 12.50%로 고정. 프리미엄비용을 고려한 실효자금조달비용은 12.74%가 됨.

put 옵션의 행사포기(실제이자율<12.50%)
실제이자율로 자금의 차입을 행하게 되면 실효자금조달비용은 실제이자율에 프리미엄을 더한 것이 됨.

자율이 상승하는 경우에는 자금조달비용을 고정시킬 수 있으며 미래의 실제이자율이 하락하는 경우에는 자금조달비용을 낮출 수 있음을 알 수 있다.

제 2 절 금리상하한 설정계약

1. 금리상한계약

금융기관들이 over-the-counter market에서 제공하는 금리옵션으로 금리상한계약을 들 수 있는데, 금리상한계약(interest rate cap 또는 interest rate ceiling)이란 변동금리채무에 대하여 약정상한금리(cap rate 또는 ceiling rate)를 정하여 시장금리가 이를 초과할 경우 금리상한계약의 매도자가 그 초과분을 매입자에게 보상하여주기로 함으로써 매입자의 실효금리를 일정수준 이하로 제한하여 주는 계약을 뜻한다. 금리상한계약의 매입자는 자금차입비용의 최고한도를 보장받을 수 있는 권리를 취득하며 그 대가로 일정률의 수수료를 부담한다. 반면 매도자는 수수료를 얻는 대신 장래 금리변동에 따르는 무제한적인 위험을 부담하게 된다. 금리가 약정상한금리를 초과하는 경우의 초과이자는 해당기간의 이자지급일에 지불된다.

상 황

K기업은 S은행으로부터 $ 10,000,000를 8월 16일부터 다음해 8월 16일까지 차입하고 LIBOR + 1%의 이자를 3개월마다 지급하기로 하였다. 그리고 K기업은 S은행으로부터 LIBOR의 상한을 8.5%로 하는 금리상한계약을 차입금액의 1%에 해당하는 수수료를 지급하고 매입할 수 있음을 알게 되었다.

이와 같은 상황하에서 K기업은 LIBOR의 상한을 8.5%로 하는 금리상한계약(interest rate cap)을 S은행으로부터 매입하고 그 대가로 $ 100,000[=($ 10,000,000) · (0.01)]의 수수료를 지급하였다고 하자. 이제 S은행은 금리상한계약의 계약기간 동안 LIBOR가 8.5%를 초과하면 해당 초과이자를 K기업에게 보상해주어야 한다. 한편 금리결정일, 금리결정일의 LIBOR, 이자기산일 및 이자지급일은 다음과 같다고 하자.

금리결정일	LIBOR	이자기산일	이자지급일	일수
8.12	8.0%	8.16	11.16	92
11.14	8.3%	11.16	다음해 2.16	92
다음해 2.14	9.2%	다음해 2.16	다음해 5.16	89
다음해 5.14	9.5%	다음해 5.16	다음해 8.16	92

다음해 2월 14일 및 다음해 5월 14일의 금리가 약정상한금리(cap rate) 8.5%보다 높으므로 S은행은 해당 초과이자를 K기업에게 보상해주어야 한다. 즉, 다음해 2월 16일부터 다음해 5월 16일까지의 기간에 대하여는 금리결정일(다음해 2월 14일)의 LIBOR 9.2%는 약정상한금리 8.5%보다

높으므로 S은행은 초과이자 $ 17,305.56[= ($ 10,000,000) · (0.092 − 0.085) · (89/360)]를 다음해 5월 16일에 K기업에게 보상해주어야 한다. 한편 K기업은 S은행으로부터 $ 10,000,000를 차입하면서 LIBOR + 1%의 이

조치 및 결과

조치 : 금리상한계약 매입

(cap rate : 8.5%(LIBOR), 수수료 : $ 100,000)

결과 :

다음해 2월 14일의 LIBOR(9.2%) > cap rate(8.5%)

S은행은 다음해 2월 16일부터 다음해 5월 16일까지의 기간에 대한 초과이자를 다음해 5월 16일에 K기업에게 보상.

초과이자 = ($ 10,000,000) · (0.092 − 0.085) · (89/360)
= $ 17,305.56

K기업의 이자지급액 = ($ 10,000,000) · (0.092 + 0.01) · (89/360)
= $ 252,166.67

실효이자지급액 = $ 252,166.67 − $ 17,305.56
= $ 234,861.11

실효차입금리 = ($ 234,861.11/$ 10,000,000) · (360/89)
= 0.095(9.5%)

다음해 5월 14일의 LIBOR(9.5%) > cap rate(8.5%)

S은행은 다음해 5월 16일부터 다음해 8월 16일까지의 기간에 대한 초과이자를 다음해 8월 16일에 K기업에게 보상.

초과이자 = ($ 10,000,000) · (0.095 − 0.085) · (92/360)
= $ 25,555.56

K기업의 이자지급액 = ($ 10,000,000) · (0.095 + 0.01) · (92/360)
= $ 268,333.33

실효이자지급액 = $ 268,333.33 − $ 25,555.56
= $ 242,777.77

실효차입금리 = ($ 242,777.77/$ 10,000,000) · (360/92)
= 0.095(9.5%)

자를 3개월마다 지급하기로 하였으므로 K기업이 다음해 5월 16일에 지급해야 하는 이자는 $ 252,166.67[= ($ 10,000,000) · (0.092 + 0.01) · (89/360)]가 된다. 따라서 K기업이 부담하는 실효이자지급액은 $ 234,861.11(= $ 252,166.67 − $ 17,305.56)가 되며 실효차입금리는 0.095[= ($ 234,861.11/$ 10,000,000) · (360/89)], 즉 9.5%가 되는데 이것은 cap rate 8.5%보다 1%만큼 높은 수준이 된다. 따라서 K기업은 금리상한계약을 매입함으로써 실효차입금리를 LIBOR의 약정상한금리 8.5%보다 1% 높은 수준인 9.5% 이내로 제한할 수 있게 된다.

한편 다음해 5월 16일부터 다음해 8월 16일까지의 기간에 대하여는 금리결정일(다음해 5월 14일)의 LIBOR 9.5%가 약정상한금리 8.5%보다 1%만큼 높으므로 S은행은 이에 해당하는 초과이자 $ 25,555.56 [= ($ 10,000,000) · (0.095 − 0.085) · (92/360)]를 다음해 8월 16일에 K기업에게 보상해주어야 한다. K기업은 S은행으로부터 $ 10,000,000를 차입하면서 LIBOR + 1%의 이자를 3개월마다 지급하기로 하였으므로 K기업이 다음해 8월 16일에 지급해야 하는 이자는 $ 268,333.33[= ($ 10,000,000) · (0.095 + 0.01) · (92/360)]가 된다. 따라서 K기업이 부담하는 실효이자지급액은 $ 242,777.77(= $ 268,333.33 − $ 25,555.56)가 되며 실효차입금리는 0.095[= ($ 242,777.77/$ 10,000,000) · (360/92)], 즉 9.5%가 되는데 이것은 cap rate 8.5%보다 1%만큼 높은 수준이 된다.

위의 예에서 K기업은 S은행으로부터 $ 10,000,000를 차입하고 LIBOR + 1%의 이자를 3개월마다 지급하기로 하였지만 LIBOR의 상한을 8.5%로 하는 금리상한계약을 매입함으로써 실제 LIBOR가 cap rate인 8.5%보다 높게 되는 경우에도 실효차입금리를 9.5%(= 8.5% + 1.0%)의 수준으로 유지할 수 있게 된다.

2. 금리상하한계약

금리상하한계약(interest rate collar)이란 앞에서 살펴본 금리상한계약(interest rate cap 또는 interest rate ceiling)에 약정하한금리(floor rate)를 첨가한 것으로 금리상하한계약의 매입자는 일정률의 수수료를 매도자에게 지급하고 시장금리가 약정상한금리(ceiling rate)를 초과할 경우에는 초과이자를 매도자로부터 지급받고 시장금리가 약정하한금리보다 낮게 되면 거꾸로 매도자에게 금리차액을 지급하기로 약정하는 것을 뜻한다. 그리고 금리상하한계약을 체결한 후 시장금리가 약정상한금리와 약정하한금리의 사이에 있을 때에는 시장금리를 그대로 적용하게 된다. 따라서 금리상하한계약은 자금차입자의 자금차입비용을 일정한 범위 내로 제한하고 자금대여자의 대출수익률을 일정한 범위 내로 유지하기 위하여 금리상한계약과 금리하한계약을 동시에 체결하는 것이라고 볼 수 있다.

제 10 장

스왑금융

Chapter

Global Financial Markets

10 스왑금융[1]

제 1 절 스왑금융이란?

스왑금융시장이 1980년대 이후 크게 성장한 이유는 스왑금융기법이 다른 어떤 금융기법과도 비교될 수 없을 만큼 다양한 형태로 이 기법의 잠재적 이용자들의 요구를 충족시켜 줄 수 있었기 때문이었다. 즉, 기업의 재무관리자, 은행의 부채관리자 및 각종 포트폴리오 관리자 등의 필요에 의하여 스왑금융시장은 크게 성장하였다고 할 수 있다. 스왑금융시장은 창조적인 금융기법들을 개발함으로써 이들의 요구를 충족시켜 주었으며 이것은 전세계의 금융시장 및 외환시장의 통합화를 촉진시키게 되었고, 또한 이들 시장에서의 자금차입자, 자금투자자, 재정거래자(arbitrager) 및 헤지거래자(hedger) 등에게 금융기법의 선택의 폭을 넓혀주게 되었다.

스왑금융시장의 계속적인 성장과 발전은 스왑금융시장의 참여자들이 혁신적인 기법들을 계속하여 개발하였기 때문이라고 할 수 있다. 따라서 이 시장의 참여자들의 창조성이 고갈되지 않는 한 새로운 스왑금융기법들이 계속하여 개발될 것이다. 그렇지만 오늘날 스왑금융시장에서의 거래들을 자세히 살펴보면 두 가지의 기본구조로부터 발전된 것임을 알 수 있다. 이 기본구조란 두 채무자가 각자의 금리지급조건을 교환하는 금리

---

1) 이 부분은 Ian H. Giddy, *Global Financial Markets*(Lexington, MA: D.C.Heath and Co., 1994)를 참고하였음.

스왑(interest rate swap)과 이종통화의 원리금상환을 상호 교환하는 통화 스왑(currency swap)을 말한다.

제 2 절 금리스왑

금리스왑(interest rate swap)이란 두 채무자가 각각의 채무에 대한 이자지급의무를 일정기간 동안 상호교환하기로 약정하는 거래를 말한다. 금리스왑의 기본형태는 고정금리채무와 변동금리채무의 교환이라고 할 수 있는데, 이러한 금리스왑계약 당사자 간에는 이자지급금액만 상호 교환되며 당초의 채무는 영향을 받지 않는다.

대부분의 금리스왑거래는 두 당사자가 모두 각각의 자금차입비용을 절감할 수 있다는 이점 때문에 이루어진다고 할 수 있다. 그런데 이러한 자금차입비용의 절감은 자금시장에서의 신용도의 차이에 의하여 가능하게 된다.

일반적으로 고정금리부 금융자산에 대한 투자자들은 차입자의 신용도에 대하여 매우 민감한 반응을 보이는 반면 변동금리 자금시장에서의 자금공여자인 은행들은 차입자의 신용도에 대하여 비교적 덜 민감한 반응을 보이게 된다. 즉, 고정금리부 금융자산으로는 유로채(Eurobond)를 들 수 있는데 차입자의 신용도에 따라 금리는 상당한 차이를 보이는 반면 변동금리 자금시장에서는 차입자의 신용도에 따른 금리차가 상대적으로 작게 나타나는 경향이 있다. 그러므로 금리스왑의 당사자들은 각각 상대방보다 자금차입비용면에서 비교우위에 있는 시장에서 자금을 차입하여 각자의 이자지급의무를 서로 교환하기로 하는 금리스왑계약을 체결함으로써 재정이익을 얻을 수 있게 된다. 다음의 예는 금리스왑거래란 신용도에 따른 금리차가 변동금리 자금시장과 고정금리 자금시장 사이에 서로 다르게 나타날 때 이를 이용한 재정거래라는 것을 보여준다.

상 황

	A회사	B회사	금리차
평가등급	AAA	BBB	
자금차입비용 (고정금리시장)	10.80%	12.00%	1.20%
자금차입비용 (변동금리시장)	LIBOR + 0.25%	LIBOR + 0.75%	0.50%

* AAA는 BBB보다 신용상태가 양호한 회사임을 나타내는 평가등급

* LIBOR는 London Interbank Offered Rate의 약자로서 국제금융시장에서의 대표적인 기준금리

지금 A회사는 유로달러채시장에서 연율 10.80%의 5년만기 고정금리부 채권발행이 가능하며 변동금리 자금시장에서는 LIBOR + 0.25%의 조건으로 자금차입이 가능하다고 하자. 한편 B회사는 유로달러채시장에서 연율 12.00%의 5년만기 고정금리부 채권발행이 가능하며 변동금리 자금

조치 및 결과

	A회사	B회사
A회사의 자금차입비용 (고정금리시장)	−10.80%	
B회사의 자금차입비용 (변동금리시장)		−(LIBOR + 0.75%)
변동금리 지급 및 수취 (A회사 → B회사)	−LIBOR	LIBOR
고정금리 지급 및 수취 (B회사 → A회사)	10.90%	−10.90%
실효차입비용	−(LIBOR − 0.10%)	−11.65%
직접차입비용	−(LIBOR + 0.25%)	−12.00%
차입비용절감	0.35%	0.35%

시장에서는 LIBOR + 0.75%의 조건으로 자금차입이 가능하다고 하자. 이와 같은 상황하에서 A회사는 B회사에 비하여 변동금리 자금시장보다는 고정금리 자금시장에서 자금차입비용의 비교우위를 가지고 있다고 할 수 있다. 이러한 경우에 A회사는 비록 변동금리 자금시장에서도 B회사보다 저렴한 비용으로 자금차입을 할 수 있다고 할지라도 비교우위가 있는 고정금리 자금시장에서 자금차입을 하고 B회사는 변동금리 자금시장에서 자금차입을 한 후 금리스왑계약을 체결하여 각자의 이자지급의무를 서로 교환함으로써 두 회사 모두의 자금차입비용을 절감할 수 있게 된다.

다음의 [그림 10-1]은 A회사와 B회사가 각각 자기가 비교우위가 있는 시장에서 자금차입을 한 다음 이자지급의무를 서로 교환하여 A회사는 B회사에게 변동금리 LIBOR를 지급하고, B회사는 A회사에게 고정금리 10.90%를 지급함으로써 A회사는 변동금리 자금시장에서 직접 자금차입을 하는 경우보다 자금차입비용을 절감시킬 수 있으며, B회사는 고정금리 자금시장에서 직접 자금차입을 하는 경우보다 낮은 비용으로 자금차입을 할 수가 있음을 보여주고 있다.

일반적으로 고정금리 자금시장에서 높은 신용도를 바탕으로 낮은 비용으로 자금차입(즉, 유로채 발행)을 할 수 있는 국제금융기관들은 변동금리부 대출을 통하여 자산운용을 하게 되므로 자금조달도 변동금리부로

그림 10-1 금리스왑의 구조

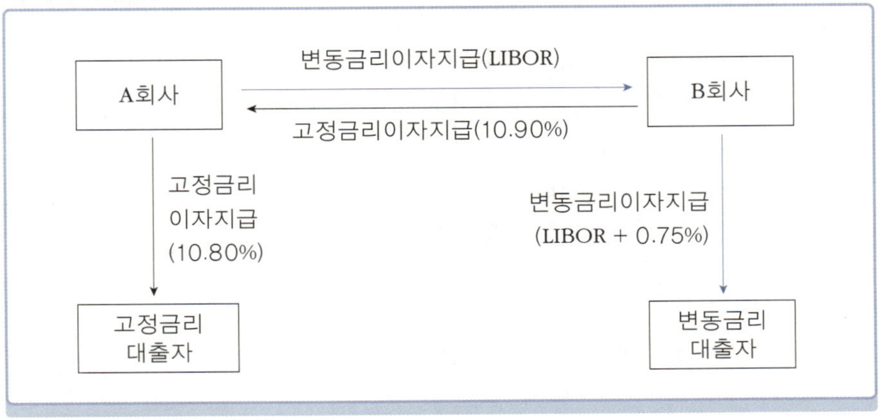

하기를 원하는데, 이들은 고정금리의 유로채를 발행하여 자금차입을 한 후 금리스왑계약을 체결하면 변동금리부로 자금차입을 한 것과 같은 효과를 얻을 수 있게 된다. 한편 일반기업의 경우에는 고정금리부로 자금조달을 하기를 원하지만 신용도가 낮아 고정금리 자금시장에서는 자금조달이 어려우므로 일단 변동금리부로 자금차입을 한 후 금리스왑계약을 체결하면 고정금리부로 자금차입을 한 것과 같은 효과를 얻을 수 있게 된다. 그러므로 금리스왑은 자금차입비용의 절감뿐만 아니라 신용도 또한 과다한 자금차입 등의 이유로 특정자금시장에서의 직접 접근이 어려운 경우 그러한 자금시장에 간접적으로 접근할 수 있는 수단을 제공한다고 할 수 있다.

스왑거래에 있어서 실제로는 적절한 거래 상대방을 찾기가 어려우므로 중개은행(intermediary bank)이 개입하게 되는데 중개은행은 각 당사자와 별개의 계약을 체결하게 된다. 따라서 스왑거래의 참여자는 상대방의 기관명이나 차입조건 등을 모르며 상대방의 신용상태에 신경을 쓰지 않고 중개은행과 직접 거래를 하는 것이 일반적이다.

사 례 10-1 스미토모은행의 금리스왑

현재 5년만기 미국재정증권보다 1% 높은 금리를 지급하는 고정금리부채를 지닌 스미토모은행과 6개월 LIBOR + 0.25%를 지급하는 변동금리부채를 가지고 있는 POSCO가 있다. 그런데 이들은 서로의 부채를 고정금리부채에서 변동금리부채로, 변동금리부채에서 고정금리부채로 바꾸기를 원하고 있다. 그런데 스미토모은행이 변동금리 자금시장에서 직접 자금차입을 할 경우에는 자금차입비용이 LIBOR이며, POSCO가 고정금리 자금시장에서 직접 차입을 할 경우에는 자금차입비용이 미국재정증권금리 + 1.75%가 된다. 즉, 스왑 전의 상황을 정리하면 아래와 같다.

스미토모의 상황: 5년만기 Treasury금리 + 1% (고정금리부채 보유)
변동금리 자금시장에서의 비용: LIBOR

POSCO의 상황: LIBOR + 0.25% (변동금리부채 보유)

고정금리 자금시장에서의 비용: Treasury금리 + 1.75%

스미토모은행은 활발한 스왑거래자이며 POSCO와의 스왑거래를 유치하였다. 스미토모은행은 POSCO에게 매 6개월단위로 LIBOR – 0.25%를 지급하기로 하는 대신 POSCO는 스미토모은행에게 매 6개월 단위로 현재의 미국재정증권금리에 1%를 가산한 금리를 지급하기로 하였다. 스왑거래를 한 후의 상황을 정리하면 아래와 같다.

「스미토모의 스왑 후의 상황」

기존의 부채조건: 5년만기 미국재정증권금리 + 1% 지급

스왑: LIBOR – 0.25% 지급

5년만기 미국재정증권금리 + 1% 수취

순비용: LIBOR – 0.25% (변동금리)

「POSCO의 스왑 후의 상황」

기존의 부채조건: LIBOR + 0.25% 지급

스왑: 5년만기 미국재정증권금리 + 1% 지급

LIBOR – 0.25% 수취

순비용: 5년만기 미국재정증권금리 + 1.50% (고정금리)

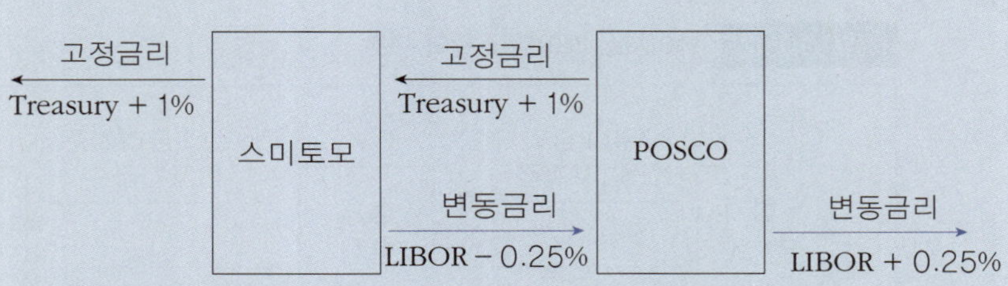

두 회사 모두 스왑을 행함으로써 원하는 자금시장에서 자신이 직접 자금조달을 하는 경우보다 더 유리한 조건을 취할 수 있게 되었다. 스미토모는 금리가 하락하면 비용이 감소하는 변동금리를 지급하게 되었으며 순비용은 LIBOR보다 0.25% 낮은 수준으로 변동금리 자금시장에서 자신이 직접 차입할 때보다 0.25%가 낮은 수준이 된다. POSCO는 결과적으로 미국재정증권금리보다 단지 1.5% 높은 금리를 지불하게 되었으며, 이는 POSCO가 고정금리 자금시장에서 직접 차입하는 경우보다 금리가 0.25% 낮게 되는 것을 의미한다.

제 3 절 베이시스 레이트 스왑

베이시스 레이트 스왑(basis rate swap)의 구조는 금리스왑(interest rate swap)의 구조와 유사하나 한 가지 기준금리의 변동금리채무와 다른 기준금리의 변동금리채무 간에 그 이자지급의무를 서로 교환한다는 점에서 차이가 난다고 볼 수 있다. 초기에는 LIBOR를 기준으로 한 변동금리와 프라임 레이트(prime rate)를 기준으로 한 변동금리 간의 베이시스 레이트 스왑이 성행하였으나 1개월 LIBOR와 6개월 LIBOR 간 그리고 LIBOR와 달러화표시 CP(commercial paper)금리 간의 베이시스 레이트 스왑 등도 성행하고 있다.

차입자들에게 적용되는 실제금리와 기준금리와의 차이, 즉 스프레드(spread)가 차입자의 각 자금시장에서의 신용도에 따라 다르게 나타나는데 베이시스 레이트 스왑은 서로 다른 변동금리 자금시장 간에 스프레드의 차이를 이용한 재정거래를 할 수 있는 기회를 자금차입자들에게 제공

그림 10-2 베이시스 레이트 스왑의 구조

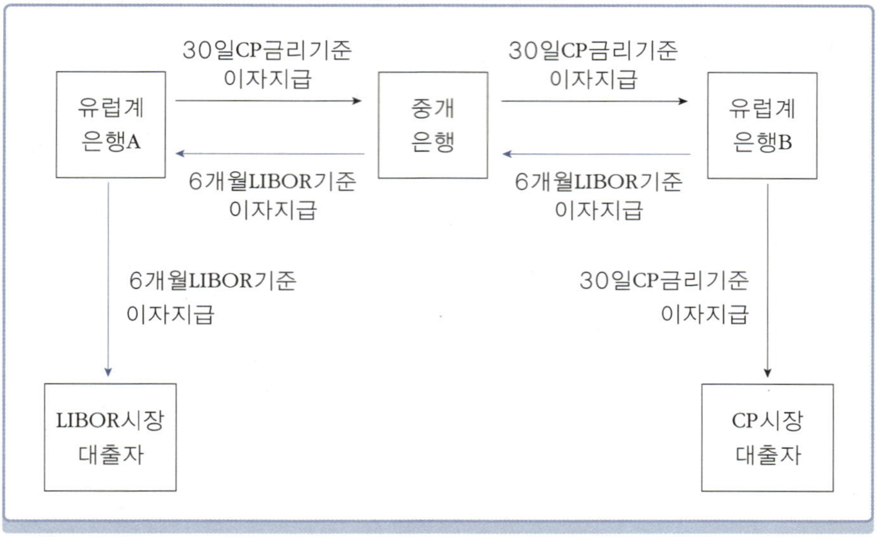

한다. 그리고 베이시스 레이트 스왑은 접근하기 어려운 특정 자금시장에의 접근을 가능하게 해주는 이점을 지니고 있다. 특히 미국의 CP시장은 그 발행요건이 까다로와서 유럽계 차입자들은 미국 CP시장에서 자금을 차입하기가 어려운데 이들 유럽계 차입자들은 유로달러시장에서 LIBOR를 기준금리로 한 변동금리부로 달러화 자금을 차입한 후 CP금리를 기준금리로 한 변동금리부로 달러화 자금을 차입한 상대방과 베이시스 레이트 스왑계약을 체결함으로써 미국의 CP시장에서 자금을 차입한 것과 같은 효과를 얻을 수 있다.

위의 [그림 10-2]는 Bankers Trust가 중개은행(intermediary bank)의 역할을 하여 베이시스 레이트 스왑계약을 체결한 경우를 나타낸다. 유럽계 은행 A는 6개월 LIBOR를 기준금리로 한 변동금리부로 달러화 자금을 차입한 후 30일 CP금리를 기준금리로 한 변동금리부로 달러화 자금을 차입한 다른 유럽계 은행 B와 베이시스 레이트 스왑계약을 체결하여 실제로 미국의 CP시장에서 자금을 차입한 것과 같은 효과를 얻을 수 있게 된다.

사 례 10-2 Credit Suisse의 베이시스 레이트 스왑

Credit Suisse 뉴욕지점은 미국의 프레이저사에게 대출을 해주기로 결정하였으며 프레이저사는 Credit Suisse에게 미국 Prime + 1.25%의 금리를 지급하는 조건으로 자금차입을 하게 되었다. 그러나 Credit Suisse 은행은 유로달러시장에서 자금을 조달하고 있기 때문에 베이시스 리스크(basis risk)에 직면하게 된다. 즉, LIBOR는 매일 시장상황에 따라 변동하는 반면 프라임 레이트는 가끔 한 번씩 크게 변하기 때문에 Credit Suisse 은행이 유로달러시장에서 자금조달을 하면서 프라임 레이트 기준으로 대출금리를 받게 되면 베이시스 리스크를 가지게 된다. Credit Suisse는 이 베이시스 리스크를 제거하기 위하여 Citibank와 베이시스 레이트 스왑계약을 체결하였다. Citibank와의 거래조건은 3개월 LIBOR 대 Prime − 1.20%이며, 매 분기마다 서로 지급하는 것이다. 이를 그림으로 나타내면 아래와 같다.

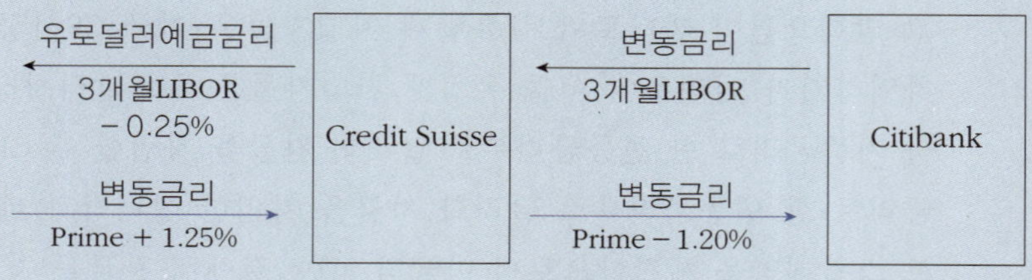

3개월 유로달러시장에서 예금을 유치하는 데 있어서 Credit Suisse가 LIBOR − 0.25%의 낮은 금리를 지불한다면 Credit Suisse는 대출과 스왑을 통하여 2.70%의 마진을 얻게 된다.

제 4 절 통화스왑

통화스왑(currency swap)의 가장 전형적인 형태는 이종통화표시 고정금리채무와 변동금리채무 간에 이루어지는 교환거래로서 한 통화표시의 고정금리채무와 다른 통화표시의 변동금리채무가 서로 교환된다.

상 황

	A회사	B회사	금리차(A − B)
자금차입비용 ($화 자금시장)	LIBOR + 0.50%	LIBOR + 0.75%	−0.25%
자금차입비용 (SF화 자금시장)	7.75%	7.50%	0.25%

지금 스위스회사 B는 달러화 자금시장에서 변동금리부로 달러화 자금을 차입하기를 원하나 달러화 자금시장에서 신용도가 높지 못하므로

높은 수준의 금리를 부담하여야 한다. 그러나 이 스위스회사 B는 SF화 자금시장에서는 신용도가 높아 유리한 조건으로 고정금리부 SF화 자금을 차입할 수 있다. 반면에 미국회사 A는 유리한 조건으로 변동금리부 달러화 자금을 차입할 수 있으나 SF화 자금시장에서는 신용도가 높지 못하여 SF화 자금을 차입할 경우에는 높은 금리를 부담해야 한다.

이러한 상황하에서 스위스회사 B는 고정금리(7.50%)부 SF화 자금을 차입하고 미국회사 A는 변동금리(LIBOR + 0.50%)부 달러화 자금을 차입한 후 통화스왑을 체결하여 차입한 원금을 서로 교환하는 경우의 자금흐름은 [그림 10−3]과 같다.

한편 계약기간 동안의 이자지급 및 만기시의 원금상환도 계속 서로 교환하기로 약속하므로 통화스왑에 있어서의 이자지급 및 원금상환에 대한 자금흐름은 [그림 10−4]와 같이 나타낼 수 있다.

우리는 위의 예로부터 A회사와 B회사는 모두 원하는 금리조건 및 통화표시의 자금을 직접 차입할 경우보다 자기가 유리한 조건으로 조달할 수 있는 자금을 차입한 후 통화스왑을 체결하는 경우에 보다 저렴하게 자금차입을 할 수 있음을 알 수 있다. 즉, A회사는 SF화 자금시장에서 직접 자금차입을 할 경우에는 자금차입비용이 7.75%이지만 달러화 자금시장

그림 10−3 통화스왑의 최초의 자금흐름

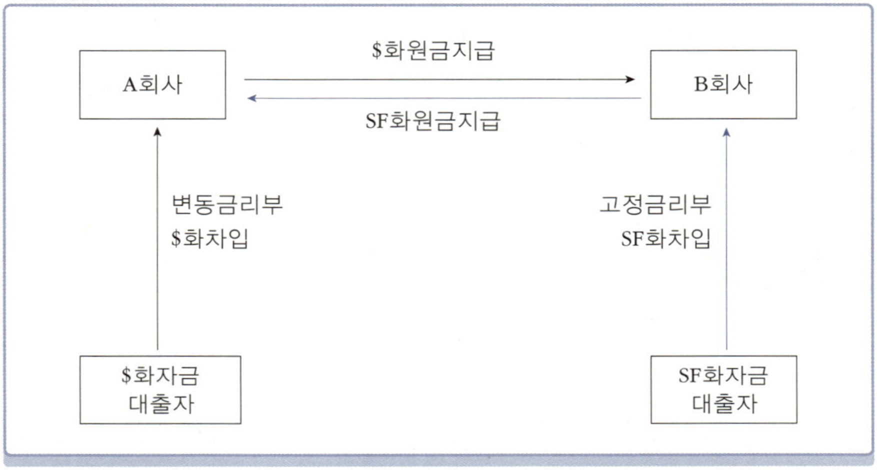

그림 10-4 통화스왑의 원리금 지급흐름

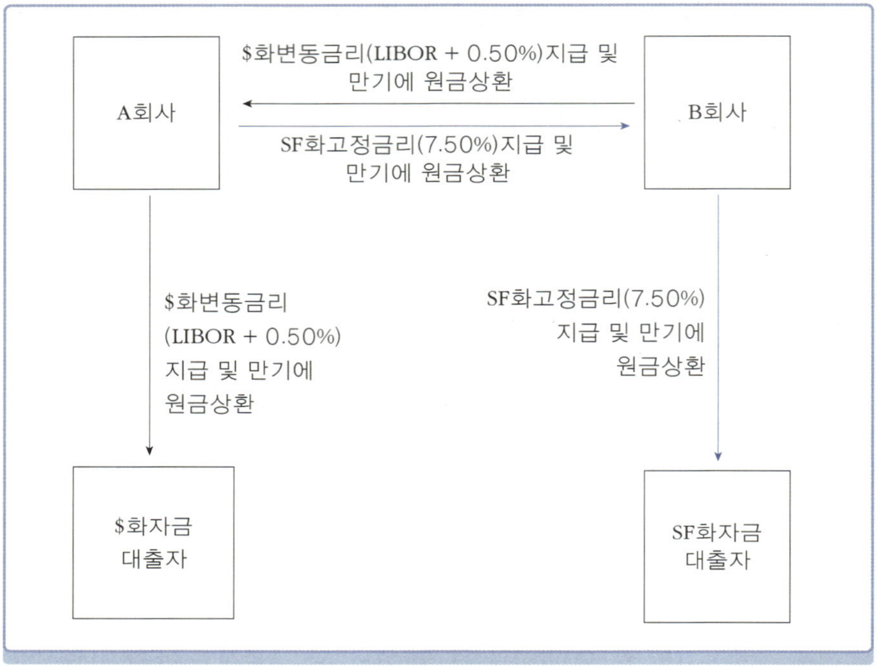

에서 변동금리조건으로 자금차입을 한 후 통화스왑을 이용하여 0.25%(7.75% − 7.50%)만큼 SF화 자금차입비용을 절감할 수 있음을 알 수 있다. 한편 B회사는 달러화 자금시장에서 직접 자금차입을 할 경우의 자금차입비용이 LIBOR + 0.75%인 반면 SF화 자금시장에서 자금차입을 한 후 통화스왑을 이용하여 0.25%[= (LIBOR + 0.75%) − (LIBOR + 0.50%)]만큼 달러화 자금차입비용을 절감할 수 있음을 알 수 있다.

사 례 10-3 POCO GRAPHITE의 스왑거래

POCO GRAPHITE사는 미국시장에서 단기자금시장에 접근하기는 용이하나 스위스에 새로운 시설을 설립하기 위하여 고정금리 스위스프랑화 차입을 원한다. 스위스은행은 고정금리로 스위스프랑화 자금을 많이 조달하고 있는데, 그 중 일부를 LIBOR기준의 미달러화 자금으로 변환시키고자 한다. POCO GRAPHITE사는 스위스은행과의 스왑조건이 시장에서 가장 유리하다는 것을 발견하고, 7년간 6개월 LIBOR 대 스위스프랑 고정금리 간의 스왑계약을 체결한다. POCO GRAPHITE사는 현지에서의 수익으로 스왑계약에 따른 지급을 충당하게 될 것이다.

이에 스왑계약에 따른 이자지급의 흐름을 그림으로 나타내면 다음과 같다.

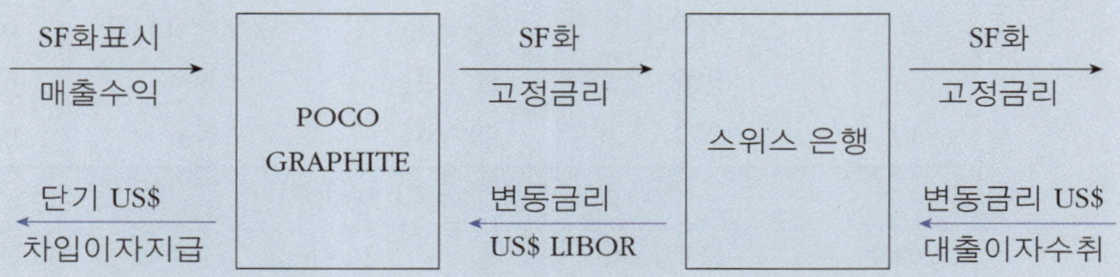

제 5 절 스왑고시 내용해설

금리와 통화스왑 고시내용 해석에 있어 핵심은 전통적으로 고정금리가 6개월 미달러화 LIBOR로 교환되는 것에 있다. 따라서 변동금리는 주어진 것으로 보고 고정금리측면만 고시된다. 스왑은 보통 BID와 OFFER 가격이 모두 고시되는데 그중 BID는 낮은 쪽으로 고시은행인 시장조성자가 6개월 LIBOR와 교환으로 지급하고자 하는 금리이고, OFFER는 높은 쪽으로 고시은행이 6개월 LIBOR를 대가로 수취하고자 하는 금리이다.

미달러화 금리스왑의 가격이 고시될 때에는 대개 미국 재정증권 수익률에 대한 스프레드로 고시되는데 이는 중장기 재정증권(T-note 및 T-bond)의 수익률이 미국에서의 중장기자금 시장수익률의 기준이 되고 있기 때문이다.

표 10-1 스왑고시

스왑 가격 고시표				
US$ interest-rate swaps 1)			Currency swaps 2)	
Years	Treasury curve benchmark yields S.A 3)	Spread(BP)	A$/US$ ann.	¥/$ ann.
2	8.74	79 – 86 4)	12.68 – 12.76	5.68 – 5.78
3	8.99	80 – 85	12.74 – 12.84	5.85 – 5.93
4	9.23	78 – 84	12.90 – 13.07	5.93 – 6.00
5	9.30	80 – 86	12.90 – 13.07	6.10 – 6.18
7	9.59	86 – 93	NA	6.23 – 6.30
10	9.71	88 – 94	NA	6.40 – 6.50

Currency swaps			
Years	SFR/$ ann.	£/$ ann.	ECU/$ ann.
2	4.90 – 5.00	10.60 – 10.70	8.65 – 8.75
3	5.30 – 5.40	10.58 – 10.68	8.75 – 8.85
4	5.42 – 5.50	10.58 – 10.68	8.85 – 8.95
5	5.62 – 5.70	10.68 – 10.78	8.95 – 9.05
7	5.65 – 5.75	10.60 – 10.70	9.15 – 9.25
10	5.80 – 5.90 5)	10.68 – 10.78	9.30 – 9.40

☞ 고시되는 이자율은 6개월물의 미달러 LIBOR와 교환되는 고정금리(또는 달러화의 경우 재정증권수익률을 상회하는 스프레드)로 표시된다.

1) 미달러 고정금리와 변동금리 간의 금리스왑
2) 외화(달러 이외의 통화)표시 고정금리와 미달러 변동금리 간의 통화스왑
3) 미달러화 금리스왑의 경우에는 기준금리로서의 T-bond 수익률과 스프레드로 표시된다.
4) T-bond 수익률에 스프레드를 가산하면 bid : 9.53, offer : 9.60 이 된다.
5) 6개월물 미달러 LIBOR에 대한 통화스왑의 금리 고시. 이 은행은 6개월물 미달러 LIBOR에 대하여 연 1회(ann.) 스위스프랑 고정금리 5.80%를 지불하거나 5.90%를 수취하겠다는 것을 고시한 것이다.

사 례 10-4 Wellington의 스왑거래

Wellington사는 만기 5년의 고정금리 호주달러화 부채를 가지고 있으나 이를 저금리의 일본엔화 부채로 바꾸려 한다. Wellington사는 통화스왑 고시표에 의해 스왑가격을 쉽게 얻을 수 있을 것이다. 은행은 6개월 LIBOR를 대가로 12.90%의 호주달러화 금리를 지급하거나 13.07%를 수취하고자 할 것이다. 6개월 LIBOR에 대한 일본엔화 스왑의 경우에는 은행이 6.10%를 지급하거나 6.18%를 수취하고자 할 것이다.

Wellington사는 액면 그대로 이들 가격들을 제시받아 6개월 LIBOR에 대한 2가지 통화스왑계약을 체결함으로써 원하는 목적을 이룰 수 있게 된다.

첫번째 스왑 : 6개월 미달러화 LIBOR의 변동금리를 지불하고,
호주달러화 고정금리 12.90%를 수취한다.
두번째 스왑 : 일본엔화 고정금리 6.18%를 지급하고,
6개월 미달러화 LIBOR 변동금리를 수취한다.

변동금리에 대한 지급과 수취는 상쇄되고, Wellington사에게는 일본엔화 고정금리 6.18%를 지급하고, 그 대가로 호주달러화 고정금리 12.90%를 수취하는 스왑만이 남게 된다.

이와 같이 2개의 스왑을 하는 대신 은행이 일본엔화에 대한 호주달러화의 스왑금리를 고시한다면 한 번의 스왑으로 비슷한 효과가 나타날 것이다.

제 6 절 스왑금리의 결정

스왑가격(금리)은 상당부분 회사채(corporate bond)시장의 수익률에 의하여 결정되는데 스왑금리가 회사채 수익률과 크게 다를 수 없다는 것을 이해하기 위하여 일반적인 변동금리 대 고정금리 간 스왑의 두 당사자, 즉 기업과 은행의 입장에서 이를 살펴보고자 한다.

우선, 기업의 입장에서 살펴보면 기업은 원하는 시장에서 직접 채권을 발행하거나 아니면 금리스왑계약을 체결하여 LIBOR를 수취하는 대신 중장기 고정금리를 지급하게 된다. 만약 LIBOR가 그 기업의 단기 차입비용이라고 한다면, 스왑계약에 의하여 지급하는 고정금리는 그 기업이 고정금리채권을 직접 발행할 때의 금리와 비교되어야 할 것이다. 따라서 스왑금리는 채권금리를 상회할 수가 없게 된다. 그리고 많은 기업들이 스왑을 이용하여 시장간 재정거래를 하면 할수록 스왑금리는 특정 신용도에 해당하는 기업들의 채권발행수익률에 접근해갈 것이다. 물론 이것은 스왑시장에 쉽게 접근할 수 있는 신용도가 높은 기업들에게 해당되는 경우이다.

반면 은행의 입장에서 살펴보면 은행은 스왑을 통해 수취하는 고정금리를 그 자신의 고정금리부채에 의하여 헤지하거나 아니면 다른 기업이나 은행과 또 다른 스왑을 함으로써 원래의 스왑이 고정금리를 지급하는 부채와 서로 상쇄되도록 하여야 한다. 따라서 스왑금리의 일반적인 수준은 은행이 고정금리시장에서 기채를 할 때에 지급하여야 하는 수준보다 낮을 수는 없을 것이다. 대부분의 활발한 은행들은 대개 AA정도의 신용도를 갖고 있으므로 스왑금리는 AA신용도를 가진 은행이나 기업들이 차입할 수 있는 금리수준과 비슷하게 된다.

그러나 시장의 스왑금리는 이와 같은 일반성을 벗어나기도 한다. 몇몇 은행들과 심지어는 기업들도 스왑을 차입의 목적이 아닌 투기 또는 헤지 목적으로 이용한다. 따라서 스왑금리는 금리와 환율에 대한 예상에 의하여 영향을 받게 된다. 이러한 예상의 변화에 의해 스왑금리가 영향을 받게 되는 경우 차입자들에게는 저렴한 차입을 할 수 있는 일시적인 기회가 생기기도 한다. 또한 은행이 자신의 스왑포지션이 불균형상태에 있을 경우에는 균형상태로 돌아가기 위해 상대방에게 시장가격보다 유리한 가격을 제시함으로써 그 거래를 유치하고자 할 것이다. 한편 World Bank가 가끔씩 행하는 것처럼 대규모의 차입 및 스왑프로그램도 시장에 일시적인 불균형을 가져올 수 있다. 그리고 은행들은 작은 금액의 거래에 대하여는 상대방에게 다소 불리한 가격을 제시하는 경향이 있다.

사 례 10-5 Mobira사의 저렴한 자금조달을 위한 스왑협상

Ravintola Nevski는 핀란드 회사인 Mobira사의 국제재무담당자로 이 회사는 최근 일본지역의 판매망을 확충하였으며 고정금리 일본엔화를 차입할 수 있는 방법을 모색하고 있다. 최근 런던을 방문한 Nevski는 여러 은행들과 Mobira의 차입수단들에 대하여 상의한 결과 Mobira가 매 분기 결정되는 LIBOR + 0.125%로 신디케이트론을 할 수 있다는 것을 알게 되었다. 어느 일본은행은 유로엔채를 제안하였는데, 여러 수수료를 감안할 때 4년만기 엔화채권의 총 차입비용은 6.55%였다. 세 번째의 가능성은 핀란드정부의 수출금융기관으로부터 8%로 미달러화 정책금융을 받는 것이었다. 귀국함과 동시에 그는 몇몇 은행들로부터 4년만기 스왑가격을 제시받았다. 그가 제시받은 가장 유리한 가격들은 다음과 같다.

- 금리 스왑 : 미국정부채권 금리 + 75~80bp, 매 6개월 이자지급
  〈4년만기 재정증권 수익률 : 7.70%〉
- 베이시스 레이트 스왑 : 6개월 LIBOR와 교환하는
  3개월 LIBOR + 5~8 bp
- 통화 스왑 : 엔/미달러화, 6.70~6.80%, 연 1회 이자지급

Nevski가 해야 할 일은 여러 가지 가능한 차입방법들과 스왑을 결합하여 서로 비교할 수 있도록 표시한 후 가장 저렴하게 고정금리 엔화 자금을 차입하는 방법이 어느 것인지를 결정하는 것이다.

조치 및 결과

우선 고정금리 엔화부채를 조달하는 3가지 방법을 열거하면 다음과 같다.

방법 1	방법 2	방법 3
• 6.55%의 고정금리부 엔화자금 차입	• 3개월 LIBOR + 0.125%의 변동금리부 미달러화 차입 • 베이시스 레이트 스왑으로 3개월 LIBOR를 6개월 LIBOR로 전환 • ¥/$ 통화스왑을 이용하여 6개월 US$ LIBOR를 4년짜리 고정금리부 엔화자금으로 전환	• 8%로 정부로부터 고정금리부 미달러화 차입 • 금리스왑으로 위의 고정금리부 미달러화를 6개월 LIBOR로 전환 • ¥/$ 통화스왑을 이용하여 6개월 US$ LIBOR를 4년짜리 고정금리부 엔화자금으로 전환

다음 단계로 방법 2 및 방법 3에 대하여 이자의 지급 및 수취를 합산하여 그 비용을 추정한다.

	방법 2 (변동금리 달러화 차입 및 스왑)		방법 3 (고정금리 달러화 차입 및 스왑)	
	지 급	수 취	지 급	수 취
미달러화 차입	3개월 $ LIBOR + 0.125%		4년짜리 달러화 8.00%	
6개월 미달러 LIBOR로 스왑	6개월 $ LIBOR	3개월 $ LIBOR + 0.05%	6개월 $ LIBOR	4년짜리 달러화 8.45%
4년짜리 엔화로 전환(스왑)	4년짜리 엔화 6.80%	6개월 $ LIBOR	4년짜리 엔화 6.80%	6개월 $ LIBOR
순 비용(개략)	4년짜리 엔화 6.875%		4년짜리 엔화 6.35%	

이와 같은 분석의 결과 여러 차입방법들에 대한 비용계산의 첫단계에 있어서는 핀란드 정부의 대출이 가장 유리한 것으로 나타났다. 그러나 보다 정확한 비교를 위해서는 재무담당자인 Nevski는 서로 다른 통화로 표시되어 있거나 발생시점이 서로 다른 베이시스 포인트는 단순한 가감이 불가능하다는 것을 감안하여야 할 것이다. 또한 방법 2 및 방법 3에 대해서는 2개의 독립된 스왑들을 하나로 결합할 수 있으며, Nevski는 하나로 결합된 스왑의 가격으로부터 보다 유리한 조건을 얻을 수도 있을 것이다. 그러므로 Nevski가 해야 할 일은 Mobira가 4년 동안 매년 8%의 미달러화 고정금리를 받고 엔화 고정금리를 매년 지급하는 스왑에 대한 가격을 제시받는 것이다.

제 7 절 Basis Point 등가 계산방법

실제로 스왑거래는 제5절의 〈표 10-1〉과 같은 표준적인 가격고시표 그대로 실행되는 경우가 드물다. 대부분의 스왑거래에 있어서는 고정금리나 변동금리 또는 두 가지 모두 조정을 하게 된다. 이러한 조정이 어떻게 이루어지는가를 이해하는 것은 실제 스왑을 통한 자금조달로부터 얼마나 이익을 얻었나를 계산하는 데 필수적이다.

모든 스왑에 있어서 한 당사자(대개 market maker로서의 은행)는 다른 당사자의 독특한 요구사항을 충족시키기 위하여 금리수준이나 그 발생시점 및 통화를 재조정하게 된다. 예를 들면, Chase Manhattan 은행의 표준적인 10년만기 고정금리부 파운드 / 변동금리부 달러 간 스왑가격은 「6개월 달러화 LIBOR 대 연 1회 이자지급조건, 파운드화 12.10 – 12.20」과 같이 제시될 것이다. 그러나 이 은행의 고객은 파운드화 고정금리를 지급하는 대가로 달러화 6개월 LIBOR – 1/4%를 수취할 필요가 있을 수 있다. 이 경우 은행은 고객에게 6개월 LIBOR – 0.25%를 지급할테니 고객은 은행에게 파운드화 고정금리 11.91%를 지급하라는 새로운 가격을 제시할 수 있을 것이다. 즉, 달러화 쪽에서 25bp를 낮추었기 때문에 파운드화 스왑금리를 12.20%에서 11.91%로 인하한 것이다.

미래에 지급되는 어느 한 통화의 베이시스 포인트를 다른 통화의 베이시스 포인트로 전환함에 있어서 근거가 되는 이론은 그들이 선도환시장을 통하여 전환될 수 있다는 전제에 입각하고 있다. 그러므로 이론적으로는 어느 한 통화의 베이시스 포인트를 절대금액으로 바꾼 다음, 그 이자지급이 발생하는 미래의 시점에 해당하는 선도환율을 이용하여 다른 통화금액으로 전환하고 이를 다시 베이시스 포인트의 형태로 바꾸는 것이다.

다른 방법으로는 베이시스 포인트가 연금처럼 주기적으로 지급되는 성격을 가지고 있으므로 지급시점이 서로 다른 일련의 동일한 지급에 대한 통상적인 현재가치 계산공식을 이용함으로써 일련의 베이시스 포인트의 현가를 구할 수 있다. 그리고 다른 통화표시의 일련의 베이시스 포인트를 그 통화의 이자율로 할인하여 현재가치를 구할 때 그것이 앞에서 구한 현재가치와 같게 되는 베이시스 포인트 값을 구하면 그것이 바로 적절하게 전환된 베이시스 포인트가 된다. 이 경우 현재가치를 구하기 위하여 사용되는 할인율은 각 통화의 스왑금리를 적용하면 된다.

Chase은행의 경우에 있어서 만약 10년만기 달러화 스왑금리가 9%라고 한다면, 6개월마다 지급되는 미달러화 25bp의 현재가치를 할인율 9%를 적용하여 구한 후, 12.20%의 파운드화 스왑금리를 할인율로 하여 파운드화 베이시스 포인트의 현재가치를 구할 때 그것이 위의 달러화 현재가치와 동일한 값을 갖게 되는 파운드화 베이시스 포인트의 값을 구하면 29.0bp가 된다. 즉,

$$PV\,(25\ BP_{\text{US\$}}) = \sum_{t=1}^{20} \frac{12.5}{(1+0.045)^t} = 162.6$$

$$= \sum_{t=1}^{10} \frac{29.0}{(1+0.122)^t} = 162.6$$

일반적으로, 통화 B로 표시되는 베이시스 포인트(BP_B)가 주어졌을

때, A통화로 표시되는 베이시스 포인트(BP_A)로 전환시키는 공식은 다음과 같다.

$$BP_A = BP_B \times \left[\frac{(1+\frac{r_B}{m_B})^{nm_B}-1}{r_B(1+\frac{r_B}{m_B})^{nm_B}} \right] \left[\frac{r_A(1+\frac{r_A}{m_A})^{nm_A}}{(1+\frac{r_A}{m_A})^{nm_A}-1} \right]$$

r : 스왑금리
n : 스왑계약의 연수
m : 연간이자가 지급되는 횟수

● 사 례 10-6 SWAP 고시율의 자금비용 추정치로의 전환

어느날 프레이저사 국제재무관리자인 라크우드씨는 당일 저녁까지 스위스프랑화 차입을 하여야만 되었다. 프레이저사의 유로CP 발행금리는 LIBOR − 3/8% 수준이었으며, 라크우드씨는 이 수준이 향후 2년간 유지될 것으로 판단하고 있었다. 이에 라크우드씨는 유로CP를 발행하여 차입한 자금을 2년간 스위스프랑화 표시 고정금리부채로 스왑할 경우 총비용이 얼마나 될지 궁금하였다. 제시된 스왑가격은 아래와 같았다.

기간	미정부채 수익률	US SWAP 스프레드 (Semiannual)	SF/$ SWAP (Annual)
2년	9.20	55 − 59 bp	6.70 − 6.76
5년	9.45	57 − 62 bp	7.05 − 7.09
7년	9.77	70 − 75 bp	7.18 − 7.26
10년	9.80	70 − 75 bp	7.30 − 7.34

프레이저사는 향후 2년간 LIBOR − 37.5bp로 180일만기 유로CP를 계속하여 발행하고 스왑계약을 체결하여 상대방으로부터 LIBOR를 수취하고 스위스프랑화 고정금리를 지급하도록 하면 된다. 이때 스위

스프랑화 고정금리는 스왑가격을 제시하는 상대방 입장에서 수취하는 offer쪽 금리 즉, 6.76%가 된다.

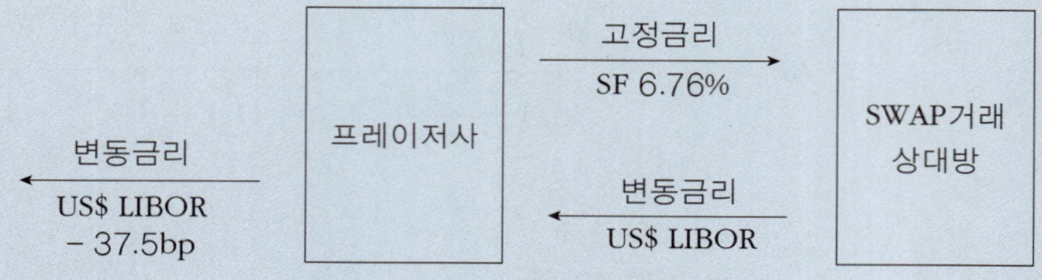

그러나 프레이저사가 실제로 원하는 스왑은 변동금리 LIBOR – 37.5bp을 수취하는 것이지 LIBOR를 수취하는 것은 아니다. 이 금리차이를 스위스프랑화쪽에서 산출하기 위하여 위에서 제시된 공식을 이용하면 미달러화 37.5bp가 스위스프랑화 36.6bp가 됨을 알 수 있으며, 이로 인한 프레이저사의 총비용은 약 6.39%(= 6.76% – 0.366%)가 됨을 알 수 있다.

부록 스 왑 션 (Swaption)

스왑션(swaption)은 스왑(swap)과 옵션(option)의 복합형태로서 계약기간 동안 금리가 계약시 약정한 수준에서 벗어날 경우 변동금리를 고정금리로 전환시킬 수 있는 권리를 부여하는 계약을 말하는데 금리스왑에 대한 옵션이라고 볼 수 있다. 스왑션의 매입자가 일단 옵션을 행사하게 되면 잔여기간 동안의 금리가 행사가격 수준에서 고정된다. 즉, 옵션을 행사한 후 실제금리가 행사가격(약정금리)을 상회하는 경우에는 상대방으로부터 그 차액을 지급받고 실제금리가 행사가격(약정금리)을 하회하는 경우에는 상대방에게 그 차액을 지급함으로써 실효금리를 행사가격(약정금리) 수준에서 고정시킬 수 있게 된다. 그러므로 스왑션의 경우 일단 행사가격으로 옵션을 행사하게 되면 변동금리채무가 고정금리채무로 전환된다고 할 수 있다.

연습 문제

EXERCISES

〈문제 1번부터 2번까지는 다음의 상황을 읽고 답하라〉

상 황

호주의 어느 기업은 만기 3년의 고정금리 호주달러화 부채를 가지고 있으나 이를 저금리의 일본엔화 부채로 바꾸려고 한다. 이 기업은 은행으로부터 다음과 같은 스왑가격들을 제시받았다.

1) 은행은 6개월 LIBOR를 대가로 12.74%의 호주달러화 금리를 지급하거나 12.84%를 수취하고자 한다.
2) 은행은 6개월 LIBOR를 대가로 5.85%의 일본엔화 금리를 지급하거나 5.93%를 수취하고자 한다.

이 기업은 위와 같은 스왑가격들을 제시받고 은행을 상대로 6개월 LIBOR에 대한 2가지 통화스왑계약을 체결함으로써 원하는 목적을 이루고자 한다. 즉,

첫 번째 스왑: 6개월 미달러화 LIBOR의 변동금리를 지불하고
호주달러화 고정금리 (1)%를 (2)한다.

두 번째 스왑: 일본엔화 고정금리 (3)%를 (4)하고
6개월 미달러화 LIBOR의 변동금리를 수취한다.

01 다음 중 위의 괄호 (1)과 (2)에 들어갈 내용이 정확하게 짝지어 진 것은?

1) (12.74), (수취)
2) (12.84), (수취)
3) (12.74), (지급)
4) (12.84), (지급)

02 다음 중 위의 괄호 (3)과 (4)에 들어갈 내용이 정확하게 짝지어 진 것은?

1) (5.85), (수취)
2) (5.85), (지급)
3) (5.93), (수취)
4) (5.93), (지급)

03 다음 중 베이시스(레이트) 스왑에 해당하지 않는 것은?

1) (LIBOR기준 변동금리) 대 (prime rate기준 변동금리)
2) (1개월 LIBOR기준 변동금리) 대 (6개월 LIBOR기준 변동금리)
3) (LIBOR기준 변동금리) 대 (달러화표시 CP금리기준 변동금리)
4) (LIBOR기준 변동금리) 대 (달러화표시 고정금리)

04 다음 중 통화스왑에 해당하는 것은?

1) (LIBOR기준 변동금리) 대 (prime rate기준 변동금리)
2) (LIBOR기준 변동금리) 대 (YEN화표시 고정금리)
3) (LIBOR기준 변동금리) 대 (달러화표시 CP금리기준 변동금리)
4) (LIBOR기준 변동금리) 대 (달러화표시 고정금리)

05 다음 중 금리스왑에 관한 설명으로 옳지 못한 것은?

1) 고정금리채무와 변동금리채무에 대한 이자지급의무를 일정기간 동안 상호교환하기로 하는 약정이다.
2) 두 당사자가 각각의 자금차입비용을 절감할 수 있다는 이점 때문에 거래가 이루어진다.
3) 신용도가 낮아 고정금리시장에서 자금조달이 어려운 경우 변동금리시장에서 자금차입을 한 후 금리스왑을 행하면 고정금리로 자금조달을 한 것과 같은 효과를 거둘 수 있다.
4) 서로 다른 통화로 표시된 고정금리채무와 변동금리채무간에 이루어지는 교환거래이다.

〈문제 6번부터 9번까지는 다음의 상황을 읽고 답하라〉

상 황

호주회사 B는 달러화 자금시장에서 변동금리부로 달러화자금을 차입하기를 원하지만 달러화 자금시장에서 신용도가 높지 못하므로 높은 수준의 금리를 부담하여야 한다. 그러나 이 회사는 Australian dollar(A$)화 자금시장에서는 유리한 조건으로 고정금리부 A$화 자금을 차입할 수 있다. 반면 미국회사 A는 유리한 조건으로 변동금리부 달러화 자금을 차입할 수 있으나 A$화 자금을 차입할 경우에는 높은 금리를 부담해야 한다.

	미국회사(A)	호주회사(B)
자금차입비용(달러화 자금시장)	LIBOR + 0.50%	LIBOR + 0.75%
자금차입비용(A$화 자금시장)	4.75%	4.50%

06 이러한 상황하에서 필요한 스왑계약의 종류는 무엇인가?

1) 금리스왑　2) 통화스왑　3) 베이시스스왑　4) 부채자본스왑

07 이러한 상황하에서 호주회사 B는 스왑계약을 체결하기 위하여 우선 무엇을 해야 하는가?

1) 변동금리부 달러화 자금차입　2) 고정금리부 A$화 자금차입
3) 고정금리부 달러화 자금차입　4) 변동금리부 A$화 자금차입

08 이러한 상황하에서 미국회사 A는 스왑계약을 체결하기 위하여 우선 무엇을 해야 하는가?

1) 변동금리부 달러화 자금차입　2) 고정금리부 A$화 자금차입
3) 고정금리부 달러화 자금차입　4) 변동금리부 A$화 자금차입

09 이제 미국회사 A와 호주회사 B가 스왑계약을 체결하여 차입한 원금을 서로 교환하고 스왑계약기간 동안 이자지급 및 만기시의 원금상환도 계속 교환하기로 약속한다면 호주회사 B는 달러화 자금시장에서 직접 자금차입을 하는 경우보다 달러화 자금차입비용을 얼마나 절감할 수 있는가?

1) 0.75%　2) 0.50%　3) 0.25%　4) LIBOR

10 다음 중 통화스왑에 관한 설명으로 옳지 못한 것은?

1) 동일한 통화로 표시된 고정금리채무와 변동금리채무에 대한 이자지급의무를 일정기간 동안 상호교환하기로 하는 약정이다.
2) 두 당사자가 각각의 자금차입비용을 절감할 수 있다는 이점 때문에 거래가 이루어진다.
3) 특정 통화시장에서 자금조달이 어려운 경우 다른 통화시장에서 자금차입을 한 후 스왑을 행하여 특정 통화시장에서 자금조달을 한 것과 같은 효과를 거둘 수 있다.
4) 서로 다른 통화로 표시된 고정금리채무와 변동금리채무간에 이루어지는 교환거래이다.

제 11 장

국제금융시장: 구조

Chapter

Global Financial Markets

11 국제금융시장: 구조

제 1 절 국제금융시장의 구조

국내거주자들 사이에 소요자금의 조달과 보유자금의 운용이 이루어지는 것을 국내금융(domestic finance)이라고 한다면 이와 같은 자금의 조달 및 운용이 비거주자를 상대로 국제적으로 이루어지는 경우를 국제금융(international finance)이라 한다. 국제금융시장이란 이러한 국제금융이 이루어지는 장소, 즉 거주지 또는 국적이 다른 경제주체 상호간에 직접 또는 간접적으로 장 · 단기 금융거래가 이루어지는 시장을 말한다. 따라서 국제금융시장이란 일반적으로 국경을 넘어선 자금의 대차, 즉 국제간의 자본이동이 이루어지는 시장을 말한다.

한편, 국제금융시장은 다시 외국시장(foreign market)과 역외시장(offshore market 또는 Euromarket)으로 구분할 수 있다. 외국시장이란 주요 국가의 국내금융시장에 비거주자가 참여하여 이루어지는 금융시장을 말한다. 외국시장의 경우에는 금융시장이 위치하고 있는 나라의 금융기관이 활약하며, 거래되는 자금도 모두 그 나라의 통화로 표시된다. 예를 들면, 런던금융시장에서는 영국의 금융기관들을 중심으로 파운드화표시자금이 거래되고 뉴욕금융시장에서는 미국의 금융기관들을 중심으로 달러화표시자금이 거래된다. 반면 역외시장이란 특정국 통화표시의 금융자산이 그 통화발행국의 영토 밖에서 거래되는 국제금융시장을 말한다. 예를 들면, 달러화표시의 자금이 미국 이외의 지역에서 거래되거나, 스위스 프랑화표시의 자금이 스위스 이외의 지역에서 거래되는 시장이다.

이와 같은 유로시장의 거래자는 시장이 소재한 나라의 입장에서 볼 때 비거주자가 대부분이며, 금융기관도 시장이 위치한 나라의 금융기관뿐만 아니라 금융자산의 표시통화국을 비롯한 주요 국가의 금융기관들로 구성되어 있다.

국제금융시장도 국내금융시장과 마찬가지로 금융기관을 중개기관으로 하여 자금의 이동이 이루어지는 간접금융시장과 주식이나 채권 등의 매매를 통하여 자금이 직접 연결되는 직접금융시장으로 구분할 수 있다. 특히, 비거주자의 자금이 다른 비거주자에게 공급되는 역외시장의 경우 간접금융시장은 유로커런시시장이라 부르고 직접금융시장은 유로채시장이라고 한다.

제 2 절 유로커런시시장

1. 유로커런시시장의 개요

국제금융시장의 핵심은 유로커런시시장이라고 할 수 있는데 유로커런시시장의 약 75%는 유로달러가 차지하고 있다. 유로달러란 미국 이외의 지역에 있는 은행에 예치되어 있는 달러를 말한다. 이 은행들은 이 예금을 다른 은행에 다시 예치하거나 최종적인 차입자에게 대출하게 된다. 이 은행들은 미국은행의 해외지점이거나 또는 외국은행이 된다. 마찬가지로 유로파운드 또는 유로sterling은 영국 이외의 지역에 있는 은행에 예치되어 있는 파운드화(sterling화) 예금을 말한다. 그러므로 접두사 'Euro'는 특정통화가 그 통화의 발행국 이외의 지역에서 거래되는 경우 이를 지칭하기 위하여 사용된다고 할 수 있다. 예를 들면, 유로달러시장은 미국 이외의 지역에서 달러화 예금을 받아들이고 달러화 대출을 하기 위하여 서로 경쟁하는 금융기관들로 구성되어 있다고 할 수 있다.

유로커런시시장은 1950년대 후반에 런던에서 생성되기 시작하였으며 1965년 이후 급격하게 성장하였다. 유로커런시시장의 초기의 성장에 대한 이유로서 몇 가지의 이론들이 대두되었는데 미국의 국제수지악화, 자본거래의 규제, 석유수출국기구(OPEC) 국가들의 막대한 달러 보유 등으로 인하여 유로커런시시장이 성장하게 되었다는 설명이 그것이다. 그러나 유로달러시장은 전체 달러화 자금시장이 성장하는 것과 함께 성장하는 것이며 단지 유로달러시장이 미국 국내금융시장보다 더 빨리 성장하는 것은 금융규제 등의 차이로 인하여 유로달러시장이 자금을 예치하거나 차입하기에 보다 유리한 곳이 되는 데에 기인한다고 볼 수 있다. 유로커런시시장의 성장을 이해하기 위하여는 달러화 및 다른 통화표시 자금에 있어서의 국내금융시장과 유로시장 간의 재정거래(arbitrage)에 대하여 그 동기 및 과정을 이해하는 것이 필수적이라고 할 수 있다.

다음에서는 유로시장과 관련되는 용어들을 우선 살펴보기로 한다.

유로커런시시장

유로커런시시장(Eurocurrency market)은 은행의 예금 및 대출거래가 이루어지는 시장으로서 이종통화 간의 지급수단이 거래되는 외환시장과는 구별된다. 유로시장은 자금이 특정통화로 표시되어 있을 경우 그 통화의 발행국 이외의 지역에 위치하게 되므로 유로시장이라는 표현보다는 역외시장(external market 또는 offshore market)이라는 표현이 더 적절할지도 모른다.

유로커런시시장의 총규모 및 순규모

유로커런시시장의 총규모(gross size)는 유로커런시로 표시된 모든 부채의 합계가 되는데 그 중에는 유로은행(Eurobank)들 간의 은행간예금이 포함되어 있다. 그러므로 자금의 최종수요자에게 공여된 신용의 총액을 구하기 위하여는 유로커런시시장의 총규모에서 은행간예금을 제외시켜야 하는데 이것이 유로커런시시장의 순규모가 된다.

유로채

유로채(Eurobond)란 채권이 발행 · 매각되는 국가 이외의 국가의 통화로 표시된 채권을 말하는데 런던에서 매각되는 달러화표시 채권 또는 룩셈부르크에서 매각되는 파운드화표시 채권 등이 이에 해당한다. 유로채시장(Eurobond market)은 장기자금시장으로서 단기자금시장인 유로커런시시장과는 구별된다. 유로커런시시장에서는 은행이 신용위험을 부담하는 중개역할을 하지만 유로채시장에서는 자금의 공여자가 직접 위험을 부담한다.

유로은행

유로은행(Eurobank)이란 자기가 위치한 국가 이외의 국가의 통화로 표시된 자금의 예금 및 대출업무를 수행하는 은행을 말한다.

콘소시움은행

콘소시움은행(consortium bank)이란 상이한 국적을 가진 두 개 이상의 은행들에 의하여 설립된 합작투자은행을 말한다. 이러한 콘소시움은행들이 설립되는 이유는 은행들이 중장기자금의 대출업무를 보다 적극적으로 수행하고자 하기 때문이라고 할 수 있다. 콘소시움은행은 다국적은행이므로 각국 중앙은행들로부터의 규제를 피할 수 있다.

LIBOR

LIBOR란 London Interbank Offered Rate의 약자로서 London 유로달러시장에 있는 일류은행들이 고시하는 유로달러의 offered rate(은행자신이 예금을 예치하는 이자율 또는 대출금리)를 말한다. LIBOR는 국제금융시장에서의 대표적인 기준금리로서 자금차입자가 실제로 지급하는 금리는 LIBOR에 일정한 스프레드(spread)를 가산하여 결정된다. 일반적인 경우 자금차입자에게 적용되는 스프레드는 0.25% 내지 2%에 달한다.

신디케이트 유로대출

유로대출(Eurocredit)이란 유로커런시시장에서의 중장기자금의 대출을 말한다. 유로대출은 주로 신디케이트대출(syndicated loan)의 형태를 취하는데 신디케이트대출은 여러 금융기관들이 차관단을 형성하여 특정 차입자에게 대규모의 중장기자금을 대출하는 것을 말한다. 신디케이트대출에 참여하는 은행들은 많은 수의 대출에 작은 지분을 가지고 참여함으로써 채무불이행위험을 분산시킬 수 있게 된다. 신디케이트대출에 있어서 융자금액의 표시통화는 차입자 또는 대출자의 거주국 통화 이외의 통화로 지정하는 것이 가능하며, 거의 대부분의 유로대출은 변동금리부로 행해지는데 이것은 주로 고정금리부로 발행되는 유로채(Eurobond)의 경우와는 대조를 이룬다.

2. 유로달러의 생성

유로커런시시장과 각국의 국내금융시장과의 중요한 차이점은 유로커런시시장에서의 은행들의 활동에 대하여는 각국의 금융규제가 적용되지 않는다는 것이다. 따라서 유로은행들은 각국의 국내은행들에 비하여 보다 효율적으로 업무를 수행할 수 있고 많은 금융중개업무를 국내금융시장으로부터 유로시장으로 끌어올 수 있다. 즉, 각국의 금융규제가 적용되지 않는다는 점과 국내은행들에 비하여 유로은행들의 경쟁력이 더 높다는 점이 유로시장의 성공이유가 된다고 할 수 있다.

유로달러의 경우를 예로 들면, 유로달러시장이 미국 국내금융시장에 비하여 가지고 있는 가장 중요한 이점은 미국 이외의 지역에 있는 은행들은 그들이 확보한 예금에 대하여 지불준비금예치의 의무가 없다는 점이다. 지불준비금 예치의무를 포함한 각종 금융규제가 없다는 점이 유로은행들로 하여금 자금의 차입자와 대출자에게 미국 국내은행들보다 약간 유리한 조건을 제시할 수 있도록 해준다. 따라서 미국 국내은행들과 비교할 때 유로은행들은 보다 높은 예수금리를 제시할 수 있고 보다 낮은 대출금리를 제시할 수 있게 된다.

이제 다음의 예를 통하여 유로달러예금이 창출되고 유로달러대출이 이루어지는 과정을 살펴보자. 먼저 미국의 식료품업체인 Pillsbury사는 미국 국내금리보다 0.5% 높은 유로달러예금의 금리에 유인되어 미국 국내은행에 예치되어 있는 정기예금(time deposit) $ 1,000,000를 런던소재 Barclays은행으로 이전시키고자 한다면, Pillsbury사는 정기예금의 만기시 이를 같은 은행에의 요구불예금(demand deposit)으로 전환시킨 후 런던소재 Barclays은행을 수취인, 그리고 현재 요구불예금이 예치되어 있는 국내은행을 지급인으로 하는 $ 1,000,000의 수표를 발행하여 이를 런던소재 Barclays은행에 정기예금으로 예입하면 된다. 그러면 Barclays은행은 Pillsbury사가 발행한 수표를 국내은행에 제시하여 $ 1,000,000를 그 국내은행에 설정되어 있는 Barclays은행의 계정으로 이체해줄 것을 요청한다. 따라서 런던소재 Barclays은행에 유로달러정기예금 $ 1,000,000가 생성됨에도 불구하고 미국달러화 자체는 미국 이외의 지역으로 실제 이동되지 않음을 알 수 있다.

이제 Barclays은행은 $ 1,000,000를 미국 국내은행에 유휴자금으로 그대로 두지는 않을 것이다. 만약 Barclays은행이 자금을 차입하려는 적당한 기업 또는 정부를 발견할 수 없는 경우에는 $ 1,000,000를 유로달러 은행간시장(interbank market)에서 다른 유로은행(Eurobank)에 예치하려고 할 것이다. 런던소재 스미도모은행의 예수금리가 괜찮은 수준이라고 판단될 경우 Barclays은행은 미국 국내은행을 지급인으로 하는 수표를 발행하여 $ 1,000,000를 스미도모은행에 예입하고, 스미도모은행은 미국 국내은행에 이 수표를 제시하여 $ 1,000,000가 그 국내은행에 설정되어 있는 스미도모은행의 계정으로 이체되게 할 것이다.

만약 스미도모은행이 적당한 차입자를 발견하지 못할 경우에는 $ 1,000,000를 유로달러 은행간시장에서 또 다른 유로은행에 예치하게 될 것이다. 이와 같은 재예치의 과정은 최종적인 차입자가 발견될 때까지 계속된다. 그리고 재예치의 각 단계에서 재예치를 받는 은행은 전단계의 은행보다 약간 높은(약 1/8% 정도 높은) 금리를 지급하게 된다. 일반적으로 잘 알려진 유로은행들이 최초로 유로달러예금을 받게 되고 잘 알려지지 않은 소규모 은행들은 유로달러 은행간시장에서 잘 알려진 은행들로부터 예금을 받게 된다. 유로달러 은행간시장에서의 재예치는 유로달러시장의 총규모를 늘려주지만 최종적인 차입자에게 대출하는 것이 아니므로 유로달러시장의 순규모를 늘려주지는 않는다.

유로은행이 자금을 필요로 하는 최종차입자를 발견하여 대출을 하는 것이 마지막 단계가 된다. 이제 스미도모은행이 독일제약회사인 훽스트사에게 $ 1,000,000를 대출한다고 가정하자. 스미도모은행은 Barclays은행으로부터 예치받은 $ 1,000,000를 미국 국내은행에 설정되어 있는 자기의 계정에 보유하고 있으므로, 이 $ 1,000,000가 미국 국내은행의 훽스트사 계정으로 이체되도록 함으로써 대출을 완료하게 된다. 그리고 대출을 받게 된 훽스트사는 이 자금을 인출하여 어떤 용도에 사용할 것이다.

유로은행이 행하는 유로달러대출은 미국 국내은행이 행하는 대출과 성격상으로는 매우 유사하다고 할 수 있다. 단지 유로달러대출의 경우는 잘 알려진 차입자에게 대출하는 경우가 많으므로 미국 국내대출의 경우보다 신용조사 및 서류절차에 있어서 덜 번잡하게 된다. 차입자가 대출받고자 하는 금액이 어느 한 유로은행이 대출하기에 너무 큰 금액일 경우에는 차입자는 서로 다른 국적을 가진 일단의 은행들에 의하여 형성된 차관단으로부터 대출을 받을 수 있다. 이 경우에 흔히 차입자는 대출금액의 표시통화를 선택할 수가 있게 된다. 유로달러대출의 만기가 6개월 이상인 경우에 금리는 매 기간(3개월 또는 6개월)마다 그 당시의 LIBOR에 일정 스프레드를 가산하여 재조정된다.

한편, 유로달러시장에서의 예수금리는 미국 국내예수금리에 비하여 약 1/2 내지 1%가 높으므로 왜 모든 자금이 미국 국내금융시장으로부터 유로달러시장으로 빠져나가지 않는가 하고 의아하게 생각될는지 모른다. 한 가지 이유로는 자금이동규제를 들 수 있다. 많은 국가들은 내국인이 해외에 투자하는 것을 규제하고 있고 어떤 국가들은 국내기업이 해외에서 차입하는 것을 규제하고 있다. 다른 한 가지 이유로서 해외에서의 예금잔고의 유지 또는 자금차입에 따르는 불편과 비용을 들 수 있다. 유로달러시장은 주로 $ 1,000,000 이상의 금액이 거래되는 도매금융시장이고 유로은행들은 잘 알려진 대기업, 은행 및 각국 정부들에게 대출하기를 선호한다. 그리고 많은 차입자들과 대출자들이 아직 유로커런시시장의 성격 및 기법들을 잘 모르고 있기 때문이기도 하다. 그러나 유로커런시시장과 각국의 국내금융시장과의 가장 큰 차이점은 유로커런시시장은 다른 국가에 위치하고 있으므로 유로은행에 예치되어 있는 예금은 국내은행에 예치되어 있는 예금보다 위험하다고 할 수 있다. 이것을 유로커런시시장의 정치적 위험(sovereign risk)이라고 말한다.

3. 유로달러금리의 결정

유로달러시장과 미국 국내금융시장이 서로 어떠한 관련을 가지고 있는가에 대하여 두 가지 가설을 생각해볼 수 있다. 미국정부가 1974년에 자본이동에 대한 통제를 해제한 이후 유로달러금리와 미국 국내금리 간의 상관관계가 일반적으로 높았었다는 사실은 유로달러시장과 미국 국내금융시장이 모두 통합된 전세계적 달러화 금융시장의 일부분이라고 하는 가설을 뒷받침해준다고 볼 수 있다. 그러나 때로는 유로달러금리와 미국 국내금리의 차가 상당히 크고 변동을 보였었다는 사실은 유로달러시장이 미국 국내금융시장과는 독립된 별개의 금융시장이라고 하는 가설을 뒷받침해준다고 볼 수 있다.

여기에서는 미국은행들이 행하는 재정거래(arbitrage)가 유로달러시장과 미국 국내금융시장을 연결시키는 주요 경로가 된다는 것을 보여주고자 한다. 대규모 국제은행들은 이 두 금융시장에서 매일 엄청난 금액에 달하는 영업활동을 하며 이익을 올릴 수 있는 금리차가 존재할 경우에는 일반적으로 민첩한 반응을 보인다. 여기서 은행의 재정거래란 상대적으로 자금조달비용이 저렴하게 드는 시장에서 자금을 차입함과 동시에 다른 시장에서 그 자금을 대출하여 이익을 확보하는 거래뿐만 아니라 상대적 수익률 또는 비용의 변화에 따라 은행대차대조표상의 자산간 또는 부채간의 변화를 가져오게 하는 거래를 말한다. 이러한 재정거래는 유로달러금리와 미국 국내금리의 차가 어느 정도 이상 벌어지지 않도록 제한하게 되는데 그 이유는 재정거래를 통한 이익기회가 존재할 때 은행이 재정거래를 하게 되면 그 결과 금리차가 다시 좁혀지게 되기 때문이다.

한편, 같은 국가 내에서의 서로 상이한 통화표시의 유로커런시예금들

간의 커버된 금리재정거래(covered interest arbitrage)는 자본이동에 대한 규제를 받지 않으며 같은 국가 내의 유로커런시예금들은 그 정치적 위험도 서로 같다고 할 수 있다. 따라서 이들 유로커런시예금 간의 금리차는 단지 표시통화가 서로 다른 데에 기인한다고 볼 수 있다. 유로커런시예금 간의 금리차가 어느 정도 이상 벌어지게 되면 커버된 금리재정거래를 통한 이익기회가 존재하게 되고 은행들이 커버된 금리재정거래를 행하게 되면 그 결과 이들 유로커런시예금 간의 금리차는 다시 좁혀지게 된다.

그러므로 유로달러시장에서의 금리결정을 살펴보기 위하여는 유로달러금리와 다른 유로커런시금리가 커버된 금리재정거래에 의하여 어떻게 관련되어 있는가를 살펴보아야 하고 또한 유로달러금리와 미국 국내금융시장금리가 미국은행들이 행하는 유로달러시장과 미국 국내금융시장 간의 재정거래에 의하여 어떻게 관련되어 있는가를 살펴보아야 한다.

미국은행들이 행하는 유로달러시장과 미국 국내금융시장 간의 재정거래가 주어진 미국 국내금리수준에 상응하는 일정한 수준의 유로달러금리를 결정하지는 못한다. 대신에 이 재정거래는 유로달러금리와 미국 국내금리의 차이가 가질 수 있는 크기를 제한한다. 다음에서는 은행의 재정거래를 유로달러시장으로의 자금유출형 재정거래와 미국 국내금융시장으로의 자금유입형 재정거래로 나누어 살펴보고 은행의 재정거래가 어떻게 유로달러금리와 미국 국내금리의 차이가 가질 수 있는 크기를 제한하게 되는가를 구체적으로 설명하기로 한다.

1) 은행재정거래

일반적으로 은행의 재정거래는 두 가지로 분류할 수 있다. 그 중 한 가지는 은행이 새로운 부채를 발행하고 새로운 자산을 획득하는 경우로서 이 경우에는 은행의 대차대조표 규모가 확대된다. 다른 한 가지 종류의 재정거래는 은행의 대차대조표 규모는 변화시키지 않고 단지 자금조달에 있어서 대차대조표상의 부채간의 변화를 가져오게 하는 경우이다. 은행의 재정거래를 이와 같이 은행의 대차대조표 규모를 확대시키는 거래와 그 규모를 변화시키지 않는 거래로 구분하는 것이 필요한 이유는 은행이 대차대조표 규모를 확대시킬 용의가 있는가 또는 없는가에 따라서 은행의 재정거래가 유로달러시장과 미국 국내금융시장을 연결시키는 데 있어서 얼마나 효과적인 경로가 될 수 있는지가 결정되기 때문이다.

① 자금유출형 재정거래

유로달러시장으로의 자금유출형 재정거래(outward arbitrage)는 일반적으로 은행이 미국 국내금융시장에서 CD를 발행하여 자금조달을 한 후 이 자금을 유로달러시장에서 다른 은행에 예치하거나 비은행차입자에게 대출하는 형태로 행해진다. 이 경우 은행의 대차대조표 규모는 확대된다.

은행이 미국 국내에서 자금조달을 한 후 유로달러시장에서 대출을 하려고 하는 경우에는 당연히 미국 국내금융시장에서의 실효자금조달비용(effective cost of borrowing)을 유로달러시장에서의 수익률과 비교하게 된다. 미국 국내금융시장에서의 실효자금조달비용은 국내에서 발행되는 CD의 명목이자율을 연방예금보험공사(Federal Deposit Insurance Corporation; FDIC)에 지급해야 하는 보험료비용 및 연방준비은행(Federal Reserve Bank)에 지불준비금(reserves)을 보유해야 하는 데 따르는 비용을 감안하여 조정해주면 된다. 은행은 유로달러시장에서의 수익률이 미국 국내금융시장에서의 실효자금조달비용보다 높게 되면 유로달러시장으로의 자금유출형 재정거래를 행하게 될 것이다. 즉,

$$\frac{i_{CD} + f_{FDIC}}{1 - r_D} < E\$_L \cdots\cdots\cdots\cdots\cdots\cdots\cdots \quad (1)$$

$E\$_L$: 유로달러시장에서 자금을 다른 은행에 예치할 때의 이자율, 즉 유로달러시장에서의 수익률
i_{CD} : 미국 국내에서 발행되는 CD의 명목이자율
f_{FDIC} : 연방예금보험공사에 지급해야 하는 보험료비용
r_D : 연방준비은행에 의하여 부과된 지준율

위의 부등식의 좌변은 미국 국내금융시장에서의 실효자금조달비용이 된다. 따라서 다음과 같은 조건이 성립하면 은행은 재정거래를 행하고자 하는 의욕을 상실하게 될 것이다. 즉, 미국 국내금융시장에서의 실효자금

조달비용이 유로달러시장에서의 이자율보다 높거나 같게 되면 은행은 재정거래를 행하지 않게 된다.

$$\frac{i_{CD} + f_{FDIC}}{1 - r_D} \geq E\$_L \cdots\cdots\cdots\cdots (2)$$

우리는 식(2)로부터 미국 국내금융시장에서의 실효자금조달비용이 유로달러시장에서의 이자율 값이 취할 수 있는 범위의 상한이 됨을 알 수 있다. 만약 유로달러시장에서의 이자율이 이 상한을 넘게 되면 은행들은 재정거래를 통한 이익을 얻기 위하여 미국 국내금융시장에서 자금을 조달하여 유로달러시장에서 대출하려고 할 것이므로 미국 국내금융시장에서의 이자율은 상승하게 되고 유로달러시장에서의 이자율은 하락하게 되어 결국에는 재정거래를 통한 이익기회는 사라지게 될 것이다.

② 자금유입형 재정거래

일반적으로 유로달러시장으로의 자금유출형 재정거래는 은행의 대차대조표 규모를 확대시키게 되지만 미국 국내금융시장으로의 자금유입형 재정거래(inward arbitrage)는 주로 은행이 기존의 국내자금조달원을 해외자금조달원으로 대체시킬 때 발생한다. 미국 국내금융시장에서 자금수요의 급격한 증가로 인하여 자금조달비용이 높아지게 되면 은행들은 자금조달비용이 보다 저렴한 유로달러시장에서 자금조달을 하게 된다. 이와 같은 자금유입형 재정거래에서는 조달된 자금이 새로운 대출을 위하여 사용될 경우에만 은행의 대차대조표 규모를 확대시킨다.

은행이 유로달러시장에서 자금조달을 하려고 하는 경우에는 유로달러시장에서의 실효자금조달비용을 미국 국내금융시장에서의 실효자금조달비용과 비교하게 된다. 유로달러시장에서의 실효자금조달비용은 유로달러시장에서 자금을 다른 은행으로부터 차입할 때의 이자율을 유로달러자금에 대하여 부과되는 지준율을 감안하여 조정해 주면 얻을 수 있다. 은행은 유로달러시장에서의 실효자금조달비용이 미국 국내금융시장에서의 실효자금조달비용보다 낮게 되면 미국 국내금융시장으로의 자금유입

형 재정거래를 행하게 될 것이다. 즉,

$$\frac{E\$_H}{1 - r_{E\$}} < \frac{i_{CD} + f_{FDIC}}{1 - r_D} \quad \cdots\cdots\cdots\cdots\cdots\cdots \quad (3)$$

$E\$_H$: 유로달러시장에서 자금을 다른 은행으로부터 차입할 때의 이자율

$r_{E\$}$: 미국은행이 유로달러시장에서 자금을 차입하는 경우 연방준비은행에 의하여 부과되는 유로달러자금에 대한 지준율

위의 부등식의 좌변은 유로달러시장에서의 실효자금조달비용이 되고 우변은 미국 국내금융시장에서의 실효자금조달비용이 된다. 따라서 다음과 같은 조건이 성립하면 은행은 재정거래를 행하고자 하는 의욕을 상실하게 될 것이다.

$$\frac{E\$_H}{1 - r_{E\$}} \geq \frac{i_{CD} + f_{FDIC}}{1 - r_D} \quad \cdots\cdots\cdots\cdots\cdots\cdots \quad (4)$$

또는

$$E\$_H \geq \frac{i_{CD} + f_{FDIC}}{1 - r_D}(1 - r_{E\$}) \quad \cdots\cdots\cdots\cdots\cdots \quad (5)$$

우리는 식(5)의 우변이 유로달러시장에서 자금을 차입할 때의 이자율 값이 취할 수 있는 범위의 하한이 됨을 알 수 있다. 만약 유로달러시장에서의 이자율이 이 하한보다 낮게 되면 은행들은 재정거래를 통한 이익을 얻기 위하여 유로달러시장에서 자금조달을 하려고 할 것이므로 유로달러시장에서의 이자율은 상승하게 되어 결국에는 재정거래를 통한 이익기회는 사라지게 될 것이다.

한편 유로달러시장에서 자금을 다른 은행으로부터 차입할 때의 이자율 $E\$_H$와 유로달러시장에서 자금을 다른 은행에 예치할 때의 이자율 $E\$_L$과의 차이를 spread로 표시할 때 우리는 다음과 같은 관계를 얻을 수 있다.

$$E\$_H = E\$_L + \text{spread} \quad \cdots\cdots\cdots\cdots\cdots\cdots \quad (6)$$

따라서 식(6)을 식(5)에 대입하여 다음을 얻는다.

$$E\$_L \geq \frac{i_{CD} + f_{FDIC}}{1 - r_D}(1 - r_{E\$}) - \text{spread} \quad \cdots\cdots\cdots\cdots \quad (7)$$

③ 재정터널

자금유출형 재정거래에 있어서 얻은 식(2)는 유로달러시장에서 자금을 다른 은행에 예치할 때의 이자율 $E\$_L$의 상한을 말해주고 자금유입형 재정거래에 있어서 얻은 식(7)은 $E\$_L$의 하한을 말해준다. 그러므로 우리는 식(2)와 식(7)로부터 $E\$_L$의 값이 취할 수 있는 범위를 구할 수 있고 이것을 재정터널(arbitrage tunnel)이라고 부르기로 한다. 즉,

$$\frac{i_{CD} + f_{FDIC}}{1 - r_D} \geq E\$_L \geq \frac{i_{CD} + f_{FDIC}}{1 - r_D}(1 - r_{E\$}) - \text{spread} \quad \cdots \quad (8)$$

유로달러시장에서의 이자율이 식(8)이 말해주는 범위 내에 들어있을 때, 즉 재정터널 속에 들어 있을 때는 은행은 재정거래를 행하고자 하는 의욕을 상실하게 될 것이다. 다시 말하자면 유로달러시장에서의 이자율이 재정터널 밖의 값을 취할 경우에는 은행들은 재정거래를 통한 이익을 얻기 위하여 자금유출형 또는 자금유입형 재정거래를 행하게 되고 결국에는 유로달러시장에서의 이자율이 재정터널 내의 값을 취하게 되며 재정거래를 통한 이익기회는 사라지게 될 것이다.

식(8)을 살펴보면 재정터널을 구하기 위하여 미국 국내시장에서 자금을 조달하는 데 있어서의 명목이자율 이외에 추가적으로 세 가지를 더 고려하고 있음을 알 수 있다. 즉, 미국 국내에서 CD를 발행하여 조달된 자금 및 유로달러시장에서 조달된 자금에 대하여 연방준비은행이 부과하는 지준율, 연방예금보험공사에 지급해야 하는 보험료비용, 그리고 유로달러시장에서 자금을 다른 은행으로부터 차입할 때의 이자율과 자금을 다른 은행에 예치할 때의 이자율과의 차이, 즉 spread 등이 곧 그것이다.

한편 유로달러시장에서의 이자율이 식(8)이 말해주는 범위 밖의 값을 취하는 경우에는 그 이유로서 리스크 프리미엄, 대차대조표의 구조변화 및 총자본이익률(rate of return on total assets) 등에 대한 고려를 들 수 있다. 다음에서는 1970년 이후의 실제 자료를 바탕으로 유로달러시장에서의 이자율이 과연 식(8)이 말해주는 범위 내에 있었는가를 살펴보고 범위 밖의 값을 취했던 경우에는 어떠한 설명이 가능한가를 살펴보기로 한다.

2) 실증적 검증 및 해석

1970년 초부터 1973년 중반까지의 기간 중에는 유로달러시장에서 자금을 다른 은행에 예치할 때의 이자율 $E\$_L$이 식(8)이 말해주는 범위의 상한을 넘고 있었음을 발견하게 되는데 그 이유로 1960년대 중반부터 시행되고 있었던 '자발적 해외신용공여규제계획(Voluntary Foreign Credit Restraint Program: VFCR)'을 들 수 있다. 이러한 자본이동규제(capital control) 조치하에서는 유로달러시장에서의 이자율이 식(8)이 말해주는 범위 밖의 값을 취하는 경우에라도 은행들은 재정거래를 행할 수 없었으므로 유로달러시장에서의 이자율은 재정터널 밖의 값을 유지할 수 있게 되었다. 1973년 후반부터 이러한 자본이동규제가 완화되자 은행들은 다시 재정거래를 하기 시작하였고, 그 결과 유로달러시장에서의 이자율은 다시 재정터널 내의 값을 취하게 되었다.

1973년 후반부터 약 1년 동안 유로달러시장에서의 이자율은 재정터널 내의 값을 취하고 있었으나 1974년 중반에 이르러 독일의 Herstatt Bank와 미국의 Franklin National Bank가 도산지경에 이르는 등 국제금융위기가 초래되자 유로달러시장에서의 이자율은 다시금 재정터널 밖의 값을 취하게 되었다. 1970년대 초반의 자본이동규제 조치에 의한 금융시장의 분리현상과는 달리 이 경우에 있어서 유로달러시장에서의 이자율이 재정터널 밖으로 이탈하는 현상은 리스크 프리미엄을 나타내고 있었다고 볼 수 있다. 즉, 국제금융 위기가 초래되자 은행들은 유로달러시장에서의 이자율이 미국 국내금융시장에서의 실효자금조달비용보다 충분한 폭으로 높기 전에는 재정거래를 하지 않게 되었다. 여기서 은행들이 재정거래를 개시하기 위하여 요구되는 유로달러시장에서의 이자율과 미국 국내금융시장에서의 실효자금조달비용의 차이를 리스크 프리미엄이라 할 때 이 두 가지의 실제차이가 리스크 프리미엄보다 작을 경우에는 은행들은 재정거래를 하지 않을 것임을 쉽게 알 수 있다.

국제금융위기가 진정되고 나서 1975년 중반 이후 1978년 말까지 유로달러시장에서의 이자율은 재정터널 내의 값을 취하고 있었으나 1979년에 이르러 제2차 석유파동으로 인하여 막대한 금액의 오일달러가 유로달러시장으로 환류되었고 유로달러시장에서의 이자율은 크게 하락하게 되었다. 그리하여 유로달러시장에서의 실효자금조달비용이 미국 국내금융시장에서의 실효자금조달비용보다 낮게 되어 은행들은 자금유입형 재정거래를 하기 시작하였다. 그러나 일반적으로 은행들이 기존의 국내자금조달원을 새로운 해외자금조달원으로 대체시키는 데는 시간이 걸리므로 재정거래를 통한 이익기회가 존재한다고 할지라도 즉시 모든 이익기회를 다 활용할 수는 없었다. 따라서 얼마동안 유로달러시장에서의 이자율은 재정터널이 말해주는 범위의 하한 밖의 값을 취했음을 알 수 있다.

1980년 말부터 유로달러시장에서의 이자율은 다시금 재정터널이 말해주는 범위의 상한 밖의 값을 취하게 되었는데 그 이유를 살펴보면 다음과 같다. 즉, 은행들이 건전한 영업행위를 하고 있는가에 대하여 많은 사람들이 의구심을 갖게 되고 은행주식의 가격이 하락하게 되자 은행들은 그들의 재무제표에 있어서 자기자본의 비율이 적정한가 또는 수익성이 적정한가 등을 측정하는 재무비율에 대하여 관심을 갖게 되었다.

첫째, 몇몇 은행들이 자기자본의 규모가 극히 작음에도 불구하고 지나치게 큰 액수의 대출을 하고 있다고 비판을 받게 되자 은행감독기관 및 투자자들은 은행의 부채비율에 대하여 점차 더 많은 관심을 갖게 되었다. 따라서 미국 은행들은 그들의 대차대조표 규모를 확대시키는 것을 주저하게 되었고 대출수익률이 매우 높지 않을 경우에는 그러한 대출로 인한 부채비율의 악화를 염려하여 대출을 하지 않는 경향을 띠게 되었다.

둘째, 은행들은 총자본이익률(rate of return on total assets)에도 관심을 갖게 되었다. 이 총자본이익률은 은행주식가격을 분석하고자 하는 사람들에게는 특히 중요한 재무비율이라고 할 수 있는데 그 이유는 총자본이익률이 은행의 필수적인 영업활동이라고 할 수 있는 대출의 수익률을 나타낸다고 볼 수 있기 때문이다. 그리고 은행이 자기자본의 변화 없이 새로운 자산을 획득하는 경우에 부채비율은 반드시 높아지지만 총자본이익률은 그 새로운 자산의 수익률이 어떠한가에 따라서 증가 또는 감소하게 되므로 은행주식가격의 분석자들에게 매우 유용한 지표가 된다고 할 수 있다. 특히 은행이 미국 국내에서 자금조달을 한 후 유로달러시장에서 대출을 하는 자금유출형 재정거래를 하는 경우에는 이익률(profit margin)이 극히 작으므로 이러한 재정거래는 총이익은 증가시키지만 평균총자본이익률은 감소시키게 된다. 따라서 총자본이익률에 대한 고려로 인하여 비록 재정거래를 통한 이익기회가 존재한다고 할지라도 은행들은 재정거래를 하지 않는 경향을 띠게 되었다.

위에서 살펴본 부채비율 및 총자본이익률에 대한 고려 이외에도 1980년 말부터 유로달러시장에서의 이자율이 재정터널의 상한 밖의 값을 취하게 된 이유로서 유로달러시장에서의 대출을 위험하다고 여기게 된 점을 들 수 있다. 1980년대 초반에는 전세계적으로 외채위기를 맞이하게 되었고 특히 개발도상국 및 동구권국가들에 대하여 대규모의 대출을 해준 은행들은 위기에 처하게 되었다. 따라서 은행들은 일반적으로 해외금융시장에서의 대출을 매우 위험하다고 여기게 되었고 유로달러시장에서의 이자율이 미국 국내금융시장에서의 실효자금조달비용보다 충분한 폭으로 높기 전에는 재정거래를 하지 않게 되었다.

결론적으로 우리는 유로달러시장과 미국 국내금융시장은 은행의 재정거래를 통하여 상당히 밀접한 관련을 가지고 있음을 알 수 있다. 그러나 때로는 이 두 시장이 서로 완전히 통합되지 못하였음을 알 수 있는데 그 이유로서 자본이동에 대한 규제, 위험에 대한 고려 및 대차대조표상의 재무비율에 대한 고려 등을 들 수 있다.

제 3 절 유로대출시장

1. 유로대출시장의 개요

유로대출(Eurocredit)시장은 중장기 유로커런시시장을 말하며 여러 은행으로 구성된 차관단이 차입자에게 대규모의 공동융자를 제공하는 신디케이트유로대출과 개별은행이 차입자에게 개별융자를 제공하는 개별유로대출로 나눌 수 있다.

1970년대에 들어와서 대출규모가 한 은행 또는 대출자가 감당하기 어려울 만큼 커지자 대출에 따른 위험을 분산시키기 위해 여러 은행이 공동으로 차관단을 구성하여 대규모 대출을 행하는 신디케이트대출(syndicated loan)이 성행하여 1980년대 초반까지 국제금융시장에서 대표적인 대출수단으로 이용되어 왔다.

그러나 국제금융시장에서의 증권화(securitization)현상이 급속히 진전되면서 1982년 이후 신디케이트대출이 국제금융시장에서 차지하는 비중이 크게 낮아지고, 신디케이트대출을 대체하는 수단으로서 유로노트, 유로CP, 유로MTN과 같은 증권형태의 자금조달수단이 개발되었다.

유로노트(Euro note)란 중기 인수약정퍼실리티에 의해서 발행되는 단기증권을 말하는데 인수약정기간은 대개 3년에서 10년 사이이며 이 기간 동안 발행되는 유로노트가 제대로 판매되지 않을 경우에는 인수약정을 체결한 금융기관이 이를 인수함으로써 차입자의 원활한 자금조달을 보장해준다. 유로노트발행퍼실리티는 RUF(revolving underwriting facility) 및 NIF(note issuance facility) 등 여러 가지 종류가 있으나 기본적인 내용은 큰 차이가 없기 때문에 이들을 총칭하여 NIF라고 부른다.

한편 유로CP(Euro commercial paper)는 유로노트와는 달리 인수약정퍼실리티가 없이 발행되는 단기증권을 말한다. 유로CP는 인수약정이 필요 없으므로 이와 관련된 수수료를 지불할 필요가 없어 보다 저렴한 비용으로 자금을 조달할 수가 있다. 또한 유로CP는 발행까지 소요되는 시간이

약 2주일 정도 밖에 되지 않아 보통 2개월이 걸리는 유로노트에 비하여 신속하게 발행될 수 있다.

1985년말에 처음으로 소개된 유로MTN(Euro medium term note)은 대규모 차입자들로부터 좋은 반응을 얻으면서 꾸준한 성장을 보여왔다. 유로MTN은 발행자가 차입기간, 발행한도 및 유가증권형태에 대한 프로그램을 설정하고 그 범위 내에서 이자율과 만기가 상이한 note를 수시로 발행할 수 있는 차입수단이다.

2. 신디케이트론(Syndicated Loan)

신디케이트론은 차입자가 특정 주간사은행(lead manager)에게 기채알선을 의뢰하는 교섭의뢰서(mandate)를 발급하고 주간사은행이 참여은행을 모집, 차관단(借款團: syndication)을 구성하여 대출하는 방법으로 전통적인 상업은행의 대출기능(貸出機能)과 투자은행의 인수기능(引受機能)이 복합된 것이다.

신디케이트론의 특징은 다음과 같다.

첫째, 주로 공모에 의한 참여은행의 모집과 이의 계층화를 통한 능력별 대출을 통하여 거액의 자금차입이 가능하다.

둘째, 국제상업은행들이 주로 단기로 자금을 조달함에도 불구하고 Euro시장의 풍부한 자금 유동성에 의해 신디케이트론의 만기는 5~10년의 중장기로 이루어진다.

셋째, 차입자의 높은 신용도, 국제간 담보관리의 어려움에 따라 물적담보없이 신용대출로 이루어지는 것이 관례이며 채권보전을 위하여 계약서에 강력한 법적 의무조항이 규정되어 있다. 신용도가 다소 낮은 차입자에 대해서는 일반적으로 금융기관의 지급보증이 요구되고 있다.

넷째, 신디케이트론의 만기가 대부분 중장기이므로 금리를 만기까지 고정시키지 않고 매 이자지급기일(3개월 혹은 6개월)마다 당시의 은행간 금리(LIBOR)에 일정 spread를 가산하여 연동시키는 것이 일반적이다.

신디케이트론에 관련된 주요 당사자는 주간사은행(主幹事銀行: lead manager), 대리은행(agent bank), 공동간사 또는 부간사은행(manager, comanager), 참여은행(participant) 등으로 구성된다.

1) 주간사은행(Lead Manager)

주간사은행은 차입자가 차입하고자 하는 차관금액을 가장 유리한 조건으로 firm offer를 제시하여 차입자로부터 교섭의뢰서를 받은 은행으로서, 여타 국제상업은행 및 투자은행들과 교섭하여 차관단을 구성하고 차관조건을 결정한다.

차관단의 구성성패 및 차관조건은 주간사은행의 국제적 신인도와 명성에 크게 좌우되고 있으므로 주간사은행의 선정에 매우 신중을 요한다.

주간사은행은 기채(起債)를 주관하는 은행으로서, 시장에서 차관의 평판을 유리하게 유지해 나가도록 노력해야 하며, 동시에 공동간사은행, 참여은행 등 대출자와 차입자의 중간 위치에서 쌍방의 이익을 옹호하여 제반문제의 중재자 또는 조정자의 임무를 수행해야 한다.

원칙적으로 차관계약이 체결되면 주간사은행의 임무는 종료되고 그 후의 차관관리임무는 대리은행(agent bank)으로 이양된다. 따라서 계약체결 후의 법적 의무는 수반되지 아니하나, 해당 차관이 원만히 인출되어 상환될 때까지 syndication을 주관하여 온 자로서 주간사은행의 도의적 책임은 계속된다.

2) 대리은행(Agent Bank)

대리은행을 별도로 선정할 수 있으나, 대부분의 경우 주간사은행이 이를 겸하게 되며, 주요 임무는 차관계약 조인식(signing ceremony)이후 차관에 관한 제반 사후관리업무이다.

3) 간사은행(Manager)

간사은행은 주간사은행과 함께 간사단(management group)을 구성하고 주간사은행의 업무를 지원하며 협조하는 정도의 소극적인 업무를 수행하나 차관의 관리를 위한 고유임무는 부여되지 않는 것이 보통이다.

그러나 간사은행은 단순 참여은행(participants)과 비교할 때 참여액의 규모가 크며 간사단이 구성될 때 차관금액의 일부를 인수할 것을 확약한다는 점에서 차이가 난다고 할 수 있다.

4) 참여은행(Participation Bank)

참여은행은 간사단의 초청을 받아 syndication에 참가하며, 기채알선이나 차관단 구성에 관련된 책임은 전혀 없으며, 차관계약서에 규정된 권리, 의무만을 준수하면 된다.

제 4 절 국제채시장[1)]

1. 국제채시장의 개요

유로커런시시장이 단기자금을 조달하기 위한 간접금융시장인 데 비하여 국제채시장은 장기자금을 조달하기 위한 직접금융시장이다. 여기서 국제채(international bond)란 차입자의 소재국 이외에서 판매되는 채권을 말하는 것으로서 외국채(foreign bond)와 유로채(Euro bond)로 나뉜다. 외국채란 차입자가 다른 나라의 국내자본시장에서 그 나라의 통화 표시로 발행한 채권을 말한다. 외국채는 채권이 발행되는 국가의 신디케이트에 의해 인수되고 그 나라의 거주자들에게 주로 판매된다.

이에 비하여 유로채란 채권에 표시된 통화의 발행국 이외의 지역에서 거래되는 채권을 말한다. 예를 들면 우리나라 기업이 달러표시채권을 발행하여 런던시장에서 매각한다면 이 채권은 유로채가 된다.

유로채는 외국채에 비하여 다음과 같은 특징을 지니고 있다.

첫째, 유로채는 주로 표시통화국 이외의 지역에서 모집되고 판매되기 때문에 원칙적으로 표시통화국의 규제를 받지 않고 자유롭게 발행할 수

---

1) 이 부분은 Ian H. Giddy, *Global Financial Markets*(Lexington, MA: D.C. Heath and Co., 1994)를 참고하였음.

있다. 예를 들어 외국채를 미국에서 발행하는 경우 증권거래위원회(SEC)에 등록하여야 하며, 또한 발행채권의 평가등급(credit rating)을 받아야 하나 유로채를 발행하는 경우에는 이와 같은 절차가 필요하지 않다.

둘째, 유로채를 인수하고 판매하는 신디케이트의 구성이 국제적이다. 즉, 유로채는 외국채와 같이 단일국의 금융기관에 의해 인수되고 판매되는 것이 아니라 수 개국의 금융기관의 참여에 의해 인수되고 판매된다.

셋째, 유로채는 그 투자자들이 국제적으로 다양하다. 유로채는 국제적인 신디케이트에 의해 인수되기 때문에 투자자들도 여러 나라에 분산되어 있다.

한편, 유로채는 대개 5년 내지 7년 이상의 중 · 장기채권으로 액면금액에 대한 고정이자율(coupon rate)로 발행되고 있으나 1970년 이후 변동금리채(floating rate note; FRN)가 발행되기 시작하여 최근에는 큰 비중을 차지하고 있다. 또한 최근에는 주식과 연계되는 유로채(equity-linked Eurobond)가 많이 발행되고 있는데 전환사채(convertible bond; CB) 및

그림 11-1 국제채시장의 구조

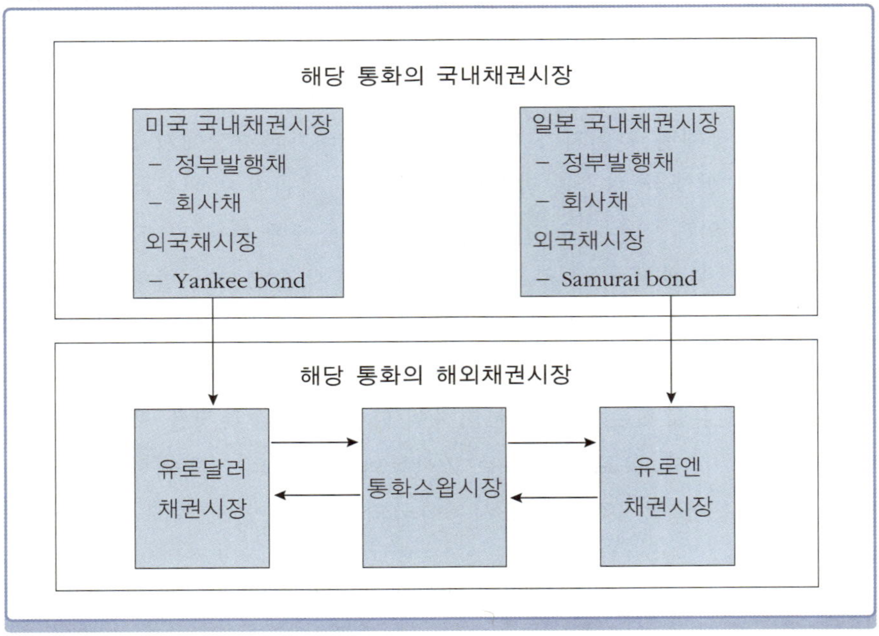

신주인수권부사채(bond with warrants; BW) 등이 그것이다.

국제채의 발행방법에는 공모(public offering)와 사모(private placement)가 있다. 공모는 일단의 국제적 인수업자를 통하여 일반대중에게 증권을 매각하는 방법이고 사모는 소수의 기관투자가나 중앙은행과 같은 단일투자자에게 증권을 매각하는 방식이다. 공모는 증권거래소에 상장되는 데 반하여 사모는 일반적으로 상장을 요구하지 않는다. 또한 공모는 일반적으로 규제당국에 등록하여야 하지만 사모는 등록을 요구하지 않는다.

[그림 11-1]은 국제채시장을 구성하고 있는 주요 시장간의 연계를 보여주고 있다. 각 통화별로 해당 통화의 국내채권시장과 해외채권시장을 생각할 수가 있다. 국내채권시장은 다시 정부발행채나 회사채 등을 거래하는 순수 국내채시장과 외국 차입자가 채권을 발행하는 외국채시장으로 나눌 수 있다. 해당 통화의 해외채권시장을 유로채시장이라고 부르는데 유로달러채권시장, 유로엔채권시장 등이 여기에 해당한다. 이들 유로채시장들은 통화스왑시장을 통하여 서로 연계되어 있다고 할 수 있다.

유로채시장이 해당 통화의 해외채권시장이라는 사실은 해당 통화국 정부의 규제를 받지 않는다는 것을 의미한다. 이것은 해당 통화국 정부가 국내채권시장을 해외채권시장으로부터 분리시킬 수 있다는 것을 의미하며, 자본이동에 대한 규제, 세제(taxes), 채권발행 및 거래에 대한 제한 등을 통하여 그러한 목적을 달성할 수 있다. 이와 같이 해당 통화의 국내채권시장과 해외채권시장이 서로 분리될 경우에는 채권의 발행비용 및 투자자의 수익률이 두 시장간에 서로 다르게 된다.

예를 들어, 미국정부는 자본의 해외유출을 막기 위하여 1963년 이후 이자평형세(interest equalization tax)를 부과함으로써 외국 차입자의 미국내 채권 발행을 억제하고자 하였다. 또한 1974년에 이자평형세가 폐지된 이후 1984년까지는 미국채권을 보유하는 외국투자자에게는 원천세(withholding tax)를 부과함으로써 외국투자자의 미국채권에 대한 투자를 억제하고자 하였다. 이러한 원천세가 1984년에 폐지된 이후에야 비로서 미국 국내채권시장과 유로달러채권시장 간의 수익률이 서로 근접하게 되었다.

미국을 포함한 대부분의 국가에서 채권은 채권 소유자의 이름이 명부에 올라가는 등록식(registered form)으로 발행된다. 그러나 유로채시장에서는 채권을 소지하고 있는 사람이 합법적인 소유자로서 인정을 받는 소지인식(bearer form)으로 발행되므로 유로채는 자신의 신분을 드러내기를 원치 않는 투자자들에게 특히 인기가 있다. 미국 정부는 오랫동안 유로채가 미국 국민들에게 판매되는 것을 엄격하게 제한해 왔는데 그 이유는 유로채의 경우에는 소지인식으로 발행되므로 투자자로부터 세금을 징수하기 어려울 뿐만 아니라, 규제당국에 등록이나 평가등급의 획득 등 발행자의 신용상태가 제대로 파악될 수 있는 절차를 거치지 않았다는 점에서 투자위험이 매우 크다고 판단하였기 때문이다.

미국 국내채권시장은 유로채시장과는 달리 정부의 규제가 많다. 예컨대, 미국 증권법(Securities Act of 1933)은 미국내에서 공모로 발행되는 신규 증권은 미국 증권관리위원회(Securities and Exchange Commission: SEC)에 등록을 하도록 요구하고 있으며 SEC에 등록되지 않은 유로채의 경우에는 해당 채권이 유통시장에서 90일 이상 거래된 이후에만 미국 국민에게 판매될 수 있도록 엄격하게 규정하고 있다.

다만, 채권이 공모가 아닌 사모로 발행되는 경우에는 SEC에 등록할 의무가 면제되는데, 유로채의 경우에도 소수의 대형 우량기관투자자가 매매가 아닌 보유목적으로 해당 채권을 매입하는 사모의 형태로 발행되는 경우에는 SEC에 등록하지 않아도 되도록 해왔다. 그후 1990년에 SEC는 미국 증권시장의 경쟁력을 제고시키기 위하여 Rule 144A를 공표함으로써 우량기관투자자 간에 유로채에 대한 유통시장에서의 매매를 허용하게 되었다.

2. 유로채 발행 절차

유로채의 발행자인 차입자는 차입하고자 하는 자금의 표시통화, 차입금액 및 원하는 금리수준(target rate)을 결정한 후 유로채 발행 경험이 풍부한 대형 투자은행(증권사)을 선정하여 유로채 발행에 관한 협의를 하게 된다. 만약 그 투자은행이 차입자로부터 유로채 발행을 주관해달라는 교섭의뢰서(mandate)를 받게 되면 그 투자은행은 주간사은행(lead manager)이 된다.

주간사은행은 채권 발행에 대한 전반적인 책임을 지며 실제로 채권 발행에 관한 모든 절차를 수행한다. 차입금액이 대규모인 경우에는 주간사은행은 소수의 다른 투자은행을 공동간사은행(comanager)으로 참여시켜 간사단(management group)을 구성한다. 간사단은 유로채의 발행계획 및 관리, 법적 절차 그리고 투자자들이 수용할 만한 금리나 거래조건 등을 협의하며 기채설명서(prospectus) 등의 서류를 준비한다.

간사단의 가장 중요한 임무 중의 하나는 보통 수십 개의 금융기관으로 이루어지는 인수단(underwriting group)을 구성하는 일이라고 할 수 있다. 인수단은 발행되는 채권을 인수하는 금융기관을 말하여 이들은 채권 발행의 일정지분을 정해진 가격에 발행자로부터 매입하기로 약정하는데 이것은 사실상 유로채의 발행자에게 풋옵션(put option) 즉, 채권을 매각할 수 있는 권리를 부여하는 것에 해당한다. 따라서 인수단에 속한 금융기관이 유로채를 발행자로부터 인수한 이후에 채권가격이 하락하거나 다른 투자자에게 매각할 수 없게 되는 경우에는 손해를 감수해야 한다.

판매단(selling group)은 유로채를 최종 투자자에게 판매하는 투자은

그림 11-2 유로채 발행을 위한 신디케이트

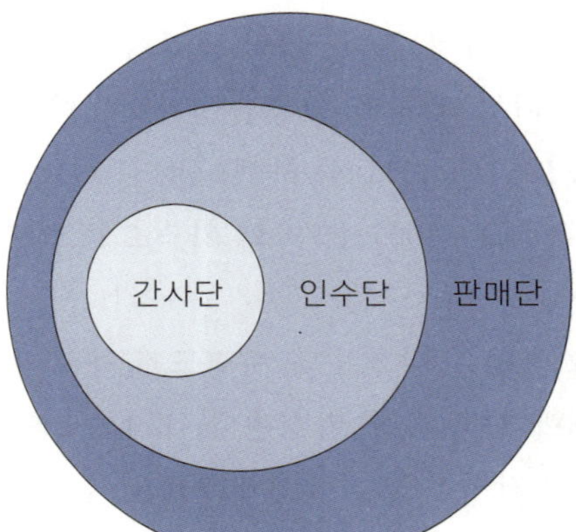

행이나 중개인 등을 말한다. 판매단은 간사단이나 인수단 뿐만 아니라 채권을 판매하기는 하지만 판매가 여의치 않을 경우에 이를 매입할 책임을 지지 않는 소규모 투자은행이나 중개인까지도 포함한다. 따라서 간사단과 인수단을 제외한 판매단 구성원이 발행종료일까지 할당된 채권을 모두 판매하지 못할 경우에는 간사은행들이 이를 책임지고 인수해야 한다.

[그림 11-2]는 유로채 발행을 위한 신디케이트의 경우 간사단(managers), 인수단(underwriting group) 및 판매단(selling group)이 서로 중복되어 구성됨을 보여주고 있다. 그러나 경험이 풍부하고 우수한 소수의 투자은행이 간사단, 인수단 및 판매단의 역할을 모두 수행하는 경우도 있다.

차입자가 주간사은행과 유로채 발행에 관한 협의를 시작하는 시점부터 모든 준비가 완료되어 발행이 공고(announcement)되기까지에는 보통 수개월이 소요된다. 유로채 발행이 공고된 후 주간사은행은 인수단과 판매단을 선정하고 기채설명서의 초안을 마련하며 판매단은 설명회 등 채권의 판매 촉진을 위한 여러 가지 활동을 전개한다.

정식으로 채권 판매가 시작되는 공식적인 발행일(offering day) 이전까지는 채권의 상세한 조건들이 확정되어있지 않지만 '그레이 마켓'(grey market)이라고 하는 발행을 전제로 한 시장에서 발행예정채권에 대한 선도(forward) 거래가 이루어지기도 한다.

그레이 마켓에서는 발행시의 채권가격에서 할인된 가격으로 거래가 이루어지는데 예를 들어, 어느 딜러가 채권가격을 less(3/8)이라고 호가한다면 그 딜러는 채권의 최종발행가격보다 (3/8)% 포인트만큼 낮은 가격으로 선매도(forward sell)하겠다는 뜻이다. 만약 최종발행가격이 101인 경우에는 딜러는 100과(5/8)의 가격으로 해당 채권을 인도하겠다는 약속인 것이다.

그레이마켓은 발행자의 지명도가 높고 가격 이외의 다른 조건들이 확정된 채권에 대해서만 형성된다. 또한 그레이마켓에서 형성되는 가격은 차입자와 주간사은행이 최종발행조건을 결정하는데 매우 중요한 영향을 미치게 된다.

최종 발행조건이 결정되면 발행일에 정식으로 인수계약이 체결되고

그림 11-3 유로채 발행 주요 일정

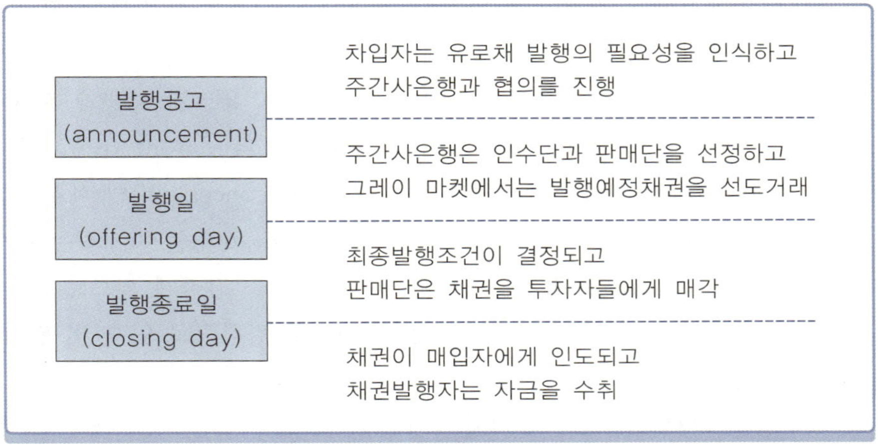

최종적으로 확정된 기채설명서가 인쇄, 배포되며 채권이 공식적으로 발행된다. 신디케이트 구성원들은 기채설명서에 기재된 채권의 발행가격에서에서 수수료를 차감한 가격으로 채권을 인수할 것을 약정하는 것이다.

주간사은행의 중요한 역할로서 가격의 안정화(stabilization)를 들 수 있다. 이것은 새로 발행되는 유로채의 시장가격을 판매기간 중에 안정적으로 유지하기 위하여 주간사은행이 시장에 개입하는 것을 말한다. 즉, 주간사은행은 유로채의 거래에 직접 참여하거나 또는 유로채의 판매단 구성원에게 할당되는 채권의 수량을 조절하는 방식으로 가격의 안정화를 위해 노력하는데 이를 얼마나 잘 수행하는가는 유로채 시장에서 주간사은행의 명성을 좌우하게 된다.

유로채의 발행일로부터 약 2주일 후가 되는 발행종료일(closing day)에는 채권이 매입자에게 인도되고 그 대가로 받은 자금이 채권발행자(차입자)에게 전달된다. 채권발행의 공식적인 절차가 모두 완료되고 나면 주간사은행은 *Financial Times* 또는 *Euromoney* 등의 세계적인 금융신문이나 잡지 등에 채권의 발행사실을 광고함으로써 자신의 명성을 높이고자 한다.

[그림 11-3]은 발행공고, 발행일, 발행종료일 등 유로채 발행과 관련된 주요 일정을 보여주고 있다.

유로채 신디케이트 구성원들은 기채설명서에 기재된 채권의 발행가격에서에서 수수료를 차감한 가격으로 채권을 인수하게 되므로 유로채 발행과 관련된 수수료는 간사단, 인수단 및 판매단이 해당 채권의 발행가격으로부터 할인을 받는 정도를 나타낸다. 유로채 발행과 관련된 수수료(fee 또는 spread)는 간사수수료(management fee), 인수수수료(underwriting fee) 및 판매수수료(selling concession)의 세부분으로 나눌 수 있는데 각각 전체 스프레드의 20%, 20%, 60%를 차지하는 것이 일반적이다. 간사단의 경우는 인수단 및 판매단을 겸하게 되므로 세 가지 수수료를 모두 얻게 되며 인수단은 판매단을 겸하므로 인수 및 판매수수료를 얻게 된다.

그러므로 간사단이나 인수단의 경우 해당 채권을 보다 낮은 가격에 인수하게 된다. 그러나 해당 채권이 최종 투자자에게 발행가격으로 판매된다는 보장이 없기 때문에 수수료는 확정된 것이 아니라 채권의 실제 판매가격에 따라 정해진다고 할 수 있다.

1980년대에 들어와 유로채 시장에서 채권인수 경쟁이 심화되면서 인수은행들의 수수료는 점차 감소하게 되었고 나중에는 최종 투자자들에게 발행가격보다 낮은 가격으로 채권을 매각하는 경우도 많이 있었다. 이로 인해 은행들의 수익성이 악화되었으나 채권인수 분야에서 자신들의 지명도를 높이고자 은행들은 손실을 감수하면서 과당경쟁을 지속하였다. 이러한 문제를 극복하기 위하여 등장한 방식이 고정가격부 재모집(fixed-price reoffer)이다. 고정가격부 재모집 방식은 전통적으로 미국 국내 시장에서 채권공모에 사용되어 왔던 방법으로서 유로채 발행에 참여하는 인수은행들은 채권의 매각과정에서 발행가격 이하로 판매하지 않기로 약정을 하게 된다. 그렇게 함으로써 유로채의 인수은행들에게 일정한 수익을 보장하고자 하는 것이다.

연습 문제

EXERCISES

01 주요국가의 국내금융시장에 비거주자가 참여하여 이루어지는 금융시장으로서 금융시장이 위치하고 있는 나라의 금융기관이 활약하며 거래되는 자금도 그 나라의 통화로 표시되는 금융시장을 무엇이라고 하는가?

02 다음 중 LIBOR에 대한 설명으로서 틀린 것은?

1) London 유로달러시장에서 고시되는 금리이다.
2) 국제금융시장의 대표적인 기준금리이다.
3) 일반차입자의 경우에 실제로 지급하는 금리는 LIBOR에 일정한 스프레드를 가산하여 결정된다.
4) 일류은행들이 고시하는 유로달러의 bid rate이다.

03 다음 중 유로커런시 시장의 특징에 해당하지 않는 것은?

1) 특정국 통화 표시의 자금이 그 통화발행국 영토 밖에서 거래되는 시장이다.
2) 각국의 국내금융시장에 비하여 금융활동에 대한 여러 가지 규제가 많다.
3) 각국의 국내은행들에 비하여 유로은행들은 자금의 차입자와 대출자에게 보다 유리한 금리를 제시할 수 있다.
4) 유로은행에 예치되어 있는 예금은 국내은행에 예치되어 있는 예금에 비하여 정치적 위험(sovereign risk)이 있다고 할 수 있다.

〈문제 4번부터 6번까지는 다음의 상황을 읽고 답하라〉

(1)은 차입자가 (2)에게 기채알선을 의뢰하는 (3)를 발급하고 차입자로부터 (3)를 받은 (2)가 참여은행을 모집, 차관단을 구성하여 대출하는 방식으로 차관단 구성의 성패 및 차관조건은 (2)의 국제적 신인도와 명성에 크게 좌우된다. (1)은 전통적인 상업은행의 대출기능과 투자은행의 인수기능이 복합된 것이라고 할 수 있다.

04 위의 괄호 (1)에 들어갈 내용은?

1) Floating Rate Note
2) Medium Term Note
3) Depositary Receipts
4) Syndicated Loan

05 위의 괄호 (2)에 들어갈 내용은?

1) Agent Bank
2) Participation Bank
3) Manager
4) Lead Manager

06 위의 괄호 (3)에 들어갈 내용은?

1) Mandate
2) Spread
3) Syndication
4) Coupon

07 다음 중 유로채(Euro bond)의 특징에 해당하지 않는 것은?

1) 국제적인 syndication이 구성되므로 투자자들도 국제적으로 다양하다.
2) 발행금액, 만기, 발행형태 등 발행조건의 선택범위가 넓다.
3) 주로 표시통화국 이외의 지역에서 모집되고 판매된다.
4) 발행시장국의 증권규제감독기구에 등록해야 한다.

08 다음 중 주식연계채권(equity-linked bond)에 해당하는 것은?

1) 신디케이트론
2) 고정채(Straight Bond)
3) 변동금리채(FRN)
4) 해외전환사채(Convertible Bond)

09 국제채의 발행방법으로서 사모(private placement)의 특징에 해당하는 것은?

1) 일단의 국제적 인수업자를 통하여 일반대중에게 증권을 매각하는 방법이다.
2) 증권거래소에 상장된다.
3) 일반적으로 규제당국에 등록을 해야 한다.
4) 일반적으로 증권거래소에 상장을 요하지 않는다.

10 "Rule 144A란 미국 증권관리위원회(SEC)가 개정한 법안으로서 외국 기업의 증권발행 시 공시의무를 강화하고 우량기관투자가 간에 사모(private placement)증권매매를 금지하기로 한 조치이다." 이 설명은 타당한가?

11 "grey market이란 새로운 채권이 정식으로 판매되기 전에 모집기간 중에 형성되는 비공식적 시장으로 grey market의 가격은 주간사 및 발행자의 발행조건 결정에 영향을 준다." 이 설명은 타당한가?

〈문제 12번부터 14번까지는 유로채 발행 관련 주요 당사자들에 관한 다음의 설명을 읽고 답하라〉

> 주간사은행은 채권 발행에 대한 전반적인 책임을 지고 실제로 채권 발행에 관한 모든 절차를 수행하며 차입금액이 대규모인 경우에는 소수의 다른 투자은행들을 공동간사은행으로 참여시켜 (1)을 구성한다. (1)은 유로채의 발행계획 및 관리, 법적 절차 그리고 투자자들이 수용할 만한 금리나 거래조건 등을 협의하며 기채설명서(prospectus) 등의 서류를 준비한다.
>
> (1)의 가장 중요한 임무 중의 하나는 보통 수십 개의 금융기관으로 이루어지는 (2)을 구성하는 일이라고 할 수 있다. (2)은 발행되는 채권을 인수하는 금융기관을 말하여 이들은 채권 발행의 일정지분을 정해진 가격에 발행자로부터 매입하기로 약정하게 된다.
>
> (3)은 유로채를 최종 투자자에게 판매하는 투자은행이나 중개인 등을 말하며 (3)에는 (1)이나 (2)뿐만 아니라 채권을 판매하기는 하지만 판매가 여의치 않을 경우에 이를 매입할 책임을 지지 않는 소규모 투자은행이나 중개인까지도 포함된다.

12 위의 괄호 (1)에 들어갈 내용은?

1) underwriting group
2) management group
3) selling group
4) offering group

13 위의 괄호 (2)에 들어갈 내용은?

1) underwriting group
2) management group
3) selling group
4) offering group

14 위의 괄호 (3)에 들어갈 내용은?

1) underwriting group
2) management group
3) selling group
4) offering group

제 12 장

국제금융시장: 주요 금융수단

Chapter

Global Financial Markets

12 국제금융시장: 주요 금융수단

국제금융시장에서의 주요 금융수단은 주식관련증권, 부채형증권, 혁신적 형태의 채권 및 신디케이트론 등으로 나눌 수 있다. 여기에서는 이들 주요 국제금융수단의 개념 및 장 · 단점을 살펴보기로 한다.

그림 12-1 주요 국제금융수단

- 주식관련증권
  - 해외전환사채(CB)
  - 신주인수권부사채(BW)
  - 주식예탁증서(DR)
- 부채형 증권
  - 고정채(Straight Bond)
  - 변동금리부채권(FRN)
  - 변동금리부 양도성예금증서(FRCD)
  - Medium Term Note(MTN)
  - Note Issuance Facility(NIF)
  - Commercial Paper(CP)
- 혁신적 형태의 채권
  - 환율 연계형
  - 주가지수 연계형
  - 기타 연계형
- 신디케이트론

1. 해외전환사채(Convertible Bond: CB)

1) 개 요

해외전환사채는 투자자에게 미리 정해진 일정한 조건 즉, 전환가격으로 주식으로 전환할 수 있는 권리가 부여된 채권이다. 투자자들은 전환권 행사 이전까지는 보통사채와 마찬가지로 확정부이자를 수취하지만, 전환권을 행사하여 주식으로 전환한 이후에는 배당과 자본이득을 취득할 수 있어 주식과 채권의 양면적인 성격을 지니고 있다. 따라서 전환사채는 채권의 안정성과 주식의 높은 수익성이라는 양면성을 가지게 된다.

일반사채가 발행시 표면금리(coupon)와 만기만을 결정하는 데 비해 전환사채는 coupon과 만기뿐만 아니라 전환가격도 결정하여야 한다. 전환가격결정은 성공적인 CB의 발행 및 판매에 있어서 매우 중요한 사항이며 향후의 전환사채발행에도 큰 영향을 미친다.

해외전환사채는 다음과 같은 장점을 지니고 있다. 즉, 첫째, 전환권이라는 특권이 부여되어 있기 때문에 일반사채보다 낮은 이자율로 자금조달이 가능하며, 둘째, 전환권행사시 타인자본이 자기자본으로 전환되므로 기업의 재무구조가 건실해지는 효과가 있고, 셋째, 전환가격은 시가에 일정한 premium을 붙여서 정해지므로 국내에서 시가로 증자하는 것보다 유리하고, 넷째, 국제적인 syndication을 구성하여 해외시장에서 road show를 통해 기업을 홍보하게 되므로 국제금융시장에서 발행기업의 지명도를 제고시켜주며, 마지막으로, 무담보 · 무보증 원칙이 적용되므로 담보의 설정비용이 들지 않는다.

한편, 해외전환사채는 다음과 같은 단점을 가지게 된다. 즉, 첫째, 발행 후 주식가격이 전환가격 이하일 경우에는 채권소지자가 전환권을 행사하지 않고 조기상환청구권(put 옵션)을 행사할 수 있으므로 재무관리상의 불확실성이 존재하게 되며, 둘째, 전환시 전체 주식수가 증가함에 따라 주당수익 및 배당금의 감소로 주가하락을 유발할 수도 있고, 셋째, 전환이 일어나면 사채는 소멸되므로 미래 현금흐름의 정확한 예측이 불가능하게 됨에 따라 스왑이 불가능하고 환위험관리가 어렵게 된다.

2) 발행구조

해외전환사채의 발행구조를 살펴보면 다음과 같다.

① 이자율(Coupon)

전환권행사 이전 사채 본래의 이자지급을 위한 표면금리를 말한다.

② 전환가격(Conversion Price)

채권을 주식으로 전환할 경우 CB를 통해 1주를 취득할 수 있는 가격을 말한다. 전환가격은 고정환율과 함께 발행시 결정된다.

즉, 전환가격 = 기준주가 × (1 + 전환 Premium)

③ 전환 프리미엄(Conversion Premium)

발행 당시 전환가격 산정의 기본이 되므로 시장상황에 따라 결정된다.

④ 전환비율(Conversion Ratio)

전환비율이란 채권액면에 대한 신주발행수를 말하는데 CB 1매당 전환가능주식수를 의미한다.

즉, 전환비율 = (CB액면 × 고정환율) / 전환가격

⑤ 발행자 임의상환권(Call Option)

주식가격이 전환가격을 훨씬 상회함에도 불구하고 채권보유자가 주식으로 전환하지 않을 경우, 발행자는 채권보유자에게 일정 이자를 지급해야 하는 부담이 생기는데 이러한 불이익을 방지하기 위한 option이다.

⑥ 투자자 조기상환청구권(Put Option)

전환개시일이 경과한 후에도 주가가 전환가격을 하회하여 전환권행사 후 주식을 매도하여도 손실이 발생할 경우 투자자를 보호하기 위해서 설정한 조항이다.

3) 발행조건

① 발행규모

발행자의 자금수요, 기채비용, 시장상황 등을 고려하여 발행규모를 결정한다. 발행규모가 과다하면 국제시장에서 물량의 소화가 어려워 발

행자의 신뢰도가 저하될 수 있으며 발행규모가 과소할 경우에는 발행비용이 상대적으로 많이 소요된다. Euro시장에서는 통상 5,000만~1억 달러 규모이며 2,000만 달러가 최소발행규모이다.

② Coupon 수준

발행 당시의 국제금리 수준, 환율변동 추이, 국내증시 동향 및 주가수준, 발행기업의 신용도 등을 고려하여 주간사회사(lead manager)와 협의하여 결정되는데 보통사채의 coupon 수준에서 전환권의 가치만큼 할인된 수준에서 정해진다.

③ 만기

만기는 통상 10~15년 정도이며 Euro시장에서 발행된 한국기업 CB의 경우 만기 15년이 일반적이다.

④ 전환가격

전환가격은 CB발행시 국내증시 상황, 발행기업의 장래성 등을 고려하여 결정하게 된다. 전환가격은 CB발행 후 무상증자, 시가 이하의 유상증자 등을 할 경우에는 주가가 하락하므로 투자자보호를 위해 전환가격을 조종하게 된다.

⑤ 고정환율

전환사채는 채권의 표시통화와 주식의 표시통화가 다르기 때문에 주식으로의 전환시에 적용할 환율을 발행 당시에 미리 결정하게 된다.

⑥ 전환비율

전환가격과 고정환율이 정해지면 전환비율은 자동적으로 정해진다.

⑦ 전환기간

전환청구기간이 길수록 투자가치는 높아지나, 발행회사의 입장에서는 자금수급의 불확실성이 증가된다. Euro시장에서는 대개 발행 후 2~3주 후부터 만기일 1개월 전까지로 정하고 있다.

⑧ 발행가격

발행가격은 액면가격으로 발행하는 것이 원칙이나 시장상황을 고려하여 할인 또는 할증가격으로 발행하는 경우도 많다.

⑨ 기준주가

최종조건 결정일 전 일정기간 동안의 보통주의 평균주가로 결정된다.

2. 신주인수권부사채(Bond with Warrants: BW)

1) 개 요

신주인수권부사채란 사채발행 이후 일정기간 내에 미리 정하여진 약정가격으로 사채의 소지자가 발행사 주식의 신주발행을 요청할 수 있는 권리가 첨부된 사채로서 보통사채와 주식옵션의 결합이라 할 수 있다.

신주인수권부사채는 신주인수권(warrant)이 따로 분리되어 독립된 상품으로 거래될 수 있느냐 또는 없느냐에 따라 분리형 · 비분리형으로 나누어지며 신주인수권 행사에 따른 주금납입을 신주인수권부사채의 상환으로 갈음할 수 있느냐의 여부에 따라 대용불입형과 현금불입형으로 나누어볼 수 있다.

국내의 상법은 분리형 · 비분리형 외에 현금불입형 · 대용불입형을 모두 허용하고 있으나 선진국 금융시장에서는 분리형이 이미 보편화되어 있으며 또한 현금불입형이 일반적 관행이다.

신주인수권부사채는 다음과 같은 장점을 가진다. 즉, 첫째, 보통사채에 신주인수권을 첨가함으로써 저리의 자금조달이 가능하며, 둘째, 신주인수권의 행사로 추가적인 자금조달이 가능하고 이로 인해 재무구조가 개선되는 효과가 있으며, 셋째, 신주인수권행사 여부에 관계없이 사채는 만기까지 존속하므로 현금흐름의 정확한 예측이 가능하며 스왑이 가능하게 되어 자금조달비용을 더욱 낮추거나 환위험의 헤지가 가능하고, 마지막으로 채권 1매당 행사주식수를 결정하는 부여율의 조절을 통하여 발행주식총액의 조정이 가능하다.

한편, 신주인수권부사채의 단점은 다음과 같다. 즉, 첫째, 전환사채에 비하여 발행이자율이 높고, 둘째, 주식시장이 하락세일 때는 발행이 힘들며, 셋째, 만기가 통상 3~5년 사이로 비교적 짧아 자금운용상 제한을 받으며, 그리고 행사가 만기시에 집중되는 경향이 있어 주가 압박요인이 된다.

2) 발행구조

신주인수권부사채(BW)는 사채발행회사의 주식을 매입할 수 있는 권리가 첨부된 사채라는 점에서 신주인수권(warrant)은 call option의 일종이다. 이러한 옵션의 가치는 내재가치(intrinsic value)와 시간가치(time value)로 구성되며 옵션의 소지자는 권리를 행사하거나 포기 또는 매도할 수 있다.

우선 내재가치는 옵션의 행사로 인한 기대이익으로서 관련자산의 가격이 행사가격을 초과하는 부분을 말한다. 관련자산가격이 행사가격보다 낮은 경우에는 권리행사의 경우 손해를 보게 되므로 투자자는 권리행사를 포기하거나 유보하여 내재가치는 영(零)이 된다.

한편 시간가치는 옵션의 가치 중 내재가치를 초과하는 부분으로서 시간의 경과에 따른 주식가격의 상승가능성에 대한 기대감에 의해 형성된다. 현재 시점에서 주식가격이 행사가격보다 낮은 경우에도 신주인수권은 영(零) 이상의 가격으로 유통되는데 이는 만약 행사기간 내에 행사가격을 상회하게 되면 행사를 통해 이익을 실현할 수 있는 가능성이 있기 때문이다.

3) 발행조건

신주인수권부사채의 현재가치는 신주인수권(warrant)의 현재가치와 신주인수권이 분리된 사채의 합으로 이루어져 있는 바, 신주인수권의 가치를 산정함으로써 적절한 발행이자율(coupon)을 산정할 수 있다.

신주인수권의 가치를 구하고 이에 따라 발행이자율을 구하는 과정을 해외 BW를 발행하는 기업을 예로 들어 설명하기로 한다.

예 제

발행가: 100%(at par)
현주가: ₩ 25,000
연간 예상 주가상승률: 10%
(과거의 주가추이 및 기업실적 등에서 추정)

신주인수권 행사가격: ₩ 30,000
유로시장 보통사채(5년만기채)의 수익률: 연 8.5%
신주인수권부사채 권면액: $ 5,000
부여율: 1 : 1(100%)
환 율: ₩ 680／US$
만 기: 5년

---

① 1주당 신주인수권의 가치

i) 5년 후의 예상주가

$25{,}000 \times (1 + 0.1)^5 = 40{,}263$(원)

ii) 5년 후의 신주인수권 행사수익

$40{,}263 - 30{,}000 = 10{,}263$(원)

iii) 신주인수권 행사수익의 현재가치

5년 후에 신주인수권 행사에 따르는 1주당 수익 10,263원을 유로달러채의 수익률로 할인하여 현재가치를 구한다.

$$\frac{10{,}263}{(1 + 0.085)^5} = 6{,}825(\text{원})$$

이것을 공식화하면

$$1\text{주당 신주인수권의 가치(원)} = \frac{\text{현재주가} \times (1 + \text{연간주가상승률})^n - \text{신주인수권행사가격}}{(1 + \text{시장수익률})^n}$$

n : 만기

② 채권 1권면당 신주인수권의 가치

i) 액면 $ 5,000에 대하여 신주인수권 부여율이 100%인 경우 투자자가 1신주인수권을 행사하기 위해 발행사측에 불입해야 할 금액은

$ 5,000 × 1 × ₩ 680 = 340만원

ii) 1사채권당 신규로 발행되는 주식수

340만원 / 3만원 = 113(주)

iii) 1사채권당 신주인수권 가치

$$\frac{6{,}825\text{원} \times 113\text{주}}{680} = \$\ 1{,}134$$

액면 $ 5,000에 대하여는 $ 1,134 / $ 5,000 = 22.7%

③ 발행이자율의 결정

BW 발행가격(100%)	
Warrant (22.7 %)	사 채 (77.3 %)

신주인수권을 분리한 사채의 가치는 BW의 액면에서 신주인수권의 가치를 뺀 것이다. 그러므로 신주인수권을 분리한 사채의 가치(즉, BW의 액면 – 신주인수권 가치)를 매년 받게 되는 이자수입과 만기시점에서 상환받게 되는 BW의 액면금액의 현재가치의 합계와 같아지도록 하는 coupon 수준을 구하면 이것이 발행이자율이 된다. 즉,

BW의 액면(100%) – 신주인수권가치

= 이자의 현재가치 + 상환원금의 현재가치

$$= \sum_{t=1}^{n} \frac{(\text{발행})\text{이자율}}{(1+r)^t} + \frac{\text{액면}(100\%)}{(1+r)^n}$$

이 식에서 발행이자율을 좌변으로 풀어내면

$$\text{발행이자율} = \frac{r \times [(100 - W)\ (1+r)^n - 100]}{(1+r)^n - 1}$$

W: 신주인수권 가치

r: 보통사채의 수익률

n: 만 기

이 공식에 의해 발행이자율을 계산하면

$$\frac{0.085 \times [(100 - 22.7)\ (1 + 0.085)^5 - 100]}{(1 + 0.085)^5 - 1} = 2.74\ \%$$가 된다.

4) Bull Spread Warrant

신종 형태의 신주인수권부사채인 bull spread warrant란 행사시 주가가 하한주가 이하일 경우에는 하한주가로 현금상환받고 상한주가 이상일 때에는 주식으로 받거나 상한주가로 현금상환받을 수 있는 신주인수권부사채를 말하는데, 주식으로 상환할 것인가 현금으로 상환할 것인가를 결정하는 권리는 발행자가 보유하게 된다. 따라서 투자가의 입장에서는 행사가격이 하한주가인 call 옵션을 매입하고 행사가격이 상한주가인 call 옵션을 매도하는, 즉 bull spread 포지션을 택한 것이 되고 이러한 이유로 bull spread warrant라 불리운다.

일반 신주인수권부사채에 비하여 발행자가 갖는 장점은 해당 주식의 주가가 상한주가 이상으로 상승할 경우에는 상한주가로 상환하면 되므로 투자가가 얻을 수 있는 이익의 상한선을 제한할 수 있다는 점이다.

단점으로는 일반 신주인수권부사채의 경우 만기시 해당주식의 주가가 행사가격을 하회하는 경우에 신주인수권의 가치는 영이 되나 bull spread warrant의 경우에는 하한주가로 상환해주어야 된다는 점이다.

그림 12-2 Bull Spread Warrant

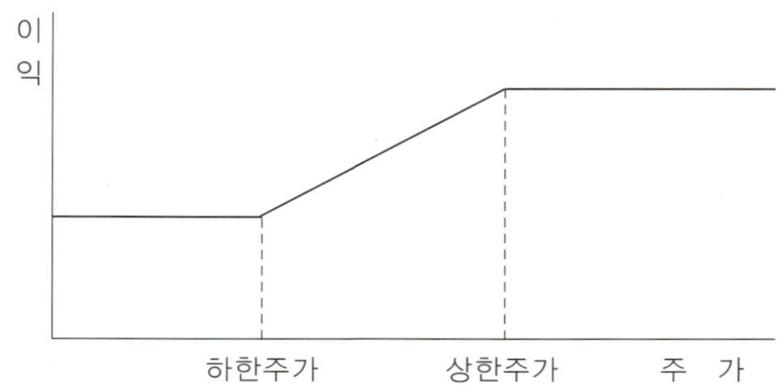

3. 주식예탁증서(Depositary Receipts: DR)

주식예탁증서란 기업이 해외에서 주식을 발행하여 자금조달을 하고자 하는 목적으로 국제간거래를 용이하게 하기 위하여 고안된 주식대체증권으로서 원주를 바탕으로 하여 발행된다. 따라서 DR을 발행하고자 하는 기업은 국내보관기관에 원주를 보관시키고 그것을 담보로 하여 외국의 예탁기관에서는 예탁증서를 현지의 투자자에게 발행하게 된다.

주식예탁증서는 다음과 같은 장점을 지니고 있다. 즉, 첫째, 한국기업의 입장에서 보면 국내 유상증자시는 시가에서 할인된 가격으로 발행가가 결정되나 DR을 발행할 경우 오히려 프리미엄이 붙으므로 국내 유상증자보다 훨씬 유리하고, 둘째, 채권과는 달리 처음부터 자기자본조달이 되므로 재무구조개선 효과가 있으며, 셋째, 발행기업 및 기업제품의 홍보 효과가 있고 주주의 해외분산으로 기업의 지명도가 제고되며, 마지막으로 배당이 원화로 지급되므로 환율변동에 의한 환위험이 없다.

한편, 주식예탁증서의 단점은 다음과 같다. 즉, 첫째, 배당압박이 생기며, 둘째, 이자와는 달리 배당은 세제혜택을 받지 못하고, 셋째, DR소지자에게 국내 공시 때마다 예탁기관을 통하여 공시내용을 통보해야 하며, 마지막으로 전환사채나 신주인수권부사채에 비하여 수수료가 비싸다.

DR은 발행지에 따라 미국 및 아시아지역을 중심으로 한 기명식과 유럽지역을 중심으로 한 무기명식으로 분류되며 거래되는 장소에 따라 명칭을 달리한다. 이 중 한국 기업들이 발행하는 DR의 종류는 유로시장과 미국시장에서 동시에 발행하는 GDR(global depositary receipts)인데 미국에서 발행하는 ADR의 형태는 Rule 144A ADR이다.[1)]

한편, DR의 종류는 발행 형태에 따라 원주발행회사가 DR발행에 직접 간여하는가 또는 아닌가에 따라 sponsored DR과 unsponsored DR로 나누어질 수 있다. sponsored DR은 원주발행회사가 주체적인 주관을 하고 모

---

1) Rule 144A란 미국 SEC가 미국시장의 경쟁력을 제고시키기 위하여 1990년 4월 19일에 개정한 법안으로 외국 발행기업의 공시의무를 외국기업의 자국내 공시의무수준으로 낮추고 우량기관투자가(Qualified Institutional Buyer: 운용투자자산 규모가 1억달러 이상인 기관투자가) 간에 사모증권매매 허용 등을 골자로 하고 있다.

표 12-1 DR의 종류

구 분	명 칭	발 행 지	형 식
ADR	American Depositary Receipts	New York	기명식
HKDR	Hong Kong Depositary Receipts	Hong Kong	〃
DRS	Depositary Receipts of Singapore	Singapore	〃
EDR	European Depositary Receipts	London, Luxembourg	무기명식
BDR	Bearer Depositary Receipts	London, Brussels	〃
IDR	International Depositary Receipts	Brussels	〃
CDR	Continental Depositary Receipts	Amsterdam	〃
CDR	Curacao Depositary Receipts	Curacao	〃
GBC	Global Bearer Certificates	Frankfurt	〃
GBC	German Bearer Certificates	Frankfurt	〃
BC	Bearer Certificates	Vienna	〃
GDR	Global Depositary Receipts	New York, Europe	기/무기명식

든 발행 및 부수비용을 부담한다. 반면에 unsponsored DR은 어느 외국기업주식에 대한 투자자들의 관심이 고조되고 있다고 판단되는 경우 특정 broker가 은행과 접촉하여 해당기업의 동의 아래 발행하여 발행 및 부수비용을 투자자가 부담한다.

ADR의 경우 unsponsored가 대부분을 차지하고 있었으나 sponsored 형태로 이행하는 추세를 보이고 있으며 유럽이나 아시아에서 발행되고 있는 DR은 대부분 sponsored 형태이며 unsponsored 형태는 특수한 형태

표 12-2 Sponsored DR과 Unsponsored DR

구 분	Sponsored ADR	Unsponsored ADR
개 요	미국에서 주식발행을 하고자 하는 발행회사의 요청에 의해 예탁기관이 발행	발행회사 주식을 보유하려는 미국내 투자자측 요청에 의해 예탁기관이 발행
원주대상	기발행 주식, 신주	기발행 주식
발행비용	발행회사부담	미국내 투자자 부담

라고 할 수 있다.

4. 외국채(Foreign Bond)

1) Yankee Bond

외국채(foreign bond)로서의 Yankee bond는 미국시장에서 비거주자가 발행하여 유통되는 달러표시채권을 말한다. 1964년 이후 미국정부의 이자평형세(interest equalization tax)부과로 Yankee bond의 발행이 크게 위축되었으나 1974년 이 제도가 폐지되면서 공모발행의 경우 해외차입자들에 대한 중장기자금조달원으로서 지속적인 성장을 거듭하여 왔다. 1990년 미국 증권관리위원회(Securities and Exchange Commission: SEC)가 사모증권에 대한 유통시장에서의 거래제한을 완화함에 따라 Yankee bond의 사모발행도 크게 증가할 것으로 예상되고 있다.

시장상황을 살펴보면, 우선 우량발행자시장으로 OECD 국가의 정부기관 및 금융기관 그리고 국제기구 등이 발행자의 주류를 이루고 있다. 그리고 신용등급(rating)별로 보면 AA 이상이 발행자의 70% 정도, A 이상이 90% 이상을 차지하고 있다. 한편, 유통시장에서의 투자자는 상업은행, 투자은행, 연 · 기금, 보험회사 및 상호기금 등으로 대부분이 기관투자가이다.

Yankee bond시장의 특징을 살펴보면 다음과 같다.

첫째, SEC의 까다로운 시장규제와 신용등급평가획득의 어려움으로 여타시장보다 진출이 어렵다.

둘째, Yankee bond시장은 Euro채시장과는 달리 grey market이 없기 때문에 인수자가 발행가 이하로 투매할 수 없다.[2)]

셋째, 거래소에 상장하기보다는 주로 dealer 간의 점두거래형태로 매매가 일어나며 상장의무도 없다.

넷째, 일반적으로 발행액이 크고 만기가 Euro채시장보다 훨씬 길기

2) grey market: 새로운 채권이 정식으로 판매되기 전에 모집기간 중에 형성되는 비공식적 시장으로 grey market가격은 주간사 및 발행자의 발행조건 결정에 영향을 준다.

때문에 대규모 장기자금의 조달에 효과적이다.

다섯째, 우량차입자 중심의 시장이므로 발행에 성공하는 경우 국제금융시장에서의 지명도가 제고되어 향후의 기채가 용이해진다.

2) Swiss Fr. Bond

스위스 프랑 채권시장은 뉴욕, 도쿄, 런던에 이어 네 번째로 규모가 큰 시장으로 국제채시장에서 커다란 비중을 차지하고 있다. 발행자의 구성을 보면 일본과 유럽이 대부분을 차지하고 있다. 스위스 프랑 채권 발행의 주선은 몇 개의 큰 기관에 의해 거의 주도되고 있는데 이를 Big Bank's Syndicate라고 부른다. 이들은 발행자에게 특별한 신용등급을 요구하지는 않지만 심사기준이 상당히 엄격하여 발행자는 국제금융시장에서 신용도 제고의 기회를 가질 수 있다.

스위스 프랑 채권시장의 특징은 다음과 같다.

첫째, 스위스 프랑 채권시장의 투자자들은 투자성향이 상당히 보수적이기 때문에 수익성보다는 안정성을 중요시하고 있다. 따라서 발행자는 정부, 공기업, 일류기업이거나 아니면 정부 또는 일류은행의 보증을 필요로 한다.

둘째, 법적 · 행정적 절차가 단순하다. 스위스 프랑 채권의 발행은 스위스 중앙은행인 Swiss National Bank(SNB)의 승인을 얻어야 되나 이것은 거의 형식적인 절차에 지나지 않는다.

셋째, 자금조달비용이 저렴하다. 그동안 스위스 프랑 채권의 금리는 유로달러시장 등 여타 시장에 비해 상대적으로 낮아서 스위스 프랑 채권의 발행을 크게 증가시키는 원인이 되었다. 그러나 1990년대 들어 스위스의 인플레이션 억제정책과 스위스 프랑 가치유지를 위한 고금리정책, 독일의 금리상승 등의 영향으로 스위스 프랑 채권시장의 금리가 상당히 상승하게 되었다.

넷째, 스위스 프랑의 통화가치는 상당히 안정적이다. 스위스 프랑은 여타 통화에 비해 매우 안정적인 가치를 유지하여 왔으며 일정한 추세를 가지고 변화하여 환위험이 크지 않다고 인식되어 왔다.

3) Samurai Bond

Samurai bond란 비거주자가 일본에서 발행하는 ¥화표시 외국채로 외국정부, 국제금융기구 등의 비거주자가 일본내의 개인을 포함한 불특정다수의 투자자를 대상으로 발행하는 공모채권과 불특정다수의 투자자가 아닌 은행, 보험회사 등 특정소수(통상 50개 이하)의 기관투자가에 한정하여 모집하는 사모채권으로 나눌 수 있다.

1970년 아시아개발은행(ADB)이 최초로 공모채를 발행하였고 1972년 Fareway Tankers가 사모채를 처음 발행한 이후 1980년대 중반 Euro Yen 시장이 급성장하기 전까지 Samurai bond는 꾸준한 성장세를 유지하였다. 1984년 일본자본시장의 자유화, 엔화의 국제화, 금리자유화 조치에 이어 1986년 rating 제도 도입과 1988년 발행등록제도 도입, 만기 및 발행액에 대한 규제완화 등이 추가적으로 실시되는 등 Samurai bond시장에 대한 규제는 지속적으로 완화되어 왔다. 일본이 막대한 국제수지흑자를 바탕으로 세계 3대 금융시장으로 성장함에 따라 Samurai bond시장도 더욱 확대되어 왔다.

5. 유로채(Euro Bond)

유로채는 발행되는 채권의 표시통화국 이외의 지역에서 국제적인 syndicate의 인수를 통하여 판매되는 채권으로 $, ¥, ECU 등이 주요 발행통화이다.

유로채시장이 형성되기 전까지는 London, New York 등 전통적인 금융시장에서의 외국채발행이 유일한 국제채권시장이었다. 그러나 1963년 미국이 국제수지적자를 해소하기 위해 미국의 거주자가 취득하는 Yankee bond에 대하여 이자평형세를 부과하여 미국으로부터의 자본유출을 방지하는 한편, 1965년에는 은행의 해외대출 및 해외투자에 대한 간접적인 규제조치를 실시하게 되었다. 이러한 조치에도 불구하고 국제수지적자가 개선되지 않자 1960년대 후반부터 금융긴축정책을 시행하게 되었고 이로 인해 미국내에서의 자금조달이 어려워진 미국기업들이 유로시장에서 채권을 발행하기 시작하였다. 이에 따라 미국계은행들도 유로채시장에 참여하면서 유로채시장은 크게 성장하게 되었다.

유로채시장에서의 기채통화는 1980년대 초반까지만 해도 미달러화가 주축을 이루었으나 1985년 9월 G-5회담 이후 미달러화의 강세현상이 둔화되고 약세국면이 진행되면서 투자자가 미달러화 이외의 통화를 선호하게 되어 미달러화의 비중이 점차 줄어들게 되었다.

유로채의 발행형태를 보면, 1980년대 초반까지는 고정금리채나 변동금리채가 주종을 이루었으나, 1980년대 중반 이후에는 전환사채 및 신주인수권부사채 등 주식관련 채권발행이 증가하였다.

유로채의 특징을 살펴보면 다음과 같다

첫째, 각국의 증권규제감독기구에의 등록이나 rating 획득 등 복잡한 절차가 필요 없고, 제도적인 규제가 전혀 없다.

둘째, 국제적인 syndication이 구성되므로 홍보효과가 크다.

셋째, 발행금액, 만기, 상환방법, 기채형식 등 발행조건의 선택범위가 넓다.

6. 변동금리부채권(Floating Rate Note: FRN)

변동금리채는 고정금리채(straight bond)와는 달리 표면이자율이 확정되어 있지 않고 시장금리에 연동시켜 이자를 일정기간마다 조정하여 지급하는 중장기 국제채를 말한다. 금리는 기준금리에 일정률의 spread를 가산하여 결정되는데 유로시장에서는 기준금리로 통상 LIBOR가 이용되고 있으며 spread는 발행자의 신용도 및 지명도에 따라 달라진다.

FRN은 1970년대 초 브레튼우즈 체제가 붕괴되고 변동환율제로 이행하면서 국제금융시장에 불안이 야기되었고 그 후 제1차 석유파동으로 국제금리의 불안정이 증폭되자 고정금리채 발행 및 투자로 인한 금리위험을 회피하기 위하여 고안된 것이다.

FRN의 장점은 다음과 같다.

첫째, 국제금리가 고금리인 상태에서 발행을 하여도 발행시에 금리를 고정시키지 않으므로 향후 시장금리가 낮아질 경우 유리해질 수 있다.

둘째, 유통시장이 잘 발달되어 있어 환금성이 높다.

셋째, 발행금액, 만기, 이자율, 상환방법 등 발행요건의 선택범위가 넓고 상장에 대한 규제가 없다.

한편, FRN은 다음과 같은 단점을 가지고 있다.

첫째, 발행시보다 국제금리가 계속 상승추세를 보이는 경우 고정금리채보다 자금조달비용이 상승하게 된다.

둘째, 투자자에게 조기상환청구권(put option)을 부여할 경우 자금조달의 안정성이 떨어진다.

FRN은 차입자가 중장기 외화자금을 필요로 하는 경우에 발행하게 되는데 유로채시장에서는 발행자의 신용등급평가 획득이 필수적인 것은 아니지만 일반적으로 미국의 신용평가기관인 Moody's나 Standard & Poor's로부터 BBB 이상의 등급을 받으면 발행이 유리하다.

1980년대 중반까지도 미국 달러화 발행이 약 95%로 주류를 이루었으나 점차 스털링화, 엔화 등 주요선진국 통화표시의 기채비중이 증가하는 추세이다. 발행금액은 보통 U$ 5천만에서 U$ 2억 정도이며 유통시장에서의 유동성 및 시장성을 제고하기 위하여 양도가 가능한 소지인지급식으로 발행된다.

FRN의 만기는 대부분 5년에서 15년이지만 20년 이상의 장기채 및 만기가 없는 영구채(perpetual bond)도 있다. 그러나 장기채의 경우는 유통시장에서의 가격변동이 커서 발행물량의 소화가 어려운 단점이 있다.

FRN의 변형상품으로 다음과 같은 것들이 있다.

① Drop-Lock Bond(DL Bond) : 기준금리가 일정수준 이하로 하락하는 경우 잔존기간 동안의 이자는 고정금리가 적용된다.

② Mis-Match FRN(또는 Rolling-rate FRN) : 보통의 FRN은 이자기간 개시 2영업일 전의 6개월 LIBOR를 기준금리로 하지만 rolling-rate FRN은 매월의 6개월 LIBOR의 평균치를 기준금리로 한다.

③ Mini-Max FRN : 이자율 최저 · 최고한도가 정해져 있는 FRN이다.

④ Capped FRN : 이자율 최고한도가 정해져 있는 FRN이다.

⑤ Puttable & Callable Perpetual FRN : 만기는 없으나 채권소지자가

매 이자지급일에 액면으로 상환을 청구할 수 있으며, 발행자도 프리미엄부로 상환이 가능한 FRN이다.

⑥ Convertible FRN : 장기고정금리채로의 전환이 가능한 FRN이다.

7. 변동금리부 양도성예금증서 (Floating Rate Certificate of Deposit: FRCD)

FRCD는 대개 18개월～5년의 만기로 발행되는 CD로 투자자에게 금리위험에 대한 보호장치로 일반적으로 3개월 혹은 6개월마다 예금이자율을 재조정해주는 변동금리부 양도성예금증서이다. 1970년대 2차례의 석유파동과 함께 국제금리의 변동성이 커지면서 투자자들이 변동금리부 금융상품을 요구하게 되자 기존의 FRN이 지니고 있는 특성에 높은 안정성과 수익성을 가미한 FRCD가 출현하게 되었다. 1977년 일본계은행이 LIBOR에 연동되는 5년만기의 FRCD를 최초로 발행한 이후 미국계은행들도 단기성 FRCD를 발행하기 시작하였다.

FRCD의 기준금리로 LIBOR, Treasury Bill rate, prime rate 등이 이용되고 있으나 LIBOR가 가장 많이 이용되고 있다. 기준금리가 LIBOR일 경우 1개월, 3개월 및 6개월 LIBOR가 주로 이용되고 있다.

LIBOR 다음으로 기준금리로 많이 쓰이는 금리는 여타 금융상품보다 위험이 낮고 유동성이 높은 미국의 Treasury Bill rate로 여타 금리를 기준으로 하는 경우보다 spread가 높게 결정된다. 따라서 동일한 발행자라 하더라도 어떤 금리를 기준으로 할 것인가에 따라 spread가 달라진다.

8. Medium Term Note

MTN(Medium Term Note)이란 미국 및 Euro시장에서의 중장기 자금조달수단의 하나로 발행자가 차입기간(15～20년)과 발행한도 및 유가증권 형태에 관한 프로그램을 설정하고 그 범위 내에서 이자율과 만기가 상이한 어음(note)을 수시로 발행할 수 있는 자금차입수단이다.

MTN은 GMAC(General Motors Acceptance Corp.)에 의하여 1972년에

처음 소개되었다. GMAC는 General Motors Group의 계열사로 자사의 자동차금융과 연계시킨 어음을 발행함으로써 투자가에게 직접 매도하였고 1980년대에 자동차회사인 Ford와 Chrysler가 이를 발행함으로써 MTN시장은 확장되기 시작하였다. 시장규모가 커짐에 따라 어음의 만기도 길어졌으며 발행자도 정부, 정부기관, 금융기관과 다국적기업 등으로 다양화되었다. MTN은 특히 미국 증권관리위원회(SEC)가 일괄등록(shelf registration)제도를 도입함으로써 발행절차가 보다 간편해졌으며 이에 따라 시장도 급속히 팽창하게 되었다.

MTN은 금융기관의 인수약정이 없는 어음을 발행한다는 점에서는 CP와 유사하다고 할 수 있지만 만기 면에서는 오히려 고정금리 회사채와 견줄 수 있다고 할 수 있다. MTN의 만기는 짧게는 9개월부터 길게는 30년에 달하므로 만기가 유로채보다도 더 긴 경우도 있게 된다. 그러나 MTN의 경우는 기존의 회사채와는 달리 일시에 거액이 발행되지 않고 한번에 2백만 달러 내지 5백만 달러 정도의 적은 금액으로 여러 차례에 걸쳐 연속적으로 발행된다. 특히, MTN은 특정 투자자가 원하는 시기에, 원하는 금액으로 그리고 원하는 만기로 발행된다는 점에서 발행자보다는 투자자의 요구를 충족시키는 금융수단이라고 할 수 있다.

MTN의 특징은 다음과 같다.

첫째, 발행자는 자금소요시기에 맞추어 적절하게 자금을 조달할 수 있을 뿐더러 시장상황에 따라 유리한 시기에 여러 차례의 분할발행을 할 수 있으므로 탄력적으로 자금조달을 할 수 있다.

둘째, 발행자는 MTN 발행을 통해 대출자산과 부채 간의 기간갭을 효과적으로 관리함과 동시에 만기 및 이자율의 변동위험으로부터 어느 정도 보호를 받을 수 있다.

셋째, 이자율이 하락하는 추세에서는 계속적으로 어음을 발행함으로써 평균차입비용을 절감할 수 있으며, 발행비용도 비교적 저렴하다.

넷째, MTN은 풍부한 유동성과 선택의 다양성을 제공한다.

MTN은 발행시장에 따라 U.S. MTN, Euro MTN과 Global MTN으로 구분된다. U.S. MTN은 미국시장에서 발행되는 MTN이며, Euro시장에서 발행되는 MTN은 Euro MTN, 그리고 미국과 유럽에서 모두 발행가능한 MTN

은 Global MTN이라고 한다. U.S. MTN의 경우 SEC등록을 요하는 공모 MTN(public MTN)과 등록이 필요치 않는 사모 MTN (private MTN)으로 나누어져 있는데 미국 SEC의 사모발행 완화조치인 Rule 144A의 채택으로 사모비중이 보다 증가할 것으로 예상되나 아직은 공모가 사모보다 높은 비중을 차지하고 있다.

9. Note Issuance Facility

1980년대에 들어와 은행의 감독기구와 은행의 주식을 소유한 주주들이 은행의 자기자본비율의 적정성에 대한 우려를 제기하면서 신디케이트론 등을 통한 대출의 무분별한 확대에 제동을 걸기 시작하였다. 특히 은행들이 단기금융시장에서 비교적 높은 금리로 자금을 조달하여 수익성이 악화된 대출을 지속하는 것은 은행의 안정성을 저해한다는 인식이 확산되면서 신디케이트론을 대체할 수 있는 금융상품으로서 NIF(Note Issuance Facility)가 각광을 받게 되었다.

NIF는 변동금리시장에서 중장기 자금조달수단의 하나로 금융기관으로 구성된 인수단이 전액을 인수하는 조건으로 차입자가 1~6개월의 유로노트(Euronote) 즉, 무담보 단기약속어음을 발행하여 자금을 조달하고 만기도래 시 자금을 상환하거나 새로운 유로노트를 발행함으로써 계속하여 자금을 사용할 수 있도록 하는 facility를 말한다.

NIF의 facility는 2개 집단의 금융기관으로 구성되는데 underwritten facility와 tender panel이 그것이다. 첫 번째 집단에 해당하는 underwritten facility는 committed facility라고도 부르는데 여기에 속한 금융기관들은 차입자와 인수약정을 체결하고 차입자가 발행한 어음이 시장에서 매각이 여의치 않을 경우에는 이 어음을 인수함으로써 차입자의 자금조달을 보장해 준다. 반면 두 번째 집단은 tender panel 또는 uncommitted facility라고 부르며 인수약정은 체결하지 않고 단지 차입자가 유로노트를 발행하고자 할 때 조건이 맞으면 매입할 의사가 있다는 사실만을 밝힌 금융기관들로 구성된다.

따라서 차입자가 tender panel에 속한 금융기관들에게 만족할만한 금리조건, 예를 들어 [LIBOR + 약정스프레드] 이하로 어음을 매각하지 못할 경우에는 인수약정을 체결한 underwritten facility에 속한 금융기관들이 [LIBOR + 약정스프레드]의 금리조건으로 어음을 인수하게 되는 것이다. 즉, 차입자의 입장에서 볼 때는 인수약정을 체결한 금융기관들에게 [LIBOR + 약정스프레드]의 금리조건으로 어음을 매각할 수 있는 권리를 확보한다고 볼 수 있으므로 일종의 풋옵션과 같다고 볼 수 있다.

한편 인수약정을 체결한 금융기관의 입장에서도 tender panel에 속한 금융기관들에게 매각되지 않은 어음에 대해서만 인수를 하게 되므로 실제로 신용공여를 하게 되는 금액의 규모는 신디케이트론의 경우에 비하여 훨씬 작기 때문에 금융기관의 안정성을 해하지 않으면서도 수수료 수입은 올릴 수 있다는 장점이 있다고 할 수 있다.

NIF의 특징은 다음과 같다.

첫째, NIF는 차입자가 자금소요계획에 따라 단기어음을 발행하여 자금조달의 신축성을 기할 수 있다. 또, NIF는 계속 단기어음을 발행하여 회전시키므로 syndicated loan보다 만기가 길고 인수자들은 인수약정을 타 금융기관에 양도가능한 형태로 할 수 있으므로 장기약정이 가능하다.

둘째, NIF는 차입자가 단기어음을 발행하여 시장에서 매각하고 매각되지 않은 부분만 대출자가 책임을 부담하므로 수수료가 낮다. 투자자는 차입자의 신용이 양호하고 어음기간이 단기이므로 수익률이 낮아도 만족할 수 있다. 또한 발행자는 금리가 높고 변동이 심할 때는 어음발행을 피하고 분할발행을 통하여 조달비용을 안정시키고 감소시킬 수 있다.

한편, NIF로 대표되는 각종 유로노트 facility를 통한 자금조달은 1986년부터 급격한 쇠퇴를 보였는데 그 주요 원인은 다음과 같다.

첫째, 유로노트 발행의 대부분은 선진국의 정부, 국영기관, 세계 유수의 다국적기업 등 신용 등급이 우수한 차입자들에 의하여 이루어져 왔다. 그런데 이들 우량 차입자들은 그들의 유로노트를 스스로 판매할 능력이 있기 때문에 유로노트 facility를 이용하는 대신 facility에 따르는 수수료를 지불할 필요가 없는 유로CP시장에서 자금을 조달함으로써 전체적인 자본조달비용을 절감할 수 있기 때문에 유로CP로 발길을 돌리게 되었다.

둘째, 은행의 유로노트 인수약정의 증가는 각국 금융당국의 우려를 고조시켰고 이는 각국에서의 유로노트 인수약정에 관한 규제를 불러 일으키는 계기가 되었다. 1985년 영국, 1986년 프랑스에서 유로노트 인수약정액의 0.5%를 위험자산으로 처리하도록 규제조치를 취하였고 더 나아가 1987년에는 미국과 영국이 유로노트 인수약정을 위시한 모든 장부외거래에 대한 새로운 규제조치를 취하는 등 규제가 높아지자 시장이 위축되기 시작하였다.

10. Commercial Paper

1) U.S. CP

CP(commercial paper)는 기업 또는 금융기관이 단기자금의 조달을 위해 직접 또는 dealer를 통하여 은행 등 기관투자가나 일반기업에 할인식 또는 이자부형식으로 매각하는 무담보 단기 약속어음을 말한다. 무담보로 발행되므로 신용도가 높은 일류기업이나 금융회사 등이 주로 발행하며 발행형태는 소지인식(bearer form)이 대부분이다. 또한 CP는 발행자의 재무상황, 발행시장의 동향 등에 따라 발행자가 7일 내지 365일 사이에서 만기를 자유롭게 선택하는 것이 가능하다.

투자자들의 입장에서 위험부담이 높은 사업이나 본격적인 투자를 하기보다는 단기 여유자금을 가지고 일시적으로 안정적인 투자를 원할 때 CP시장을 찾는 경향이 있으므로 CP시장의 투자자들은 CP를 발행하는 기업이나 금융기관의 신용도에 높은 관심을 갖게 되며 따라서 미국시장에서 CP를 발행하고자 원할 때는 S & P's 또는 Moody's와 같은 신용평가기관으로부터 신용등급(rating)의 획득이 필수적이다. 또한 CP발행자는 은행들로부터 지급보증(committed back-up lines)을 받는 것이 일반적이다.

U.S. CP는 발행자에 따라 미국기업이 발행하는 domestic CP와 미국기업 이외의 자가 발행하는 non-U.S. entity CP로 구분할 수 있다.

non-U.S. entity CP는 미국기업 이외의 자가 미국내 현지법인을 통해 발행하거나, 미국내 금융회사를 설립하여 이를 통해 발행하는 어음을 말한다. 외국기업이 미국시장에서 CP를 처음 발행할 경우, 신용도 및 그에 따른 CP의 원활한 매각에 문제가 생길 수 있으므로 미국은행들이 지급보증을 하고 있다. 또한, 외국기업이 미국시장에서 CP를 발행할 경우에는 미국내 기업에 비해 0.15～0.25%의 foreign premium을 추가로 지급하여야 한다.

미국의 신용평가기관으로부터 A급 이상의 등급을 받은 회사에 한하여 CP를 발행할 수 있으나 CP는 발행비용이 저렴하다는 이점 때문에 외국기업의 발행이 증가하고 있다. 만기는 보통 270일 이내이나 20～45일이 보편적이며 발행자는 만기도래시 신규어음을 발행함으로써 장기자금조달과 동일한 효과를 얻을 수 있다. 한편, U.S. CP의 평균 액면금액은 약 U$ 200만이다.

발행방법은 직접매출방식(directly-placed)과 중개인매출방식(dealer-placed)이 있는데 직접매출방식은 발행자가 dealer를 통하지 않고 직접 투자자에게 매각하는 방식으로 판매조직망이 넓은 대형금융회사나 은행지주회사가 주로 이용하고 있다. 만기 전이라도 투자자의 요청이 있을 경우 발행자가 언제든지 재매입에 응하는 환매조건으로 발행한다. 한편, 중개인매출방식은 발행자가 dealer에게 전액 매출한 후, dealer들이 기관투자가에게 판매하여 소화하는 방식으로 일반회사들이 주로 이용하고 있다.

2) Euro CP

1985년 중반까지 단기어음 시장은 NIF가 주종을 이루었으나 1985년 이후 단기어음의 발행이 급증함에 따라 각국의 금융당국이 규제를 강화하자 NIF시장이 위축되면서 금융기관들은 인수약정이 필요 없는 CP발행을 늘리기 시작하였다. 특히 1982년 이후 외채위기에 따른 금융기관들의 안정적인 자산선호현상과 함께 유로 CP의 경우에는 신용등급평가(rating)가 불필요하고 documentation이 단순하다는 특성으로 인해 발행이 크게 증가하게 되었다.

유로 CP의 특징은 다음과 같다.

첫째, 유로 CP의 저렴한 비용을 들 수 있는데 인수약정이 필요 없으므로 여기에 수반된 수수료의 부담이 없어지고 발행절차의 간편 · 신속성은 또 다른 비용 및 시간의 절감을 가져 오기 때문에 유로노트나 신디케이트론 등 여타 자금조달수단에 비하여 자금조달비용이 저렴하다. U.S. CP와 비교할 경우에도 U.S. CP에서 요구되는 지급보증 또는 신용등급평가(rating)가 유로 CP에는 요구되지 않기 때문에 여기에 수반되는 비용만큼 U.S. CP에 비하여 비용을 낮출 수 있다.

둘째, 유로 CP는 미국 국내를 제외한 국제금융시장에서 판매되고 있어 차입자의 지명도를 높여줄 뿐만 아니라 국제투자자들과의 유대관계를 강화함으로써 동일차입자가 여타 금융 수단을 통한 자금조달을 하는 데 도움을 준다.

II. 혁신적 형태의 채권(Innovative Bonds)

국제채권시장은 혁신 창출의 보고라고 칭하여질 만큼 각종 혁신적 형태의 채권이 속출되고 있는데 이중 최근 주류를 이루는 것은 고정채에 각종 옵션 및 선물을 첨가한 소위 연계형 채권(linked bond)이다.

다음에서 볼 수 있는 것처럼 연계형 채권은 크게 환율 연계형, 주가지수 연계형, 기타 연계형의 3종류로 나눌 수 있는데, 여기에서는 이 중 많이 활용되고 있고 또한 한국기업의 해외증권 발행시 활용가능성이 높은

그림 12-3 연계형 채권의 종류

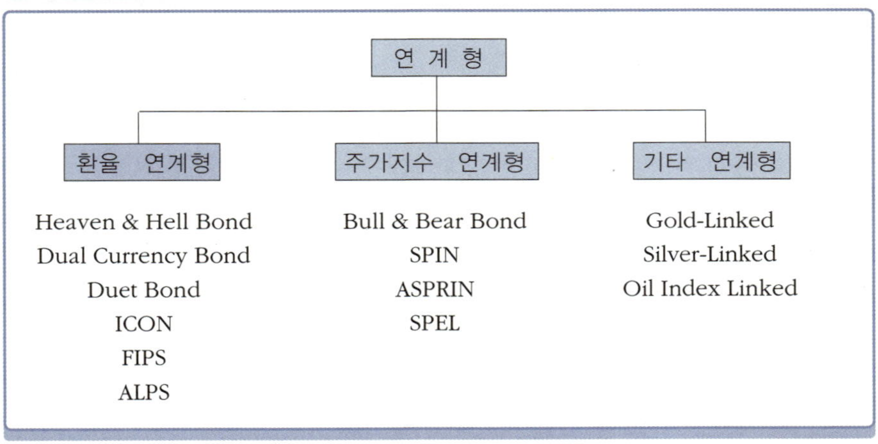

환율 연계형과 주가지수 연계형 채권을 살펴보고자 한다.

연계형 채권의 발행자 측면에서의 장점은 고정채(보통사채)보다 낮은 비용으로 자금을 조달할 수 있다는 점이다. 발행자는 연계형 채권 발행으로 생기는 옵션 또는 선물 포지션을 주간사와 스왑을 하여 헤지하는데 이때의 스왑 레이트는 고정채 수익률보다 낮은 것이 일반적이다. 그러나 단점은 연계형 채권의 특수성 때문에 대규모 발행이 힘들다는 점을 들 수 있다.

1) 환율 연계형 채권

환율 연계형 채권이란 원금상환액 또는 이자지급액이 환율에 의해서 영향을 받는 채권을 의미하는데 다음과 같은 여러 종류가 있다.

① Heaven & Hell Bond

heaven & hell bond란 특정통화 간의 환율의 변동에 따라서 만기시 원금상환액이 액면가보다 많아질 수도 작아질 수도 있는 채권을 말한다. heaven & hell bond의 만기시 상환액의 일반화된 공식은 다음과 같다.

$$R = 100 \times \left(1 + \frac{S - P}{S}\right)$$

R : 만기시 상환금액(액면가의 %로 표시)
S : 만기시 실제환율
P : 약정환율

② Dual Currency Bond / Reverse Dual Currency Bond

dual currency bond란 원금조달 및 이자지급통화와 상환통화가 다른 채권으로 원금조달 및 이자지급통화는 엔, 스위스 프랑과 같은 비달러화이고 상환통화는 달러화이다. 만기시 달러화 상환액수는 발행시 결정된다. 따라서 dual currency bond는 고정채와 선도환계약의 복합 형태로 볼 수 있으며 발행자가 고정채를 발행하고 따로 선도환 계약을 하지 않고 dual currency bond를 발행하는 이유는 채권만기(보통 10년)만큼의 장기 선도환계약을 하기가 힘들기 때문이다.

reverse dual currency bond란 dual currency bond와는 반대로 원금조달 및 이자지급통화는 달러화이고 원금상환통화가 비달러화인 채권을 말한다.

③ Duet Bond

duet bond란 이자지급액과 만기상환액이 실제환율과 약정환율과의 차이에 따라서 달라지는 채권을 말한다.

④ ICON(Indexed Currency Option Note)

ICON이란 만기시 원금상환액이 약정환율과 실제환율과의 차이에 따라서 액면가와 같거나 작아지는 채권을 말한다. 만기시 실제환율이 약정환율보다 약세를 보이면 다음의 공식에 의해서 액면가 이하로 상환하게 된다.

$$R = 100 \times \left(1 + \frac{P - S}{S}\right)$$

R: 만기시 상환금액(%)
S: 만기시 실제환율
P: 약정환율

따라서 ICON은 발행자가 투자자로부터 통화옵션을 매입하는 것이 되고 발행자는 보통채보다 높은 이자를 지급함으로써 프리미엄을 대신한다.

⑤ FIPS(Foreign Interest Payment Security)

FIPS란 원금조달통화와 원금상환통화는 비달러화이고 이자는 달러화로 지급되고 만기가 없는 영구채를 의미한다. 금리는 매 10년마다 재조정되고 투자자는 매 10년마다 상환청구권(put option)을 갖는데, 이 때 상환액은 달러가 비달러화에 대하여 약정환율과 같거나 강세를 보이면 액면가가 되고 약세를 보이면 액면가 이하가 된다.

따라서 ICON과 마찬가지로 투자자가 발행자에게 통화옵션을 매도하고 프리미엄을 대신하여 높은 이자를 받는 것이 된다.

⑥ ALPS(Adjustable Long-Term Puttable Security)

전술한 FIPS처럼 이자지급통화는 달러화이고 원금조달과 상환통화는 비달러화가 되며 투자자는 주기적으로 조기 상환청구권을 가지며 상환액은 달러가 비달러화에 대하여 약정환율과 같거나 강세를 보일 경우에는 액면가가 되고 약세를 보이면 액면가 이하가 되는 즉, 투자자가 통화옵션을 발행자에게 매도한 채권을 말한다.

FIPS와의 유일한 차이점은 만기가 정해져 있다는 점이다.

2) 지수 연계형 채권

① Bull & Bear Bond

bull & bear bond란 원래 특정 주가지수의 등락에 따라서 만기상환액이 결정되는 즉, 주가지수 연계형 채권을 의미하였으나 지금은 주가지수뿐만 아니라 모든 지수를 연계대상으로 하고 있다.

실제지수가 약정지수보다 높으면 상환액이 늘어나고 낮으면 줄어드는 채권을 bull bond라 하고 반대로 낮으면 늘어나고 높으면 줄어드는 채권을 bear bond라 한다.

bull bond와 bear bond의 일반적인 상환공식은 다음과 같다.

$$P = 100 \times \frac{M \times V}{I}$$

$$P^* = 100 \times \left(\frac{2A}{100} - \frac{M \times V}{I} \right)$$

P : Bull Bond의 만기시 상환가격(%)
M : 승수(multiplier)
V : 만기시 지수
I : 기준지수(약정지수)
P^*: Bear Bond의 만기시 상환가격(%)
A : 평균상환액(%)

$$\left[A = \frac{C + F}{2} \quad \begin{array}{l} C: \text{최대상환액(\%) (ceiling)} \\ F: \text{최소상환액(\%) (floor)} \end{array} \right]$$

그림 12-4 Bull Bond와 Bear Bond 투자자의 포지션

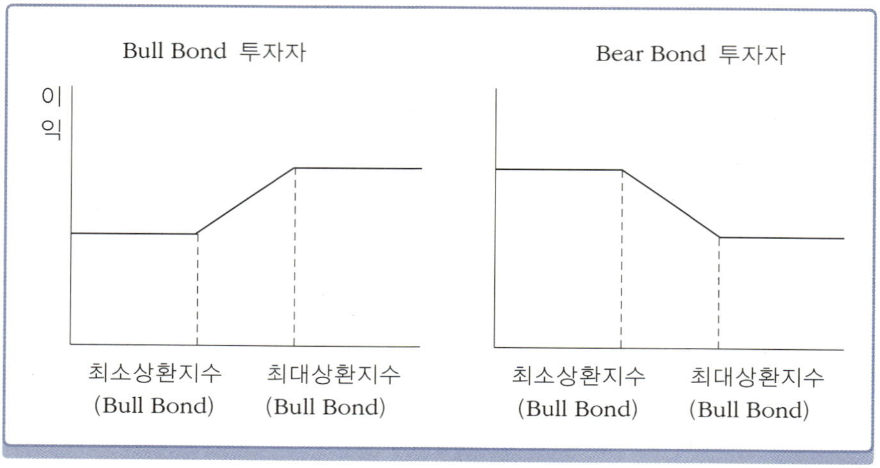

bull bond의 최소상환액이 되는 지수(최소상환지수)는 bear bond의 최대상환액이 되는 지수(최대상환지수)가 되고 반대로 bull bond의 최대상환지수는 bear bond의 최소상환지수가 된다.

따라서 bull bond의 투자자는 bull bond의 최소상환지수를 행사가격으로 하는 call 옵션을 매입하고 최대상환지수를 행사가격으로 하는 call 옵션을 매도하는, 즉 bull spread 포지션을 취하는 것이 되고, bear bond의 투자자는 bull bond의 최대상환지수를 행사가격으로 하는 put 옵션을 매입하고 bull bond의 최소상환지수를 행사가격으로 하는 put 옵션을 매도하는, 즉 bear spread 포지션을 취하는 것이 된다.

bull and bear bond는 발행자가 동일액수의 bull bond와 bear bond를 발행하는 것인데 만기시 연계지수에 상관없이 발행자가 지불하게 되는 전체 상환액은 일정하게 된다. bull and bear bond의 평균 상환액(A)은

$$\frac{\text{최대상환액(ceiling)} + \text{최소상환액(floor)}}{2}$$

이 된다.

② SPEL(Stock Performance Exchange Linked Bond)

SPEL이란 주가지수에 연계하여 주가지수가 기준지수(약정지수)를 하회하는 경우에는 액면가로 상환하고 상회하는 경우에는

$$100 \times \frac{\text{실제주가지수}(V)}{\text{약정주가지수}(I)} \times \text{승수}(M)$$

로 상환하게 되는 채권을 말한다.

투자자는 발행자로부터 주가지수옵션을 매입하는 것이 되고 프리미엄은 고정채보다 훨씬 낮은 이자를 받음으로써 대신한다.

연계주가지수를 Standard & Poor's Index로 한 채권이 SPIN(S & P Indexed Note)이고 호주의 All Ordinaries Share Index를 연계주가지수로 한 채권이 ASPRIN(All Ordinaries Share Price Riskless Index Note)이다.

연습 문제

EXERCISES

01 다음 중 해외전환사채(Convertible Bond)의 특징에 해당하지 않는 것은?

1) 전환이 일어나더라도 사채자체는 만기까지 존속된다.
2) 투자자에게 미리 정해진 전환가격으로 주식으로 전환할 수 있는 권리가 부여된 채권이다.
3) 보통사채보다 낮은 이자율로 자금조달이 가능하다.
4) 전환권 행사시 기업의 재무구조가 건실해지는 효과가 있다.

02 "해외전환사채(Convertible Bond)는 발행 후 주식가격이 전환가격 이하일 경우에는 채권 소지자가 전환권을 행사하지 않고 조기상환청구권을 행사할 수 있으므로 발행사의 입장에서 불확실성이 존재한다." 이 설명은 타당한가?

03 해외전환사채(Convertible Bond)의 경우 전환사채의 액면금액에 대한 신주의 발행 수 즉, 전환사채 1매 당 전환이 가능한 주식 수를 무엇이라고 하는가?

04 "신주인수권부사채(Bond with Warrants)란 사채발행 이후 일정기간 내에 미리 정하여진 약정가격으로 사채의 소지자가 발행사 주식의 신주발행을 요청할 수 있는 권리가 첨부된 사채로서 보통샤채와 주식옵션의 결합이라고 할 수 있다." 이 설명은 타당한가?

05 다음 중 신주인수권부사채(Bond with Warrants)의 특징에 해당하지 않는 것은?

1) 일정기간 내에 미리 정하여진 약정가격으로 사채의 소지자가 발행사 주식의 신주발행을 요청할 수 있는 권리가 첨부된 사채이다.
2) 만기가 대부분 10년 이상으로 장기적인 자금조달 수단이다.
3) 신주인수권의 행사로 인하여 추가적인 자금조달이 가능하다.
4) 주식시장이 하락세일 때는 발행이 힘들다.

06 다음 중 DR(Depositary Receipts)의 특징에 해당하지 않는 것은?

1) DR 소지자에게는 각종 공시내용을 통보하지 않아도 된다.
2) 국내보관기관에 원주를 보관시키고 그것을 담보로 하여 외국의 예탁기관에서 예탁증서를 현지의 투자자에게 발행하는 것이다.
3) 채권과는 달리 처음부터 자기자본 조달이 되므로 재무구조 개선 효과가 있다.
4) 주주의 해외분산으로 기업의 지명도를 높인다.

07 "Sponsored DR(Depositary Receipts)은 특정 외국기업주식에 대한 투자자들의 관심이 고조되어 있다고 판단되는 경우 broker가 은행과 접촉하여 해당기업의 동의아래 발행하여 발행 및 부수비용을 투자자가 부담한다." 이 설명은 타당한가?

08 다음 중 Yankee bond 시장의 특징에 해당하지 않는 것은?

1) 우량차입자 중심의 시장이므로 발행에 성공하는 경우 국제적인 지명도가 높아진다.
2) 신용등급평가의 획득이 필요 없다.
3) 일반적으로 발행액이 크므로 대규모 자금의 조달에 효과적이다.
4) 증권규제감독기구의 까다로운 규제를 받는다.

09 다음 중 변동금리부채권(Floating Rate Note)의 특징에 해당하지 않는 것은?

1) 발행 시보다 금리가 계속 상승할 경우 고정금리채보다 자금조달비용이 상승하게 된다.
2) 고금리상황 하에서 발행을 하여도 향후 시장금리가 낮아질 경우에는 자금조달비용이 하락하게 된다.
3) 금리는 보통 기준금리에 일정율의 스프레드를 가산하여 결정한다.
4) 단기자금의 조달수단으로 각광을 받고 있다.

10 "Capped FRN 이란 이자율의 최고 한도가 정해져있는 변동금리부채권이다." 이 설명은 타당한가?

11 다음 중 NIF(Note Issuance Facility)의 특징에 해당하지 않는 것은?

1) 금융기관으로 구성된 인수단이 인수하는 조건으로 고정금리시장에서의 자금조달수단의 하나이다.
2) 차입자가 자금소요계획에 따라 단기어음을 계속 발행하여 회전시킬 수 있다.
3) 차입자가 단기어음을 발행하여 시장에서 매각하고 매각되지 않은 부분만 인수자가 책임을 부담한다.
4) 발행자는 금리가 높고 변동이 심할 때는 어음발행을 피하면서 분할발행을 통하여 자금조달비용을 감소시킬 수 있다.

12 "MTN(medium term note)이란 미국 및 유로시장에서의 중장기 자금조달수단의 하나로 발행자가 차입기간과 발행한도 및 유가증권 형태에 관한 프로그램을 설정하고 그 범위 내에서 이자율과 만기가 상이한 어음(note)을 수시로 발행할 수 있는 자금차입수단이다." 타당한가?

13 "CP(Commercial Paper)의 발행방법으로서 직접매출방식(directly-placed)은 발행자가 dealer에게 전액 매출한 후, dealer가 기관투자가에게 판매하여 소화하는 방식으로 일반회사들이 주로 이용하는 방식이다." 이 설명은 타당한가?

14 다음 중 유로CP(Euro Commercial Paper)의 특징에 해당하지 않는 것은?

1) 인수약정이 필요 없으므로 여기에 수반된 수수료 부담이 없다.
2) 발행절차가 간편하다.
3) 무담보로 발행되는 단기 약속어음을 말한다.
4) 신용등급평가의 획득이 필수적이다.

15 다음 중 혁신적 형태의 채권으로서 주가지수 연계형 채권이 아닌 것은?

1) SPIN
2) ASPRIN
3) SPEL
4) Heaven & Hell Bond

16 다음의 설명 중 (1)과 (2)에 들어갈 내용은 무엇인가?

> NIF(note issuance facility)의 facility는 2개 집단의 금융기관으로 구성되는데 (1)과(와) (2)가(이) 그것이다. 첫 번째 집단에 해당하는 (1)에 속한 금융기관들은 차입자와 인수약정을 체결하고 차입자가 발행한 어음이 시장에서 매각이 여의치 않을 경우에는 이 어음을 인수함으로써 차입자의 자금조달을 보장해 준다. 반면 두 번째 집단은 (2)이라고 부르며 인수약정은 체결하지 않고 단지 차입자가 유로노트를 발행하고자 할 때 조건이 맞으면 매입할 의사가 있다는 사실만을 밝힌 금융기관들로 구성된다.

17 다음 중 MTN(medium term note)의 특징에 해당하지 않는 것은?

1) 반드시 금융기관의 인수약정이 있어야 한다.
2) 만기는 짧게는 9개월부터 길게는 30년에 달하므로 만기가 유로채보다도 더 긴 경우도 있게 된다.
3) 일시에 거액이 발행되지 않고 적은 금액으로 여러 차례에 걸쳐 발행된다.
4) 특정 투자자가 원하는 시기에, 원하는 금액으로 그리고 원하는 만기로 발행된다는 점에서 투자자의 요구를 충족시키는 금융수단이라고 할 수 있다.

Excercise
Answer

모범답안

모|범|답|안

제 1 장

Global Financial Markets

01 [답] 4번

$의 가치가 현물환시장보다 선도환시장에서 더 높으므로 즉, $가 forward premium에 있으므로 미국 이자율이 스위스 이자율보다 더 낮아야 한다.

02 [답] $가 5.93% forward premium

[풀이] $[(F - S)/S] \times (12/n) \times 100$

$= [(1.6369 - 1.6130)/1.6130] = 0.014817$

$0.014817 \times 4 \times 100 = 5.93\%$

03 [답] 타당하지 않다.

European terms라고 부른다.

04 [답] yen화가 5.56% forward premium

[풀이] $[(F - S)/S] \times (12/n) \times 100$

$=[(0.008826 - 0.008705)/0.008705] \times 4 \times 100 = 5.56$

05 [답] $881,073

[풀이] ¥100,000,000 / [1 + (0.01375/4)] = ¥99,657,428

¥99,657,428 × ($0.008705/¥) = $867,518

$867,518 × [1 + (0.0625/4)] = $881,073

06 [답] $1,527(재정거래이익)

[풀이] ¥100,000,000 × ($0.008826/¥) = $882,600

$882,600 − $881,073 = $1,527

07 [답] 4번

[풀이] $[(F - S)/S] \times (12/n) \times 100$

$= [(0.0161 - 0.0159) / 0.0159] \times (12/3) \times 100 = 5.03\%$

08 [답] 2번

[풀이] (¥100,000,000)/(1 + 0.00125) = ¥99,875,156

(¥99,875,156) × (SF0.0159/¥) = SF1,588,015

(SF1,588,015) × (1 + 0.011875) = SF1,606,873

09 [답] 3번

[풀이] (¥100,000,000)/(1 + 0.00125) = ¥99,875,156

(¥99,875,156) × (SF0.0159/¥) = SF1,588,015

(SF1,588,015) × (1 + 0.011875) = SF1,606,873

(¥100,000,000) × (SF0.0161/¥) = SF1,610,000

SF1,610,000 − SF1,606,873 = SF3,127

10 [답] 선도환시장 헤징이 금액 면에서 유리하다.

[풀이] 1) 선도환시장 헤징을 하는 경우:

3개월 후에 가서 $1,554,000(= $1.5540/£ × £1,000,000)를 확보한다.

2) 금융시장 헤징을 하는 경우:

(1) 파운드貨 자금을 3개월간 차입한다. 이때 차입하는 금액은 £1,000,000을 2.5%(= 10%/4)의 이자율로 할인한 금액인 £975,610가 된다.

(2) 이 금액을 현물환시장에서 달러貨로 바꾸면 $1,525,854(= $1.5640/£ × £975,610)가 되고

(3) 다시 이 금액을 달러貨 금융시장에서 1.75%(= 7%/4)의 이자율로 투자하면 3개월 후에는 $1,552,556(= $ 1,525,854 × 1.0175)를 확보하게 된다.

11 [답] $1,444 (재정거래 이익)

[풀이] (£1,000,000)/(1 + 0.025) = £975,610(파운드화 투자원금)

(£975,610) × ($1.5640/£) = $1,525,854(달러화 차입원금)

($1,525,854) × (1 + 0.0175) = $1,552,556(달러화 상환금액)

(£1,000,000) × ($1.5540/£) = $1,554,000(달러화 확보금액)

$1,554,000 − $1,552,556 = $1,444(재정거래 이익)

12 [답] 2번

이자율평가가 성립하는 경우 커버된 금리재정거래를 행하면 이익을 얻을 수 없다.

제 2 장 Global Financial Markets

01 [답] $0.7726/C$

[풀이] $\{[E(S) - S]/S\} \times (12/n) \times 100 = i - i^*$

$\{[E(S) - S]/S\} \times (12/12) \times 100 = 6.68 - 6.08 = 0.6$

$\{[E(S) - S]/S\} = 0.006 \qquad E(S) - S = 0.006 \times S$

$E(S) = 1.006 \times S = 1.006 \times$ ($0.7680/C$) = $0.7726/C$

02 [답] Pesos 6.5236/C$

[풀이] $\{[E(S) - S]/S\} \times (12/n) \times 100 = \pi - \pi^*$

$\{[E(S) - S]/S\} \times (12/6) \times 100 = 15 - 5 = 10$

$\{[E(S) - S]/S\} = 0.05 \qquad E(S) - S = 0.05 \times S$

$E(S) = 1.05 \times S = 1.05 \times$ (Pesos 6.2130/C$)

= Pesos 6.5236/C$

03 [답] 타당하다.

04 [답] 4번

05 [답] 타당하지 않다.

포트폴리오 균형 접근방법(Portfolio-Balance Approach)은 자국채권과 외국채권 간의 불완전한 대체성(imperfect substitutability)을 가정하는 환율결정이론을 말한다.

06 [답] 1번

07 [답] 4번

08 [답] 3번

09 [답] 2번

10 [답] 1번

환율결정에 관한 화폐적 접근방법(Monetary Approach)에 따르면 통화량의 증가는 자국 통화의 가치하락을 초래한다.

11 [답] 2번

환율결정에 관한 화폐적 접근방법(Monetary Approach)에 따르면 실질소득의 증가는 자국 통화의 가치상승을 초래한다.

12 [답] 2번

환율결정에 관한 포트폴리오 균형 접근방법(Portfolio-Balance Approach)에 따르면 경상수지의 흑자는 자국 통화의 가치상승을 초래한다.

13 [답] 3번

14 [답] 4번

15 [답] 첫째, 상대적 구매력평가설은 환율의 상대적 변화율에 대한 예상이 국내와 해외의 예상물가상승률의 차이와 같아야 한다는 이론이며

둘째, 국제피셔효과는 환율의 상대적 변화율에 대한 예상이 국내와 해외의 명목금리의 차이와 같아야 한다는 이론이고,

셋째, 이자율평가설은 연율표시방법(percent per annum)으로 선도환율을 표시할 때 forward premium(또는 discount)이 국내와 해외의 명목금리의 차이와 같아야 한다는 이론이다.

그러므로 상대적구매력평가설은 환율과 예상물가상승률의 관계, 국제피셔효과는 환율과 이자율과의 관계를 말하고 있다는 점이 서로 차이가 있다. 그리고 국제피셔효과는 예상환율과 이자율과의 관계, 이자율평가설은 선도환율과 이자율과의 관계를 말하고 있다

는 점이 서로 다르다.

16 [답] \$0.008787/¥

[풀이] $\dfrac{E(S_{t+n}) - S_t}{S_t} \times \dfrac{12}{n} \times 100 = \pi - \pi^*$

$$\frac{E(S_{t+6}) - 0.008615}{0.008615} \times \frac{12}{6} \times 100 = 5 - 1 = 4$$

$$\frac{E(S_{t+6}) - 0.008615}{0.008615} = 0.02$$

$$E(S_{t+6}) = 1.02(\$0.008615/¥) = \$0.008787/¥$$

17 [답] \$0.9794/SF

[풀이] $\dfrac{E(S_{t+n}) - S_t}{S_t} \times \dfrac{12}{n} \times 100 = i - i^*$

$$\frac{E(S_{t+3}) - S_t}{S_t} \times \frac{12}{3} \times 100 = 3 - 1.5 = 1.5$$

$$\frac{E(S_{t+3}) - S_t}{S_t} = 0.00375$$

$$E(S_{t+3}) = 1.00375(S_t) = 1.00375(\$0.9757/SF) = \$0.9794/SF$$

18 [답] 3번) Peso 1.178/\$

[풀이] $\dfrac{E(S_{t+n}) - S_t}{S_t} \times \dfrac{12}{n} \times 100 = \pi - \pi^*$

$$\frac{E(S_{t+12}) - S_t}{S_t} \times \frac{12}{12} \times 100 = 20 - 2.20 = 17.80$$

$$\frac{E(S_{t+12}) - S_t}{S_t} = 0.178$$

$$E(S_{t+12}) = 1.178(S_t) = 1.178(Peso\ 1/\$) = Peso\ 1.178/\$$$

19 [답] 달러화의 실제 가치는 Peso 3.20/\$ 이고 상대적구매력평가설이 성립한다고 가정할 때의 달러화의 가치는 Peso 1.178/\$ 이므로 달러화의 실제가치는 더 높게 평가되어있고 Peso화의 실제가치는 더 낮게 평가되어 있다.

제 3 장

01 [답] 선도이자율(Forward Interest Rate)

02 [답] 유동성선호이론(Liquidity Preference Theory)

03 [답] X

04 [답] 4번 Immunization

05 [답] A채권

06 [답] O

07 [답] 6.07%

[풀이] $(1+0.0575)^{\frac{6}{12}}(1+\text{선도금리})^{\frac{6}{12}}=(1+0.06)^{\frac{12}{12}}$

$$(1+0.0575)(1+\text{선도금리})=(1+0.06)^2$$

$$\text{선도금리}=\frac{(1+0.06)^2}{(1+0.0575)}-1=0.0625$$

$$\text{예상미래금리}=\text{선도금리}-0.18\%=6.25\%-0.18\%=6.07\%$$

08 [답] 3번

[올바른 표현] 우상향(upward sloping)의 채권수익률 곡선은 시장참여자들이 금리가 장차 상승하리라고 예상하고 있다는 것을 의미할 수도 있지만 시장참여자들이 장기채권에 투자하는 경우 유동성프리미엄을 많이 요구한다는 것을 의미할 수도 있다.

09 [답] 2.82

$$D=\frac{\frac{(60)(1)}{(1.10)}+\frac{(60)(2)}{(1.10)^2}+\frac{(1060)(3)}{(1.10)^3}}{\frac{60}{(1.10)}+\frac{60}{(1.10)^2}+\frac{1060}{(1.10)^3}}=2.82$$

10 [답] \$777.38

[풀이] $\Delta P = (-4.49) \cdot \frac{0.01}{1.10} \cdot (\$810.46) = -\$33.08$

$\$810.46 - \$33.08 = \$777.38$

11 [답] 2번

[올바른 표현] 일반적으로 장기채권이 단기채권보다 가격 변동성이 더 크다.

12 [답] 4번

[올바른 표현] 듀레이션이 짧은 채권에 비하여 긴 채권이 금리변동에 따른 가격변동위험이 더 크다.

13 A: 크다　B: Coupon Rate(표면이자율)　C: Duration　D: 상승　E: 짧은

F: 긴　G: Immunization(면역)　H: Asset Liability Management(자산부채종합관리)

14 [답] 금리의 위험구조란 채무불이행위험을 제외한 다른 모든 요일들이 동일한 채권들의 약정수익률이 채무불이행위험에 따라서 어떠한 차이를 나타내는가를 말한다. 즉, 〈약정수익률 = 기대수익률 + 채무불이행확률〉의 관계가 성립해야 하므로 채무불이행위험이 더 높은 채권은 투자자들이 더 높은 위험을 부담하는데 대한 보상으로 더 높은 약정수익률이 책정되어야 한다.

15 [답] 4번

[풀이] 약정수익률 = 기대수익률 + 채무불이행확률

= 6% + 23% = 29%

투자자들이 위험회피형(risk-averse)이라고 가정한다면 기대수익률이 무위험이자율(정부채권수익률)보다 커야하므로 약정수익률은 29%보다 커야 한다.

16 가) [답] 1년 후로부터 1년 동안 지배하게 될 선도이자율: 6%

[풀이] $1 + \text{선도1} = \frac{(1 + 0.05)^2}{1 + 0.04} = \frac{1.1025}{1.04} = 1.06$　그러므로 선도1 = 0.06 (6%)

[답] 2년 후로부터 1년 동안 지배하게 될 선도이자율: 8%

[풀이] $1 + 선도2 = \frac{(1+0.06)^3}{(1+0.05)^2} = \frac{1.191016}{1.1025} = 1.08$ 그러므로 선도2 = 0.08 (8%)

나) [답] 5% (연율)

[풀이] 불편기대이론이 성립한다고 가정하면 선도이자율이 1년 후 시점에서 1년 만기 채권에 적용될 것으로 기대되는 예상이자율과 동일하게 되므로

(1 + 0.04)(1 + 예상이자율) = $(1 + 0.04)(1 + 0.06) = 1.1024 = (1 + R)^2$

그러므로 R (연율표시) = 0.05 (5%)

다) [답] $83.96

[풀이] $\frac{\$100}{(1+0.06)^3} = \frac{\$100}{1.191016} = \$83.96$

라) [답] $92.59

[풀이] X를 2년 후 시점의 채권 시장가격이라고 할 때 X(1 + 0.08) = $100가 되어야 하므로 X = $100/1.08 = $92.59 가 되어야 한다.

마) [답] 5% (연율)

[풀이] $\$83.96 = \$92.59/(1 + R)^2$

$$(1 + R)^2 = \frac{92.59}{83.96} = 1.102787$$

그러므로 $1 + R = 1.05$가 되고 R (연율표시) = 0.05 (5%)가 되어야 한다.

17 가) [답] 3.75

[풀이] $$\frac{\frac{(40)(1)}{(1.10)} + \frac{(40)(2)}{(1.10)^2} + \frac{(40)(3)}{(1.10)^3} + \frac{(1040)(4)}{(1.10)^4}}{\frac{40}{(1.10)} + \frac{40}{(1.10)^2} + \frac{40}{(1.10)^3} + \frac{1040}{(1.10)^4}} = 3.75$$

나) [답] 4

[풀이] $$\frac{\frac{(1000)(4)}{(1.10)^4}}{\frac{1000}{(1.10)^4}} = 4$$

제 4 장

Global Financial Markets

01 [답] 1) T-Bill의 수익률보다 CD의 수익률이 더 높다.(O)
2) T-Bill의 만기보다 CP의 만기가 일반적으로 더 짧다.(O)
3) BA의 수익률은 CP의 수익률보다 더 높다.(X)
4) LIBOR는 런던 소재 일류은행이 고시하는 유로달러예금의 bid rate를 뜻한다.(X)
5) T-Bill에 비하여 CP는 유통시장에서의 거래가 덜 활발하다.(O)
6) Federal Funds는 무담보거래이다.(O)

02 [답] 4) 14.48%

[풀이] c = 0.06125(6과 1/8%),

t_{is} = 가장 최근의 이자지급일인 2015년 12월 31일 부터 2016년 4월 9일까지는 100일

t_{sm} = 2016년 4월 9일부터 6월 30일까지는 82일

B(쿠폰기간의 일수) = 182일

P(액면금액 $1당 거래가격) = 0.98125(액면금액 $1의 (98과 4/32%)

기경과이자(ai) = $[c/2B] \times t_{is} = [0.06125/2(182)] \times 100 = 0.01682$

만기수익률(y) = $[(1 + c/2)/(P + ai) - 1] \times [(2B)/t_{sm}]$

$= [\{1 + (0.06125/2)\}/(0.98125 + 0.01682) - 1] \times [2(182)/82]$

$= 0.1448$ (14.48%)

03 [답] 2) 6.41%

[풀이] 새로 발행되는 CD를 매입하는 경우는 매입가격이 액면금액과 같은 $1라고 볼 수 있으므로

보유기간 수익률(i) = (매각가격 − 1) × $(360/t_{is})$

이제 만기금액과 거래가격과의 관계를 나타내는 공식을 이용하여 매각가격(거래가격)을 만기금액과 수익률을 사용하여 다시 표현하면

i = [만기금액/$\{1 + y(t_{sm}/360)\} - 1] \times (360/t_{is})$

그리고 액면금액 $1당 만기금액에 관한 표현을 위의 식에 대입하면

$$i = [\{1 + c(t_{im}/360)\}/\{1 + y(t_{sm}/360)\} - 1] \times (360/t_{is})$$

위의 식을 y에 관하여 풀면

$y = [\{1 + c(t_{im}/360)\}/\{1 + i(t_{is}/360)\} - 1] \times (360/t_{sm})$

위의 표현에 다음의 수치들을 대입한다.

t_{im} = 6개월 만기 CD의 발행일로부터 만기일까지의 기간, 즉 180일

t_{is} = 발행일로부터 거래일(매각일)까지의 기간, 즉 6개월 만기 CD를 발행일로 부터 3개월 동안 보유하는 경우의 보유기간이므로 90일

t_{sm} = 6개월 만기 CD의 거래일(매각일)로부터 만기일까지의 기간, 즉 90일

c = 6개월 만기 CD의 표면이자율 즉, 6%

i = 보유기간수익률이 3개월 만기 CD의 표면이자율과 같아야 하므로 5.5%

$y = [\{1 + 0.06(180/360)\}/\{1 + 0.055(90/360)\} - 1] \times (360/90)$

$= 0.0641$ (6.41%)

04 [답] 1) $861

[풀이] T-Bill 매입할 때의 할인금액 = ($1,000,000)(0.0375)(90/360) = $9,375

T-Bill 매입가격 = $1,000,000 − $9,375 = $990,625

따라서 RP계약의 원금이 $990,625가 된다.

RP이자비용 = ($990,625)(0.035)(30/360) = $2,889

30일째 되는 날의 현금유출액 = $990,625 + $2,889 = $993,514

그런데 투자자가 창조된 60일 만기 미래증권을 30일째 되는 날 (3과3/8)%의 할인율로 매각할 수 있으리라고 예상하므로

할인금액 = ($1,000,000)(0.03375)(60/360) = $5,625

매각가격 = $1,000,000 − $5,625 = $994,375 (현금유입액)

그러므로 예상이익 = 현금유입액 − 현금유출액 = $994,375 − $993,514 = $861

제 5 장

Global Financial Markets

01 [답] 3번

02 [답] 4번

03 [답] 2번 (A) basis, (B) spread

04 [답] 1번

선물가격은 해당상품의 현물가격에 인도일(수도결제일)까지의 재고유지비용을 더한 값과 같아야 한다.

05 [답] 2번

06 [답] X

선물시장에서 투기거래자(speculator)는 헤저의 가격변동위험을 대신 부담하는 대가로 이익을 취하고자 선물거래를 행한다.

07 [답] 2번

08 [답] 1번

5월물 소맥(wheat)선물 매입/9월물 소맥선물 매도의 경우는 intra-commodity spread 이다.

09 [답] 2번

10 [답] 1번

어느 상품의 12월물 선물계약의 가격이 다음해 3월물 선물계약의 가격에 비해 높게 형성되고 있는데 이러한 가격의 격차가 조만간 축소될 것이라고 생각한다는 것은 다음해 3월물 선물계약의 가격에 대하여 12월물 선물계약의 가격이 상대적 하락할 것이라고 예상한다는 것을 의미하므로 상대적으로 가격이 하락할 것으로 예상되는 12월물 선물계약을 매도하고 동시에 다음해 3월물 선물계약을 매입해야 한다.

11 [답] 1번

[풀이] $h = \rho \cdot \dfrac{\sigma_S}{\sigma_F} = (0.5) \cdot \dfrac{\sigma_S}{2\sigma_S} = \dfrac{0.5}{2} = 0.25$

12 [답] 1번

특정상품에 대한 선물시장에서 헤져(hedger)집단이 순매도포지션을 취해야 하는 경우에는 투기자집단은 순매입포지션을 취해야 하는데 이 때 투기자(speculator)들이 위험회피형(risk-averse)이라면 선물가격이 예상미래현물가격보다 (A: 낮아야) 할 것이다. 이 경우 만약 미래현물가격에 대한 예상이 정확하다면 선물가격은 선물계약기간 동안 점차로 (B: 상승)하게 될 것이다. 이와 같은 선물가격의 변화과정을 (C: normal backwardation)이라고 부른다.

13 [답] 4번

헤져집단이 순매입포지션을 취해야 할 경우에는 투기자집단은 순매도포지션을 취해야 하는데 이 경우 선물가격이 예상미래현물가격보다 (D: 높아야) 하므로 선물가격은 선물계약기간 동안 점차로 (E: 하락)하게 될 것이다. 이와 같은 선물가격의 변화과정은 (F: contango)라고 부른다.

제 6 장

Global Financial Markets

01 [답] 4번

02 [답] 1번

[풀이] 97.75(매입) − 97.50(매도) = 0.25(25 bp)

$25 × 25bp = $625 손실

03 [답] 2번

04 [답] 1번

[풀이] 102.16(매도) − 99.20(매입) = 2.28(2와 28/32)

$100,000 × (2와 28/32)% = $2,000 + $875 = $2,875

$2,875 × 50계약 = $143,750 이익

05

	10월 가격	11월 가격(예상치)	선물거래이익(손실)
12월물 T-Bond 선물	113.03(매도)	111.06(매입)	1.29(이익)

($100,000) × (1과 29/32)%

= ($1,000) + ($31.25) × (29) = $1,906.25(이익)

3월물 T-Bond 선물	93.07(매입)	91.31(매도)	1.08(손실)

($100,000) × (1과 08/32)%

= ($1,000) + ($31.25) × (8) = $1,250(손실)

$1,906.25 − $1,250 = $656.25(순이익)

06

	3월 가격	5월 가격(예상치)	선물거래이익(손실)
9월물 T-Bond 선물	113.20(매입)	116.20(매도)	3.00(이익)
		($100,000) × 3% = $3,000(이익)	
9월물 T-Note 선물	108.27(매도)	109.27(매입)	1.00(손실)
		($100,000) × 1% = $1,000(손실)	
		$3,000 − $1,000 = $2,000(순이익)	

07 T-Bill 금리에 비하여 Eurodollar 금리가 상대적으로 상승하는 경우에는 T-Bill 채권가격에 비하여 Eurodollar 채권가격은 상대적으로 하락할 것이므로 Eurodollar선물을 매도하고 T-Bill 선물을 매입하는 상품간 스프레드(inter-commodity spread) 전략을 구사해야 한다. 즉,

	10월 가격	11월 가격(예상치)	선물거래이익(손실)
12월물 T-Bill 선물	95.17(매입)	95.06(매도)	11 b.p.(손실)
		($25) × (11bp) = $275(손실))	
12월물 Eurodollar 선물	94.42(매도)	94.27(매입)	15 b.p.(이익)
		($25) × (15bp) = $375(이익)	
		$375 − $275 = $100(순이익)	

08

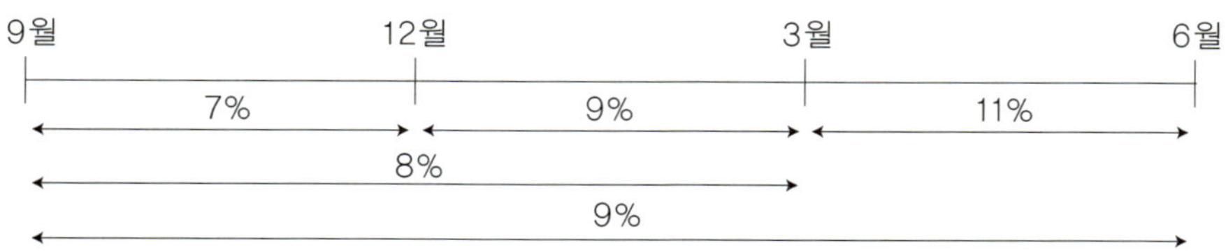

[상황–I]에서 주어진 만기 별 현물수익률을 사용하여 선도이자율을 구하면

3개월 후인 12월부터 3개월에 걸쳐 지배하게 될 선도이자율: 9%

6개월 후인 다음해 3월부터 3개월에 걸쳐 지배하게 될 선도이자율: 11%

위에서 구한 선도이자율과 Eurodollar 선물시장에서의 선물수익률이 일치한다고 가정하고 선물가격을 IMM Index로 나타내면

1) 12월물 Eurodollar 선물가격: 91.00

2) 다음해 3월물 Eurodollar 선물가격: 89.00

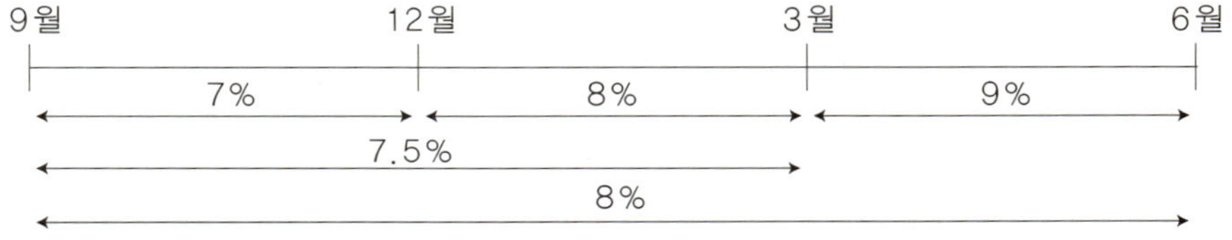

[상황–II]에서 주어진 만기 별 현물수익률을 사용하여 선도이자율을 구하면

3개월 후인 12월부터 3개월에 걸쳐 지배하게 될 선도이자율: 8%

6개월 후인 다음해 3월부터 3개월에 걸쳐 지배하게 될 선도이자율: 9%

위에서 구한 선도이자율과 Eurodollar 선물시장에서의 선물수익률이 일치한다고 가정하고 선물가격을 IMM Index로 나타내면

1) 12월물 Eurodollar 선물가격: 92.00

2) 다음해 3월물 Eurodollar 선물가격: 91.00

[상황–I]의 9월 20일 현재 만기별 수익률 자료에 의거해 그려진 채권수익률곡선(Yield Curve)과 [상황–II]의 9월 23일 현재 만기별 수익률 자료에 의거해 그려진 채권수익률곡선을 하나의 좌표축에 같이 그려보면 다음과 같다. 채권수익률곡선의 모양이 이와 같이 변할 것으로 예상되는 경우 어떠한 스프레딩 전략이 요구되는지를 살펴보고자 한다.

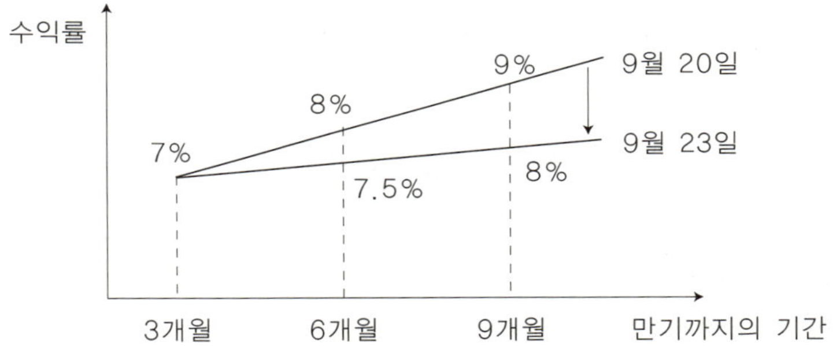

채권수익률곡선의 기울기가 완만해질 것으로(flattening yield curve) 예상되는 경우의 스프레드 전략

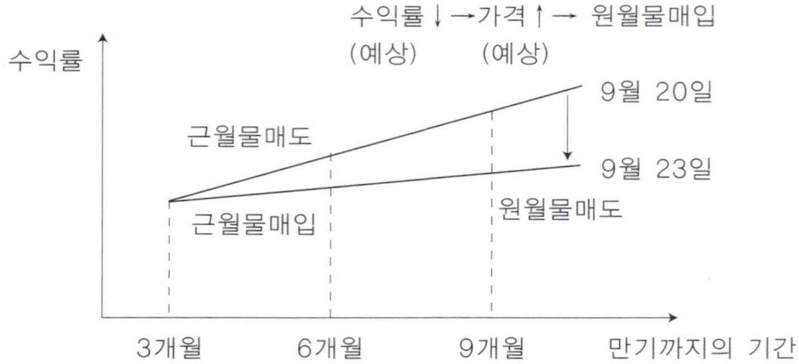

[상황 I]과 [상황 II]를 바탕으로 다음의 표를 완성한다.

9월 20일에 취하는 조치	9월 20일 가격	9월 23일 가격	가격차이 (basis point)
12월물 90일 Eurodollar 선물 〈매도〉	91.00	92.00	100
3월물 90일 Eurodollar 선물 〈매입〉	89.00	91.00	200
SPREAD	200b.p.	100b.p.	

9월 23일에 취하는 조치
12월물 90일 Eurodollar 선물 〈 매입 〉
〈 92.00 〉(매입가격)
〈 91.00 〉(매도가격)
〈 100 〉b.p.
손실 = ($25)(100b.p.) = $2500

9월 23일에 취하는 조치
3월물 90일 Eurodollar 선물 〈 매도 〉
〈 91.00 〉(매도가격)
〈 89.00 〉(매입가격)
〈 200 〉b.p.
이익 = ($25)(200b.p.) = $5000

순이익 = $5000 − $2500 = $2500

제 7 장 Global Financial Markets

01 [답] $14,790(이익)

[풀이] $.10958/Peso(매도) − $.08000/Peso(매입) = $.02958/Peso(이익)

($.02958/Peso)(Peso500,000) = $14,790(이익)

02 [답] $14,790(손실)

[풀이] $.10958/Peso(매입) − $.08000/Peso(매도) = $.02958/Peso(손실)

($.02958/Peso)(Peso500,000) = $14,790(손실)

03 [답] $7,290(이익)

[풀이] $.10958/Peso(매도) − $.09500/Peso(매입) = $.01458/Peso(이익)

($.01458/Peso)(Peso500,000) = $7,290(이익)

04 [답] $7,290(손실)

[풀이] $.10958/Peso(매입) − $.09500/Peso(매도) = $.01458/Peso(손실)

($.01458/Peso)(Peso500,000) = $7,290(손실)

05 [답] $1137.5(손실)

[풀이] $1.4162/£(매입) − $1.3980/£(매도) = $0.0182/£(손실)

($0.0182/£)(£62,500) = $1137.5(손실)

06 [답] $1137.5(이익)

[풀이] $1.4162/£(매도) − $1.3980/£(매입) = $0.0182/£(이익)

($0.0182/£)(£62,500) = $1137.5(이익)

07 [답] $2,075(손실)

[풀이] $1.4228/£(매도) − $1.4560/£(매입) = $0.0332/£(손실)

($0.0332/£)(£62,500) = $2,075(손실)

08 [답] $2,075(이익)

[풀이] $1.4228/£(매입) − $1.4560/£(매도) = $0.0332/£(이익)

($0.0332/£)(£62,500) = $2,075(이익)

09 [답] 2번

3월 현재 미국의 수입업자는 3개월 후에 일본으로부터 ¥250,000,000에 상당하는 전자부품을 수입하려고 계획하고 있으므로 6월에 ¥250,000,000의 yen화 자금을 확보해야 한다. 미국의 수입업자는 3월 현재 6월물 JY 통화선물계약을 20단위(¥12,500,000 × 20 = ¥250,000,000)를 $0.003878/¥가격으로 매입한다. 그리고 3개월이 지난 6월에 이미 매입한 6월물 JY 통화선물계약 20단위를 매도하여 자기의 포지션을 청산하면 된다.

10 [답] 선물거래이익, $19,000

3월 현재 미국의 수입업자는 6월물 JY 통화선물 20단위를 $0.003878/¥가격으로 매입하고 3개월 후인 6월에 6월물 통화선물가격인 $0.003954/¥가격으로 매도하는 반대매매를 통하여 선물포지션을 청산하면 된다.

$0.003954/¥ − $0.003878/¥ = $0.000076/¥

($0.000076/¥) × 250,000,000 = $19,000

11 [답] 1번

5월 20일 현재 미국의 수입업자는 스위스로부터 상품을 수입하고 4개월 후에 수입대금 SF2,000,000을 지급하기로 하였으므로 4개월 후 예상치 못한 환율의 변동으로 필요한 달러화 금액이 변하는 경우에 대한 대비를 해야 한다. 이러한 경우 미국 수입업자는 9월물 SF화 통화선물 매입을 통해 4개월 후 필요한 SF2,00,000을 확보하는데 필요한 달러화 비용을 고정시킬 수 있다.

12 [답] 2번

[풀이] SF2,000,000 × $0.7671/SF = $1,534,200

13 [답] 4번

[풀이] $0.7678/SF(매도) − $0.7613/SF(매입) = $0.0065/SF(이익)

$0.0065/SF × SF2,000,000 = $13,000(이익)

14 3월 7일 현재 이 미국기업은 환율변동위험을 피하기 위하여 9월물 JY통화선물계약 4단위를 $0.007800/¥(F1)의 가격으로 매도하면 된다. 8월 5일에 이르러 우선 JY 통화선물계약의 반대매매를 하기 위하여 $0.007250/¥(F2)의 가격으로 선물매입계약을 체결하면 선물거래이익은 ($0.000550/¥) × (¥50,000,000) = $27,500이 된다. 그리고 현물환시장에서 현물환율 $0.007200/¥(C2)으로 JY 50,000,000을 달러화로 바꾼다면 $360,000가 되므로 8월 5일에 이 미국기업이 확보하게 되는 실효달러화금액(effective price)은

$387,500(= $360,000 + $27,500)이 된다.

즉, Effective price <u>received</u> = C2 + (F1 − F2)

= ($0.007200/¥) + ($0.007800/¥ − $0.007250/¥)

= ($0.007200/¥) + ($0.000550/¥)

= $0.007750/¥

= $0.007800 − $0.000050

= F1 + B2

where B2 = C2 − F2

= $0.007200 − $0.007250 = − $0.000050

제 8 장

Global Financial Markets

01 [답] 2번

02 [답] 1번

03 [답] 1번

04 [답] 2번

05 [답] 3번

06 [답] 3번

미국의 수입업자는 5월 20일 현재 9월을 만기일로 하는 스위스프랑화 call 옵션을 매입해야 한다. 이러한 조치를 통하여 9월에 행사가격 $0.6800/SF로 스위스프랑화를 살 수 있는 권리를 얻게 되어 예상치 못한 환율의 변동으로 인한 환위험을 피할 수 있을 것이다.

07 [답] $18,300

미국의 수입업자는 스위스프랑화 call 옵션을 매입할 때 1단위의 SF당 $0.0183의 프리미엄을 지급해야 하므로 총 프리미엄 비용은 다음과 같이 구할 수 있다.

$0.0183/SF × SF1,000,000 = $18,300

08 [답] $680,000

이 미국의 수입업자는 5월에 행사가격이 $ 0.6800/SF인 스위스프랑화 call 옵션을 이미 매입해 두었으므로 9월의 현물환율과 call 옵션의 행사가격을 비교하여 더 유리한 방법을 선택하면 된다. 9월에 이르러 현물환율이 옵션의 행사가격인 $0.6800/SF보다 높은 $0.6870/SF이 되는 경우 이 미국의 수입업자는 call 옵션을 행사하여 SF 1,000,000을 매입하고 그 대가로 $680,000(= $0.6800/SF × SF 1,000,000)의 비용을 지불해야 한다.

09 [답] $673,000

만약 9월에 이르러 현물환율이 옵션의 행사가격인 $ 0.6800/SF보다 낮은 $ 0.6730/SF에 형성된다면, 이 미국의 수입업자는 옵션을 행사하는 대신 현물환시장에서 보다 유리한 현물환율로 SF 1,000,000을 매입하고 $ 673,000(= $0.6730/SF × SF 1,000,000)의 비용을 지불해야 한다.

10 [답] 3번

5월 20일 현재 12월 만기 영국 파운드화에 대한 call 옵션의 행사가격은 $ 1.9500/£인 반면, 현물환율은 $ 1.8800/£이다. 따라서 이 call 옵션을 매입하는 즉시 행사한다면 행사가격으로 영국 파운드화를 매입하게 되고 이렇게 확보한 영국 파운드화를 다시 현물환시장에서 현물환율로 매도한다면 손해를 보게 된다. 즉, 영국 파운드화를 높은 가격(행사가격)으로 매입하고 낮은 가격(현물환율)으로 매도한다면 손해를 보게 되므로 이 call 옵션은 'out-of-the-money' 인 경우이다.

11 [답] 1번

5월 20일 현재 12월 만기 영국 파운드화에 대한 put 옵션의 행사가격이 $1.9500/£으로 현물환율 $1.8800/£보다 높다고 하자. 따라서 이 put 옵션을 매입하는 즉시 행사한다면 높은 가격(행사가격)으로 파운드화를 매도하게 되고 이때 필요한 파운드화를 현물환시장에서 낮은 가격(현물환율)으로 매입한다면 이익을 볼 수 있다. 그러므로 이 put 옵션은 'in-the-money' 인 경우이다.

12 [답] 3번

파운드화 put 옵션을 매입하는 즉시 행사한다면 $1.9500/£의 행사가격으로 파운드화를 매도하게 되고 이때 필요한 파운드화를 현물환시장에서 $1.8800/£의 가격으로 매입하는 경우 $ 0.0700/£(= 1.9500 − 1.8800)의 이익을 볼 수 있다. 이 경우 파운드화 put

옵션의 고유가치는 $ 0.0700/£라고 말한다. 'in-the-money' 의 경우 고유가치(intrinsic value)란 해당통화의 현물가격과 옵션의 행사가격간의 격차를 말한다.

13 [답] 2번

옵션의 가격(프리미엄)은 고유가치(intrinsic value)와 시간가치(time value)로 구성되어 있다. 고유가치란 기초자산가격 즉, 해당통화의 현물가격과 옵션의 행사가격간의 격차를 말하며 시간가치란 옵션의 가격(프리미엄)과 고유가치간의 격차를 말한다. 문제의 상황에서는 파운드화 call 옵션이 'out-of-the-money' 인 경우이므로 고유가치가 '0' 이 되어 옵션의 가격(프리미엄)은 시간가치만 반영한다. 따라서 문제의 상황에서 파운드화 call 옵션 프리미엄은 시간가치(time value)를 나타낸다고 할 수 있다.

14 [답] 3번

환율의 변동성이 크면 클수록 옵션의 행사로부터 이익을 볼 가능성이 더 커진다. 예를 들어 현물환율이 행사가격보다 낮아 call 옵션이 'out-of-the-money' 인 경우 환율변동률이 0이라면 환율이 현재수준에서 변동할 가능성이 없어 옵션의 행사로부터 이익을 볼 가능성이 없으므로 해당 call 옵션의 가치 또한 0이 된다고 할 수 있다. 반면 예상환율변동률이 크면 클수록 일반적으로 옵션의 가치는 크다고 할 수 있다.

15 [답] 2번

이 은행은 스위스프랑 통화선물에 대한 call 옵션 100단위를 매도하였으므로 call 옵션이 행사될 경우에는 통화선물 매도계약에 들어가므로 스위스프랑 통화선물 매도포지션을 가지게 된다. 따라서 무위험헤지(riskless hedge)를 하기 위해서 옵션계약에 의해서 발생하는 포지션과는 반대포지션을 기초자산(통화선물)에 의해 발생시켜야 하므로 스위스프랑 통화선물을 매입해야 한다.

16 [답] 50단위

델타는 옵션 1단위의 가격변화를 상쇄시키는 데 필요한 기초자산의 단위수로 표시할 수 있다. 따라서 스위스프랑 통화선물에 대한 call 옵션의 경우 델타가 0.5(50%)라면 옵션 100단위의 가치변동을 상쇄시키기 위하여 50단위(= 100단위 × 0.5)의 통화선물계약(기초자산)이 필요하다.

17 [답] 3번

18 [답] 1번

19 [답] 4번

20 [답] 2번

21 [답] 1번

22 [답] 4번

23 [답] 4번

제 10 장

Global Financial Markets

01 [답] 1번

02 [답] 4번

03 [답] 4번

04 [답] 2번

05 [답] 4번

06 [답] 2번

07 [답] 2번

08 [답] 1번

09 [답] 3번

10 [답] 1번

제 11 장

Global Financial Markets

01 [답] 외국시장(foreign market)

02 [답] 4번

03 [답] 2번

04 [답] 4번

05 [답] 4번

06 [답] 1번

07 [답] 4번

08 [답] 4번

09 [답] 4번

10 [답] 타당하지 않다.
Rule 144A란 외국기업의 증권발행 시 공시의무를 자국 내 공시의무 수준으로 낮추고 우량기관투자가 간에 사모증권 매매를 허용하기로 한 조치이다.

11 [답] 타당하다.

12 [답] 2번

13 [답] 1번

14 [답] 3번

제 12 장

01 [답] 1번

02 [답] 타당하다.

03 [답] 전환비율(conversion ratio)

04 [답] 타당하다.

05 [답] 2번

06 [답] 1번

07 [답] 타당하지 않다.
sponsored DR은 원주발행회사가 주체적인 주관을 하고 모든 발행 및 부수비용을 부담한다.

08 [답] 2번

09 [답] 4번

10 [답] 타당하다.

11 [답] 1번

12 [답] 타당하다.

13 [답] 타당하지 않다.
직접매출방식(directly-placed)은 발행자가 dealer를 통하지 않고 직접 투자자에게 매각하는 방식으로 판매조직망이 넓은 대형 금융회사나 은행지주회사가 주로 이용하는 방법이다.

14 [답] 4번

15 [답] 4번

16 [답] (1) underwritten facility 또는 committed facility
(2) tender panel 또는 uncommitted facility

17 [답] 1번

참|고|문|헌

우신 투자자문, 국제금융시장-외화증권의 발행유형과 실례-(1992).

張舜榮, 國際金融革新(麒麟苑, 1988).

한신증권, 해외증권 발행실무(1990).

Arnold, Tanya S., "How to Do Interest Rate Swaps," *Harvard Business Review*, September/October 1984, pp. 96-101.

Black, Fischer, and Myron Scholes, "The Pricing of Options and Corporate Liability," *Journal of Political Economy*, May/June 1973, pp. 637-659.

Chicago Mercantile Exchange, *Understanding Futures in Foreign Exchange*, 1977.

______, *Opportunities in Currency Trading*, 1986.

______, *Opportunities in Interest Rates*, 1977, 1987.

______, *Trading in Tomorrows: Your Guide to Futures*, 1985.

______, *Trading and Hedging with Currency Futures and Options*, 1985.

______, *Using Interest Rate Futures and Options*, 1986.

______, *Using Currency Futures and Options*, 1987.

______, *Options on Currency Futures: An Introduction*, 1986.

______, *Options on Currency Futures: A Strategy Guide*, 1985.

______, *Options on Eurodollar Futures: An Introduction*, 1985.

______, *Options on Eurodollar Futures: A Strategy Guide*, 1985.

______, *CME Quotation Retrieval Codes*, 1985.

Credit Suisse First Boston Ltd, *Currency Swaps*, 1983.

Dufey, Gunter and Giddy, Ian H., *The International Money Market*, Englewood Cliffs, New Jersey: Prentice-Hall, Inc., 1978.

Euromoney Publications, *Swap Financing Techniques*, 1983.

Feiger, George, and Bertrand Jacquillat, "Currency Option Bonds, Puts and Calls on Spot Exchange and the Hedging of Contingent Foreign Earnings," *Journal of Finance*, December 1979, pp. 1129-1139.

Garman, Mark B., and Steven W. Kohlhagen, "Foreign Currency Option Values," *Journal of International Money and Finance*, December 1983, pp. 231-237.

George, Abraham M. and Giddy, Ian H., eds., *International Finance Handbook*, New York: John Wiley & Sons, Inc., 1983.

Giddy, Ian H., "The Foreign Exchange Option as a Hedging Tool," *Midland Corporate Finance Journal*, Fall 1983, pp. 32-42.

_____, "Foreign Exchange Options," *Journal of Futures Markets* 3, No. 2, Summer 1983, pp. 143-66.

_____, "Currency Options and Forwards: The Arbitrage Relationships," *Unpublished working paper*, January 1984.

_____, "Structure and Mechanism of the International Money and Capital Markets," *Unpublished paper*, April 1983.

_____, *Global Financial Markets*, Lexington, MA : D.C. Heath and Co., 1994.

_____, and Kang, Ho-Sang, "Mathematics of International Finance," In George, A., and Giddy, I. H., eds., *International Finance Handbook*, New York: John Wiley & Sons, Inc., 1983.

Grabbe, J. Orlin, "The Pricing of Call and Put Options on Foreign Exchange," *Journal of International Money and Finance*, December 1983, pp. 239-253.

_____, *International Financial Markets*, Englewood Cliffs, New Jersey: Prentice-Hall, Inc., 1996.

Hull, John C., *Introduction to Futures and Options Markets*, 3rd ed., Upper Saddle River, New Jersey: Prentice-Hall, Inc., 1998.

Knight, Garry G. "The Unusual Guarantee behind Option Trading," *Supplement to Euromoney*, February 1985, pp. 42-44.

Kolb, Robert W., *Interest Rate Futures: A Comprehensive Introduction*, Reston, Virginia: Reston Publishing Co., 1984.

_____, *Understanding Futures Markets*, Glenview, Illinois: Scott, Foresman and Co., 1985.

Kreicher, Lawrence, "Eurodollar Arbitrage," *Federal Reserve Bank of New York Quarterly Review*, Summer 1982, pp. 10-21.

Lehman Brothers Kuhn Loeb Inc., *Interest Rate Swaps*, 1982.

Madura, Jeff, *International Financial Management*, 2nd ed., St. Paul, Minn.: West Publishing, 1989.

Mclean, Howard and Rantz, Frederick L., "Learning the New Game of Currency Chess," *Supplement to Euromoney*, February 1985, pp. 4-12.

Parker, John Carson, "Behind --and a Head of-- Philadelphia' s Eurodollar Option," *Supplement to Euromoney*, February 1985, pp. 44-46.

Philadelphia Stock Exchange, *Foreign Currency Options*: The Third Dimension to Foreign Exchange.

Schwarz, Edward W., Hill, Joanne M., and Schneeweis, Thomas, *Financial Futures: Fundmentals, Strategies, and Applications*, Homewood, Illinois: Richard D. Irwin, Inc., 1986.

Solnik, Bruno, *International Investments*, 2nd ed., Reading Massachusetts: Addison-Wesley Publishing Co., 1991.

Stigum, Marcia, *The Money Market*, Revised Edition, Homewood, Illinois: Dow Jones-Irwin, 1983.

______, *Money Market Calculations : Yields, Break-Evens and Arbitrage*, Homewood, Illinois: Dow Jones-Irwin, 1981.

Van Horne, James C., *Financial Market Rates and Flows*, 5th ed., Upper Saddle River, New Jersey: Prentice-Hall, Inc., 1998.

Walmsley, Julian, *The Foreign Exchange and Money Markets Guide*, 2nd ed., New York: John Wiley & Sons, Inc., 2000.

국문색인

ㄱ

ㄴ

ㄷ

ㅈ

ㅎ

영문색인

Global Financial Markets

A

B

C

D

E

F

N

O

P

W

Y

[저자 약력]

姜鎬相은 서강대학교 화학과를 졸업하고 미국 콜럼비아 대학에서 국제경영학 박사학위를 취득하였다. 1983년 미국 텍사스 주립대학교 경영대학 교수로 부임한 후 국제경영학 박사과정 주임교수를 역임하였으며 1986년에 귀국하여 현재까지 서강대학교 경영대학 교수로 재직하고 있다. 저자는 국제금융 및 국제경영 분야에서 30권의 저서와 42편의 논문을 집필하였으며 1990년도에는 저서 『국제금융시장론』으로 매일경제신문사로부터 정진기언론문화상을 수상하였다.

〈서강 Harvard Business〉 편집위원장을 역임하였으며, [금융산업발전심의위원회], [외환제도개혁 소위원회] 등 각종 정부관련 위원회의 위원으로 활동한 바 있고 〈한국국제경영학회〉회장을 역임하였다.

글로벌금융시장 [제4판]

2000년 3월 2일 초판 발행
2003년 8월 16일 제2판 발행
2012년 8월 25일 제3판 발행
2017년 1월 5일 제4판 1쇄 발행

저 자 강 호 상
발행인 배 효 선
발행처 도서출판 法 文 社

10881 경기도 파주시 회동길 37-29
등록 1957년 12월 12일 / 제2-76호(윤)
전화 (031)955-6500~6 Fax (031)955-6525
e-mail(영업): business@bobmunsa.co.kr
(편집): edit66@bobmunsa.co.kr
홈페이지 http://www.bobmunsa.co.kr
조 판 (주) 성 지 이 디 피

정가 31,000원 ISBN 978-89-18-12291-5

이 책의 무단전재 또는 복제행위는 저작권법 제136조 제1항에 의거, 5년 이하의 징역 또는 5,000만원 이하의 벌금에 처하게 됩니다.